오지랖 아줌마의

호주생활 누리기

김소영 지음

도서출판 맑은샘

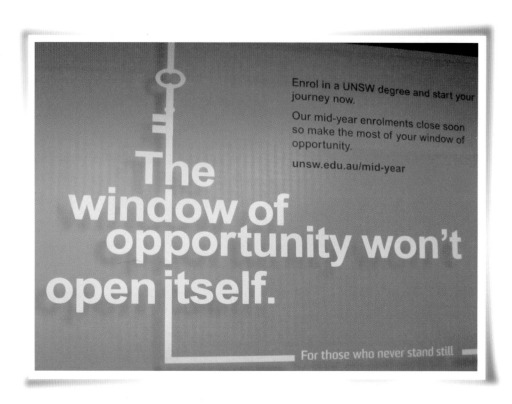

기회의 문은 '저절로' 열리지 않는다.

"시간과 정성은 모든 것을 가능케 한다."
"되리리! 해내리!"

- 어제보다는 오늘, 오늘 보다는 내일 더 빛나는 보석이 되소서 -

도담 김화용

자카란다가 보랏빛 영혼의 꽃을 피우며 남십자성이 가까이 보이는 나라, 호주. 그곳에 일 년을 살다간 어느 부부가 있었다. 이들이 호주를 다녀간 까닭은 안식년을 맞은 남편의 시드니 대학 교환 교수직을 수행하기 위한 동행이었다.

2012년 10월 초, 시드니 한인의 날 행사에 참석했다가 대학 동문으로 소개받고, 이후 9개월 동안 하루가 멀다 하고 만났다. 그렇게 많이 만날 수 있었던 것은 아마도 부군과 대학 선후배라는 점이 이국땅에서 끈끈한 정과 믿음으로 작용한 덕도 있었겠지만, 3분 거리도 안 될 만큼 지척에 사는 이웃사촌인 까닭을 빼놓을 수 없다.

그러나 너무 가깝게 살면 '알 것 모를 것 다 알게 되며' 오히려 멀어질 수도 있다는데, 그건 기우에 불과하였고 한국사람 특유의 정은 잘 익은 된장처럼 오히려 더 깊어만 갔다. 어딘가 함께 갈 곳이 있으면 예외 없이 자동차 한 대로 함께 가면서, 못다 한 이야기를 이어가고 식사에 곁들인 붉은 와인처럼 불그레한 얼굴에 미소가 떨어지지 않다가 이들은 다시 떠나왔던 자리로 돌아갔다.

공항에서의 이별이 어찌 아쉽고 슬프지 않았겠는가. 그런데 그녀가 다시 돌아왔다. 하지만 이번에는 '글로, 사진으로, 책으로' 돌아왔다. 책의 저자는 김소영 님이었다.

"선배님, 《호주 이야기》를 드디어 출판하게 되었어요. 축사 좀 부탁드려도 될까요?"

남편의 선배인 나를 대하는 호칭은 '선배님'이었다. 글 꾸러미를 이제 막 출판사에 보내 놓고 누군가와 대화하고 싶고 따끈따끈한 피자 한 쪽에 와인 한 잔을 하며 그간 눈물겹게 출판과 씨름한 몇 달의 피로를 다 씻고 싶었을 가슴 벅찬 심정이 충분히 헤아려진다.

교육철학 교수인 남편은 학생을 지도하며 틈틈이 논문과 책을 내고 있지만, 김소영 님은 남편을 내조하느라 미루었던 처녀 시절부터의 꿈인 자신만의 글을 세상에 펴 보고 싶었던 소망을 이렇게 이룬 것이다.

그렇게 한 권의 책이 나왔다. 일 년 동안 시드니를 포함한 호주 곳곳의 삶과 여정을 담은, 자신이 본 세상과 소망을 호주의 자연과 사람 속에서 간추려 써 내려간 '일일편지' 형식의 독특한 그녀만의 스타일로 세상에 출사표를 던진 것이다.

두말할 것 없이 김소영 님의 첫 작품, 그 노고에 큰 박수를 열 번 백 번 보내고 싶다. 호주에 체재한 365일을 빠짐없이 기록하며 틈틈이 찍은 사진과 적절하게 배합한 그녀의 **기록 영상집**이 힘찬 울음을 터트리며 세상 밖으로 나온 것이다. 어머니 뱃속에서 나올 때 한 번 크게 울고 이제 또 다른 몸으로 세상의 문을 열고 힘차게 걸어 나오는 그녀의 모습은 정말 아름답다. 미스코리아보다 아름답고 미스 유니버스보다 매력적이다.

'작가는 글로써 말한다'는 말이 있다. 작가는 글로써 진실을 말해야 한다는 의미도 내포하고 있다면, 김소영 님은 아직 등단한 작가는 아니지만, 어느 작가보다도 훌륭한 문인이 될 소지가 충분하다고 여겨진다. 왜냐하면, 누구보다도 성실하고 진실한 마음으로 신이 부여한 깨끗한 여백에 자신에게 주어진 365일을 하루도 헛되게 보내지 않으려고, 그날그날 느낀 점을 꼼꼼히 메모해 두고는 3평도 안 된 시드니 골방에서 빛나는 산문을 만들어 갔기 때문이다.

그녀의 손은 미사여구가 판을 치는 불량 작가의 때가 묻지 않았고, 그녀의 얼굴은 순수 자연 미인으로 진실한 언어와 기호가 조합된 아름다운 목소리로 한 편의 책을 만들었다.

동시대를 살아가는 한 가정의 아내라는 모습과 하루를 살더라도 가치 있게 살고

싶은 인간 표현의 자유를 특유의 방식으로 세상에 던진 김소영 님의 첫 상재 앞에서 그녀를 아끼는 호주와 한국의 모든 이와 함께 축하의 박수를 보낸다. 아울러 '어제보다는 오늘, 오늘보다는 내일 더 빛나는 보석'이 되기를 응원하는 격려의 박수를 얹으며, 제2. 제3의 묵향을 기대하는 마음으로 끝없는 인생을 펼쳐갈 김소영 님의 발전을 기원한다.

김화용 시인(호주 시드니 고려문화포럼 회장)

Prologue__

　오늘이 있기까지 지금의 제가 되도록 해 주신, 인연 되었던 모든 분에게 무한한 감사를 드립니다. 좋은 만남도 좋지 않은 만남도, 좋은 말도 좋지 않은 말도 모두 오늘의 저를 만들어 주었습니다.

　물론 지금까지 살아오면서 저의 의사와는 상관없이 많은 오해를 받기도 하고, 때로는 악의 없는 말과 행동이 다른 이에게 상처를 주기도 하였습니다. 그러나 그 모든 것들은 저에게 다양한 삶을 살게 해 주었고, 지금에 와서 보면 한 권의 책을 만들 수 있는 밑거름이 되었음에 고마울 따름입니다.

　처음 걸음마하는 책 작업이라 많이 어설프고 부족한 부분도 있습니다. 언제라도 질책해 주신다면 사랑의 마음으로 여기고 달게 받겠습니다.

　호주에서의 생활은 제 삶에 많은 변화를 주었습니다. 호주에서 만나 도움을 많이 주신 많은 분들에게 모두 감사하고 싶지만, 지면상 두 가정만을 말씀드리게 됨을 너그러이 용서바랍니다.

　첫 번째 가정은 남편의 대학 선배이신 도담 김화용 회장님과 부인 정 크리스티나입니다. 도담 회장님은 시인이면서, 호주의 이민 사회에서 교회와 무관하게 '지적 갈증을 해소하는' 공동체를 이끌어가고 계신 분으로, 인문학적인 탁월한 사고 능력으로 많은 사람들을 아우르는 기술과 한마디를 듣고도 사람의 마음을 십 리는 헤아리시는 분이었습니다. 많은 좋은 말씀 중에서도 '죽어가는 아내를 살리려고 붙들고 팔다리를 주무르지 말고, 아내가 살아 있을 때 팔다리를 주물러 주어라', '아내가 나에게 어떻게 하는 것과는 무관하게, 내 아내를 내가 잘해 주어야지 누가 잘해주겠느냐. 또 다른 사람이 잘해준들 그것이 무슨 소용이 있느냐'라는 말씀은 제게 신선하게 다가왔습니다. 그렇게 남편의 소중함을 진실로 일깨워 주셨습니다.

　또한 한 달에 한 번 고려문화포럼에 참석하여 많은 다양한 지식을 쌓으면서 '알고자 하는 저의 욕구에 큰 불길'을 타오르게 하셨습니다. 크리스티나 역시 남편과 순수하게 살아가는 모습에서 변함없는 아름다움을 보았습니다. 지금도 피시 마켓에서 사온 연어와 새우와 굴을 와인과 함께 즐겨 먹던 그 때가 생각납니다.

두 번째 가정은 남편의 후배이신 황 사장님과 부인 김소냐입니다.

호주 이민자이지만, 소냐는 천주교를 다니며, 호주인들 사회에서 부부가 각자 꿋꿋이 아주 잘 살아가고 계신 분으로, 사업Business과 호주식 사교Social를 철저하게 잘하시는 분이었습니다. 또한 제가 아는 한국과 호주에 사는 한국 사람들 중에서 건강관리를 가장 잘하시는 분들이었습니다. 두 분은 철저하게 규칙적으로 운동을 하시며, 음식을 제대로 만들어 드시는 최고의 부부였습니다.

자기들의 냉장고는 슈퍼마켓이라고 하면서 골고루 다양하게 요리해서 드시는 것을 보고, 음식에 대한 저의 관점이 바뀌고, 호주에서부터 음식을 만들어 먹는 것을 즐기게 되었습니다. 그리고 저의 **"건강관리 노하우 Five"**(1. 잘 먹기 2. 잘 운동하기 3. 잘 생각하기 4. 규칙적인 습관 5. 예방 검진)를 두 분은 아주 잘 실천하고 계셨습니다. 오전에 거의 모든 활동을 하시고, 오후에는 쉬면서 자기만의 시간을 즐기다가, 일찍 잠자리에 들고, 밝은 아침을 일찍 맞이하는 모범생이었습니다.

그리고 각자의 권한을 철저하게 인정하여 부부로서 맡은 일은 제대로 하면서도, 개인의 자유를 누리는 부부였습니다. 한마디로 완벽하게 계획된 '**규칙적인 삶**' 속에서 여유를 만끽하는 아주 멋있는 멋쟁이셨습니다. 식사 때마다 여러 가지 다른 재료로 '**주방장 마음대로**' 신선하게 바로 요리하는 소냐의 모습이 지금 이 순간 눈앞에 어른거려 그 음식을 다시 한 번 먹어 보고 싶습니다. 또한 황 사장님의 '지금 바쁘십니까? 약속 있으십니까?' 하시는 말씀도 귓가에 들리는 듯합니다.

또 한 분, 우리 부부에게 "온달 장군과 평강 공주"라는 별명을 지어 주시고, 좋은 말씀 많이 해 주신 우보 장 사장님께 감사의 말씀 드리고 싶습니다. 그리고 여러 가지 정보를 알려주고, 많은 부분에서 우리를 배려해 준 SKY에게도 감사한 마음을 전합니다.

끝으로 저를 아시는 모든 분들이 항상 편안하고 즐거운 삶의 시간들이 되시기

를 기원하며, 저를 만나는 그 순간순간에도 모든 분들이 편안함을 느끼게 하여
주소서.

2014년 3월 5일
평강 김소영이 드립니다.

'시간과 정성'은 모든 것을 가능케 한다.

호주를 선택하게 된 이유___ 해외에서 살고 싶어서 여러모로 노력했으나, 운명은 마음먹은 대로 되지 않았다. 사실 남편이 결혼하면 5년 내에 독일로 유학을 간다고 해서 결혼을 했다. 그러나 결혼한 지 10년 만에 남편 혼자 영국으로 유학을 갔다. 남편이 시간 강사로 경제적 여유가 없던 우리 상황에서, 나는 돈을 벌면서 아이들을 돌보아야 했기 때문이다. 그래서 기대했던 해외 생활은 하지 못했다. 젊어서 아이들과 함께 남편을 따라 영국을 가지 못한 것이 내 삶에 있어서 가장 안타깝다.

다행히 남편은 유학 후 바로 교수가 되었다. 그러나 보통은 교환 교수로 아이들 어릴 때 해외에 많이들 나가는데, 남편은 교환 교수에는 관심이 없는데다가, 우리의 경제 사정도 좋지 않아 엄두도 내지 못했다. 나이가 들어 교환교수를 나갈 수 있는 상황에서는 총장 선거 후보에 출마하느라 또 지연되었다. 그러다가 내가 직장을 그만두고, 큰딸을 결혼시키고 나서야, 그것도 내가 졸라서 교환 교수를 가게 되었다.

남편은 미국, 캐나다 중 어디로 갈까 생각하다가 교육과 복지가 잘 되어 있는 북유럽의 핀란드로 가고 싶다고 했다. 그러나 우리 나이가 40대도 아니고, 남편은 만 60세, 나는 만 57세인데 겨울이 6개월이나 되는 추운 나라에 가서 병이라도 나면 큰일이다. 그래서 따뜻한 나라 호주를 선택하게 된 것이다. 이제는 어디를 가든 남편과 함께할 것이다. 남편은 20년 전 유학 생활을 했던 영국에서 3개월이라도 다시 살아 보고 싶다고 했다. 남편이 나에게 영국에서 살 기회를 만들어 주려는 걸까?

호주 VISA를 받기까지__ 우리 남편이 가고자 하는 학교인 시드니 대학교에 있는 교수에게 공부하러 가겠다고 편지를 했고, 그 교수가 수락한 후, 시드니 대학에서 남편에게 이메일이 오면서 절차가 시작되었다.

시드니 대학교에 필요한 서류(재직 증명서, 연봉 증명서 등)를 내면, 시드니 대학에서 호주 정부의 승인을 받아 초청 서류가 우리에게 이메일로 온다. 이것을 가지고 서울에 있는 호주 대사관에 비자 서류를 작성하여 접수하고 신체검사를 한다. 그러면 서울 호주 대사관에서 호주 정부와 연락하여 비자를 받아, 그것을 우리에게 보내 준다.

간단해 보이지만, 족히 4~5개월은 걸렸다. 신체검사도 매우 까다로웠다. 미리 해도 안 되고 서류를 서울 호주 대사관에 접수하고, 접수번호가 나오면 그때부터 일주일 내에 신체검사를 해야 한다. 우리나라는 동남아의 후진국들과 함께 아주 위험한 나라로 분류되어 있었다. 특히 결핵에 대해 아주 까다로웠다. 세브란스 병원과 삼육대 병원에서만 신체검사를 하는데, 우리는 가까운 삼육대 병원에서 신체검사를 했다.

워낙 비자 받는 서류가 복잡하여 대개는 1인당 이삼십만 원을 내고 대행사에 의뢰하는데, 하나하나 알아가는 차원에서 나는 서류를 직접 준비해서 대사관에 보냈다. 마지막에 비자가 왔을 때 비자는 여러 가지 번호가 많았지만, 많은 설명도 있었다. 호주는 우리나라에서 중히 여기는 도장이 찍힌 '증'보다는 말로 서술하는 것을 더 인정해 준다. 그야말로 신용 사회다. Visa를 받으려고 하다 보니 호주 사람들은 어설퍼 보였지만, 은근히 까다로웠다.

호주에서 나는 무엇을 할 것인가?__ 남편은 공부를 하러 간다지만 나는 호주를 가서 무엇을 할 것인가? 하루 종일 집에만 있다가 남편 밥만 해 줄 것인가? 내 인생에 도움이 되는 것이 무엇일까? 그토록 바라던 해외에서 일 년을 살아 보는데, 의미 없이 허송세월만 할 수는 없다. 살아 보지 않아서 알 수는 없지만, 내가 그토록 해외 생활을 바라던 이유는 어디에 있었을까? 그동안 해외여행을 하면서 구경만 했었다. 사람, 건물, 먹을 것, 입을 것을 구경하면서, 디즈니랜드, 마사지, 도박장, 헬리콥터 타 보기 등 일회적으로 뭔가 한 번 해 보기만 했다. 그러니 여행이 끝나고 나면 뭔가 허전하고, 알맹이가 없는 기분이었다. 그런 기분이 들면서부터는 해외에서 제대로 살아보고 싶었다.

외국인! 그 사람들과 대화하면서 그 사람들의 속내를 알고 싶었다. 내가 사춘기였을 때 남자아이들은 밥을 어떻게 먹고, 연필은 어떻게 잡는지 궁금했던 것처럼, 외국인은 어떤 집에서 어떤 것을 먹고, 어떤 일로 여가를 보내는지 알고 싶었다. 유럽 사람, 호주 사람, 아프리카 사람, 인도 사람 등 그들은 어떤 삶을 살고 있을까 하는 궁금증이 발동했다. 호주에 사는 사람들의 삶을 자세히 들여다보고 싶어서 "호주 이야기"를 한 번 써 보고 싶었다. 그래서 매일 매일의 호주생활에서 일어나는 모든 것을 그려보기로 했다.

일 년은 365일. 하루에 1쪽을 쓰면 365쪽. 충분히 책 한 권은 될 수 있다. 적어도 300쪽이면 가능하다. 조금 느긋하게 여유를 부려 한 달에 20쪽을 쓴다고 할 경우, 1년이면 240쪽에 책 서문과 뒤 마무리를 하면 충분히 한 권의 책이 되겠다는 자신감이 생겼다.

내 나이 오십이 되면서 인생 전반을 정리하는 "자서전(부제 : 누구를 위한 한 여자의 인생인가?)"을 처음으로 쓰기 시작했었다. 자서전을 완성하지 못한 상태에서, 직장을 그만두고 요양 보호사 강의를 하면서는 나의 건강관리에 관심이 갔다. 그래서 나의 건강을 위해 정리한 "125세를 사는 건강관리 노하우 Five"를 요양 보호사 학생들에게 특강으로 하면서, 건강관리에 관한 책을 쓰고자 자료를 모으고 있었다. 그러나 또 마무리를 하지 못한 상태에서 호주를 가게 되었다. 그래도 혹시 몰라 자서전과 건강관리노하우에 관한 자료를 가지고는 간다. 그러나 '호주 이야기'가 우선이다. 지금까지 하나도 제대로 완성하지 못했는데, 삼 세 번이라고 세 번째니까 꼭 완성되리라 기대해 본다.

삶의 전반부 이야기

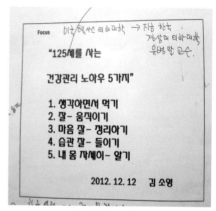

건강관리 노하우 5

되리리! 해내리!

영화 《슬럼독 밀리어네어》에서

•차례•

내 삶의 소리들 _003

축사 _004

Prologue _007

2012년 8월

2012년 9월

2012년 12월

2013년 1월

2013년 2월

2013년 3월

2013년 4월

2013년 5월

2013년 6월

2013년 7월

행복은 그냥 '만족'하는 것?

08월 01일 (수) 시드니 첫날, J 목사님이 공항에서 픽업 ___ 저녁 8시 30분 콴타스 항공 제휴 아시아나 비행기를 타고 8월 1일 현지 시각 아침 7시 40분에 호주 시드니에 도착했다. 비행시간은 10시간 10분이었고, 표준시는 한국보다 1시간이 느렸다. 남편 학교의, 남편보다는 젊은 동료 교수의 형님이신 J 목사님이 우리를 마중 오셨다. 1시간을 걸쳐서 에핑을 지나 고든의 셰어Share집으로 갔다. 주인이 한 달 전에 하우스 전체를 임대한지라 전부 엉성하였다. 우리가 살 방은 덩그러니 이불만 있었는데, 피난민 수용소 같았다. 주인에게 2주치 셰어 비와 보증금Deposit 2주치 총 1,200달러를 주고, 영수증을 문자로 받았다.

수고해 주신 J 목사님 부부와 함께 '가신'이라는 한국인 일식집에서 점심을 먹었다(10만 원 : 24달러씩 네 명). 그리고 하비 노먼Harvey Normans전자상가에서 전기담요를 사고, 울워스Wool worth에서 우유와 크리넥스와 빵을 샀다. 저녁은 우리가 밥 해 먹을 준비가 안 되어 주인이 파스타를 해서 주었다. 밤에는 외풍이 심하여 엄청 추웠다. 점퍼를 입고 잤다. 피난민 수용소 같아도 피곤해서인지 잠은 잘 잤다.

08월 02일 (목) 남편 시드니 대학 Murray 교수와 첫 만남 ___ 아침에는 고구마, 빵, 사과를 먹고 녹차를 마신 후, 시드니 대학교로 가기 위해 10시에 레드펀으로 가는 전철을 탔다. 1인당 왕복 5.8달러(약 7천 원)로, 40여 분 걸려서 시드니 대학에 도착했다. 우리를 안내해 주기로 한 목사님 딸보다 일찍 도착하여, 커피숍의 햇빛 비치는 의자에 앉았다. 남편은 Murray 교수를 만나 이야기할 계획서Proposal를 열심히 읽었다. 11시 30분에 정 목사님 셋째 딸을 만나 학교에 대해 대충 설명을 듣고, 교육학 건물까지 안내를 받고 헤어졌다. 우리는 12시 30분까지 주위를 둘러보면서, 긴장을 풀기 위해 남편은 물을 마셨다. 12시 30분에 남편은 Murray 교수 연구실인 438호로 가고, 나는 학생들 식당에서 고독을 즐기며 점심을 먹었다. 열심히 점심을 먹고 있는데, 남편이 Murray 교수가 함께 식사하자고 한다며 데리러 왔다. 부리나케 먹던 도시락을 정리하고, Murray 교수를 만나러 갔다. 20분 정도 학교 설명을 들으면서 일식집으로 갔다. 그리고 Murray 교수는 라멘이나 우동 중에서 선택하라고 했다. Murray 교수는 권위적이지 않고, 생각 외로 수수하였다. 남편과 동갑인 육십인데, 두 번째 부인과 낳은 아기가 4개월이라고 하여 놀랐다. Murray 교수는 부드러운 인상으로 여자들이 좋아하게 생겼다. 두 번째 부인의 사진을 보여 주었는데 40대의 일본 여자였다. 다시 학교로 와서 커피를 마시면서 이야기하다가, 3시 조금 안 되어 Murray 교수는 약속이 있다고 다음 월요일 날 다시 만나자며 헤어졌다. 3시간 정도 스트레스를 받아서, 남편은 학교를 좀 걷자고 했다. 나는 신경을 안 쓴 것 같은데도 라멘을 먹을 때 위가 움직이는 것을 느꼈다. 30분 정도 학교 안을 걷다가 학교 앞 책방에서 얇은 책 한 권을 62달러(7만 5천 원)를 주고 샀다. 그리고 전철을 타고 고든으로 오는데 노선Track만 알고 방향을 확인하지 않아, 채스우드에서 에핑 방향으로 한 정거장을 더 가는 바람에 내려서 다시 바꾸어 타고 왔다. 다음부터는 노선도 보고, 방향도 꼭 보아야겠다.

저녁 때 집에 오니 침대와 텔레비전, 책상과 전기스탠드가 우리 방에 들어와 있어서 피난민 수용소에서 벗어났다. 주인은 새로 이사와 준비도 안 된 상태에서 셰어 할 사람을 먼저 구하여 우리를 불편하게 했다.

08월 03일 (금) 남편과 나의 1년 계획 ___ 남편은 Murray 교수와 어제 마신 커피 때문에 밤새 잠을 자지 못하고, 어제 산 책을 보았다. 잠에서 막 깬 나에게 남편은 어제 하루 사이에 생각한 자기의 구상을 얘기했다. 호주에 있는 동안 주제에 따른 많은 자료를 다운받으면서, 연구하고자 했던 Civic에 관해 공부도 할 것이지만, "호주 교육 이야기"라는 책을 써 보겠다고 하면서, 내가 할 일이 없을까 봐 걱정을 했다. 남편에게 내 걱정은 하지 마시라 큰소리쳤다. 그럴까 봐 아예 내 노트북도 들고 왔고, "호주에서 살아 본 365일 이야기"라는 책을 쓸 것이라고 말했다. 호주의 일 년은 누구에게도 어떤 구애도 받지 않고, 오르지 나만의 시간이므로 가능할 것이라 생각한다.

08월 04일 (토) 처음 가 본 오페라하우스, 한가로움 ___ 집을 나온 것이 11시 30분이었다. 오늘은 호주 시드니에서 가장 유명한 오페라하우스가 있는 서큘러 키Circular quay에 가서 천천히 둘러보기로 했다. 전철을 기다리는 동안 옆에 앉아 있던 중국인처럼 보이는 노부부가 웃는다. 노부부는 말레이시아에서 호주에 온 지 21년이 되었고, 호주는 무척 살기가 좋으며, 2달러 50센트짜리 티켓만 가지면 어디나 갈 수 있다고, 티켓을 보여 주면서 자랑을 했다. 무엇이 그리 좋을까 생각해 보았다. 호주에서 나흘째를 맞는 내 느낌으로는 '사람들이 경쟁적이지 않고, 평화롭고, 마음의 여유를 가지고 느긋하게 살 수 있고, 공기가 맑고 어디나 깨끗'하기 때문이 아닌가 생각되었다.

토요일이라 평상시와 달리 전철을 갈아타는 것이 달라서 윈야드Wynyard에서는 갈아타지 못하고, 센트럴Central까지 다시 가서 갈아타고 서큘러 키Circular quay (1인당 5.8달러)로 갔다. 안내판도 자세히 보고 방송하는 것도 귀담아들어야겠다. 록스Rocks광장에 도착하니 배가 고팠다. 레스토랑에 들어가서 느긋하게 먹기에는 구경을 해야 한다는 한국적인 사고방식 때문에 마음의 여유가 없었다. 그래서 록스 광장에서 열리는 주말 시장을 구경하고, 거기에서 식사를 해결하기로 했다.

록스 광장 주말 시장을 둘러보면서 모자를 하나 샀다. 평소에 머리가 시려 모자를 써야겠다는 생각을 하고 있었는데 다행히 맞는 것이 있었다. 40달러 하는 것을 35달러(4만 2천 원)에 샀다. 모자를 쓰고 나니 따뜻해서 좋고, 내가 보기에 한결 멋있어 보였다. 터키식 부침개와 스테이크 샌드위치를 20달러에 사서 근처 의자에 앉아서 먹었다. 옆의 한국 여대생 두 명도 터키식 부침개를 먹고 있었다. 우리보고 호주에서 만났느냐고 물어서 한바탕 웃었다. 난 멋있는 모자를 쓰고 있고, 남편은 하얀 머리를 하고 있으니 나이 차이가 많아 보였나 보다. 점심을 먹고 나니 호주에 와서 심적으로 쉬지 못해서인지 피곤이 몰려왔다. 그래서 구경은 천천히 하기로 하고 일단 의자에 누워 쉬었다. 하버브리지와 오페라하우스 사이 벤치에 비스듬히 누워서 남편은 코를 골면서 잠이 들었고, 난 생각을 메모했다. "자유롭고 자유롭다. 시간에 구애받지 않고, 무언가를 하지 않아도 되고, 돈 벌 생각, 밥할 생각, 어디 갈 생각 등등 하지 않아도 되고, 하늘은 맑게 푸르고, 바닷속도 깨끗하고," 생각해 보면 사는 동안 이런 **한가로움**은 거의 없었던 것 같았다. 남편이 한잠을 자고 일어나서 오페라하우스 쪽으로 다시 걸었다. 목이 말라 캔 맥주 두 개를 사서 마셨다. 엊그제 시드니 대학에서 물을 3.68달러(4,500원)를 주고 샀었는데, 이곳은 맥주 캔 하나에 2달러(2,400원)다. 브랜드에 따라, 장소에 따라 값이 다양한 모양이다. 오페라하우스와 바닷가 사이에 식당과 의자들이 즐비하게 있어 우리도 거기에 앉았다. 옆에 70대 부부로 보이는 호주인들은 부부가 아니라, 데이트 중이었다. 이들은 오페라하우스 근처는 물론 보타닉 가든 길도 아름답다고 말했다. 70대 분들의 데이트를 위해 우리가 먼저 자리를 떴다.

08월 05일 (일) 시드니 언약 교회 예배 첫날, 감사 헌금 100달러(12만원) ___ 11시부터 산책을 하면서 목사님을 기다렸다. 11시 40분이 되어서야 목사님이 옷걸이와 휴대 전화 하나를 가지고 오셨다. 32달러로 360분 통화할 수 있도록 충전된 것이라고 하였다. LKH 권사님이 선물했다고 한다. 오랜만에 교회에서 예배를 보았다. 정말 기도도 많이 하고, 말씀도 길고, 찬송도 오래하였다. 우리는 큰마음 먹고 감사 헌금으로 100달러(12만 원)를 했다. 그네들이 보기에는 작을까 우려도 되었지만, 우리 형편껏 하는 것이고, 하느님이 보고 계시기에 아시리라 생각했다.

교회의 제일 연장자는 호주 온 지 11년 된 56년생 AN 집사님으로 대장암 수술을 하고, 작년 11월에 간에서도 용종을 떼어냈다고 하는 남편 대학 후배였다. 콜스Coles와 빅Big W 등의 슈퍼 대여섯 곳에서 청소 일을 하신다고 했다. 부인은 60년생 LKH 님으로 머리스타일이 특이하였고, 우리에게 휴대 전화를 선물한 분이다. 교회는 호주 교회를 빌려서 12시 30분부터 오후 4시까지만 사용한다고 했다. 사람들을 사귀는 것은 즐거운데, 성당이 아니고 교회라는 것이 마음이 무거웠다.

08월 06일 (월) 시드니 대학 출입 카드, Gordon의 SKY 만남 ___ 시드니 대학교 도서관 출입 카드를 만들기 위해 교육학과 행정 사무실에 찾아갔더니 비자에다 사인을 해주고, 카드 만드는 곳으로 7분 정도 함께 걸어가서 사무실을 안내해 주었다. 여권과 비자를 다시 내고 확인한 뒤, 남편을 옆방으로 데려가서 사진을 찍은 후 카드를 즉시 발급해 주었다. 시드니 대학에서 인정해 주는 카드여서 남편은 기분이 좋다고 했다. 20년 전 1993년 영국에 공부하러 갔을 때는 사진이 없었다고 했다.

남편은 Murray 교수를 만나러 가고, 나는 식당에서 편안한 의자를 골라 앉았다. 그러고는 사야 할 것과 해야 할 일, 영어 공부 등 이것저것 정리했다. 1시간쯤 지나서 남편이 왔다. 집에 오면서 고든 전철역 앞에 있는 한국 슈퍼에서 라면을 사고, 지난번에 말했던 영어 공부를 하도록 알려 달라고 했다. 슈퍼 사장님은 어딘가 전화를 하고 얼마 후 울워스에서 쇼핑을 하고 있던 SKY가 왔다. 우리에게 SKY를 소개해 주었다. 남편이 경희대 한방학과 교환 교수로 2년 전 호주에 온 SKY는 45세이며, 열다섯 살 난 아들 MK, 아홉 살의 HY, 일곱 살의 HU가 있었다. 지금 현재 남편은 시티에서 치과의사인 친구 건물에서 한의원을 하고 있다고 했다. 교환 교수 비자가 끝나 학생 비자로 다시 바꾸어 호주에 계속 체류하고자 한다고 했다. 경희대 한의학과 교수의 기득권을 버리고 호주에 계속 체류하고자 하는 이유가 무엇일까 내심 궁금했다. SKY는 주말을 제외하고는 매일 영어 공부를 한다면서 일주일 동안 안내해 주겠다고 했다.

08월 07일 (화) 한인 영어 첫날, 골프 필드 답사 ___ 9시 55분에 피자 헛 앞에서 SKY를 만나 피자헛 바로 옆의 "제임스 칼리지"라는 한인 학원에 갔다. 초중고 영어, 수학, 과학 학원인데, 원장이 오전에 자원봉사로 영어를 가르쳐 준다고 했다. 대신 3달러씩 기부Donation를 했다. 우리가 간 첫날인데 아줌마 학생들이 17명으로 강의실이 꽉 찼다. 한인 학원 원장님이 이젠 더 이상 선전하지 말라고 하여 한바탕 웃었다. 남자는 우리 남편을 포함하여 두 명이었고, 할머니에서부터 젊은 아줌마들까지 있었다. 원장은 의외로 영어를 쉽게 할 수 있도록 중요한 부분을 짚어서 잘 가르쳐 주었다. 2시간 공부하고 숙제를 내 주었다. 노트의 반쪽은 영어, 반쪽은 해석을 쓰고, 해석을 보고 영어로 소리 내어 20번을 말하는 연습을 하라고 했다.

오후에 아래층 인도댁과 골프장을 갔다. 호주의 필드는 어떻게 돌아가는지 일단 알고 싶었다. 고든 골프장은 의외로 지저분하고 산뜻하지가 않았다. 골프가 일반화되어 그런지 로커도 개인 것이 없고, 창고 같은 곳에 골프 가방을 한꺼번에 모아 두고 20달러를 받는다고 했다. 좋지 않아도 집 가까운 곳에 필드는 있지만, 연습장은 전철을 타고 가야 한다. 필드는 정회원이 1년에 1,500달러(180만 원)였으나 더 좋은 골프장은 더 비싸다고 했다. 일단 연습을 먼저 하고 나서 필드를 생각하기로 했다.

08월 08일 (수) Baptist 첫날 "You can't take it with you", 은행
계좌 개설 ___ SKY를 따라 큰길 건너에 있는 바티스트Baptist 교회에 갔다. 호주
목사님이 영어 노래를 하나 들려주고 설명하셨다. 노래 제목은 "You can't take
it with you"로, **죽을 때 우리는 그 어떤 것도 가지고 갈 수 없다**는 내용이다. 누
가복음Luke 12장 13절에서 21절 영어 성경 구절이었다. 중간에 대여섯 명씩 그룹
토의를 하고, 마지막에 목사님이 마무리를 다시 해 주셨다. 내용이 좀 어려웠다.
모르는 단어도 많았다. 그러나 의미가 있는 것이어서 좋았다.

오후에는 고든에서 전철 4정거장에 있고, 한국인들이 많이 사는 번화가 지역
의 하나인 채스우드Chatswood (왕복Return 4.8달러)를 갔다. Common Wealth 은행
에 가서 한국인 직원을 찾았다. 호주에서 태어났다는 Tarry 씨에게 예금 계좌
를 개설하고, 갖고 있던 돈의 4분의 3을 저금했다. 4~6일 뒤 집으로 배달되는 카
드를 가지고, 온라인으로 TFN(Tax File Number)를 만들어서 다시 은행에 오면 이
자가 붙는 계좌를 하나 더 개설해 주고, 주소가 적혀 있는 잔고 증명서Statement
를 만들어주겠다고 한다. 잔고 증명서는 동네 도서실에서 책을 빌리기 위해 필요
한 것이어서 해 달라고 하였다.

08월 09일 (목) 킬라라 올림픽 공부, 영사관 등록, 되찾은 영어 사전
___ SKY를 따라 킬라라Kilara (고든에서 전철 한 정거장 동네) 성 마틴 성공회St Martins
Anglican 교회에 갔다. 의사나 변호사들이 은퇴하여 교회에서 라이온스 클럽 활
동을 하면서, 자원봉사를 하는 호주 할머니들과 영어를 배우려는 일본인, 중국
인, 러시아인과 우리 한국인들이 함께하는 시간이다. 학생들이 원하는 화제로
대화를 나누는데, 오늘은 지금 하고 있는 올림픽이었다. 호주에 적응하느라 텔
레비전을 보지 못하여 몰랐는데 우리나라가 금 12개로 4위라고 한다. 중국이 가
장 많은 금메달을 땄다는 말에 큰 나라라는 것을 다시 한 번 실감했다. 강사는
그림이 그려진 올림픽 경기 종류와 역대 올림픽이 개최된 나라 순서를 프린트하
여 주었다. 올림픽은 1896년 그리스 아테네를 시작으로 4년마다 개최되었는데,
세계 1차와 2차 대전 때는 개최되지 않았다. 우리나라는 1988년에 24번째 개

최국이었다.

수업이 끝나고 전철을 타고 시티에 있는 성 제임스St. James역 길 건너에 있는 영사관에 가서 해외 거주자 등록을 하고, 12월에 있을 대선에 투표하기 위해 부재자 투표를 신청했다. 그리고 시티에 나왔으니 그냥 집으로 가기보다는 무료 셔틀버스 555번을 한 번 타 보기로 하고 길을 걸었다. 조지 스트리트Gorge St를 따라 걸으면서, 헤이 마켓을 둘러보고, 차이나타운도 보았다. 그리고는 센트럴역까지 걷고, 센트럴역 페디 애비뉴 길에서 555번을 탔다. 서큘러 키까지 가는 동안에 왼쪽으로 호주 피이트 성당과 앤드류 성당도 보았다.

집에 와서 저녁을 먹고 가방 정리를 하다 보니 샤프 전자사전이 보이지 않았다. 어제 110달러를 잃어버린 것 때문에도 신경이 곤두서 있었는데 오늘은 전자사전이라니… 호주에 온 지 일주일 밖에 되지 않았는데 영어를 배우겠다고 고든을 두루 돌아다니다 보니 우리가 정신이 없었나 보다. 남편은 거의 매일 밤 Murray 교수가 보내준 논문 등 자료를 보고, 토론할 내용을 정리하였다. 또 대학 도서실에 책이 어떤 것이 있는지, 읽고 싶은 책이 있는지 검색하고, 메일 온 것에 대한 답하느라 바쁜 가운데, 오전에는 영어를 배우러 다니고, 오후에 은행 볼일이나 대사관 볼일을 볼 때는 여지없이 책방을 가서 볼만한 책이 있는지 찾아보았다. 그러다 보니 돈이나 물건에는 신경을 쓰지 않아 이런 문제가 생겼구나 하고 나름대로 이해를 하면서 화를 내지는 못했다.

그러나 남편은 잠이 들었지만, 나는 잠이 오지 않아 정신을 차리고 살아야겠

다고 생각하며 책상을 정리하려는데, 노트북 뚜껑 뒤쪽에서 전자사전이 보였다. 너무 놀라서 잠자고 있는 남편을 깨웠다. 남편은 집에 오자마자 점퍼 주머니에 넣어 두었던 사전을 꺼내 노트북 뒤에 놓고는 내가 그토록 가방과 옷을 몇 번이나 뒤졌는데도 전혀 기억하지 못했었다. 오 마이 갓! 울 수도 웃을 수도 없었다.

세계 1차 대전 ___ 1914년 세르비아(전 유고슬라비아) 청년이 오스트리아 황태자를 암살하는 사라예보 사건으로 오스트리아가 세르비아를 침공하면서 전쟁이 시작된다. 그리고 러시아가 끼어들어 독일, 오스트리아와 러시아, 세르비아(발칸반도), 영국, 프랑스가 맞서 싸우다가 미국이 마무리했다.

세계 2차 대전 ___ 1939년 9월 1일에 일어난 독일의 폴란드 침공과 이에 대한 영국과 프랑스의 대독 선전 포고에서 발발하여, 1941년 독일의 소련 공격과 일본의 진주만 공격을 계기로 발발한 태평양 전쟁 등의 과정을 거쳐 세계적 규모로 확대되었다. 1945년 8월 15일 일본의 항복으로 종결되었다.

올림픽의 역사 ___ 1. 1896년 그리스의 아테네 2. 1900년 프랑스의 파리 3. 1904년 미국의 세인트루이스 4. 1908년 영국의 런던 5. 1912년 스웨덴의 스톡홀름 6. **1916년**(세계 1차 대전 1914년~1918년) 7. 1920년 벨기에의 앤트워프 8. 1924년 프랑스의 파리 9. 1928년 네덜란드의 암스테르담 10. 1932년 미국의 로스앤젤레스 11. 1936년 독일의 베를린 12. 1940년(세계 2차 대전 1939년~) 13. **1944년**(세계 2차 대전 ~1945년) 14. 1948년 영국의 런던 15. 1952년 핀란드의 헬싱키 16. 1956년 오스트레일리아의 멜버른 17. 1960년 이탈리아의 로마 18. 1964년 일본의 도쿄 19. 1968년 멕시코의 멕시코시티 20. 1972년 독일의 뮌헨 21. 1976년 캐나다 몬트리올 22. 1980년 러시아의 모스크바 23. 1984년 미국의 로스앤젤레스 24. 1988년 대한민국 서울 25. 1992년 스페인의 바르셀로나 26. 1996년 미국의 애틀랜타 27. 2000년 오스트레일리아의 시드니 28. 2004년 그리스의 아테네 29. 2008년 중국의 베이징 30. 2012년 영국의 런던이었다. 올림픽이 시작된 후 116년이 흘렀고, 30번 중에서 3번(6. 12. 13)은 1차, 2차 세계 대전 때문에 개최되지 않았다.

올림픽 종목 ___ Badminton, Fencing, Handball, Modern Pentathlon(5종 경기), Shooting(사격), Softball, Hockey, Synchronized Swimming, Equestrian(승마), Water Polo(수구), Baseball, Wrestling, Yachting, Judo, Table Tennis, Slalom Canoe/Kayak(회전 카누), Football(Soccer), Rhythmic Gymnastics, Tennis, Boxing, Gymnastics(체조), Rowing, Volleyball, Sprint Canoe/Kayak(전속력 카누), Weightlifting(역도), Cycling, Basketball, Diving(다이빙), Archery(양궁) Athletics(육상), Swimming 등 31가지

08월 10일 (금) Hillary, SKY, 도서실, 불편한 Share 집, 김소영 파이팅! ___ SKY와 핌블Pymble (북쪽으로 자동차로 10분 동네) 성 마태St. Matthew's 교회에 갔다. 여러 사람들과 인사를 하고 나서 Hillary 할머니 강사가 우리 두 사람을 따로 데리고 갔다. Hillary는 영국에서 남편 따라 오신 분으로 영국과 호주에서 초등학교 체육 선생님을 하신 분이었다. 그런데 다리가 불편하여 목발을 짚고 계셨고, 한쪽 입가에서는 계속 침이 나와 연신 닦고 계셨다. 65세에 은퇴하시고, 현재 72세로 자원봉사를 하고 계셨다. 오늘 Hillary 선생님 수업은 호주를 왜 선택해서 왔는지, 호주의 느낌이 어떤지, 호주 생활에서의 스트레스는 어떤 것들이 있는지, 스트레스의 심한 정도 등을 묻는 것이었다. 또 공동체와의 관계에 문제가 있는지, 아이들 때문에 걱정인지, 본국으로 돌아가기 싫은지(대개 돌아가고 싶지 않은 모양이다), 친구가 없어서 외로운지, 일자리를 구하고 싶은지 등에 대해 이야기를 나누었고, 숫자 공부와 돈 공부도 하였다. 숫자 공부는 주사위 두세 개를 던져서 빨리 숫자의 합을 말하기도 하고, 곱셈을 하여 빨리 말하는 것이다. 돈 공부는 100달러, 50달러, 20달러, 10달러, 5달러, 2달러, 1달러, 50센트, 20센트, 10센트, 5센트를 놓고 선생님이 말 한 대로 돈을 챙겨드려야 되는 것인데, 나는 아주 잘하였는데 수학을 싫어하는 남편은 느렸다. 수업이 끝나고 불편한 다리 때문에 앉은 의자를 접어드렸더니 Hillary 선생님은 나보고 Clever하다고 하였다.

SKY와 타이 음식점에서 점심을 먹었다. SKY는 아이들 학교생활, 타이 음식, 호주에 이민 온 부자들과 덜 부자들의 생활 방식과 문제에 대해 나름대로의 생각을 한참 이야기해 주었다. 연신 손으로 가위표를 하면서 방긋방긋 웃어가며 잘도 이야기하였다. 그녀는 잠실에 살면서 학교에서 수학 선생님도 하였고, 학원

선생님도 하였다고 했다. SKY의 이야기로는 호주로 온 부자들은 다른 사람들에게서 피해를 보지 않으려고 숨어서 조용히 살다보니 아이들이 잘 되지 못하였고, 돈 없이 온 사람들은 열심히 밑바닥부터 일하여(주로 청소) 아이들 교육을 잘 시켰지만, 자식들이 부모의 공을 모른다며 한탄한다고 했다. SKY와 헤어져 길 건너에 있는 고든 도서관에 갔다. 책도 제법 있고, 조용하게 공부하는 사람들도 있었다. 남편은 답답한 방보다는 종일 책을 보거나 노트북 작업을 하기에 좋겠다고 했다. 남편이 책을 보는 동안 나는 부동산에 갔다 오겠다고 하면서 부동산을 두 군데 가 보았다. 한 군데는 고든 지역에 1 bed room Apartment를 구한다고 하였더니 없다고 하였고, 또 한 군데는 핌블 지역에 주당 350달러 하는 하우스 하나가 있는데, 전철역까지 버스를 타야 하지만 깨끗하다고 했다. 그래서 가보겠다고 하니 주인과 통화하고 나서는 8개월만 살 수 있다고 하여 포기했다.

우리가 지금 살고 있는 집은 화장실과 샤워실은 2층에서 주인과 함께 사용해야 하고, 부엌은 1층으로 내려가서 세입자와 함께 사용하고, 세탁도 1층으로 내려가서 해야 한다. 그리고 나무로 된 집이어서 조그마하게 이야기하여도 아래층, 위층 다 들린다. 이런 불편함 때문에 이사하고 싶은데 이사를 하면 매일 하는 영어 공부를 못하게 될까 봐 걱정이 된다. 이제 막 사귀기 시작하였는데, 다른 곳으로 이사하게 되면 다시 처음부터 시작해야 되므로 불편하더라도 남편은 이사를 안 하겠다고 했다. 그러나 지금 사는 곳에서 1년을 살 수 있을까? 이 나이에 이렇게 신경을 쓰고 살아야 되나?

그래서 한국에서 메일을 주고받은 Mr 송이 가르쳐 준 영사관 사모님에게 전화를 했다. 자초지종을 얘기하였더니 "나라에서 해 준 집인데 하숙하면 욕 먹는다"고 했다. 그래서 사람들에게는 "있을 때가 없어서 잠시 있는다"고 얘기하면 되지 않겠느냐고 하면서 아파트를 보러 가겠다고 했더니, 내일 오후 2시에 오라고 했다. 일단 빨리 부닥쳐 보고, 이곳 고든에 더 정들기 전에 정착하고 싶다.

오늘은 시드니에 온 지 10일 되는 날이다. 무엇이든 2주가 되면 적응이 좀 되나보다. 10일 동안 닥치는 대로 가 보고, 공부하다 보니 호주의 생활에 감이 잡히는 것 같다. 이제부터는 내 의지대로 하고 싶은 것을 해야겠다. 우왕좌왕하지 말고! 첫 주에는 서울로 돌아가고 싶었다. 내가 이 나이에 왜 남의 나라 낯선 곳에와서 불편을 감수하면서 살아야 하나 싶었는데, 이젠 한 번 살아보자는 생각이들었다. 그래, 내 삶에서 최고의 시간들을 만들어 보자. 김소영 파이팅!

08월 11일 (토) 교회 주말 벼룩시장, Strathfield의 APT Inspection, 살기 좋은 고든 ___ 아침은 주스 한 잔, 생고구마 반쪽, 사과 반쪽 그리고 초콜릿잼과 블루베리 잼을 바른 바게트 두 쪽으로 해결했다. 10시에 고든 전철역 근처에있는, 주말 벼룩시장을 여는 교회에 갔다. 여러 가지 잡동사니가 많았다. 남편은헌 책을 보았으나 건질 것은 없다고 했다. 벼룩시장에서 물건을 팔고 있는 사람들은 거의 70대 전후였다. 어떤 분이 옷걸이만 열 개가량 사가지고 가는데, 우리도필요한 것이어서 눈에 띄었지만 나가는 길이라 사지 않았다.

고든에서 스트라스필드Strathfield (남쪽에 한국인이 제일 많이 사는 곳)까지는 6.6달러(8천 원)였다. 차비가 비싸서 아깝다는 생각이 들기도 하고, 시간도 많아 기차에서 내리지는 않고 주위환경을 둘러보기 위해 나는 남편에게 그랜빌Granville까지갔다가 돌아와서 스트라스필드에서 내리자고 제안했다. 혹시나 검표를 하면 졸다가 놓쳤다고 하자고, 우리 둘은 합의를 보고 마음의 준비를 했다. 특별한 것은없고 가끔 두세 군데 역에서 차이나타운만 보였다.

12시가 되어 스트라스필드 역에서 내리니 그야말로 한국이었다. 상가 건물 하나가 온전히 한국인 가게로 한국 사람들이 한국말만 하였다. 배가 고파 순대 찌개와 해물 찌개를 먹었다. 순대가 당면 순대가 아니고 아바이 순대여서 맛있었다. 해물에는 호주에서 유명한 초록 홍합이 들어 있었는데, 우리나라 홍합보다훨씬 살이 많았다. 남편은 새우도 살이 많다고 했다. 점심을 먹고도 보드라운 빵을 보니 먹고 싶어서 빵집으로 갔다. 그러나 역시 비쌌다. 소보로와 크림빵이 4달러(한 개에 2달러로 2,400원)였다.

2시가 되어 아파트를 인스펙션 하러 갔는데 영사님이 반대한다고 했다. 그러면어제 단호하게 안 된다고 할 것이지! 오전에 우리에게 인터넷 전화를 계속했다고 하는데, 우리는 일찍 나와서 받지를 못했다. 우리는 영사 사모님 아파트 프런트에 1베드 1룸을 460달러(주당)에 인스펙션 한다고 되어 있어서 일단 그것이라도 보기로 했다. 프런트에 있던 여자 호주인의 안내로 보았는데 1베드 1룸이어서 우리는 작은 아파트인 줄 알았는데 엄청나게 컸다. 40평도 넘어 보였다. 단지 방 하나와 거실하나 화장실이 하나라는 것뿐이지. 안방에는 베란다와 드레스 룸, 부엌에는 세탁기 룸이 크게 있고, 거실은 운동장만 했다. 그러나 가격은 고사하고, 그 넓은 공간에 침대와 소파와 책상 그리고 냉장고 등을 채워야 하는 것이 부담스러웠다. 그래서 어렵지 않게 아파트 전체를 렌트하는 것은 포기했다. 이 나이에 가구를 사러 다녀야 되고, 나중에는 전부 되팔아야 되니 남편은 쓸데없는 데 에너지를 낭비하지 말고, 필요한 곳에 돈과 시간을 사용하자고 했다. 영어 공부라도 제대로 하고, 시간 나는 대로 여행이나 많이 하지 쓸데없이 집에 투자하지 말자는 것이다. 남편 말이 일리가 있었고 내 주장을 펴기에는 에너지가 부족하여 포기했다. 또 시끌시끌한 스트라스필드에서 고든으로 오니 너무 조용하였다. 우리에게는 고든이 살기가 더 좋다는 생각이 들었다.

한국 슈퍼에 들러서 모든 것을 잘 알고 있는 슈퍼 사장님에게 화장실과 부엌을 주인과 따로 사용하는 Share 집을 알아봐 달라고 했다. 얘기하는 동안에 미용실에서 일하는 여자분이 알아봐 준다고 하여 전화번호를 가져갔다. 또 웨스트 핌블에 살고 있는 젊은 새댁이 자기들도 처음 왔을 때 집구하기가 힘들었다고 하면서 자기 집 아래층에 방이 하나 있는데 부엌은 같이 써야 하고, 화장실은 따로 쓸 수 있는데, 문제는 전철을 타려면 버스를 타고 나와야 한다면서, 남편에게 Share를 줄 것인지를 상의해 보겠다고 했다.

08월 12일 (일) 앵무새, Bush Walking, 프라우스 아이스크림 ___ 호주에 와서 마음이 안 잡혀 빨래도 하지 않았는데 오늘 처음으로 빨래를 했다. 뒷마당 1층 세탁기 있는 곳으로 가는데 새 두 마리가 먹을 것을 달라고 가까이 온다. 앵무새처럼 화려하게 생겼는데 사람을 무서워하지도 않는다.

오늘 교회에서 점심으로 준 샌드위치는 맛이 없었다. 성가대를 하는 N 집사님과 1시간 30분간 부시 워킹을 했다. 그러고는 이스트우드(한국인이 두 번째로 많이 사는 곳)에서 소맥을 마시면서, 동태찌개와 가자미 찜으로 저녁을 먹었다. 난 맥주한 잔. 그리고 프라우스에 가서 아이스크림을 먹었는데 맛있었다. 복숭아 아이스크림에 토핑으로 블루베리, 딸기 등 다양한 과일을 얹어서 먹는 아이스크림은 부드러운 이탈리아 아이스크림 맛을 떠오르게 했다. 호주에 온 이후 가장 늦게 집으로 오다 보니 기차에 사람이 별로 없어 무서웠다. 그래도 혼자가 아니니까.

  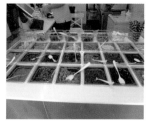

08월 13일 (월) 병원 영어, Macquarie 대학교 ___ 길 건너 도서관 뒤에 있는 고든 바티스트 교회에서 1인당 4달러 하는 영어 공부를 갔다. 여기만 9시 30분에 시작하는데 홍콩, 중국인들이 많다. 여러 반 가운데 말하기를 위주로 하겠다고 갔더니 전부 동양인이다. 중국, 일본, 우리나라 등 여섯 명이다. 중국인 강사는 tummy가 stomach이고, runs가 diarrhea라고 하는데 나에게는 생소한 영어였다. 쉬는 시간에는 샌드위치와 과자 등이 푸짐하게 나와 잘 먹었다.

공부가 끝나고, 버스(1인당 3.5달러)를 타고 매콰리 대학에 갔다. 호주인 버스 운전기사의 대답이 시큰둥해서 우리를 무시하는 것 같아 마음이 찜찜했다. 누군가가 초등학교 때는 호주인 친구들이 많은데, 대학을 가면 호주인 친구들이 점점 없어지면서 호주인들끼리만 논다고 했다. 그런데 호주가 무엇이 그리 좋아서 많이들 와서 살고 있는지?

매콰리 대학의 푸드 코드에는 먹고 싶은 것도 없었다. 남편은 책방에는 책이 별로 없고, 도서관에는 책이 많고 잘되어 있다고 했다. 군데군데 공부하도록 공간마다 의자와 책상이 있어 학생들이 많이들 공부하고 있었다.

08월 14일 (화) 이사 갈 셰어 집 결정 ___ 오늘로 호주에 온 지 딱 2주 되는 날이다. 이사 가고 싶은데 집 때문에 걱정이다. 그래서 '호주나라'에 들어가서 적당한 곳을 찾아 전화를 해보았다. 다행히 지금 사는 곳에서 차로 5분 정도 걸리는 가까운 곳이라 했다. 내일 아침에 학교 가기 전 8시 30분에 집을 보겠다고 하니까 데리러 오겠다고 했다. 주인은 2층을 쓰고 아래층에 방이 3개인데 두 방은 각각 남자 한 명이 사용하고, 한 방에 커플이 살다가 한국으로 간다고 했다. 들어가는 문도 주인과는 다르고, 각 방마다 열쇠도 있고, 1주일에 한 번씩 방을 제외하고는 청소도 해 준다고 했다. 쌀도 주고, 화장실 휴지도 주면서 주당 270달러! 여기 300달러보다 훨씬 싸다. 오, 하느님 감사합니다. 집이 해결되어 무척 좋았다. 이젠 목요일(킬라라), 금요일(핌블) 영어 공부하는 교회만 걸어서 찾아가는 길을 터득하고, 골프 연습을 시작할 수 있는 길만 트면 대략 정리가 된다. 오늘은 편안히 잠을 자자.

08월 15일 (수) 이사 갈 집 계약, 시드니 대학 도서관에서의 하루 ___ 8시 30분 정각에 새로 이사 갈 집 주인 홍 여사가 우리를 데리러 왔다. 방은 좁았으나 집은 정말 마음에 들었다. 다이닝 룸도 있어, 한결 정리가 된 집이었다. 계약금을 우선 300달러 드리고, 토요일 오후에 이사하기로 했다. 전철역까지도 산책 길로 나무가 우거지고, 조용하고 경사가 심하지 않아 마음에 들었다. 지금 살고 있는 집은 전철역까지 가자면 경사가 심해서 헐떡거리고, 에너지가 다 소모된다.

바로 시드니 대학교에 갔다. 남편은 한국에 도착 증명서를 보내 달라고 시드니 대학에 부탁하고, Murray 교수도 만나고, 책을 찾아서 가능하면 필요한 부분을 복사도 하겠다며 갔다. 나는 혼자 도서관에 앉아 주위를 둘러 보았다. 다양한 나라 학생들에 동양인 스님도 있었다. 나도 학생으로 돌아간 기분이었다. 영어 숙제도 하고, 호주에 와서 메모한 것을 전부 정리하고, 한국에서 노트에 메모한 것 중에서 한 것과 해야 할 것을 구분하였다. 다음에는 노트북을 들고 와야겠다. 점심에는 볶음밥과 두 가지 반찬을 9.9달러에 먹었는데 다음엔 5달러로 가격도 싼 터키 음식을 먹어봐야겠다.

5시 30분이 넘어 남편을 다시 만났다. 집에 와서 무생채에 고추장을 넣어 비벼서 초록 홍합국과 맛있게 먹었다. 주인에게 토요일에 나간다고 하고, 금요일에 맥주나 한잔 하자고 했다.

08월 16일 (목) 영어 Name 종류, Always So Young! 소영昭影, 세명世明, White ___ 킬라라로 영어 공부하러 가는 날인데 걸어서 가 보았다. 그러나 전철역은 한 정거장이지만, 길을 몰라 돌고 돌아서 가다 보니 1시간이나 걸렸다. 다음부터는 전철을 한 정거장이라도 타야겠다. 영어 공부는 귀에 잘 들리지는 않았지만 재미는 있었다.

Name에는 여러 가지가 있었다. Surname(성 : Family Name, Last Name), Maiden Name(결혼 전 이름), Household Name(예 : 삼성 가족), Nick Name(별명이나 애칭), Stage Name(예명 : 가수, 배우, 작가, 시인) 등. 지난주 금요일 핌블 선생 Hillary가 내 이름을 듣고 Always So young이고, 팔십이 되어서도 So young이라고 하면서, 자기는 So old라고 했다. 내 이름이 한자로는 昭(밝을 소), 影(그림자 영)으로 철들면서부터 '어두운 곳을 밝힌다'고 나름대로 해석하면서, 붓글씨 쓸 때도 호를 세상을 밝히는 사람이 되고자 '세명世明'으로 했었다. 그런데 영어로도 의미가 있어서 좋았다. 내 이름을 영어 이름으로 그대로 사용하다 보니 이런 즐거움도 주는구나 생각되었다. 이름대로 어두운 곳을 밝히고, 세상을 밝히고, 항상 영원히 So young(매우 젊게)으로 살아야지. 남편은 2011년 필리핀 연수를 갔었을 때 한국 학생이 부채에다가 'White'라고 수를 놓아 선물로 준 이후부터 영어이름을 'White'로 하게 되었다. 최근 술을 덜 먹어서인지 검은 머리가 조금씩 나고 있다. 나중에는 이름을 Gray로 바꾸어야 되나?

08월 17일 (금) 작은 딸, 자기소개와 국기 ___ 공항으로 작은 딸을 마중 나갔다. 오랜만에 보니 반가웠다. 집에 와서 아침밥을 먹고, 한숨 푹 자라고 하고, 우리는 핌블 영어 공부를 하러 갔다. Hillary와의 영어 공부는 '자기소개와 국기'에 대한 것이었다. 소개는 자신의 이름을 먼저 말하고, 상대방이 궁금하여 더 묻지 않도록 한꺼번에 확실하게 말하는 것이 좋다고 했다.

Hello, My name is Soyoung. I am Korean. I am married and I have two daughters. Hyojin is 29 years old and Hyoyoun is 26. I am 57. My husband's name Seongbo. He is Korean. He is 60.

그리고 우리나라 '태극기'는 너무 어려웠다. 중국인은 중국 국기에 대해 잘 모르고 있었다. 나도 초등학교 때 배우고 그려본 것이 고작인데, 그래도 앞에 나가 칠판에 그림을 그리면서 설명을 대충했다. Hillary는 커다란 **호주 국기**를 꺼내놓고 설명했다. 호주 국기는 Commonwealth Flag라고 부르며, 호주는 영연방 국가로서 영국의 상징인 유니언잭이 호주 국기 위쪽에 있으며, 별 여섯 개는 호주의 여섯 주를 상징한다고 하였다.

집에 와서 내가 말한 것이 맞는지 확인하면서 공부했다. 태극은 위가 빨강, 아래가 파랑으로 우주 만물이 음양의 상호 작용으로 생성되고, 발전한다는 대자연의 진리를 형상화한 것이다. 또 건곤감이는 주역에 나오는 8괘 중 4괘였다. **건**乾 3 = 왼쪽 위로 동East, 하늘Sky과 춘분 / **곤**坤 6 = 오른쪽 아래로 서West, 땅Earth과 하지 / **감**坎 5 = 오른쪽 위로 북North, 물Water, 동지와 달Moon / 이離 4 = 왼쪽 아래로 남South, 불Fire, 춘분과 해Sun 등을 의미하였다.

08월 18일 (토) 바다낚시와 눈부신 태양, 서글픈 이사 ___ 새벽 6시에 바다낚시를 가려고 교회의 N 집사님과 함께 출발했다. 가다가 햄버거로 아침을 먹고, 가는 길에 해 뜨는 것을 보았는데 해가 아주 가까이에서 느껴지고, 햇살이 굉장히 강했다. 공해가 없어선지 빛이 직접 내 눈에 레이저처럼 쏘아지는 느낌이다. 바다도 아름답고 모래가 정말 부드러웠다. 비치가 아닌 쪽은 돌들이 서로 붙어 있어 절대로 떨어지지 않았다. 거기에 굴, 고등 여러 가지가 많이 붙어 있었지만, 따기가 힘들었다. 호주에 사는 사람들은 오직 큰 고기 낚시에만 관심이 있었다. 방어 같은 고기(호주에서는 연어의 일종)를 두 마리 잡아서 회를 해서 먹었다. 손바닥 크기의 고기 세 마리는 도로 놓아 주었다. 고기를 못 잡을 것을 예상해서 가져온 고등어 김치찌개로 밥을 먹었다. 라면과 오이와 과일도 먹었다.

새벽부터 오후 서너 시까지 바닷가에 있다 보니 힘들었다. 그러나 딸과 함께 바다를 실컷 보아서 좋았다. 집에 오자마자 이삿짐을 쌌다. 저녁 6시 이사 갈 집 주인이 차로 데리러 왔다. 그러나 다시 새로운 집으로 오니 서글펐다. 이불이 마음에 안 들었다. 다시 빨았다고 하나 찝찝했다. 내일 호주에서 유명한 울 담요와 매트리스 커버, 아니면 침대 패드를 사야겠다. 이전 집은 다 안 좋아도 이불만은 새 것이었는데, 새로 이사 온 집은 이불이 안 좋으니 100% 만족되는 것은 없나 보다.

08월 19일 (일) 라면과 김밥, 흰색 침대 커버와 연분홍 울 담요 ___ 교회 가는 날! 오늘은 찬송이 너무 길어서 지겨웠지만, 설교는 그런대로 들을 만했다. 오늘 점심은 라면과 김밥이다. 지난번 맛없는 샌드위치보다는 좋았다. 아직은 설교보다 점심밥에 관심이 더 가는 낮은 수준의 나! 언젠가는 변하겠지.

집에 오는 길에 하비노만에 들러 더블 울 담요 두 개와 더블 매트리스 커버 하나와 싱글 커버 하나를 66만 원에 샀다. 20% 할인해준 가격이나, 너무 비싸다. 그래도 밤에 흰색 매트리스 커버를 깔고, 연 분홍색 울 담요를 덮고 누우니 행복했다. 명지대 김정운 교수가 왜 흰색 침대를 부르짖는지가 이해되었다. 내일은 컵 두 개와 남편 긴소매 티셔츠도 하나 사야겠다. 겨울이 잠깐인 줄 알고 두 개만 가져왔더니 부족했다.

08월 20일 (월) East wood의 Golf 연습장, 먹을 것이 없는 고든 ___ N 집사님이 이스트우드 골프 연습장을 데려갔다. 연습만 하나 레슨을 받으나 가격이 같아 우리 둘은 레슨을 받는 것으로 등록했다. 4개월에 1,000달러, 1달은 300달러로 비싸다. 그래서 우선 한 달만 해 보기로 하고 둘 레슨비 600달러를 냈다. 그러나 시작은 서울에서 딸들이 왔다 가고 난 뒤인, 9월 초부터 하기로 했다.

N 집사님 일행과 함께 저녁에 곱창전골을 먹었다. 오랜만에 한국 음식을 먹어서 행복했다. 고든에는 아직 잘 몰라서인지 먹을 수 있는 것이 맛없는 맥도날드, 맛없는 피자, 타이 음식, 인도식당, 페르시아식당, 한국인이 하는 비싼 초밥집 하나로 한정되어 있는데, 이스트우드는 먹을 만한 한국 식당이 다양하게 많다.

08월 21일 (화) 호주 길의 종류와 주소 ___ Highway(큰 길), Boulevard(대로), Road(길), Street(동서로 난 차도), Avenue(남북으로 난 대로), Place(장소), Close(Near보다 가까운 곳. Cul-de-sac이 막다른 골목), Lane(골목길) 등 길 이름도 다양하다. 호주 사람들에게 차이가 무엇이냐고 물어보아도 다들 비슷비슷하다고만 하고, 관심이 없어서인지 잘 몰랐다. 애비뉴Avenue는 나무가 많고, 클로스Close,

플레이스Place는 만든 마을 이름이고 불르바드Boulevard (대로)에는 모터 웨이Motor Way와 프리 웨이Free way가 있는데, 모터 웨이는 M2, M6 등 돈을 지불하는 도로이고, 프리 웨이는 F3 등으로 돈을 지불하지 않는 도로이다.

그리고 **집 번호, 길, 동네 이름, 주 이름, 우편번호** 순서로 된 주소는 간단하면서, 찾기가 정말 쉽다. 예를 들어 지금 살고 있는 집 주소는 3 cawarra place Gorden NSW 2072 이다. 2072는 우편번호이고, NSW는 주 이름이고, Gorden은 동네 이름이고, cawarra place는 길 이름이며, **3은 오른쪽 2번째 집이다. 오른쪽 집들이 1, 3, 5, 7로 나가고, 왼쪽집들이 2, 4, 6, 8로 나간다.** 어떤 집이든 번호가 다 순서대로 붙어 있어 마음대로 집을 개조하기란 어렵다. 집을 더 짓게 되면 허가를 받아 A, B로 나누어진다고 한다.

08월 22일 (수) 마음에 안 드는 중국인 부부, 휴대 전화로 듣는 영어 발음 ___ 바티스트 교회로 영어 성경 공부를 하러 갔다. 성경 공부여서인지 기부금이 없다. 목사님 성경 강의가 끝나고, 그룹 토의 시간에 중국인 사십 대 후반의 장교 출신의 여자가 우리 그룹에서 자원봉사자를 무시하고 자기가 거의 말을 한다. 엊그제 중국인 남편도 얼굴 표정이나 태도가 마음에 안 들었지만, 부인도 영 기분이 찝찝해지는 스타일이다. 목사님이 얘기할 때도 혼자 중얼중얼하고, 연신 휴대 전화로 단어를 찾아서 발음을 듣고 따라 한다. 그렇게 옆에 사람이 없는 것처럼 행동한다. 저것이 중국의 기질인가 하는 생각이 들었다. 그러나 중국인 부부가 내 맘에 들지 않아도 영어를 하려고 하는 용기와 노력은 가상하다. 다른 사람에게 방해되지 않는 한도 내에서 나도 적극적으로 발음에 도전해 보아야겠다. 내 말을 호주인들이 잘 알아듣지 못하는 데에는 내 발음에 문제가 있는 것이려니. 그래도 우리는 전자사전에만 의존했지 휴대 전화로 단어를 찾아 발음을 들을 생각은 못했었다. 중국인 부부가 그룹 토의에서 두 그룹의 분위기를 휩쓸어도 배울 점은 있었으니 감수해야겠지. 그리고 한국에서 보는 중국인과 호주에서 보는 중국인은 많이 달랐다. 중국 부자들이 시드니에는 많이 살고 있다고 한다. 그리고 시드니는 백인보다는 60~70% 정도 동양인이 더 많다. 우리 한국을 비롯하여 중국인, 일본인, 인도인, 인도네시아인, 말레이시아인, 러시아인, 이라크인, 네팔인, 베트남인 등등…

08월 23일 (목) "Spring is in the air", Woywoy, Peter의 요리 ___ 10주에 10달러를 기부하는 킬라라 영어뿐만 아니라 모든 영어 공부는 아이들 학기 중에만 열린다. 학기가 4학기여서 1년에 4회 열리고, 1회에 10주로 이루어지고 있다. 아이들이 집에 있을 때는 부모들도 집에 있어야 한다는 것이다.

오늘 아침은 한국의 봄 날씨 같았다. 그래서 호주 자원봉사 강사는 꽃이 핀 복숭아꽃과 여러 가지 꽃가지를 가지고 와서 꽃 이야기를 시작으로 해서 "Spring is in the air" 라는 화제로 공부했다. 봄이 오면 사람들의 마음과 행동이 어떻게 변화되는지에 대해 이야기를 나누었다. 생동감도 생기고, 마음도 포근해진다는 것이다. 엊그제 옆방 맹 아저씨가 Woywoy가 가볼만하다고 해서 출발했다. 그런데 혼스비에서 Country Rail로 갈아타려는데, 무슨 일이 있는지 경찰관 열 명가량이 큰 진돗개를 데리고 조사를 하고 있었다. 기차가 1시간이나 지연되었다가 다른 노선 Track에서 타라고 하여 겨우 타고 30분 정도 갔다. 가는 길에 이것이 호주구나 하는 것을 처음 느꼈다. 기차 양옆으로 강인지 바다인지 호수인지 많이 있었다. 기찻길과 바로 근접해 있어서 홍수가 나면 기차가 안 다니겠다는 생각도 들었다. 한국에서 호주 북쪽에서 홍수가 났었다는 보도도 있었지만, 워낙에 넓은 바다로 둘러싸인 나라여서 바다의 높이가 1㎝ 높아지는 것이 쉬운 일은 아니라고 생각했다. Woywoy에서 피시앤칩과 오징어, 새우튀김을 먹고, 펠리컨과 청둥오리와 이름 모를 새들을 보았다. 비가 온다고 하더니 하늘이 갑자기 어두워지기 시작했다. 비가 곧 쏟아질 것 같아 빨리 걸어서 기차를 탔다. 비가 오기 시작했으나 다행히 우리가 고든에 내렸을 때는 비가 오지 않았다.

집에 오니 옆방 Peter가 요리를 하고 있었다. 25살 방사선사로 레스토랑에서 아르바이트를 한 적이 있어 요리를 아주 잘한다. # 두부를 넣고 된장을 끓이고 # 브로콜리, 양파, 새송이 버섯을 볶고, 닭 가슴살을 따로 볶아 섞어서 피시 소스와 간장으로 간을 하는 요리 # 견과류에다가 딸기, 바나나 등 과일을 썰어 넣고 요구르트를 부어서 먹는 후식 등 Peter가 해 먹는 것을 보고 배웠다. 오늘 저녁 우리 메뉴는 쇠고기 스테이크를 굽고, 치즈를 넣은 닭고기 돈가스를 굽고, 두부를 굽고, 상추와 김치다. 그리고 남편과 딸은 쓴 자몽을 몸에 좋다며 먹었지만, 난 도저히 먹을 수가 없었다.

08월 24일 (금) '용의 꼬리보다는 뱀의 머리', 인도댁, 중고차 ___ 2달러를 기부하고 영어 공부하는 핌블 교회. 이곳은 초급반과 고급반 두 반이 있는데, 나는 Hillary가 가르치는 초급반이다. 그녀는 교직에 있던 분으로 꼼꼼하셔서 좋은데, 배우는 학생들 수준이 천차만별이다. 그러나 나는 스트레스 받지 않으려고 **'용의 꼬리보다는 뱀의 머리'**를 택했다. 오늘은 그림을 보고 상대방이 말하는 것을 듣고 맞추는 게임을 서로 바꾸어가며 했다. 말을 연습하게 하는 것인데 그런대로 따라갈 정도는 되었다. 45분 공부하고 15분간 쉬는 시간에 함께 모여 간식을 먹으며 자유롭게 이야기하고, 다시 45분 공부하고, 끝나기 15분 전 모두 함께 모여 간단한 성경을 읽고 공부하므로 초급반이라도 좋다.

오후에는 지난번 집에서 함께 살던 JUN 엄마(인도댁)한테서 문자가 왔다. 스쳐가는 인연이 아닌 것 같다고 하면서, 우리 집에 놀러 오고 싶단다. 하루 종일 고등학생 아들만 바라보고 있으니 감옥살이일 텐데, 인도에서 10년 살면서 한국 사람들에게 시달려 호주에서는 아예 한국 사람들과 만나기 싫다고 했었다. 그런데 우리에게는 왜 만나자고 하는지 알 수가 없다. 우리는 해외에서 살아보는 것이 처음이어서 할 일도 많고, 하고 싶은 것도 많고, 가보고 싶은 곳도 많아서 입까지 부르트는 지경인데, 그냥 앉아서 자기 시어머니, 시아버지, 남편, 인도 이야기를 들어주는 데 시간과 마음을 할애하고 싶지 않은데 말이다. 그러나 어느 정도 정리되면 한번 만나는 시간을 가져야지.

오후에 중고 자동차를 시승해 보려고 전화하고 리드콤으로 갔다. 차 딜러는 한국 대학생 비자로 와이프는 간호학을 공부하고, 본인은 신학을 공부하는데, 아기가 있어서 돈을 벌기 위해 중고차 매매를 한다고 했다. 리드콤 전철역에서 10분 거리의 한적한 곳에 세워 둔 차를 보았다. 도요타 캠리 2002년산으로 만 10년 되었고, 차 실내는 괜찮으나 외관이 아주 20~30년 된 차 같았다. 운전해 보니, 운전석이 오른쪽에 있어서 불편했으나 할 만하였고 자신도 생겼다. 차 값이 5,100달러란다. 일단 목사님에게 물어보고 다시 오겠다고 하고 리드콤역까지 딜러 차를 타고 돌아오는데, 딜러 차가 도요타 캠리로 2008년산 17,500달러라고 한다. 만 4년 된 것으로 외관도 좋고, 내비도 있고, 뒷유리에는 커튼도 있었다. 1년 후에는 같은 가격으로 되팔아주고, 등록일은 10월까지인데 내년 4월까지 넣어주겠다고 한다. 보험료만 매월 80달러 정도 내면 된다고 하는데, 뒤에 탈 사람도 없는데 차량이 큰 것이 과용으로 생각되었다.

08월 25일 (토) "일을 해서 하고 싶은 것 할까?", 조용한 호주 사람들, Door & Door ___ 시내 공원을 가 보려고 시티 홀에서 내려서 시청사 앞에 있는 퀸 빅토리아 빌딩에 갔다. 오랜만에 외국이라는 것을 실감했다. 퀸 빅토리아 빌딩에서 마음에 드는 숄더백과 운동화 같은 구두가 있어서, 사고 싶은 욕구가 생겼다. 조용히 1년간 절약하며, 아끼고, 살다가 돌아가려 했는데 나의 마음 깊숙이 깔려 있는 **"일을 해서 하고 싶은 것 하자"**는 충동이 가방과 구두를 보는 순간에 일어났다. 초밥집에 가서 초밥을 만들까? 빈집에 들어가서 청소를 할까? 산후 도우미를 할까? 어쨌든 딸들이 다 왔다 가고, 한 달 남편 골프 연습만 끝나면 무엇이라도 해 보자.

시청 건물을 보고, 하이드파크를 갔다가 세인트 마리 대성당에 갔다. 대성당에는 한국인 결혼식이 있었다. 이렇게 멋있는 성당에서 한국인이 결혼식을 하다니! 성당 안을 둘러보고 달링하버로 갔다. 작은딸은 아쿠아리움을 보고, 우리는 관광차를 5달러씩 주고 30분간 탔다. 호주는 전체적으로 보기에는 수수한 느낌이다. 남편이 오죽하면 립스틱 바른 여성이 없다고 할 정도였다. 단지 여성이 가슴을 3분의 1가량 내놓고 다니는 것 외에는 정말 눈에 띄는 것이 없다. 또 시티 외에는 걸어 다니는 사람이 별로 없다. 도대체 사람이 사는 것인가? 밤에도 불은 켜져 있으나 사람의 움직임이나 말소리가 들리지 않는다. 일상적인 말도 미국처럼 세지 않고, 조근조근 지껄이니 우리는 알아듣기가 더 어렵다. 그러나 건물 안에서는 화려한 분위기로 즐긴다. 주말 레스토랑에는 호주 백인들만 많은 이야기로 점심, 저녁을 즐긴다. 호주는 "도어 앤 도어Door & Door"라고 했다. 집 문 앞에서 차를 타고, 문 앞에서 차에서 내린다는 것이다.

08월 26일 (일) 교회 밥, 배우자 선택의 상위 레벨은 "목사" ___ 호주 온 지 한 달이 아직 안 되고, 교회도 네 번째 가는 날이라 아직까지는 목사님 말씀보다는 점심밥에 더 관심이 많다. 오늘은 메뉴가 무엇일까? 생선튀김과 샐러드와 밥이었다. 아직까지 지금 사는 곳에서의 생활이 익숙하지 않아, 해 먹기가 엄두가 나지 않는다. 그냥 대충 때우고, 사 먹고 했다. 그래서 교회 밥은 아주 요긴하게 먹고 있다.

우리 옆방 Peter는 방사선사로 여자 약사와 사귀고, Grace의 딸 소아과 여의사는 남자 목사와 결혼하고, 주인집 아들 목사는 여자 변호사와 결혼했다. 여자 의사, 여자 변호사가 자신보다 더 상위 레벨로 생각하는 직업이 목사라고 했다. 그러나 호주의 한국 교회들은 교인들이 20명, 30명, 많아야 50명 정도라고 한다. 그리고 교회 건물도 없어서 호주 교회에 세 들어서, 오후 시간만 사용하고 있다. 내가 소개 받아 온 교회의 목사님은 오신지 27년이 되고, 교인이 70명이 넘어서인지, 아니면 사모님이 피아노 학원을 해서인지 일을 하지 않으신다. 그러나 대

부분의 목사님들은 월급이 적어서, 청소를 하면서 돈을 벌고 계신다고 했다, 그래도 배우자 선택의 상위 레벨이라니!

　　　　08월 27일 (월) 의사 Specialist, 크리스마스 선물박스 Donation ___ 바티스트 교회 영어 강사가 수술실 간호사를 한 중국인이어서 Specialist에 대해서 공부를 하는데, 간호사인 나에게는 대답을 하지 말라고 했다. Endocrinology(내분비학), Cardiology(심장학), Neurosurgery(신경외과), Nephrology(신장학), Psychiatry(정신의학), Pediatric(소아과), Gynecology(산부인과), Orthopedic(정형외과), Dentist(치과의), Ophthalmology(안과), Otorhinolaryngology(이비인후과), Neurology(신경학) 등이다.

　둘째 시간에는 크리스마스 때 베트남, 캄보디아 어린이들에게 보내는 선물상자에는 어떤 물건을 넣어야 하는지에 대해 설명회를 가졌다. 선물을 받고 아이들이 굉장히 좋아하는 동영상을 보여 주고, 원하는 상자만큼 기부하라고 했다. 크리스마스가 아직 멀었는데도 벌써 준비를 한다.

　　　　이라크 남매 ___ 이라크 중학생 남매를 전철에서 만나, 잠깐 이야기를 했다. 아이들은 굉장히 불안해 보였고 경계심에 가득 차 있었다. 호주 사람이냐고 물었더니 아니라고 했다. 그러면 어디에서 왔느냐고 물어보니 멀리서 왔다고 한다. 나는 호기심이 더 발동하여 계속 물었더니 Middle East라고 한다. 그래서 나라 이름을 무어냐고 물었더니 이집트 옆에 있다고 한다. 결국은 총을 마음대로 사용하는 나라인 '이라크'라는 것을 알아내고, 언제, 왜 호주에 왔느냐고 물어보았다. 아이들은 2년 전 전쟁 때문에 왔다고 한다. 이라크를 공격한 미국을 싫어할 테니 한국도 좋아하지 않겠다는 생각이 들었다. 동생인 남자 아이는 초롱초롱하게 생겼고, 누나는 많이 위축되어 보여서 불쌍했다. 자기 나라 이름도 마음대로 이야기하지 못하고, 항상 경계하면서 살아야 하다니… 우리나라도 반쪽짜리 나라이니 남의 일 같지는 않았다. 이래서 외국에 나가면 모두 애국자가 되나 보다.

08월 28일 (화) 호주의 쓰레기통 ___ 지난번부터 호주의 재활용 및 쓰레기는 어떻게 처리되는지 궁금했다. 쓰레기통의 몸통은 전부 어두운 초록색이다. 몸통이 **같은 색깔**의 초록색은 Garden waste(정원 쓰레기)로 Grass(풀, 잔디밭), Leaf litter(잎사귀 찌꺼기), Weeds(잡초), Small branches(작은 나뭇가지들)를 모으고, **파란색** 뚜껑은 Only paper and Hardboard(마분지), **노란색** 뚜껑은 Recycles(재활용)하는 것으로 Aluminium steel(강철) Cans, Juice & Foil(은박) Lined cartons(납지), Aerosols(연무질 : 분산 매체가 기체이고, 분산 물질은 고체 또는 액체인 물질), All plastic containers(Food, Kitchen, Bathroom), Glass bottles & Jars(단지), No Garbage(X 음식 찌꺼기), No hot ashes or liquids, Plastic bags, White or plate(접시) Glass, Ceramics(도자기) or Form packaging(포장 재료), 뚜껑이 조금 작은 **빨간색**은 음식물을 포함하여 버릴 쓰레기로 비닐에 싼 것을 버린다.

그리고 모든 쓰레기통을 문 앞에 내놓을 때에는 뚜껑이 열리는 쪽을 길 쪽으로 두라고 적혀 있었다. 요일마다 내놓는 쓰레기통이 다르다. 한 주는 일반 쓰레기, 재활용 플라스틱과 병 그리고 종이를, 그 다음 한 주는 일반 쓰레기와 낙엽 쓰레기통을 수요일마다 격주로 주인이 길거리에 내놓는다. 그러면 쥐도 새도 모르게 가져가고 빈 통을 남겨두면 집주인이 각자 가지고 들어간다.

그리고 텔레비전이나 세탁기 등의 물건들은 구Council에 주민이 신청하면 그 구역의 정해진 날에 문밖에 내놓도록 해서 가져간다고 한다. 평상시에는 버릴 물건을 문 앞이나 길거리에는 절대 두지 않는다. Hillary 선생이 개를 데리고 다니는 호주 사람들은 개의 배설물을 담을 봉지를 가지고 다닌다고 자랑하신 적이 있었다. 우리나라는 소수의 사람이, 호주는 모든 사람이 배설물 봉지를 가지고 다니는 차이가 있으려니. 또 옷가지는 교회나 구청에 있는 옷 모으는 함에 넣어야 한다.

08월 29일 (수) 린필드 UTS 대학, Westfield 쇼핑센터 초밥집 ___ 바티스트 교회 수요일 성경 공부는 성경으로 공부를 하다가 마지막에는 하느님의 성령을 받은 이야기로 마무리를 하는 바람에, 남편과 나는 영어도 안 되는데 성령 체험까지 이야기해야 되어 부담스러워, 다음부터는 수요 성경 공부에는 안 가기로 했다.

수요일 오후는 시드니 대학에 가는 날인데, Murray 교수가 감기가 걸렸다고 이번 주는 쉬자고 메일이 왔다. 그러자 남편은 UTS 대학에 가 보자고 했다. 린필드에 있는 UTS 대학은 가까이 있지만 힘들게 찾아갔다. UTS 대학은 학교가 시티와 린필드 두 곳에 있었다. 린필드에 있는 UTS 대학에는 간호학과와 비즈니스학과만 있어서 도서관만 한 번 둘러보고 나왔다. 그 길로 채스우드로 쇼핑을 갔다. 웨스트필드 쇼핑센터를 한 바퀴 돌면서 구경을 하고, 저녁 시간이 되어 1층 초밥집에서 반값으로 할인 중이어서 25불에 5도시락을 사서 셋이서 실컷 먹었다.

08월 30일 (목) 후회되는 동물원 ___ 서둘러 서큘러 키에 가서 페리를 타고, 타롱가 동물원에 갔다. 페리와 동물원을 합쳐서 성인 1인당 51달러나 했다. 너무 비쌌지만 한 번은 가 보아야겠기에 울며 겨자 먹기로 갔다. 나중에 알고 보니 여행사를 통해서 할인된 입장료를 살 수도 있었다.

동물원은 우리 취향에는 안 맞는다. 예전에 일본 동경의 디즈니랜드에 가 보고 난 뒤에는, 절대로 디즈니랜드는 가지 않는다. 이제 동물원도 가지 말아야겠다. 사람보다 더 큰 침팬지와 잠만 자고 있는 코알라, 그리고 케이블카만 기억에 남는다. 동물원 갈 때 탄 페리는 시간이 짧아 뭔가 느껴보지도 못하고 내렸는데, 4시 30분에 돌아올 때는 이미 저녁때가 되었다. 낮에 페리를 타고 갈 때 잠깐 본 시드니의 아름다움을 다시 보지 못하여 아쉬웠다. 언젠가 실컷 보아야지.

08월 31일 (금) Common wealth Bank 스타일 ___ Common Wealth 은행에 가서, 한국인 2세 Tarry에게 지난번에 개설한 은행계좌의 주소도 변경하고, 온라인으로 하는 TFN(Tax File Number)도 해결하고, 주소와 이름이 나와 있는 잔고 증명서도 만들었다. 호주 은행은 한국은행과 스타일이 다르다. 한국은 제일 마지막에 입사한 남자직원이 문 앞에 서서 '어서 오십시오', '안녕히 가십시오' 소리치면서 문을 열어 주고, 앞 창구에는 직위가 낮은 직원이 앉아 있으며, 안쪽으로 직위가 높은 사람들이 앉아 있다. 호주는 반대로 매니저급의 지점장들이 문 앞에 서서 들어오는 고객들에게 무엇 때문에 왔는지 일일이 물어보면서, 안쪽으로 줄을 서게 하거나 이름을 물어보면서 기록하고, 입구에 있는 소파에 앉아 기다리게 했다. 직위가 낮은 직원들은 안쪽 창구에 앉아 있고, 입구 쪽에는 앉지도 않고 서서 고객을 대하고 있는 고참들은 노련하게 상담하고 해결해 준다. 서서 일을 하기 때문에 1시간마다 교체되어 쉰다. 어쨌든 서서 고객을 상대하는 것이나 매니저격인 사람이 문으로 들어오는 고객을 직접 대한다는 것이 우리나라와는 확연히 다르다. 우리나라의 은행지점장들은 뒷전에 앉아 있거나, 돈을 많이 거래하는 기업체나 사장들만 응대하는 것으로 알고 있는데 지금은 변했을까?

호주 은행 ___ 돈을 찾는 데도 복잡하다. 카드를 넣고 PIN 번호를 누르고

Withdrawl을 누르고, 다음에 Credit과 Saving과 Check가 있는데, Saving를 누르고, 금액을 누르고, 영수증을 받을 것인지를 눌러야 돈이 나오고, 최근 10번의 사용한 거래 명세서를 요구하면 나오기도 한다. 여기는 통장이 없고 전부 그때그때의 사실만을 인정하는 모양이다. 돈을 송금하는데도 ANZ은행에서는 돈 보내는 번호만 있지 이름이 안 적혀서 찜찜했다. 보내는 사람의 이름을 Common Wealth 은행에서 Reference로 넣어달라고 하니까 넣어주었는데, 내가 받은 영수증에는 내 이름이 없어서 역시 찜찜했다. 은행의 종류에서는 색깔별로 구분되어 있기도 하다. 노란색의 Common Wealth, 파란색의 ANZ, 빨간색의 St Storage, 그 외에는 Westpac 은행, National Bank 등이 있다.

소박하지만 초라하지 않고,
'검소'하지만 누추하지 않게!

09월 01일 (토) 새소리와 Bush Walking, '사람이 행복해지는 순간' ___ 딸이 각종 새가 다양하게 지저귀는 집 뒤에 있는 산책로에 가 보자고 했다. 새들은 새벽에도 밤에도 지저귀는데, 낮에는 새소리가 덜 난다고 하니까 딸이 '아침에 일찍 지저귀고 낮에는 잠을 잔다'고 했다. 별로 경사지지 않아 걷기에는 좋았다. 호주는 산이 없고 숲이 많다. 그래서 등반Climbing이 아니라 부시 워킹Bush Walking이라고 한다. 우리나라 사람들이 산에 가듯 이곳 사람들은 숲 속을 걷는다. 가면서 중국인 가족 한 팀을 만났다. 어느 나라에서 왔느냐고 물으면서 인사를 해왔다. 호주는 한적해서인지 길거리에 지나가는 사람들 대부분이 눈인사나 소리 내어 인사를 하면서 미소를 짓는다. '사람이 행복해지는 순간'이다.

09월 02일 (일) 작은딸이 가고 큰딸 부부가 오다, 공항 택시 ___ 9시 30분 비행기로 둘째 딸이 서울로 돌아가고, 8시 도착하는 비행기로 큰딸 부부가 왔다. 사위가 시간이 없어서 사흘 밤만 자고 간다고 했다. 공항 가는 시티레일이 제일 비싸다. 1인당 왕복이 28.6달러! 남편과 내 것 그리고 작은딸 편도가 16.8달러, 큰딸과 사위도 편도로 해서 총 107.6달러이다. 돈도 돈이지만 시티레일이 공사로 윈야드까지는 버스를 타고, 윈야드에서 레일로 갈아타고, 센트럴에서 공항 가는 레일로 또 갈아타야 하니, 가방까지 들고 얼마나 복잡한가? 그래서 공항까지 택시로 110~130달러 한다는 이야기를 들은 바 있어 교민 잡지를 보고 한국 택시에 전화를 했다. 대표전화로 했더니 120달러라고 한다. 다시 '빅 브라더스'라는 이름으로 전화를 해서 밑져야 본전이라고 100달러에 갈 수 있느냐고 했더니, 기사들이 시간이 되는지 확인하고 전화 준다고 했다. 그런데 바로 전화가 와서 된다고 하는 게 아닌가. 이렇게 융통성이 있구나. 어쨌든 우리는 힘들이지 않고 집 앞에서 택시를 타고 작은딸을 공항에 데려다 주고, 큰딸 내외를 데려올 수 있게 되었다. 돈도 적게 들고 일거양득이었다. 도착 비행기가 40분이나 지연되어

기사님이 많이 기다렸는데도 아무런 불평을 안 했다. 그래서 기사님에게 내일 아침 새벽 4시 30분에 국내선 공항까지 또 가자고 부탁했다.

집에 와서 꼬리곰탕과 양송이를 섞은 불고기, 멸치볶음, 호박 볶음, 마른 김으로 밥을 먹고, 큰딸 부부는 시드니 시티 구경을 갔다. 서큘러 키에서 록스 광장, 하버 브리지, 오페라하우스 그리고 달링 하버를 둘러보고 7시가 되어서야 왔다. 1인용 침대 세 개에서 4명이 잤다. 키가 큰 사위는 혼자 자고, 두 개 침대에서 세 명이 잤다. 그래도 좋았다.

09월 03일 (월) Victoria State의 수도 'Melbourne', Great Ocean Road Tour ___ 새벽 4시 30분에 예약한 택시를 타고, 멜버른에 가기 위해 국내선 공항에 갔다. 택시비가 50달러였는데 고마워서 55달러 주었다. 우리는 시드니 이외에는 아직 갈 생각을 못하고 있었는데, 딸이 멜버른 1박 2일과 '그레이트 오션 로드' 일일투어를 한국에서 예약해 왔다. 호주는 여섯 개 주State와 두 개 준주 Territory로 이루어져 있다. 주와 준주의 차이는 인구수라고 한다. 두 개 준주에는 Australian Capital Territory(수도인 캔버라), Northern Territory가 있고, 여섯 개 주는 NSW(New South Wales), 퀸즐랜드Queensland, 웨스턴오스트레일리아Western Australia, 사우스오스트레일리아South Australia, 빅토리아Victoria, 태즈메이니아Tasmania이다. 우리가 살고 있는 시드니는 NSW 내에 있고, 오늘 가는 멜버른은 빅토리아 주에 있어 국내선 비행기로 1시간 30분 정도 걸렸다.

멜버른에 도착하여 택시로 시내에 있는 한인 이사벨 여행사에 가서 봉고를 탔다. 일행은 19명이었다. 기사가 종일 차만 타는 여행이라고 설명하며, 가는 도중에 네 군데 정도에서 내릴 것이라고 했다. 그레이트 오션로드는 호주 정부의 고용 창출과 관광 자원 개발 목적으로 건설된 것으로, 앵글시Anglesea와 아폴로 베이Apollo Bay를 연결한 도로이다. 13년에 걸쳐서 오늘날의 모습이 되었다고 하니 그 규모를 짐작할 만하다. 멜버른에서는 '토르콰이'라는 작은 해안 도시가 출발점이며, 가까운 '벨스 비치'는 영화 《폭풍 속으로》의 마지막 촬영지라고도 했다. 벨스 비치는 부활절이 되면 전 세계 서퍼들의 서핑 대회가 열리는 곳이라고도 했다. 날씨가 추웠는데도 우리가 갔을 때 여성 서퍼 서너 명이 큰 파도가 오는 것을 즐기며 타고 있었다. 다음에 간 곳은 '론 비치'였다. 휴양 도시로 계획되어 아름다운 카페와 레스토랑, 숙박 시설까지 되어 있는 깔끔한 도시였다. 여기서 우리는 15달러씩 내고 바닷가에서 바비큐 파티를 했다. 가스도 설치되어있고, 고기 굽는 판도 넓게 되어 있어서 사용하기가 아주 좋았다. 누구나 사용할 수 있도록 된 것이 특이했다. 쇠고기, 캥거루 고기, 소시지 등 질리도록 먹었다. 서둘러 정리하고, 오트웨이 국립공원을 지나면서 나무에 매달려 있는 코알라를 보고, 포트캠벨 국립공원 안으로 갔다.

그레이트 오션로드의 하이라이트라고 하는 12사도(12제자)는 기암괴석 12개가 여기저기 흩어져 장관을 이루고 있어 이름 지어졌다고 한다. 나는 아무리 보아도 일곱 개뿐이었다. 겁이 많은 나는 헬리콥터를 예약하지 않았는데 헬리콥터를 안 타면 후회한다고 해서 거금 90달러(10만 원)를 내고 헬리콥터를 탔다.

세 명씩 타는 것이어서 우리는 딸 부부와 갈라져, 형제 일행 중 한 사람과 함께 탔다. 처음엔 바다 위를 낮게 다녀 무서웠지만 즐기려고 하니까 10분이 되어 내렸다. 2월에 미 서부 그랜드 캐니언에서 경비행기를 타지 않아 조금 아쉬워서 탔더니, 구태여 헬리콥터를 타지 않아도 다 볼 수 있는데 하는 마음이 들었다. 마지막으로 '로크아드 협곡'을 보고 멜버른으로 돌아왔다. 시내 한인 식당에서 순댓국, 돼지 국밥, 내장탕, 낙지볶음으로 맛있게 저녁을 먹고, 예약된 숙소로 돌아왔다. 크고 잘 정리된 게스트하우스였다. 방안에는 형광등이 두 개가 있었는데, 방에 들어가서 30분에 1개가 저절로 꺼지고, 1시간 뒤에 나머지 하나도 저절로 꺼지는 것이 특이했다. 처음엔 겁이 났는데, 다시 켜니까 켜졌다.

　호주의 코알라 ___ 코알라는 호주와 열대 지방에만 있는데, 한 마리에 1억이라고 한다. 유칼립투스라고 하는 나무Gum tree의 잎만을 먹고사는 코알라는 유칼리나무의 알코올 성분 때문에 다량의 알코올을 섭취해서 항상 눈이 빨갛고 힘이 없으며, 술에 취한 상태로 잠만 잔다. 그러니 나뭇가지에 달라붙어서 잎사귀만 우물우물 먹고, 천천히 움직이고, 하루에 20시간 이상 자는 것이다. 유칼립투스 잎사귀는 다른 동물에게는 독이 된다. 개나 새도 이것을 먹었다가는 반드시 배탈이 나고, 잘못하면 죽는다. 사람이 먹으면 강한 독성으로 뇌 손상을 가져온다. 유칼리나무를 먹을 수 있는 것은 코알라뿐이다. 코알라는 물을 마시지 않는다. 물을 마시기 시작했다면 그건 유칼리 독에 의한 중독 말기 증상으로 죽을 거란 표시이다. 그런데도 코알라는 유칼리 없이는, 그것이 보여 주는 환각 없이는 살아갈 수 없는 동물이 되어 버렸다. 유칼리 나뭇잎이 적어지면 다른 나무로 옮겨 가기 위해 코알라는 나무에서 내려온다. 그러나 옮겨 갈 나무가 좀처럼 나타나지 않을 때가 있다. 이때 코알라는 유칼리나무를 찾기 위해 초조해져서 달리기 시작하는데 그 빠르기란 거의 사냥개 수준이라고 한다. 코알라는 눈에 핏발이 선 채 숨을 거칠게 내쉬며 풀 더미를 헤치고 엄청난 속도로 달려 유칼리나무를 찾는다. 종족 보존에는 관심이 없고, 불이 나도 잠을 자기 때문에 개체수가 점점 줄어들고 있다고 한다.

09월 04일 (화) 공짜 Tram 타고 멜버른 대학, 그래도 내 신랑! ___ 게스트하우스 식당에서 샌드위치와 콘플레이크로 아침을 먹고, 게스트하우스를 나섰다. 교육의 도시 멜버른에서 멜버른 대학에 가기 위해 트램을 탔다. 트램은 코인만 들어가는 기계만 있었다. 우리는 코인이 없어서 돈을 내지 않았는데도 아무도 얘기하지 않는다. 단지 시민으로서 양심에 어긋나지만 코인도 없고, 코인만 되는 것도 몰랐으니 어쩔 수가 없었다. 멜버른 대학은 시드니 대학과는 외관상 비교가 안 되었다. 남편은 교육학 전문 서적은 더 많다고 하면서, 대학 책방에서 책을 오랫동안 보고 있었다. 빨리 무료 트램을 타고, 멜버른 시내를 한 바퀴 돌고, 시드니로 가는 12시 10분 비행기를 타야 하는데 남편은 책방에서 나오지를 않는다. 책방 앞에서 기다리던 나는 화장실을 잠깐 다녀왔다. 그 사이에 책방에도, 도서관에도 남편은 없었다. 나를 찾으러 여기저기 다니나 하는 생각은 했지만 이미 길이 엇갈려 그냥 나 혼자 가기로 하고, 트램을 타 버렸다.

아침에 딸하고 10시 40분에 센트럴 역에서 만나기로 한 것을 남편이 기억하겠지 생각했다. 40분 정도 걸려 멜버른 시내를 한 바퀴를 돌고서 센트럴역에서 내렸는데, 센트럴역이라는 것이 서울역만 한 것으로 문이 동서남북으로 있었다. 마음이 급해졌다. 다음부터 약속 장소는 어느 거리와 어느 거리가 만나는 지점으로 해야겠다고 생각하면서 두리번거리고 있는데 얼굴이 벌겋게 된 남편이 보였다. 남편은 화를 냈다. 말없이 사라지면 어떡하냐고! 혼자 많이 당황했나 보다. 나만 믿고 따라다니던 남편을 혼자 남겨 두었으니… 그래도 잘 찾아와서 다행이다. 미우나 고우나 내 하나밖에 없는 신랑인데! 못 만나면 공항 시간을 아니까 택시 타고 오겠지 하는 생각도 했다. 어쨌든 딸 부부를 만나야 하는데 양쪽 길을 교대로 보고 있자니 멀리에서 키가 186㎝인 사위가 보였다. 서둘러 택시를 타고 공항으로 갔다. 딸을 본 남편은 "너 엄마는 아빠를 버릴 사람이구나"라고 했다. 시드니에 도착해서 딸 부부는 33달러짜리 티켓(Day Tripper 21달러 +공항세 12달러)을 사서 맨리 비치와 본다이 비치로 가고, 우리는 곧장 집으로 왔다.

09월 05일 (수) 큰딸 부부 한국 가다, Share 집과 APT, 산후 도우미
___ 큰딸 부부가 한국으로 돌아가는 날이어서 새벽 6시에 고든 전철역까지 데려다 주었다. 우리 큰딸은 심리학과 대학원을 졸업하여 연구원을 하고, 사위는 농협에 다니고 있지만, 사위는 공부를 더 하고 싶어 유학가기를 원한다. 사위는 지금 33살이지만, 남편은 42살에 박사 학위를 받았으니 젊어서 하고 싶은 것을 해 보는 것도 의미가 있고, 남편에 비하면 그렇게 늦은 것도 아니어서, 남편은 공부가 하고 싶으면 하라고 권했다.

오후에 우리는 이사를 하려고 채스우드에는 하우스가, 로즈에는 아파트가 있다고 해서 보러 갔다. 지금 사는 하우스가 화장실과 부엌을 다른 사람들(남자 두명)과 함께 사용하다 보니 불편하고, 인터넷도 느리고, 인터넷 전화도 잘 안 터지고, 또 춥다. 그래서 하우스든, 아파트든, 마스터 룸(화장실을 단독으로 사용)을 구하려고 계속 알아보고 있던 중이었다. 하우스는 살고 싶지 않지만, 채스우드는 교통이 좋고, 상가도 많고 해서 혹시나 하고 가 보았는데, 역시 1층, 2층, 3층 모두가 한 부엌을 사용하여 복잡했다. 이것은 아니라고 생각하고, 로즈의 아파트를 보러 갔다. 로즈역으로 데리러 나온 젊은 남자의 아파트로 갔는데, K라는 이 남자는 아파트 전체를 렌트해서 방을 세어한다고 하는데, 방을 대충 보고 나왔다. 남자가 혼자 살면서, 거의 집에 있지 않고, 잠만 자고, 출장을 잘 간다고 해서 보러 왔는데, 아파트는 감옥 같았고, 탁자에는 담배도 있고, 더 중요한 것은 인상이 좋지 않았다. 여건이 아무리 좋아도 인상이 더 중요하다. 지금 사는 집 여건이 그래도 더 나았다. 당분간은 그냥 살아야겠다.

로즈에서 잠깐 산후 도우미를 운영하는 강 실장을 만났다. 산후 도우미 교육을 받으려고 마음먹었는데, 강 실장 딸이 교수 부인이 어떻게 산후 도우미를 하

겠느냐고 했다면서 강 실장은 정말 하겠느냐고 거듭해서 묻는다. 산후 도우미는 주 6일에 아침 10시부터 오후 5시까지(토요일은 3시) 주 40시간 일하고 520달러를 받는다고 했다. 일을 하면 주당 셰어 집값 270달러에 생활비가 다 해결된다. 그러나 일단 일을 하면 영어 공부도 못 하고, 골프도 치기 어려워 골프 레슨이 끝나는 10월 초에 다시 생각하기로 했다. 그러나 집에 와서 다시 생각해 보니 없는 돈이지만 호주 생활을 마음껏 누리는 것이 내 삶에 더 보탬이 되리라 생각되어 돈 버는 것은 일단 포기했다.

09월 06일 (목) 호주 투표, 호주 유닛 ___ 킬라라 영어 토픽은 투표였다. 다가오는 토요일(9월 8일)에 주 선거를 한다. 호주에는 세 가지 선거가 있고, 투표를 하지 않으면 벌금을 55달러(6만 6천원)를 내야 한다. 그래서 투표율이 90% 이상이라고 했다. 그렇게 하니까 국민들의 의견을 확실히 알고, 뽑힌 사람들은 소신 있게 일하고, 국민들도 믿고 따르게 되는 모양이다. 우리나라처럼 투표율이 40~60% 수준에서는 국민들의 의견 수렴도 잘 안되고, 뽑힌 사람도 일부 의견에 치우친 사람들이다 보니 국민 전부를 위한 일을 제대로 하지 못하는 것이 아닌가 하는 생각이 들었다.

점심에는 SC집으로 국수를 먹으러 갔다 지난번에 SKY가 미역국이 있다고 점심을 먹고 가라는 것을 부담스러워 거절하고는, 집에 와서 후회했었기 때문에 오늘은 사양하지 않고 따라갔다. 오랜만에 먹는 국수는 맛있었다. 어묵, 멸치 국물에 계란, 김치 꾸밈이 잘 어울려 맛있게 먹었다. 게다가 집도 정말 마음에 들었다. 3층 유닛의 호주 전형적인 집으로 다섯 집이 사는데 3층에 두 집, 앞집, 그리고 1층에 한 집해서 전부 호주인이라고 한다. 아랫집은 80세 된 호주 할머니가 혼자 사는데 너무 귀엽고, 놀러도 자주 온다고 했다. 호주의 참맛을 알기에 안성맞춤이었다. 빛도 잘 들고, 밝고, 조용하고, 아름답고, 멋있고 편안해 보이는데, 새 아파트는 감옥 같고, 하우스 셰어는 전부 한국 사람들이, 한국말만 하고 있어 한국에 사는 기분이다.

SC가 12월에 한국에 돌아간다고 하니 가구도 중고지만 그대로 싸게 사고, 7개월(1월에서 7월까지) 동안이라도 호주라는 나라에 대해 느끼며 살고 싶다. 그런데 남편은 계속 반대한다. 호주 유닛은 주당 600달러(70만 원)로 30주 살면 18,000달러

(2,070만 원)이다. 지금 수준의 하우스 셰어 270달러(31만 원)로 30주 8,100달러를 빼면 10,000달러(1,150만 원)가 더 들어가기 때문이다. 그리고 호주 집 렌트는 전기세와 가스 비, 인터넷 요금을 따로 내야 한다. 남편은 더 들어가는 돈을 집에 투자하지 말고, 여행을 가자고 했다. 그래도 나는 호주 유닛에 한번 살아보고 싶은데…

09월 07일 (금) Hillary와 둘이서 영어 공부 ___ 오늘 핌블 영어 공부에는 학생들이 많이 오지 않았다. 남편 반(고급반)에는 평상시에 열 명 이상이었는데 오늘 여섯 명이고, 우리 Hillary반(초급반)에는 평상시 4~5명 이었는데 오늘은 나 혼자다. 힐러리가 프린트해 온 인쇄물에 멜버른이 나와 엊그제 갔다 온 멜버른 이야기가 나와 삼천포로 빠지는 바람에 Hillary의 남편과 아이들 그리고 손자 손녀 이야기, 사위 아픈 이야기까지 하느라 회화를 많이 해서 좋았다. 쉬는 시간 후에는 Hillary와 카드놀이를 하였는데, 말하는 데 많은 도움이 되었다. 돌아올 때는 남편 반에 좀 마르고 샤프한 우리 집 가까이에 사는 중국인 Grace 차를 타고 집에 왔다.

09월 08일 (토) 하루 21달러 Day tripper 티켓, 프라마타, 스트라스필드 ___ 오늘은 21달러에 Day tripper를 사서 페리를 실컷 타고 골프를 치고 오려고, 9시 30분에 서둘러서 출발했다. 서큘러 키에서 시간 여유가 있어 12.5달러 하는 피시앤칩을 먼저 먹고, 맨리 비치로 가는 페리를 탔다. 지난번에 페리 타고 동물원에 갔을 때는 10분 정도로 잠깐 타서 아쉬웠는데, 맨리 비치까지는 25분 동안 타니 뭔가 바다를 느끼면서 가게 되어 기분이 좋았다. 맨리 비치에 도착하고 보니 멜버른의 그레이트 오션로드를 보고 나서인지 그냥 비치였다. 도리어 페리를 타고 오가는 과정이 더 아름다웠다. 남편과 나는 수영도, 서핑도 하지 않으니 사진만 찍고, 다시 서큘러 키로 돌아왔다.

페리의 전반적인 정보를 보니 프라마타 강으로 가는 페리가 제일 길어서 그것을 타고 1시간 동안 바다로부터 강줄기를 따라갔다. 그리고 파라마타에 내려 무료 셔틀버스를 타고 시내를 구경했다. 다시 시티레일을 타고 지난번에 스트라스필드 한국 반찬 가게에서 사 먹었던 조개젓이 생각나서 다시 찾아갔다. 스트라스필드에서 LA갈비(15달러), 호주 갈비(15달러)와 차돌박이(10달러)를 사고, 부추김치(5달러)와 조개젓(15달러)도 샀다.

그리고 이스트우드로 가서 골프를 1시간 치고, 고든역 한국 슈퍼에서 국수 두 가지와 된장과 새우젓(총 20달러)을 또 샀다. 집에 와서 호주 생 갈비를 구워 먹었는데 우리나라 고기보다 맛이 없고, 기름이 적어서 구수하지가 않았다. 몸에는 좋으려나! 나중에 들은 얘기로는 호주는 방목하고, 우리나라는 가두어 키워서 그렇다고 했다.

09월 09일 (일) 호주 한인 교회, 창조 과학, 'Working TV'___ 호주에 있는 한인 교회는 거의 호주 교회에 세 들어 산다. 호주인들의 오전 예배가 끝나

면, 교회가 비어 있는 동안 한국인들이 빌려서 예배를 보기 때문에 한국인들의 예배 시각은 12시 30분이다. 또 예배가 끝나면 점심을 주기 때문에 70여 명의 식구들은 가족 같은 공동체의 분위기이다. 오늘 점심으로는 비빔밥을 먹었다.

그리고 이어서 "창조 과학"이라는 DVD를 1시간 보았다. 세상에 있는 모든 것은 설계도가 있고, 설계자도 있다. 그러므로 인간도 DNA라는 설계도가 있으면서, 설계자인 하느님이 계신다는 내용으로, 하느님의 존재를 입증하는 과학자의 설명이었다.

집에 오는 길에 집 앞에 버려진 텔레비전을 보았다. 교회 사람들에게 헌 텔레비전이 있으면 달라고 부탁해 둔 상태여서 반가웠다. 이쪽에는 큰 것, 저쪽에는 작은 것이 있었다. 큰 것 보다는 작은 것이 소니여서 마음에 들었다. 우리가 살고 있는 집주인에게 전화해서, 가져가도 되는지, 와 줄 수 있는지 물어보았더니 가지러오겠다고 했다.

텔레비전에는 'Working TV' 라고 적혀 있었다. 집에 가지고 와서 켜 보니, Set up box가 없어서 잘 나오지 않았지만, 조그마해서 우리에게는 안성맞춤이었고, 영어 듣기에도 많은 도움이 될 것 같았다. 적적했던 저녁 시간을 보내기에는 더 없이 좋았다.

"Stop! Look! Listen! Think!"___ 사는 것이 별거 아닌데… 집착하고, 시기하고, 질투하고, 헐뜯고, 남에게 질세라 동당거리고… 다 부질없는 것으로 생각되는 요즈음이다. 지금 내가 있는 이곳 시드니 북부 고든이라는 지역 초등학교 담벼락에 하나 달랑 붙어 있는 메시지는 참으로 나에게 많은 것을 느끼게 한다. Stop! Look! Listen! Think!

길을 건널 때만 멈추고, 보고, 듣고, 생각할 것이 아니라 우리의 삶을 살아가는 데 있어서도 "잠시 멈추고, 뭔가를 보고, 듣고, 생각하면서 살아야 한다"는

의미로 다가왔다. 내게 절실히 필요한 것이려니.

09월 10일 (월) Worrywart, DAN와 OLB, 야채의 종류 ___ 바티스트 교회 영어 공부에 가는 날이다. 여기는 네 반으로 나뉘어 있는데 우리는 중국계 호주인이 가르치는 중간에서 아래 반이다. 우리 스스로 택해서 이 반을 들어갔는데 남편은 심심하다고 다음 주부터 중간에서 위로 올라가겠다고 한다. 오늘의 영어 대화 주제는 살아가는 데 생기는 **"걱정거리Worrywart"**(사소한 일로 걱정하는 사람)를 어떻게 해결하느냐는 것이었다. 운동, 수면, 마사지, 사우나, 친구와 수다, 진정제, 종교God, 영양 등 많은 이야기가 나왔다. 여러 가지 중에서 영양에 대해 무엇을 먹느냐 이야기하다가 야채의 종류에 대해서도 이야기를 했다.

쉬는 시간에 DAN과 OLB을 만났다. DAN은 서울에서 22년간 교육청 공무원을 하면서, 가족이 먼저 호주에 와 있는 상태에서 호주의 영주권을 받기 위해 20번 이상 호주를 왔다 갔다 했단다. 또 사업 비자로 와 초등학생 남자아이 둘을 둔 OLB는 한국에서 남편은 수입 가구 사업을 하면서, 남양주에서 한우 고깃집을 한다고 했다. OLB가 호주에 오고자 하는 이유는 더 잘 살기 위해서? 아니면 환경이 좋아서인가? 아니면 아이들 교육? 사람마다 가치와 욕구가 다 다르겠지만, 나는 사서 고생하는구나 싶었다.

야채의 종류에는 Mushroom(버섯), Radish(무), Broccoli(브로콜리), Eggplant(가지), Pumpkin(호박), Onion, Carrot, Tomato, Garlic(마늘), Ginger(생강), Butterbur stalk(머윗대), Celery(샐러리), Lettuce(상추), Walnut(호두), Cucumber(오이), Spinach(시금치), Sesame(참깨), Green perilla(들깨), Mallow(아욱), Red pepper & Chili green(고추), Burdock(우엉), Coriander(미나리과 식물), Shallot(골파류의 파), Leek(부추 일종 : 파), Scallion(부추), Potato(흰색. 보라색 감자), Sweet potato(고구마) Taro(토란), Dill(미나리과 식물), Mint(박하), Parsley(파슬리) Mustard(겨자), Lotus Root(연근), Avocado(아보카도), Garlic chive(마늘잎), Cabbage, Asparagus, Watercress(물냉이) 등이 있었다.

09월 11일 (화) St. Ives 영어 토픽 Fire(화재), Volunteer ___ St Ives 도서관 영어 공부에 갔다. 첫 시간에는 문법을 하는데 너무 쉬웠다. 주어가 단수와 복수, 동사의 현재와 과거에 대해서 공부하고, 둘째 시간에는 엊그제 일요일에 불이 나서 화재에 관해 1:1로 대화하였다. 유칼립투스 나무에 의한 자연 산불이 위험하기도 하지만, 불이 나서 정화 작용도 된다고 했다. 그러나 화재를 일으키는 분명한 원인은 사전에 예방해야 한다는 것이다. 이번 화재의 원인이 자연 산불이 아니라 바비큐 때문이었다고 했다. 바비큐는 앞으로 어른들과 꼭 함께해야 하고, 바비큐를 하는 곳에 2m 이내에는 불이 붙을 수 있는 물질을 절대 두지 말아야 하며, 또한 물이 즉시 계속적으로 공급될 수 있는 곳에서만 바비큐를 해야 예방할 수 있다는 것이다. 영어를 하면서 우리는 화재 교육도 받고 있었다.

Ku-Ring-Gai 지역(한국에서 구 정도)에는 관목 숲Bush이 많아 화재 자원봉사자가 많다고 했다. 자원봉사자는 18세 이상이면 할 수 있으며, 범죄자가 아니어야 하고, 일정 기간 교육을 받아야 한다고 했다. 이곳에는 남아프리카에서 온 유대인 자원봉사자와 파키스탄, 이탈리아 학생들도 있었다. 중국인들도 있었지만 한국 사람은 우리뿐이었다.

09월 12일 (수) 중고차 두 대 시승, 안정된 생활 ___ 어젯밤에 차를 산다니까 옆방에 사는 Peter가 Civic 차를 몰은 지 10년이 되었는데 5,000~7,000 달러면 살 수 있다고 한다. 호주는 운전대가 우리나라와 반대여서 역주행하는 경우가 많아서, 비싼 것을 살 필요가 없다고 했다. 우리는 좋은 것보다 적당한 것으로 일 년만 사용하는 걸로 기준을 잡았다. 아침 9시에 이스트우드에서 2008년산으로 56,000㎞ 탄 도요타 캠리를 16,000달러(2,000만 원)에 보았다. 외관은 깨끗했으나, 운전해 보니 엔진에 떨림이 있었다. AN 집사님과 우리는 만장일치로 NO 하고, 저녁 6시에 차를 하나 더 보기로 하고 헤어졌다.

바로 시드니 대학으로 갔다. 남편은 12시에 약속한 Murray 교수를 만나러 가고, 나는 도서관으로 갔다. 오랜만에 학교에 온 것 같았다. 빨리 차도 해결되고, 골프 연습장 가는 것도 한 달로 마무리되어 규칙적이고 '안정된 생활'을 하고 싶다.

4시에 다시 이스트우드로 가서 골프를 치고, 6시에 차를 보았다. 차는 2005 년산, 10,173㎞, 9,000달러로 같은 도요타 캠리였다. 밤이 되어 정확하게 볼 수는 없었지만, 외관은 지저분해 보였으나 엔진은 좋았다. 가격도 괜찮고, 엔진도 좋아 나는 사고 싶었는데, 남편은 내일 옥션장에 가자면서 반대를 했다. 그래도

7,000달러로 한번 깎아 보았으나 거절해서 수포로 돌아갔다.

      09월 13일 (목) 각 나라의 말 중에서 영어, Car Auction(경매)장 __ 오늘 영어 공부에는 English를 하는 호주 자원봉사자들과, 러시아의 Russian, 한국의 Korean, 일본의 Japanese, 남부인도와 실론 섬의 Tamil, 스리랑카의 Sinhalese, 중국 표준어 Mandarin과 중국 사투리의 Cantonese 등을 사용하는 사람들이 모였다. 그래서 모든 사람들이 영어로 서로 대화가 되는 것을 보면서 역시 세계적인 언어인 영어를 알아야겠다는 생각이 들었다.

  공부를 덜 하고 11시에 화요일, 목요일 12시에만 열리는 옥션장에 갔다. 옥션장은 양쪽으로 세 명씩 단상에 서 있는 사람이 방망이를 들고 책상을 치면서 마이크로 계속 떠들어댄다. 차는 3,000달러 이하와 3,000달러 이상의 차가 각각 한 줄씩 양쪽으로 나오는데, 차 이름을 부르고, 최하 금액에서부터 올라간다. 차가 10대 이상 나오는데 차가 하나 마음에 드는 것이 나왔다. 자세히 볼 겨를도 없이 AN 집사님과 나는 동시에 마음이 맞았다. 손 한번 들어 보라고 한다. 손을 살짝 들었더니 당첨이 되었다. 그날은 내가 제일 먼저 당첨된 것 같았다. 10,400달러에 도요타 콜로라(1.8)였고, 수수료가 450달러 더 있었다. 나는 도요타 캠리를 사고 싶었는데 AN 집사님이 중형보다는 소형이 기름이 덜 든다고 하여 그냥 결정했다. 그리고 이미 손을 들었기 때문에 사야 한다고 했다. 나중에 자세히 보니 마음에 안 드는 부분도 있었으나 1년만 사용할 거고, AN 집사님 수고에 더 이상 불평을 할 수가 없었다. 남편은 옥션장이 정신을 홀리게 하는 것 같다고 했다. 예약금 1,000달러를 내고, 내일 12시에 와서 잔금을 내고 차를 가져가라고 했다.

      09월 14일 (금) 생각하기도 싫은 날, 지갑 분실, 잘못 찍힌 내비로 시드니 시내 헤매다 __ 생각하기도 싫은 날이다. 파라마타에 있는 옥션장에 가

서 9,850달러의 잔금을 지불하고 차를 가지고 나왔다. 운전대가 오른쪽에 있어서 그동안 운전하는 사람들을 눈여겨보고, 시승도 두 번 해 보았으나 불안하고 겁이 났다. 그래도 차 명의를 이전하기 위해 AN 집사님과 함께 자동차 등록소 RTA에 갔다. 그러나 여권도 없고, 현주소로 된 은행 잔고 증명서도 없어서 하지 못했다. 6주 이내에만 하면 된다고 하여 내비게이션을 사러 큰 중국인 빙리 상가로 갔다. 270달러를 주고 하나 사서 연결했다. 그리고 카센터에 가서 정비 기술자Mechanic에게 차를 점검받았다. 그 와중에 AN 집사님을 뒤따라 차도 몰아야 되고, 내비게이션도 보느라 지갑이 어디로 갔는지 보이지 않았다. 분명히 내비게이션 값은 지불하였는데, 아무리 가방과 옷과 차를 다 뒤져 보아도 없었다. 중국인 상가에도 전화해 보았는데 없다고 한다. 지갑에는 한국 카드 두 개와 호주 카드 한 개, 현금 730달러(85만 원)가 남아 있었는데… 앞이 캄캄했으나 어쩔 수 없는 현실에 한국에 있는 딸에게 카드 두 개를 분실 신고하게 하고, AN 집사님은 호주 카드를 분실 신고 해 주었다. 그리고 우리가 밥을 사야 하는데도 불구하고, AN 집사님께서 저녁을 사 주셨다. 어둡기 전에 차를 집으로 가져오려고 아침부터 서둘렀는데, 결국은 어두워지고 말았다. 그래도 목사님께서 차 안에서 기도해 주셔서 별일은 없으리라 생각하고, AN 집사님이 찍어준 내비게이션만 믿고 운전을 시작했다. 그런데 가다가 보니까 바다와 강이 나왔다. 설마? 우리는 바다인지 강인지 다리를 건너고 있었고, 고속도로로 차가 쌩쌩 달리고 있었다. 내가 길을 몰라서 그런가 하고 계속 가다 보니 스트라스필드가 나오고 정착지가 버우드였다. 기절초풍할 지경이었다. 고든에서 그냥 살려고 하는 이유가 강이나 바다를 건너지 않아도 되는 것이었는데 이게 웬일인가?

깜깜한 버우드의 길 한쪽에 차를 세우고, 내비게이션을 다시 고든으로 찍고, 속으로는 울면서 다시 출발했다. 남편은 그 와중에도 다른 차들처럼 빨리 달려야 한다고 속도를 내라고 했다. 남편이 그러거나 말거나, 나는 뒤에서 차가 따라오면 비상벨을 켜고, 뒤따라오지 않으면 끄면서, '날 잡아 잡수시오'하는 마음으로 운전했다. 다시 고속도로를 지나서 바다인지 강인지 다리도 건너서 한참을 가다 보니 우리 동네가 나왔다. 헤매고 오느라 족히 2시간은 걸린 것 같았다. 이스트우드에서 우리가 살고 있는 고든까지는 20분이면 오던데… 어떻게 새 내비게이션에 찍지도 않은 버우드가 찍혔는지 알 수가 없었다. 남편은 AN 집사님과 함께 내비게이션을 조작했기 때문에 계속 이상하다고 했다. 다행히 목사님의 기도발인지 밤 9시 30분이 되어 별 탈 없이 집에 도착했다. 오 하느님 감사합니다.

09월 15일 (토) 익숙한 것, 처음 담근 김치 ___ 익숙한 것이 참으로 좋은 것이라고 느끼는 어제, 오늘이다. 그래 익숙한 것이 좋은 거다. 차 때문에 신경을 써서 쉬고 싶었다. 그러나 한편으로는 빨리 해결해야 마음도 쉴 수 있겠다는 생각이 들어 남편을 재촉했다. 토요일이라 우리가 다니는 채스우드 은행은 문을 열지 않아서, 혼스비에 있는 Common Wealth Bank에 갔다. 잃어버린 마스트 카드를 다시 신청하고, 잔고 증명서를 신청하니 안 된다고 한다. 그래서 주소와 이름만 있는 서류를 떼고, 현금 1,000달러(120만 원)를 찾았다. 시간이 늦어 명의 이전은 하러 가지 못하고, 이스트우드에 가서 골프를 치고, 그동안 많이 도와주신 AN 집사님 부부에게 에핑에 있는 일식집에서 점심을 사 드렸다.

집에 오는 길에 배추 두 포기를 샀다. 한국 배추는 보이지 않아 아쉬운 대로 중국 배추와 마늘을 샀다. 지난번에 사 둔 새우젓을 넣어 김치를 담갔는데 맛이 없었다. 남편은 맛이 들게 냉장고에 넣지 말라고 한다. 그래도 처음으로 담근 김치여서 뿌듯했다.

09월 16일 (일) 성령과 영성, 호주의 운전 ___ 20분 걸려서 교회까지 걸어가면 기운이 다 빠지는데, 오늘 처음으로 차를 끌고 교회를 가니 기분이 상쾌했다. 오늘 목사님 말씀은 성령Holy spirit (성스러운 정신, 영혼, 마음)이었다. 성령은 남에게 보이는 것이 아니라 한마디로 '스스로 무엇인가를 꾸준히 할 수 있는 것'이라고 했다. 기도도, 운동도… 똑같은 일을 반복하면서, 꾸준히 하는 것을 믿음의 깊이로서 영성Divinity = holy (신성, 초인적인 힘)이라고도 한다고 했다.

호주는 오른쪽에 운전대가 있으며, 오른쪽 차가 우선순위로 먼저 가고, 좌회

전과 직전은 라운드 바운딩이라 하는 사거리에서 오른쪽으로 함께 돌면서 자신이 필요한 길로 가야 한다. 또 내가 산 내비게이션은 모든 거리의 단위가 마일Mile과 야드Yard로 되어 있었다. 처음 마일과 야드의 단위를 들으니 생소하여 엄청나게 먼 것으로 생각되었는데, 자세히 계산해 보니 야드는 미터와 별 차이가 없었다. 1마일은 1,609m로 약 1,600m이고, 1야드는 3피트로 91.4㎝ 약 90㎝였다. 또 1마일은 17.6야드와 같았다.

또 주유소에서는 기름을 누구를 막론하고 본인이 일단 넣고, 슈퍼 안에 들어가서 주유한 곳의 번호를 알려주면, 돈을 얼마 내라고 얘기해 준다.

차 속도도 길거리의 요소요소마다 다르다. 길이 통하지 않는 곳의 속도는 15이다. 학교근처는 무조건 40이고, 내리막길은 60~70, 고속도로에서 최고 속도는 90~110이다.

노란색 판에 검정 글씨로 L-plate 80은 Learning's Drive로 연습한 것을 확인하고 Sign을 해주는 사람이 옆에 타는 것이고, 흰색 바탕에 빨강 글씨로 P-plate 90은 Provision(조건, 규정)으로 1년간 달고 다녀야 하고, 흰색 바탕에 초록색 글씨로 P-plate 90은 그 다음에 달고 다닌다고 한다. 처음엔 P-plate를 주차Parking의 P로 보고 아무 곳이나 세울 수 있는 특별한 권한이 있는 표시인 줄 알았는데 알고 보니 초보자였고, 숫자는 그 속도를 넘기면 안 된다는 것이었다.

주차하는 곳도 다양하다. No parking(빨간색), 월요일에서 금요일까지 아침 8시 30분에서 오후 6시까지 1/2H Parking(초록색 글씨 : 30분) 혹은 2H Parking(초록색 글씨 : 2시간), 그 이외의 시간에는 주차금지 지역을 제외하고는 시간제한 없이 세워도 된다. 그러나 장례식이나 결혼식 때문에 교회나 건물 입구에는 절대로 세워서 안 된다. Council(구청)에서 하는 주차장은 2시간 무료로 주로 전철역 주변에 있다. 언제 체크하는지 사람을 볼 수가 없었는데, 장애인 자리에 세우고 나니, 노란 옷 입은 사람이 벌금을 내라고 나타났다. 그래서 빨리 차를 다른 곳으로 옮겼다. 그리고 2시간 골프 연습을 하고 집에 가려는데 아는 사람이 커피를 마시자고 해서, 차 때문에 안 된다고 하니까 다 하는 방법이 있다고 가르쳐 주었다. 오른쪽 뒤 차바퀴를 보니까 하얀 백묵 선이 모든 차에 다 그어져 있었다. 차를 다른 곳에 다시 주차하면 2시간 더 주차가 가능하다는 것이다. 다 사는 방법이 있었다.

09월 17일 (월) 자동차 명의 이전, 백호주의 ___ 차가 있어 이제 몸과 마음이 덜 고달프겠다고 생각했는데 아직도 복잡하다. 차 명의를 이전하는데 가는 곳마다 요구하는 서류가 다르다. 이것이 백호주의에서 나오는구나 생각되었다. 지난 금요일 옥션장에서 차를 가지고 나오면서 자동차 명의 이전을 하려고 옥션장 가까운 자동차 등록소에 갔을 때 주소와 이름이 나와 있는 "은행 서류"나 "은행 잔고 증명서Statement"를 가져오라고 했었다. 그래서 빨리 해결하려고 엊그제 토요일에 은행 문을 여는 혼스비까지 가서, 잔고 증명서는 3개월에 한 번 해 주는 것이라 떼지 못하고, 주소와 이름만 나와 있는 서류를 해 가지고 왔다. 그리고 오늘 집에서 가까운 등록소에 갔다. 들어가면서 번호표를 "등록"을 뽑아서 순서를 기다렸다가 내밀었더니 등록이 아니라 "이전Transfer"이라고 하면서 영어가 서툴러서인지 트집을 잡기 시작했다. 은행에서 "거래내역"을 해 오라고 했다. 화가 나서 나오면서 번호표 뽑는 기계를 다시 확인해 보니 "transfer"는 없고 "기타"만 있어서 기분이 나빴다. 또 중고차 명의 이전하는 데 은행 거래 내역이 왜 필요하냐고 따지고 싶었지만 호주인들은 화를 내면 더 안 해 준다고 했다. "나 모르겠다 가 봐라"는 식이었다. 다시 한국인이 있는 Common Wealth Bank로 갔다. 거래 내역을 떼고, 잔고 증명서는 오늘 신청하면 내일 떼어 줄 수 있다고 했다. 그래서 다시 처음에 "은행 statement"나 "주소와 이름"만 있는 서류를 가져오라고 했던 조금 멀리 옥션장 가까이 있는 등록소로 갔다. 은행 거래 내역은 주지 않고 명의 이전 신청을 했더니 두말하지 않고 해 주었다. 주소와 이름이 있는 서류에 은행 잔고가 적혀 있는 것을 지우기까지 하고 처리해 주었다. 그런데 집에서 가까운 등록소에서는 필요도 없는 '거래 내역'까지 해 오라니, 분하고 원통한 일이 아닐 수 없었다. 누구에게 하소연하랴!

09월 18일 (화) 아주 아주 중요한 영어와 발음, 화를 내는 것은 '흉기로 찌르는 것' ___ 한인 영어책은 쉬워도 설명해주는 내용은 아주 좋았다. talk와 chat는 내용 없이 수다를 떠는 것이고, tell은 story가 있는 것이라고 했다. 또한 see는 저절로 보이는 것, 싫어도 보아야 되는 것이고, watch는 내가 볼 것을 결정하는 것이고, look는 한 군데서 짧게 집중해서 보는 것이라는 것! 예를 들어 I am seeing things는 "헛것이 보인다"는 것이고, I am hearing things는 "환청이 들린다"는 것이라고 한다. Can you speak?는 상대방 능력을 평가하는 것이어서 Do you speak라고 물어야 된다는 것! 영어의 듣기가 Hearing(듣기의 능력)이 아니고, Listening이라는 것! You는 존재를 인식해야만 쓸 수 있는 것이고, She는 I와 You가 보지 못할 때 사용하고, 볼 때는 This를 사용한다고 했다. was told는 누군가에게 "얘기를 들었다"는 뜻이고, heard는 "풍문으로 들었다"는 것이라고 했다. 발음에 있어서도 Q의 이름은 '큐'이지만 발음은 '쿠어'로 해야지 알아듣는다고 한다. Question은 '쿠에션'으로, Queen은 '쿠인'으로, Quick는 '쿠익'으로, Quark(울음소리)는 '쿠엑'으로. 또 NO할 때는 고개도 같이 옆으로 흔들어주고, David의 '데'와 James의 '제' 발음은 힘들게 하고, Is James에서는 '이즈제임스'로 앞의 s 발음은 죽여야 한다고 했다. K도 앞에 나올 때는 내뱉는 '크' 발음을 해야 하고, 뒤에 나올 때는 '억' 하고 빨아들이는 발음을 해야 한다고 한다. Tom도 '톰과 탐의 중간'으로 발음해야 되며, Good도 유들유들하게 '긋'해야 알아듣는다고 한다. The chair에서 소리의 길이가 The는 5%이고, Chair가 95%로 해야 한다는 것이다. 또 dog, a dog, the dog, the dogs(도그, 어도그, 더도그, 더도그스)에서 소리의 길이가 다 같아야 한다고 했다. 또 can과 can't의 발음 구별은 부정문에서 약간 높게 발음한다는 것이고, thirteen(13)과 thirty(30) 역시 발음의 강세로 구분을 하는데 thirteen은 뒤에, thirty은 앞에 강하게 힘주어야 알아듣는다고 했다. 지금 나의 영어 문제는 대충 알아듣는다 해도 내 발음을 외국인이 알아들을 수 있도록 발음을 해야 한다는 것이었다. 중요한 공부를 했다.

또 호주인들은 화를 내고, 고집부리고, 과시하는 것은 '흉기로 찌르는 것' 이상으로 위험한 일로 생각하며, 아주 보수적이라고 했다. 들어보지 못한 이야기여서 아주 중요한 정보였다. 어제 차 등록소에서 화를 내지 않은 것은 아주 잘했다.

09월 19일 (수) 편안하게 보이는 호주 ___ 우리나라에서의 나의 삶이 란? 뭔가 하지 않으면 불안하고, 남에게 뒤처지는 기분이 들면, 쓸모없는 인간, 형편없는 인간이라는 생각이 들곤 했다. 돈을 벌지 않거나, 누군가를 만나는 건수가 없거나, 친척들의 행사가 없거나, 성당일로 바쁘지 않거나 하면 말이다. 한국에서는 나만 그런 것이 아니라 생각된다. 전체적인 분위기가 경쟁심으로 '나 바빠! 나 시간 없어!' 하는 것이 굉장히 잘난 것으로 생각들을 하는 것 같았다. 항상 나만 할 일이 없고, 빈둥거리는 것 같아 형편없이 사는 것인가 생각했었는데…

이곳 호주는 삶의 분위기가 전혀 다르다. 남이 무엇을 하든 전혀 관심이 없고, 오로지 조용하게, 편안하게, 여유 있게, 눈에 보이지 않게, 수수하게, 사람이 사는지 안 사는지 모르게, 그리고 큰소리 내지 않고, 절대 흥분하는 일 없고, 급한 것이 없고, 싸우는 일 없고, 우리 한국식으로 생각하면 사는 맛이 나지 않을 정도이다. 그러나 월화수는 오후 5시, 6시에 일상 업무가 끝나면 집에서 조용히 지내다가, 목요일은 쇼핑 데이로 오후 9시까지 쇼핑을 할 수 있고, 금요일 오후부터는 주로 파티를 하면서 즐긴다. 그러나 시끄럽지 않다. 서양인들의 파티는 주로 집에서 하거나, 동네 레스토랑에서들 많이 한다. 그리고 시티에 있는 오페라하우스 주위나 달링 하버 쪽의 레스토랑이나 카페에도 주로 서양인들이 와인과 요리를 먹으면서 즐긴다.

09월 20일 (목) 호주의 전철과 Ferry ___ 두 달 만에 호주 사람들보다 전철에 대해서 더 잘 알게 되었다. 학생을 제외한 모든 호주 사람들은 거의 자가용만 타고 다녀 전철을 잘 모른다. 우리나라처럼 환승 제도도 없다. 또 전철은 주말에 주로 보수 공사를 하여 구간에 따라 다니지 않는 경우도 많다. 안내판을 잘 보고 다녀야 한다. 전철이 다니지 않는 구간에서는 버스가 대기하고 있다가 티켓을 확인도 하지 않고 버스를 태워준다. 전철 표를 사서 버스를 타야 된다고 하는 사람이 있는가 하면, 버스를 공짜로 타도된다고 하는 사람도 있다. 그래서 공짜로도 타 보고, 어떤 날은 안내판을 자세히 보지 않고 표를 샀다가 버스를 타게 되는 날도 있었다. 그러나 전철 표를 사는 것이 원칙이려니 생각되었다. 그리고 편도를 Single이라 하고, 왕복은 Return이라 하며, 아침 9시전에는 Peak time으로 비싸다. 개찰구가 없는 역도 많다. 그러나 쥐도 새도 모르게 보고 있다고들 하면서 한 번 걸리면 벌금이 200달러(23만 원)라고 한다. 돈을 넣고 전철표를 끊는 기계에는 어린이, 60세가 넘는 연금 수령자Pensioner, 장애인들도 있었는데, 연금 수령자와 장애인 표는 국제선, 국내선 공항 가는 것만 제외하고는 어디를 가든 2.5달러이다. 60세가 넘는 남편을 한번 연금 수령자로 끊어 보았다. 그런데 검사원이 보자고 하면 증명서를 보여 주어야 된다고 했다. 연금 수령자 증명서는 시민권자에게만 있는 것이다. 그래도 남편은 Common Wealth 은행에서 해 준 Pensioner Security Account라는 계좌 증명서와 이름과 사진이 있는 시드니 대학교 회원 카드를 함께 가지고 다니기로 했다. 그러면 Pensioner라는 것이 증명된다. 그러나 호주 시민권자가 아니면 안 될 수도 있으려니. RTA 자동차 등록하는 곳에서 2013년 2월부터 시니어 카드Senior card를 만들 수도 있고, 또 신문 파는 곳에서 Pensioner excursion ticket을 2.5달러에 사서 가지고 있다가 기차가 미리 와 있는 경우에는 사용하기도 한다고 했다.

그리고 지난번 서큘러 키에서 페리를 타고 맨리 비치에 가고, 파라마타를 가느라 페리에 대해서도 통달했다. 페리는 새벽 6시부터 다니기 시작하여, 오후 3시가 넘으면 거의 다니지 않는다. 페리를 타려면 새벽부터 서둘러 타야만 여유 있게 다닐 수가 있다. 전철, 페리, 버스를 종일 탈 수 있는 21달러짜리 Day Tripper를 사는 것도 방법이다. 하루에 페리를 모두 타 볼 수 있지만, Ferry는 가는 곳마다 타는 곳이 다르기 때문에 1와프에서 6와프 중에 목적지를 잘 보고 타야 한다.

09월 21일 (금) '빈 도시락과 얇은 책 한 권', 놀 줄 아는 아이들 __
킬라라 퍼블릭 스쿨Kilara Public School은 주위가 전부 골프장처럼 신 나게 놀 수 있는 넓은 잔디밭과 놀이터가 있었다. 그러나 교실은 우리나라 임시로 지은 슬레이트 건물 같았다. 한 학년이 두 반이고 한반에 28명 정도라고 하였다.

3시 30분이 되니 유치원Preschool과 초등학생Primary School 학생들이 일제히 끝나고 나왔다. 가방이 학생들에 비해 너무 커서 가방 안에 무엇이 들어있는지 궁금했다. 가방 안에는 '빈 도시락과 읽을 얇은 책 한 권'뿐이었다. 매일 매일 읽을 책을 주고, 읽은 후 부모님 사인을 받아서 가져간다고 했다. '책 읽는 습관'을 들이는구나 생각되었다. 그래 영어 한 마디, 수학 한 문제보다 책을 많이 읽는 것이 삶을 풍부하게 하니까. 국가에서 어떻게 교육을 시키느냐 하는 것이 참으로 중요하구나. 국가적인 안목과 정책이 아이들을 편안하게도, 힘들게도 하는구나. 그것이 선 선진국과 선 후진국의 차이려니.

호주에 온 지 한 달 된 한국 아이에게 호주에 오니까 무엇이 좋으냐고 물어보았더니, 아이는 신 나게 놀 수 있어서 좋다고 했다. 또 옆에 있던 중국인 아이 아빠에게 호주에 왜 왔느냐고 하니까 'easy' 해서 왔다고 한다. 경쟁적이지 않고, 평화롭게 살 수 있으니까! 고기도 먹어 본 사람이 잘 먹고, 놀아 본 사람이 놀기도 더 잘한다고! 아이들은 학교가 끝나고 나서 1시간 이상 신나게 끼리끼리 잘 논다. 아이들이 다 놀 때까지 부모들은 기다리고 있었다. 과자와 아이스크림도 사 가지고 와서 나누어 먹기도 하고, 멋쟁이 여자 교장 선생님이 부모 없는 아이들이 있나 한 바퀴 둘러보기도 했다.

09월 22일 (토) 에덴 정원, Adelaide의 유 목사 __ 정말 오랜만에 스케줄이 없는 날이다. 날씨가 너무 좋아 어딘가 가고 싶은 충동을 남편도, 나도 느꼈다. 남편은 날씨가 너무 좋아 우울증 환자가 없겠다고 했다. 나가고 싶은 충동에 지난번 비치를 가자고 전화 주었던 Grace 형님에게 전화를 했다. 지난번에는 우리가 일이 있어 가지 못했지만, 오늘 어디 가면 함께 데려가 달라고 했더니 에덴 가든에 꽃구경이나 가자고 했다. Grace는 영어 공부에서 한번 보았으나 나이가 우리보다 많은 유일한 사람이다. 한국 사람들은 거의가 우리보다 젊은 사람들이다. 나이가 우리보다 많아 마음이 편하기도 하였고, 또 자기네 아파트에 사우나도 있고 헬스장도 있다고 하면서 친절하게 오라고 하였으나 우리는 가지는 않았었다. Grace 차를 타고 에덴 정원에 갔다. 우리나라 외도처럼 개인이 만들어 놓은 곳인데 산책할 수도 있고, 비싼 레스토랑도 있고, 꽃도 굉장히 많아 팔기도 하고, 여러 가지 기념품도 파는 곳이었다. 햇빛이 좋아 벤치에 앉았다.

이야기를 못 하여 한이 맺힌 사람처럼 Grace는 쉬지 않고 이야기하였다. 남편은 경북 예천 촌사람인데 자기는 강남 서울깍쟁이고, 잠실 아파트로 부동산을 해서 돈을 많이 벌었고, 아들은 호주 약사로서 수의사와 결혼해서 잘 살며, 딸은 소아과 의사로 목사와 사귀는 중이고 남편은 탄광 일을 하면서 시간만 있으면 골프를 친다고 하였다. 자신은 당뇨와 고혈압이 있다고 했다. 이런저런 이야기를 듣고 나서 타이 식당에서 점심(38달러)을 먹었다. 날씨 탓에 바람은 잘 쐬었지만 솔직히 유익하지는 않았다.

오후에 호주 친구 목사님 소개로 2년 전에 애들레이드를 오신 유 목사님에게 애들레이드로 여행을 갈까 생각하고, 전화를 했다. 뉴질랜드에서 4년간 목회를 하고, 한국에서 일자리가 없어 요양 보호사를 하려고 내 강의를 들었던 분이다.

전화를 했더니 마침 친구 목사 아들 결혼식으로 시드니 리드콤에 와 계신다고 했다. 리드콤에서 만나 저녁이나 먹자고 했다. 시드니에서 밤에 혼자 나가는 것은 처음이어서 겁이 났다. 그러나 설마 무슨 일이 있으랴! 1시간 전철을 타고 7시나 되어 리드콤에서 유 목사를 만났다. 한국 음식점에서 청국장과 순두부찌개를 먹었다. 유 목사님은 서울에서보다 많이 힘들어 보였다. 눈도 푹 들어가고, 다리도 절고, 에너지도 없어 보였다. 영주권을 받는 데 영어성적이 좋으면 4,000달러, 안 좋으면 8,000달러까지 내야 한다고 했다. 그래서 돈을 벌기 위해 청소를 하신다고 했다. 새벽 1시에서 7시 30분까지 하다가, 2월에 다리를 다쳐서 쉬다가, 지금 다시 새벽 4시에서 11시 30분까지 청소를 하신다고 했다. 손톱 밑이 까맣게 된 것이 보였다. 사모님은 청소를 안 한다면서, 호주에서는 1위는 여자, 2위는 개, 3위는 노인, 4위가 남자라고 한다. 애들레이드와 뉴질랜드 여행에 대한 많은 이야기를 하고, 애들레이드 가기 2주 전에 연락하기로 하고 헤어졌다. 토요일 밤의 전철은 젊은이들만 있었고, 여자들은 별로 없어서 오는 내내 조바심을 내며 왔다.

09월 23일 (일) "눈먼 소경의 Destiny(Fate 운명)", 나의 Destiny는? __ 오늘 목사님 말씀은 "destiny(운명)"에 대한 것이었다. 눈 먼 소경이 눈이 먼 것을 자신의 운명으로 생각하고 암울한 삶을 살았는데, 하느님의 빛을 발견하고 영적 운명을 살았다는 것이다. 우리도 자신의 운명을 어떻게 생각하느냐에 따라 삶이 달라질 수 있다는 말씀이셨다. 하느님이 하시고자 하는 일들을 우리를 통하여 세상에 나타내고자 하는 것이 우리의 '운명'이라고 했다. 조금은 어려우면서도 목사님이 흥분하지 않고 신부님처럼 철학적으로 설교를 하니까 좋았다. 마음의 공부가 되었다. 그러면 나의 운명은 무엇인가? 하느님은 나를 통하여 무엇을 나타내시려 하신단 말인가? 하느님의 사업을 내가 할 수 있는 것은 정말 무엇이란 말인가? 사람들의 건강에 도움을 주는 일도 되려니.

09월 24일 (월) 해안의 명칭 ___ 해안의 형태에 따라 바닷가의 이름이 달라진다. 구불구불한 해안은 하버Harbour, 모래사장이 있는 해안은 비치Beach, 모래사장이 있지만 길게 이어지는 해안을 코스트Coast, 길게 들어간 해안을 베이Bay, 베이보다 규모가 큰 것은 걸프Gult, 항아리처럼 들어간 해안을 포트Port, 육지가 튀어나온 곳은 헤드Head라고 하였다. 부두도 워프Wharf (선창, 부두)나 피어Pier (부두, 방파제) 등 가는 곳마다 부르는 이름이 다르다.

09월 25일 (화) 울릉공, Kiama의 Blow Hole, 남천사 ___ JUN네와 같이 울릉공에 갔다. 아침 7시 고든 역에서 만나 기차를 타고 타운홀에 내려 피트 스트리트 389를 찾아갔다. 대한관광 여행사에서 일일투어로 1인당 40달러(4만 8천 원)하는 여행이다. "울릉공"은 NSW에서 세 번째로 큰 휴양지라고 한다. 울릉공은 책에서는 '파도소리'라는 뜻이라고 되어 있는데, 기사님은 '바람이 머물다 간 자리'라고 한다. 또 호주에는 마을 이름이 두 종류로 되어 있다. 영어 이름과 원주민 이름을 병행해서 쓰는데, 울릉공은 원주민 이름이라고 했다.

시드니 남쪽으로 130㎞ 거리에 있는 을릉공 마을의 로열 힐에서는 거대하게 탁 트인 태평양을 바라보며, 해변가의 아름답고 편안한 마을이 한눈에 보인다. 로열 힐에서는 행글라이딩을 하는 사람들이 모여서 행글라이더를 타는데, 직접 보니까 아주 신기했다. 큰 가방에서 행글라이더를 꺼내어 훌훌 털어서 펴고, 행글라이더가 들어 있던 커버는 가방에 넣고, 행글라이더가 연결된 가방을 어깨와 다리로 끼고 가방에 비스듬히 누워서, 바람의 길을 파악하고는 난다. 한 동양인 여자도 남자와 함께 타는데 무서워하지 않고 잘 난다. 자유롭게 마을 위, 바다 위를 20분 두루 다니다가 바닷가 모래 위에서 살포시 내린다. 행글라이더를 타면 모든 것이 내 세상으로 보인다고 한다. 그리고 행글라이더는 바람결에 따라 많은 끈으로 방향을 조절한다. 가는 끈이 수십 개로 이루어져 있는데 끊어질까 걱정되어 한번 만져 보았더니 굉장히 질겼다.

다시 1시간가량 이동하여 '키아마' 마을에 '블로 홀Blow Hole'을 보러 갔다. 블로 홀이란 바위 가운데 난 구멍으로 파도가 솟구쳐 오르는 것을 기다렸다가 그 순간을 보는 것으로, 정말이지 경이로웠다. 용암의 바위 위에 앉아 김밥, 블루베리, 비스킷과 빵을 먹고 커피도 마셨다.

다시 이동하여 호주에서 보기 드문 절에 갔다. 중국인이 세운 '남천사'Nan Tien 라고 하는 절은 중국인의 대단함을 다시 느끼게 해 주었다. 특이한 것은 부처의 손이 24개로 보여, 젊고 예쁜 스님에게 물어보았더니, 손이 1,000개라고 했다. 자세히 보니 부처의 뒷면에 큰 원으로 되어있는 부분에 많은 손바닥이 보였다. 팔각정처럼 높은 건물은 납골당으로 중국 부자들이 만들어 놓은 것이라고 했다.

그리고 운전기사님은 대학생 때 와서 계속 살게 된 경우로 25년 되었는데, 젊었을 때는 대단한 분으로 보였다. 호주는 25년 전이나 지금이나 또 같다고 했다. 가는 길에 이정표에 멜버른까지 1,000km라고 적힌 것을 보라고 하면서 1,000km를 우리나라에서는 보지 못했을 거라고 했다. 서울에서 부산까지가 고작 430km인데, 부산에서 백두산까지나 가야 1,000km 될까?

09월 26일 (수) 꾸준히 글을 쓰는 '영성'은 내 일생에서의 한 권의 책이 된다 ___ '꾸준히 할 수 있는 것'이 '영성'이라고 한 목사님의 말씀이 생각났다. 내가 호주 이야기를 하루도 빠짐없이 쓴다는 것은 정말 영성 없이는 이루어

질 수 없다는 생각이 들었다. 조금 피곤하고 힘들면 그냥 자려고 하는 나의 부족한 끈기에 스스로를 시험대에 올려놓고 나 자신과 싸웠다. '영성을 가지도록 노력해 보자'고. 그래 글쓰기를 잘해야만 책을 쓸 수 있는 것이 아니라, '끈기 있게 꾸준히 글을 쓰는 영성'이야말로 책을 완성시키는 성공의 비결이려니 도전해보자. 그리고 '호주 생활 이야기'를 쓰는데 심혈을 기울여 책을 한 권 만드는 것은 내 삶의 큰 역사를 만드는 것이고, 또한 주어진 이 좋은 기회를 절대로 놓쳐서도 안 된다. 오, 하느님! 지속적으로 글을 쓸 수 있는 영성을 주소서.

09월 27일 (목) 블루마운틴Blue Mountain, 제놀란 동굴Jenolan cave ___ 블루마운틴(1인당 85달러)에 가려고 새벽 5시부터 집을 나섰다. 새벽길에는 토끼가 있었고, 새들도 걸어 다녔다. 눈이 말똥말똥한 검은 새, 노란 벼슬이 달린 흰새, 그리고 초록, 빨강, 주황, 노랑의 알록달록한 잉꼬 같은 새들의 환영을 받으면서 고든역으로 갔다. 고든역에서 전철을 타고, 타운 홀에서 내려 여행사 버스를 탔다. 시드니 서쪽으로 110㎞에 있으며, 해발 1,043m로 산 전체가 유칼립투스 원시림으로 덮여 있어 이 나무에서 분비되는 알코올 성분이 공기와 닿는 과정에서 강한 태양 빛에 반사되어 대기가 푸르게 보인다고 하여 **블루마운틴**이라 하였다고 한다. 미국의 라스베이거스가 남성이라면, 블루마운틴은 여성스럽다고 했다. 진짜 산 전체가 푸르스름하게 보였다.

에코 포인트에서 보이는 세 자매 봉우리 바위는 슬픈 전설이 있다고 한다. 마

법사가 자신의 세 딸들을 사이가 좋지 않은 이웃마을의 세 형제에게 보내지 않으려고, 세 딸에게 마법을 걸어 바위로 만들었는데, 마법사가 붙들려 죽임을 당하여 마법을 풀 수가 없어서 그대로 '세 자매 봉우리'가 되었다는 이야기다.

그리고 석탄차를 개조하여 만든 레일웨이를 타고 52도의 경사진 계곡을 내려가 열대림 속을 걷다가 다시 케이블웨이를 타고 올라왔다.

그리고 다시 차로 2시간 이상 걸려 꼬불꼬불한 길을 아슬아슬하게 가서 본 곳은 제놀란 동굴이었다. 아름다운 석회암 동굴로 안내자가 불을 켜고 들어가고, 본 곳은 불을 끄면서 나왔다. 아주 경이로운 세계였지만 절대로 만지지 못하게 하였다. 지금도 석순과 석호는 자라고 있어서 변화되고 있다.

09월 28일 (금) 선불 휴대 전화, 뉴질랜드 여행비 무통장 입금 ___ 날씨가 흐리다고 예보하더니 바람이 좀 불기는 해도 좋기만 하다. 남편은 시드니 대학 Murray 교수가 반반 나누어서 논문을 쓰자고 메일이 오고 나서부터 계속 컴퓨터 작업만 하고 있다. 난 쥐 죽은 듯이 조용히 있으면서 혼자 볼일을 보러갔다.

호주 전화가 28일이 지나 통화가 안 되어 울워스에 가서 30달러짜리 선불 Prepaid 휴대 전화를 할인 행사로 25달러에 사서 PIN 번호를 입력하여 통화가 되도록 했다.

그리고 우리나라와 마찬가지로 학교가 방학인 경우 여행 경비가 비싸다. 이삼일 가는 것은 학기 중에 잠깐 영어 공부 빠지고 가도 되지만, 수요일 Murray 교수 만남 때문에 방학 때만 긴 여행을 가야 한다. 뉴질랜드 4박 5일 여행 예약금 1,000달러를 ANZ은행에서 무통장 입금했다. 그런데 보내는 사람 이름도 없고 보낸 번호만 있어서, 보내는 사람이 누구인지 알 수가 없으니 조금 찝찝했다. 여행사에 이야기하였더니 송금을 하고 전화를 하면 된다는 것이다. 나중에 알고 보니 다른 은행에서는 Referance로 이름을 적으면 된다고 하였다.

09월 29일 (토) 2개월 살아 보니 ___ 호주 온 지 두 달! 일시적인 여행도 이젠 재미가 없고, 두세 달 이상 살아보는 것도 호주 한 번으로 족하다. 그냥 한 달씩만 살아보는 게 좋겠다. 맛만 느껴보는 거다. 진력이 날 때면 집으로 다시 돌아가자. 지금은 한국으로 돌아가고 싶다. 특히 추석이어서.

그러나 한번 살아보지 뭐. 현실에 충실해지자. 호주에 있으니까 돈이 좀 들더라도 최대한 볼 수 있는 것은 다 보자. 언제 다시 올 수 있으려나! 돌아갈 때쯤 되어 요일마다 다른 영어 공부에서 정이 들어 다시 오게 될지는 알 수 없지만…

가본 곳-멜버른의 그레이트 오션 로드. 울릉공과 키아마, 카툼바에 있는 블루마운틴과 라젤란 동굴, 맨리 비치(페리), 타롱가 동물원(페리), woywoy(기차), 오페라하우스, 달링하버, 록스 광장, 헤이마켓, 차이나타운, 타라마타(페리), 퀸 빅토리아 빌딩, 세인트 마리 대성당, 하이드파크, 시청 등 / 가 본 동네-스트라스필드, 리드콤, 로즈, 에핑, 혼스비, 이스트우드, 채스우드, 킬라라, 핌블 등 / 가 보아야 할 곳-피지 섬, 태즈메이니아, 애들레이드, 에어즈 록, 필립 섬, 케언스, 플레이저 섬, 캔버라, 브리즈번, 골드코스트, 퍼스, 부자 동네 본다이 비치, 스타시티 카지노, 피시 마켓, 울루루, 밀슨 포인트, 타워, 캡틴 쿡, 미세스매콰리, 갭 공원 등

09월 30일 (일) 추석날, 티비 도사, "감사하며 살기" ___ 한국의 추석이다. 한국에서는 추석이어서 시골에 있는 시댁에 가는 것이 결혼 초에는 스트레스였고, 일이었는데 나이가 들면서 즐거움으로 변하더니 해외에서는 그리워진다. 모든 것은 생각하기 나름이라는 말이 실감난다.

울적할 때나 잠자기 전 자장가로 인터넷 '티비 도사'에서 우리나라 예능 프로그램을 본다. 그러면 마음이 포근해진다. 그런데 인터넷이 시원치 않아 버퍼링으로 자주 중단된다. 그래도 열심히 본다. 7080, 1박 2일, 남자의 자격, 붕어빵 등이 내가 즐겨보는 프로이다. 오늘 아침에는 빛을 보지 못한 가수들의 오디션으로 '내 생의 마지막 오디션'이라는 프로를 감명 깊게 보았다. 하고 싶은 것을 하지 못하고 살아가는 모든 사람들에게는 모두 나름대로의 사연이 있다는 생각이 들었다.

12시가 되어서 교회에 갔다. 오늘 목사님 말씀은 추석을 보내면서 "감사"에 대해 다시 생각해 보자고 했다. 별 탈 없이 살고 있는 것에 대해서 감사해야 한다는

것이다. 그러나 실제로는 그렇지 못하고 있다는 것이다. 우리도 지금 이렇게 호주 시드니까지 와서 잘 살고 있는 것에 대해 감사해야 한다. 몇 년 전부터 교환 교수로 해외에 나오기를 원해서 온 것이니까 호주 생활이 좀 불편하다고 해도 아무 탈 없이 살고 있는 것에 대해 감사하고 살아야 한다. 해외에서 생활하지 않는 사람들은 부러워할 수도 있는데 말이다. 나도 지금 한국에 있었다면 외국에 나가 있는 사람을 부러워하고 있었을 텐데. 그래 지금 현재도 감사하고, 한국에 나가서도 감사하며 살아야겠다.

사라질 것에는 '집착'하지 않으리!

10월 01일 (월) Norah Head에서 Trevally와 Abalone(전복)! __ 오늘은 호주의 노동절로 공휴일이다. 우리나라에서는 추석 연휴인데. 그래서 교회에서 뉴캐슬 쪽에 있는 노스 헤드Norah Head라는 곳으로 야유회를 갔다. 11시가 조금 넘어 도착하였는데 이미 낚시를 잘하시는 세 분이 새벽 3시부터 11마리나 잡아 놓으셨다. 우리 일행은 30여 명 정도 되었다. N 집사님이 잠수하여 전복을 열 마리 이상 잡아서 나누어 먹었는데 전복 향에 바닷물 자연 간이 더해져 아주 맛있었다. 바다에서 잡아서 먹는 생선은 두 번째인데 전복은 처음이다. 그리고 소라도 잡아서 회로 먹었는데, 향은 나지 않아도 전복과 별 차이 없이 맛있었다. 호주 사람들은 회를 잘 먹지 않는다고 한다. 바닷가가 그렇게 넓고도 큰데 횟집이라곤 찾아볼 수가 없다. 먹는 사람이 없으니 그런 모양이다.

헤드Head라고 하는 해안은 우리나라 지도의 토끼 꼬리 같은 모양이다. 거대한 태평양이 앞에서도 보이지만 왼쪽에서도 오른쪽에서도 보이니 말이다. 240도 이상 보였다. 이런 것들이 호주의 자연이고 재산이라 생각되었다. 모두들 회로는 배가 차지 않을 것 같아 미리 해온 돼지고기 김치찌개에다가, 일부에서는 삼겹살과 라면으로 신 나게 먹었다. 나는 생선 11마리를 회 치는데 도와주고 그 자리에서 회를 많이 먹었다. 그중에서도 전갱이Trevally라는 어류가 맛있다고 해서 먹었더니 역시 쫄깃쫄깃하고 맛있었다. 버우드에서 초밥집을 하고 계시는 분이 회를 치면서 나보고 왜 회가 좋으냐고 물었다. 어릴 때부터 돌아가신 아버지를 따라서 많이 먹어 보아서 그런 모양이라고 대답했다. 그렇다. 고기도 먹어 본 사람이 잘 먹고, 회도 먹어본 사람이 잘 먹는다.

　　　10월 02일 (화) Easrwood까지 운전, 골프 연습 다시 시작 ___ 골프를 다시 시작했다. 남편은 골프 때문에 스트레스 받고, 나는 이스트우드까지 운전해야 하는 것이 스트레스였다. 그러나 내비게이션도 이해가 되어서 무사히 운전을 했고, 길도 자세히 익혀서 조금은 안심이 되었다. 그리고 오랜만에 다시 치는 골프인데도 남편은 공이 잘 맞아 그런대로 소리가 나서 내가 기분이 좋았다. 골프가 치기 싫어서 스트레스를 받아 하더니, 치고 나서는 그래도 기분이 좋은 모양이다.

　　봄 방학이어서 길거리가 한산하였다. 우리도 방학이라 놀러 가고 싶지만 골프 레슨비 내놓은 상태라서 어쩔 수 없이 골프만 치기로 했다. 보름만 레슨 더 받고, 그 다음은 죽이 되든 밥이 되든 편하게 살아야지. 골프 선수 할 것도 아닌데. 치고 싶을 때 집 옆에 있는 필드에서 23.5달러(3만 원)씩 내고 부담 없이 쳐야겠다. 아, 보름만! 잘 보내자!

　　　10월 03일 (수) Civility, All day 대학교 도서관 ___ 밤사이에 인터넷 서핑에서 남편은 쓰고자 하는 'Civility'에 관한 책이 새로 나왔는데 그 책을 사야 한다며 끙끙거린다. 호주는 인터넷으로 책을 주문하기가 어렵다고 했다. 그래서 서둘러 학교 책방에 가서 책이 있나 보니 없어서 신간으로 주문하고, 다른 'Civility' 관련 책(38달러, 4만 5천 원)만 한 권 샀다. 책값이 굉장히 비싸다. 그래도 시드니 대학교 직원 카드가 있어서 학생들처럼 아주 조금 싸게 살 수가 있다.

　　그리고 도서관에서 남편은 책 서핑을 하고, 난 영어 공부도 하고, 호주 이야기도 썼다. 디스니랜드나 동물원 가는 것보다 더 좋았다. 남편은 책을 두 권 빌렸다. 책은 8주간 빌려 준다고 한다. 남편은 다음에는 논문을 복사하는 데 도전해 보겠다고 한다. 이스트우드에서 배가 고파서 한식으로 배를 채우고, 골프를 힘들게 치고 집에 왔다.

　내가 가 본 나라 ___ **1989년** 태국, 홍콩, 마카오 6박 7일, **1994년** 영국, 프랑스, 독일, 네덜란드, 스위스 14박 15일, **1997년** 말레이시아, 싱가포르 5박 6일 배낭, **1999년** 북경 3박 4일, **2000년** 이탈리아 8박/9일, **2002년** 태국 4박 5일, **2003년** 동경, 오사카 4박 5일 배낭, **2005년** 상해 장가계 원가계 4박 5일, **2006년** 하와이 4박 5일 에어텔, 싱가포르 인도네시아 3박 4일, 후쿠오카 벳부 아소 3박 4일, **2007년** 인도 8박 9일, 백두산 연변 10박 11일, **2008년** 홍콩 2박 4일 에어텔, **2009년** 베트남 3박 5일, 오사카 후쿠오카 3박 4일, 백두산 대련 연길 하얼빈 10박 11일, **2010년** 체코, 폴란드, 오스트리아, 슬로바키아 8박 9일, **2012년** 미 서부(로스앤젤레스, 라스베이거스, 그랜드 캐니언, 샌프란시스코) 14박 15일, 호주 시드니 2012.8.1~2013.7.31 1년, **2013년** 뉴질랜드 남섬 4박 5일, 퀸즐랜드 크루즈 11박 12일, 에어즈 록 2박 3일, 중국 태황산 4박 5일

　10월 04일 (목) 호주 한국인의 직업 "청소Cleaning" ___ 호주인과 인도 귀족들이 청소하는 사람들을 많이 이용한다고 한다. 이탈리아 사람들이 하던 청소를 한국 사람들이 물려받아서 지금은 호주 청소의 거의 전부를 한국 사람들이 하고 있다고 했다. 밑천이 들지 않고 사람들이 없을 때 들어가서 청소하기 때문에 편하다고 했다. 교회의 남편 대학 후배도, 목사님 동생 내외도, 애들레이드에 살고 있는 목사님도, N 집사님도, 우리가 살고 있는 이 집 주인도, 전부 밤이나 새벽에 사무실이나 슈퍼에 들어가서 청소를 한다. 오전에 하는 청소는 가정집이다. 그러나 최근에는 인도네시아 등 동남아 사람들이 청소 일을 장악하고 있다고 했다.

그 외에 방역과 페인트칠, 그리고 초밥집이다. 물론 스트라스필드 같은 코리

아타운에는 한국처럼 없는 것 없이 많은 한국 상가가 다양하기도 하다. 스트라스필드에 가장 한국인이 많고, 다음이 리드콤, 이스트우드, 채스우드, 에핑, 혼스비 등이라고 했다.

10월 05일 (금) 정확하지 않은 한국 여행 책자, 호주의 봄 __ 여행을 가려고 알아보는데 대한관광에서 가는 일일투어는 두 번이나 가서 좀 다른 여행을 하고 싶었다. 그래서 한국 관광책을 보았더니 크루즈로 2박 3일 금요일부터 일요일 오후까지 가는 것이 490달러(대략 60만 원)에 있었다. 좀 비싸지만 대우 받으면서 기분 전환도 할 겸 호주 여행사를 찾아갔다. 우리가 찾는 '시드니 Weekender Cruise'가 없어졌다고 한다. 여행 책자가 이렇게 틀릴 줄이야! 전철 금액이 틀린 것은 이해가 가지만. 그래도 어딘가 크루즈 여행을 가기위해 Cruise에 관한 호주 팸플릿을 가지고 왔다. 바닷가의 나라에 왔으니까, 돈이 들더라도 도전해보아야지.

오늘 날씨가 너무 덥다. 한국은 가을이지만, 호주는 봄이 시작하는 것 같더니 오늘은 여름처럼 덥다. 집안에서는 시원하고 나가면 훅훅 거린다. 진짜 여름에는 어떡할 것인가? 걱정되었다. 40도까지 올라간다고 하는데, 그래도 우리가 사는 이중 벽돌로 된 하우스는 여름에 짱 시원하다고 한다. 가장 더운 1월에는 집에만 들어앉아서 책이나 보며, 글이나 써야지.

10월 06일 (토) 한국인의 날, 지적 갈증을 해소하는 모임, '무재 칠보시' __ 호주 온 지 67일째인데 처음으로 날씨가 흐리면서, 새벽부터 보슬비가 계속 내렸다. 오랜만에 비를 보니까 반가웠다. 부침개나 해 먹으면서 집에 누워 뒹굴고 싶었지만, 우리가 골프를 치는 이스트우드에서 '한국인의 날' 축제를 한다고 했다. 샌프란시스코에서의 차이나타운 축제는 대단했었다. 그래서 '한국인의 날' 축제라고 하니 꼭 가보고 싶었다. 12시에 도착했을 때 이스트우드 광장에서는 식이 진행되고 있었으나 오랜만에 보는 한국 음식들에 관심이 끌려 한 바퀴 돌았다. 빈대떡, 김치, 깍두기, 무말랭이, 여러 가지 죽, 호떡, 붕어빵, 막걸리, 해물파전, 비빔밥, 잔치국수, 족발, 오징어무침, 홍어무침, 김, 식혜 등 무척 다양하게 많았다. 막걸리 한 잔에 홍어와 오징어무침으로 입을 축이고, 무말랭이와 김치와 빈대떡을 샀다. 광장에서 막걸리를 먹으면서 AN 집사님이 남편에게 시드니 고려대 전 교우회장을 소개해 주었다. 그때 그 선배는 저녁 6시 30분에 모임이 있다고 함께 가자고 하여 후배로서 남편은 어쩔 수 없이 오케이를 했다.

고려대 전 교우회장이 회장으로 있는 모임은 중국집에서 했다. "고려문화포럼"이라는 법인 단체였다. 모임에서 회장은 '한국 음식점에서의 고객 응대'라는 내용으로 15분 발표하였고, 이어서 회원들이 시도, 수필도 발표하였다. 또 수지침에 대해서도 설명하고, 그림도 그리고, 어떤 이는 한국을 9년 만에 다녀 온 소감도 발표하였다. '나도 한마디' 코너에서는 그야말로 정말 '나도 한마디' 하였다. 호주 시드니에 와서 제일 먼저 느낀 **"Stop! Look! Listen! Think!"**대해서 메모해 두었던 것을 낭독했다. 잘하든 못하든 비판하지 않으니까, 낭독하는 데 의의가 있는 것 같아 부담은 없었다. 어쨌든 교회 모임이 아닌 곳에서 다른 형태의 **'지적 갈증을 해소할 수 있는 모임'**이라고 설명을 하는 것을 듣고 색달라서 좋았다. 양장피와 짜장면 등으로 저녁을 먹었다. 다음에는 출판 기념회도 하고, 12월에는 송년파티도 멋있게 한다고 했다. 오늘 모임에서 회장이 발표한 고객 응대 내용 중에서 '무재 칠 보시'라고 **'아무것도 가지지 않고도 몸과 마음으로 일곱 가지**(눈, 얼굴, 말, 몸, 마음, 자리, 방)**를 베풀 수 있다**'는 말씀은 우리 모두에게 필요한 것이 아닌가 생각되었다. **칠 보시**는 눈으로 베풀고, 친근한 **얼굴**로 베풀고, **말**로 베풀고, **몸**으로 베풀고, **마음**깊이 헤아리고, **자리**를 양보하고, 남의 마음을 살펴 하룻밤을 잘 수 있는 **방**이라도 내주는 것이었다.

10월 07일 (일) 인생 성공 비결은 안목+전략+헌신, 호주의 물가 ___ 지난주에 설교한 '모든 것에 감사'는 그렇게 감사하지 못하는 나로서는 부담스러웠지만, 오늘 설교는 '인생 경영 원칙'이 있어야 한다는 것으로 평소 내가 부르짖던 내용이어서 솔깃했다. 내용인즉 '인생의 성공 비결'에는 첫째 시대를 읽고, 미래를 예측할 수 있는 '안목'이 있어야 되고, 둘째 교회 중심으로 사람에게 투자해야 된다는 '전략'이 있어야 되며, 셋째 하느님의 일에 '헌신'해야 한다는 것이었다.

호주의 물가는 우리나라의 세 배인 것 같다. 갈비탕이나 된장찌개가 13달러! 1,150원 환율로 계산하면 15,000원이다! 네 명이 된장찌개만 먹어도 6만 원이고, 조금 대접한다고 20달러가 넘는 초밥이라도 먹으면 10만 원 나오는 것이 예사다. 싼 것이라곤 쇠고기, 돼지고기, 양고기이다. 야채도 비싸고, 과일도 조금 비싸다. 가지 한 개가 4~5달러로 5,000원, 숙주는 1달러로 싸고, 깻잎은 따는 노동력으로 인해 3.5달러(10장 남짓)로 비싸다. 요플레 큰 것과 주스 큰 것은 싸다. 닭 가슴살이 제일 비싸고, 다리와 날개는 싸다. 쇠고기도 완전 살코기는 비싸고, 힘줄이 약간 있는 것이 싸다. 그런데 뷔페도 15달러이다. 뷔페가 된장찌개랑 가격이 비슷하다. 또 호텔 커피나 커피숍 커피나 가격이 거의 동일하다. 직업의 귀천이 없듯이, 음식의 장소에 따라 값의 차이가 별로 없다. 물론 비싼 곳도 있다.

10월 08일 (월) Early Bird Day, 호주에 사는 한국 사람은? ___ 10월 7일 어제부터 Early Bird Day로 새벽 2시가 3시가 되었다. 아침에 일어나니 휴대 전화의 시계는 자동으로 1시간 일찍 가게 되어 있었다.

호주에 이민 온 사람들은 왜 한국을 떠났을까? 한국에서 그래도 호주에 올 정도면 살 만한 사람들이다. 제일 먼저는 초, 중, 고 아이들 교육 때문에 왔다가 주저앉은 경우가 많고, 한국에서 돈은 많고 사람이 많아서 복작거리는 것이 싫어서, 공기 좋고 살기 좋은 곳으로 사업 비자를 받고 온 사람들도 많으며, 대학 때 유학 와서 그대로 눌러앉은 사람들, 신혼부부가 세계 어디에 살면 좋은지 답사하러 온 사람들도 있었다. 우리는 전혀 상상도 하지 못한 생각들이었다. 그리고 가족이나 친척 중에 한 사람이 오면 줄줄이 오는 경우도 많았고, 한국에서 몸과 마음이 힘들어 쉬고 싶어서, 주위에 신경 쓰고 싶지 않아서 온 사람들도 있었다. 그래서 많은 사람들은 혜택이 주어지는 영주권을 받으려고 노력한다. 병원도 공짜고, 연금도 나오고, 또 일한 경력과 나이에 따라 다르지만, 68세 되신 분의 한 달 연금이 1,000달러(115만 원)였고, 학생들에게 Allowance라고 정기적인 급료가 나온다고 한다. 대학 학기 초에 1,000달러의 'School Money'가 나오고, 학비 보조금으로 2주마다 200~300달러 나온다. 고등학교에서는 50달러가 나오고, 장학금도 있다. 학생들이 공부하는 것도 노동이라고 돈이 나온다는 것이다. 이혼하면 재산이 여자에게 80%가 가고, 과부는 과부 수당도 나온다. 그래서 호주 인구의 85%가 호주 시민권자이다.

최근 2년 동안에 호주 시민권을 얻기 위한 시험을 응시하여 취득을 많이 한 나라별로 보면 영국 20%, 인도 12%, 중국 8%, 필리핀 7%, 남아프리카 5%, 뉴질랜드 4%, 베트남 2.3%, 스리랑카 2%, 대한민국 1.9%, 말레이시아 1.8%로 계속적으로 많은 사람들이 호주시민권을 따기 위해서 노력하고 있었다.

10월 09일 (화) be ~ing는 오늘 / do는 항상, 큰딸 심실 조기 수축 수술 결정 ___ 한인 영어 날, 영어 공부를 하겠다고 30달러나 주고 산 영어책을 가지고 갔지만, 책보다는 원장이 가르치는 현실적인 영어가 더 도움이 되었다. 오늘의 핵심은 '질문할 때 be 쓸 것이냐 아니면 조동사 do를 사용할 것인가'였다. 오늘 무엇을 하고 있는 것인가를 물을 때는 be ~ing를 사용해야 되고, 항상 무엇을 하는가를 물을 때는 do 조동사를 사용해야한다는 것이다. 또 '잠간 기다리시오'라는 단어도 Just a moment, Just a minute, Just a second, wait a moment, hold on, hang on 등 여러 가지가 있다.

오후에 시집간 큰딸이 심장에 '심실 조기 수축'이 있어서 그동안 병원을 다녔는데 오늘 진료 중에 수술 여부를 결정한다고 했다. 결혼한 지 1년 6개월 되었는데, 결혼 생활에 관여하는 것을 싫어해서 전혀 물어보지도 않았었다. 처음 살아보는 결혼 생활과 보수적인 시부모님으로 인해 스트레스를 많이 받고, 힘들어도 엄마인 나에게 전혀 말하지 않았던 것이었다. 남편도 심방 세동으로 2009년 12월 크리스마스 때 '심 도자 절제술'을 5시간에 걸쳐서 받았었다. 그래서 내 마음이 좋지 않았다. 내가 잘못한 것이 많은가 보다. 차라리 쉽게 팔다리를 수술하는 것이라면 몰라도 심장은 생명과 직결되니 가슴이 저렸다. 수술이 11월 30일로 결정되어 한국에 가기로 했다. 돈이 다 무슨 소용이냐 딸의 마음이 편안한 것이 더 중요하지. 적극적으로 대처하자.

　　　10월 10일 (수) 60세 이상 Silver에게는 11달러 받는 RSA Club Buffet ___ 채스우드에 있는 모자이크 센터에서 한인 사교 모임Korean Social Group이 시작하는 날이다. 부지런히 9시 30분까지 갔더니 오늘은 시드니 북쪽 세븐 힐에서 RSA 뷔페 식사를 한다고 했다. 고든에서 채스우드까지 전철을 타고 왔으니 그냥 집에 갈 수는 없었다. 10시 15분에 총무를 포함하여 네 명이 만나서 1시간 10분에 걸쳐서 세븐 힐 역에 도착하여 좀 걸어서 뷔페에 갔더니 여덟 분의 한국 멋쟁이 할머니들이 있었다. 오랜만에 새우와 피자 등 푸짐히 먹었다. RSA 뷔페는 15.8달러인데, 60세 이상의 노년층에게는 11달러를 받았다. 일반 식당보다 훨씬 저렴했다. RSA 뷔페는 도박장이 있어서 들어갈 때 증명서를 보여 주고, 주소와 이름과 사인을 하고 들어갔다. 식사가 끝난 후 도박장 앞 편안한 소파에 앉아서 할머니(63세에서 80세까지)들과 인사도 나누었다. 사교 모임에서는 태극권Tai Chi도 하고, 라인 댄스도 한다고 해서 해 보려고 했는데 너무 노인들이어서 다음에는 오지 말아야겠다는 생각이 들었으나 좀 더 생각해보기로 했다. 나도 노인이 될 텐데, 미래의 내 모습을 미리 보는 것도 나쁘지는 않지.

　　　10월 11일 (목) cats and dogs, 무지개, 샤브샤브, 도담 선배 집, 영화 《후궁》 ___ 킬라라 영어 공부를 가는데 "보슬비"가 내렸다. 그래서 영어 공

부의 주제는 **It is nice drop of rain**이다. Heavy rain이 오는 것을 It is raining **cats and dogs**로 표현했다. 참으로 아름다운 표현이다. 이어서 두세 명씩 휴가 동안 무엇을 하였는지에 대해 대화하고, 조별 발표를 하였다. 그리고 궁금한 부분에 대해 질문도 했다.

도담 선배가 저녁을 함께 하자고 했다. 픽업을 기다리기 위해 6시가 되기 전에 집 밖에서 기다렸다. 그런데 하늘에 선명하고 큰 반원의 쌍무지개가 떠 있어 정신없이 사진을 찍었다. 내가 세상에 태어나서 처음 보는 큰 쌍무지개였다. 아 이런 무지개도 있구나! 완전히 반원이었다. 천국인가 잠시 착각을 했다. 그 기분을 만끽하려는데 선배님이 오셨다. 마음껏 무지개의 아름다움을 누리지 못해 아쉬웠지만, 할 수 없이 무지개를 뒤로하고, 에핑에 있는 샤브샤브 집에 가서 맥주와 함께 배부르게 저녁을 먹었다.

그러고는 커피를 마시러 도담 선배님 집으로 갔다. 도담 선배님 집은 공교롭게도 우리가 살고 있는 곳에서 한 블록 옆 아파트였다. 5층 아파트의 최상층인 펜트하우스였다. 거주지로서는 제일 높은 5층에 침실 세 개짜리 아파트로 최근 한국에서 짓는 아파트처럼 아파트 동서남북으로 베란다가 넓게 되어있어서 테이블과 여덟 개의 의자도 있고, 화단도 있고, 작고 하얀 돌멩이 화단도 있고, 큰 나무들도 있어서 전경도 아주 좋아 시가 저절로 나올 것 같았다. 아니나 다를까 이사 온 지 3년 되었는데 도담 선배는 이 아파트에 와서 시를 쓰기 시작해서 문단에 데뷔하고, 시집도 출판하여 출판 기념회도 두 번 했다고 하신다. 낮에는 멀리 블루마운틴도 보인다고 했다. 우리가 갔을 때는 밤이어서 밝은 날 다시 와서 보기로 했다. 그리고 도담 선배는 다음 주 토요일 피시 마켓에 가서 생선을 사 와서 회를 해먹자고 했다. 내가 가려고 메모해 놓은 곳 중의 하나여서 신이 났다.

그리고 영화와 드라마에 대한 이야기를 했다. 영화를 3,000개 정도 저장해 놓았다고 하셨다. 외장 하드디스크 1,024GIGA가 1테라라고 하였다. 500GIGA 하드디스크에 저장된 것을 심심할 때 보라고 빌려 주셨다. 차와 수박을 먹고 자정이 넘어 집에 돌아왔다. 피곤한 가운데도 남편은 영화를 보겠다며 《후궁》을 보았다.

10월 12일 (금) Sunscreen(햇볕 방지제), JUN네와 중국집에서 저녁 식사 ___ 핌블 영어에서 Hillary 선생이 아들이 아파서 퀸즐랜드에 가서 2주 후에 온다고 하여, 매니저인 Sue가 수업을 대신했다. Sue는 호주의 햇빛이 너무 강렬하여 피부암이 발생할 수 있기 때문에 피부암 예방법에 대해 공부했다. 피부를 보호하는 방법을 기억하기 쉽도록 5가지 S로 얘기해주었다. **Slip**(긴 옷 입기), **Slap**(얼굴과 목 가리는 모자쓰기), **Seek**(그늘 찾기), **Slide**(선글라스 쓰기), **Slop**(SPF30+ : sun protection factor가 30 이상인 Sunscreen 바르기). Sunscreen은 외출하기 20분 전에 바르고, 2시간이 지나면 다시 바른다. UV : Ultra Violet(자외선)은 A, B가 있는데 A가 더 위험하다. 한국에서는 햇볕에 별로 타지 않아 신경을 쓰지 않고 살아왔는데, 이곳 호주에서는 공해가 없어서인지 햇볕이 아주 강렬하다. 그리고 호주의 아이들은 아주 이쁜데, 나이가 들면 피부가 좋지 않아 확 늙어 버린다. 그래서 동양인들이 서양인들보다 젊어 보인다.

저녁때 JUN 엄마가 초밥집에서 알바하여 주당 420달러를 번다고 저녁을 샀다. JUN 엄마와 JUN, 함께 사는 BK와 채스우드 중국집 '국빈'에서 짜장면과 짬뽕, 송이덮밥을 먹었다. JUN 엄마는 호주에서 전혀 돌아다니지도 않고 집에만 있더니, 일을 하면서 말도 많이 하게 되고, 움직여서인지 얼굴이 활기차게 보여서 좋았다.

10월 13일 (토) Open House, 연어 샌드위치와 새우 샐러드 ___ 도담 선배와 아침 10시부터 만났다. 정 사장이 하우스를 팔려고 Open House를 하는 날이라 오라고 했다. 도담 선배는 몇 년 전에 2~3년 동안 수요일, 토요일에 1시간씩 하는 Open House를 보러 다녔다고 한다. 나도 호주 집들의 구조는 어떤지, 어떻게 해 놓고 사는지 한번 보고 싶었다. 그래서 청소하는 N 집사를 따라 빈집 청소하는 것을 가 보려고도 했다. 그러나 살고 있는 집의 Open House를 가 보면 구태여 청소하는 집을 가 볼 필요는 없겠다는 생각이 들었다.

대개 아침 11시 전후와 오후 3시 전후로 1시간씩 하는데 집주인은 집을 깨끗이 수리 또는 정리해 놓고 나가면, 부동산 직원이 집을 보러 오는 사람들을 맞이하였다. 들어가면서 이름과 전화번호를 기록하고 구경을 하였다. 우리나라는 평수로 집의 구조를 파악하지만, 호주는 Room 개수로 파악한다. 대개는 방이 다섯 개면 2층으로 되어 있고, 화장실은 1층에 하나 2층에 두 개, 부엌은 1층, 2층에 다 있었다. 집안으로 들어가는 입구를 1층, 2층 다르게 하여 한 층을 세놓는 것을 Granny(할머니) House라고 하는데, 최근에 호주 정부에서 많이 권장한다고 했다. 오늘 본 집의 집값은 90만 달러로 약 10억 정도부터 160만 달러(18억)로 다양하였다. 열 집 정도는 구경했다. 도담 선배와 거래하는 부동산에서는 도담 선배가 사는 아파트를 중국인이 120만 달러(13억 8천만 원)에 사고 싶어 한다고도 했다. 호주는 전반적으로 집값이 비싸지만 은행 대출을 많이 해 준다는 말을 들은 적이 있다.

정 사장님은 Open House를 점검Inspect하러 오는 사람들이 많아 보이도록 하려고 오라고 했다고, 점심으로 맛있는 새우 샐러드와 연어 샌드위치를 사 주셨다. 처음 호주다운 식사를 한 것 같았다.

10월 14일 (일) 교회 식사 당번 대신 떡, 미국 드라마 24시 ___ 교회에서 매주 예배가 끝나면 밥을 먹는데, 우리는 셰어를 하고 있어서 밥 당번하기가 힘들다. 그래서 식사 대신에 100달러를 들여 떡을 부탁해서 오늘 교인들에게 돌렸더니 전부들 좋아했다. 특히 목사 사모님이 "떡이 맛 있어요" 하면서 세 번이나 인사를 했다. 빚을 갚은 기분이었다. 식사 당번은 석 달에 한 번씩 돌아온다고 한다.

밤에는 도담 선배가 빌려 준 외장 하드로 미국드라마 "24시"를 보느라 정신이 없었다. 24시간 동안이나 하는 것이니 어제부터 시간만 되면 계속 보는데 다른 일을 할 수가 없다. 스릴이 만점이다.

10월 15일 (월) DAN이 준 침대 겸 소파, Wine ___ 문장을 읽고 이해하고 자유롭게 이야기하는 스타일로 공부하는 바티스트 영어 공부가 끝나고 나서, DAN이 침대 겸 소파를 준다고 하였다. SKY 차로 운반했다. 펴면 2인용 침대요, 접으면 3인용 소파로 생각 외로 새것으로 우리 방에 들여오니까 방이 훤해 보였다. 조금은 아늑해 보이기도 해서 이사를 안 가고 살아도 되겠구나 생각되었다. DAN은 일하러 가고 SKY랑만 엊그제 먹은 호주 레스토랑에 가서 새우 샐러드와 연어 샌드위치를 먹었다. 고마운 분들이다. 우리가 한국에 갈 때엔 소파를 SKY네 주고 가야지.

와인은 신의 선물God's Gift이라고 한다. 와인의 종류에는 White, Red, Rose, Sparkling이 있다. 두 종류만 있는 줄 알았는데 의외였다. 이중 Red는 찌꺼기가 있다. 와인의 타닌은 위장 장애를 일으킬 수도 있다. 맛에는 묵직한 Dry와 가볍고 달콤한 Sweet가 있으며, Dry는 남자들이 주로 마시며, Sweet는 발효가 더 된 것으로 여자들이 마신다. 와인의 품종은 다양하다. '카베르네 소비뇽'을 비롯해 포도 품종에 따라, 수확 시기에 따라, 숙성 방식에 따라, 모두 다른 와인이 만들어진다고 한다. 한국 사람들은 그중에서도 드라이한 레드 와인을 선호한단다. 쉬라즈Shirz 역시 포도 품종 중 하나인데, 다른 지역에서는 쉬라라고 부르는 것을 호주에서만 특별히 쉬라즈라고 부른다고 한다. 쉬라즈 역시 떫은맛이 강하다. 메를로Merlot는 '멜로'라고 하기도 하며 달지 않고 중간 맛이라고 한다. 카베르네 메를로처럼 두 가지가 섞인 것도 있다. 화이트 와인은 알코올 도수가 10~12도로 소비뇽 블랑은 덜 드라이하고 샤르도네는 드라이하다. 레드 와인은 알코올 도수가 2~3도 더 높아 13~15도로 평균 13.8도이다. 와인은 빈티지나 라벨에 따라 좋은 것은 비싸므로 저렴하고 맛이 괜찮은 것을 사려면 그해 11월에 출시되는 보졸레 누보를 사는 것도 방법이라고 한다. 레드 와인은 육류와 어울리고, 화이트 와인은 해물과 잘 맞는다고 하는데, 와인은 어디서 누구랑 마시느냐에 따라 선택하면 될 것 같다.

와인 중에서 프랑스 상파뉴 지방에서 만들어지는 것으로 보통 와인과 달리 발포성이 있는 것을 샴페인이라고 하는데, 마개를 여는 경쾌한 소리와 풍성한 거품 덕분에 축하연에서 주로 쓰인다. 이러한 발포성 와인도 상파뉴 지방에서 만든 것이 아니면 '스파클링 와인'이라고 하거나 개별 이름으로 부른다는 점을 알아두어야겠다.

10월 16일 (화) S를 부칠 때 발음이 불편하면 es, 자음 앞 a / 모음 앞 an ___ 한인 학원 영어 공부에서 3인칭 단수 현재일 경우 동사에 S를 붙이는데, 발음이 불편하면 es를 부치고, 명사가 복수일 때도 S를 붙이는데, 이때도 발음이 불편하면 es를 붙이라고 했다. 또 an M·P(헌병)와 a military police(헌병)처럼 앞에 M(엠)의 모음 앞에는 an이 오고, military(밀리터리)의 자음 앞에는 a가 붙는데 이것도 외우지 말고 소리로 구분하라고 했다. 또 셀 수 없는 명사도 최근 경향은 그냥 세는 것으로 간주해서 사용한다고 했다. 예를 들어 two cups of coffee 보다는 two coffees로도 사용한다. 또 복수로 S가 붙는 것을 강하게 발음하려고 하지 말고, 글자를 쓸 때만 정확히 쓰라고 했다. 특히 단어를 하나씩 외우지 말고 문장으로 외워서, 무기로 사용을 하라고 했다.

10월 17일 (수) Saving, UGG Boots, 남편 골프 머리 올리다 __ 은행에 가서 한국 갈 항공료를 송금하고, 카드의 Saving과 Credit의 다른 점은 Tarry에게 물어보았다. Saving은 한국에서 말하는 직불 카드로 즉시 돈이 빠져나가고, Credit은 정해진 날에 빠져나간다는 것이다. 또 핀 넘버가 비밀번호이다.

그리고 시니SINI에 가서 부츠를 샀다. 마음에 드는 것을 할인해서 155달러(18만 원)에 살 수 있었다. 한국에서는 같은 부츠가 35만 원이라고 믿을 수는 없지만, 직원이 얘기했다. Pacific Sheepskin 회사에서 만든 UGG는 질이 다르다고 하였지만, 아는 것이 없으니 그냥 믿을 수밖에 없다.

오후에 안집사님이 길 건너에 있는 고든 골프장에서 남편 머리를 올려 주었다. 안집사님은 골프공을 치는 것보다는 옷을 어떻게 입어야 되는지, 상의는 칼라가 있는 옷이어야 되고, 반바지를 입을 경우에는 긴 양말을 신어야 되며, 카트를 밀고 다니면서 어디에 두어야 하는지를 알려 주었다. 또 모래를 가지고 다니면서 흙이 파인 곳은 메꾸어 주어야 하며, 벌크에서는 모래를 채우고, 모래 웅덩이에서는 모래를 평편하게 해 놓고 나와야 된다는 것, 파인 곳은 포크로 흙을 위로 올려주고 퍼팅으로 살짝 밀어주어야 한다는 것과 퍼팅을 하는 앞에는 서지 말아야 하며, 따라오는 뒤 팀이 있는 경우 먼저 보내 주는 것도 매너라고 하였다. Tee(첫 타구 때 공을 올려놓는 자리)는 일반적으로 18홀이며, 72파par라고 했다. 물론 골프 클럽마다 다를 수 있다는 것이고, 성적의 결과는 새 이름으로 했다. 마이너스 1이 버디Birdy, 마이너스 2가 이글Eagle, 플러스 1이 보기Boggy, 플러스 2

는 더블 보기Double Boggy라고 명명한다고 했다. 핸디Handy가 제로인 경우 파가 72, 더블 파는 144로 초보자들이 수준이라고 한다. 전 홀에서 성적이 좋은 사람이 티샷을 먼저 하고, 목표를 정하는 준비자세가 Address라고 했다. 골프는 전부 배려하는 운동으로, 배려하지 않으면, 다음에 그 사람과 절대로 함께 치지 않는다고도 했다.

10월 18일 (목) Uluru, Bucket list, SKI holiday, Gray Nomads, 책을 통해 성장하라 ___ 지난주에 이어 킬라라 토픽은 휴가였다. 일주일간 Uluru에 갔다 온 홍콩계 호주인 자원봉사자에게 학생들이 울루루Uluru에 대해 질문을 했다. 호주의 중심에 호주의 배꼽으로 알려진, 세계에서 가장 큰 바윗덩어리가 하나 있는데, 영어로 에어즈 록Ayers Rock이고, 호주 애버리지니Aborigine (원주민)의 말로는 울루루Uluru, ool-or-roo (울오루)이다. 바위 하나의 높이가 348m이고, 둘레가 9km로서 한 바퀴 도는 데 2시간이 걸린다고 했다. 원주민들은 신성한 바위에 올라가는 것을 싫어하지만 올라가는 것을 막지는 않는다고 했다. 바위는 Rich Red색으로 몇 분 동안의 일몰 광경은 장관이란다.

'죽기 전에 하고 싶은 것과 가 보고 싶은 곳'의 목록을 적은 것을 버킷리스트 Bucket List라고 하는데, Uluru가 Meredith 강사는 아직 가보지 않은 **Bucket list** 중 하나라고 했다. 그래서 SKI 휴가Holiday 때 가려고 한다고 했다. **SKI Holiday**에서 SKI란 **S**pending **K**ids **I**nheritance의 약자이다. SKI 휴가는 Driving Holiday라고도 한다. 은퇴하고 물려줄 돈은 없고, 또 돈을 적게 들이면서 자손들에게 호주의 아름다움을 알려주고, 국가에 대한 자부심을 가지게 하는 정신을 만들어 준다는 것이다. 그러기 위해서 직접 운전하면서 풍부한 국내 여행 경험을 쌓고, 새로운 곳을 찾아가는 자유와 유연성을 누릴 수 있도록 하게 한다는 것이다. 그래서 하는 여행이 카라반 파크로 제2의 집이며, 그곳에서 만난 동료 여행자들은 제2의 가족이 된다는 것이다.

이런 식으로 **노년의 방랑자**Gray Nomads의 삶을 지향하고 있다. 이것이 호주 국내 운전 여행을 통한 위대한 호주인의 꿈(Great Australian dream of a driving holiday around country)이다. Meredith 선생은 최근 몇 년 동안 자식들과 함께 터키, 프랑스 등을 여행했다고 한다.

오후에는 채스우드 도서관에서 '2012년 책 읽는 해'를 맞이하여 한국 소설가 신경숙과의 만남이 있다고 해서 도담 선배를 따라갔다. 도서관 입구에는 "독서의 해"를 알리고자 세워 둔 브로마이드에 적혀 있는 아홉 단어는 내가 평상시 좋아하는 단어였는데 함께 모여 있으니 의미가 새로웠다. **Dream, Think, Escape**(Free), **Feel, Cry, Question, Laugh, Discover, Grow**로 내가 해석하건대 책을 통해서 **꿈**을 가지고, 생각하고, 자유를 찾아, 느끼고, 소리쳐 보고, 물어보고, 웃고, 깨닫고, 성장하라는 것이려니.

소설가 신경숙 ___

수필 = 경험 + 느낌 + 사실 + 생각 / 좋은 글 = 사랑 + 관찰 + 관심

소설가 신경숙은 16살 때 고향을 떠나 22세에 작가가 되었고, 16살 고향을 떠나면서부터 어머니에 대한 책을 쓰고 싶었던 생각에서 《엄마를 부탁해》가 완성되기까지 25년이 걸렸다고 하였다. 어릴 때 집에 있던 책을 많이 읽으면서 소설가가 되고 싶었으며, 책 속에는 외롭고, 괴로운 사람들이 많이 있었는데 그 사람들을 빛나게 해 주기 위해서 책을 써야겠다고 생각하였고, 세상에는 불행한, 부당한, 이상한 사람들이 많으며, 세상은 이상하게 돌아가고 있으며, 이상하게 돌아가는 것을 표현하여야겠다고 생각이 되어 글을 쓰기 시작했다고 하였다.

《엄마를 부탁해》가 "**Please, look after mother**"로 번역되어 사인회를 가지게 된 것이다. 사인을 하고 있는 소설가 신경숙에게 살짝 '이 소설 이후에는 어떤 소설을 쓰고 있는지' 아니면 '쓰고 싶은지' 물어보았다. '**눈이 보이지 않는 사람**'에 대해서 쓰고 싶다고 했다. 더불어 수필은 **경험, 느낌**feeling, sensation, sense 등 사실적인 것을 위주로 쓰이는 것이고, 소설은 거기에다가 **생각**thinking, thought, ideas, deliberation(숙고), meditation, reflection이나 **상상**의 세계를 최선의 상태로 접목시키는 것이라 했다. 또 글은 쓰고 또 쓰고 해야만 완성될 수 있다고 하였는데, 최근에 내가 느끼고 있는 마음이라 쉽게 이해가 되었다. 나에게 많은 도움이 되었다.

　또한 작가 지망생들에게 권유하기를 '주변 사람들을 사랑하고 다독'하라고 하였다. '자기가 살고 있는 동시대, 자기가 관계 맺는 사람들을 사랑하고, 사랑하면 관찰하게 되고, 관찰하면 관심을 갖게 된다. 그것들이 작품화되어 나오면 좋은 글이 된다는 것이다. 또한 글을 쓰려면 많이 읽어야 되고, 쓰기 시작하면 잘 안된다고 덮지 말고, 쓰겠다고 정한 소재를 끝까지 완성시키는 힘을 길러야 한다'고 강조했다.

　10월 19일 (금) Greeting과 Farewell, 혼자서도 영어 공부 ＿ 핌블에서 남편이 공부하는 영어반의 바짝 마른 중국인 Grace의 남편이 우리 반에 오늘 새로 들어왔다. 그래서 강사 Sue가 환영Greeting과 작별Farewell에 대해 얘기했다. 환영 인사가 Good morning/Good afternoon/Hi/Hello만 있는 것이 아니었다. How're you going? / How're you things? / Morning! / afternoon! / Good to see you도 있고, 작별 인사로는 See you~ / Bye / Bye bye를 쓴다. 한인 학원에서 Good bye는 '영원한 안녕'으로 잘 쓰지 않는다고 했었다. '괜찮습니다'로는 You're welcome / No worries / Don't worry. 오케이로는 OK / Righteo를 사용한다고 하였다. 이제 내가 영어에서 무엇을 모르는지를 조금 알게 되었다. 어젯밤에 처음으로 새벽 2시까지 공부를 했다. 이전에는 배우는 것으로 끝났는데, 이제는 여유를 가지고 내 것으로 만든다.

　10월 20일 (토) Fish Market, 시 낭송 연습, 누구나 겪어야 하는 "八苦(팔고)" ＿ 도담 선배와 우리가 가보고 싶어 하던 달링하버 옆에 있는 피시 마켓에 갔다. 피시 마켓에는 건물이 세 개 있는데 크리스티나는 조금 작은 건물이 싸고 싱싱하다고 하면서 거기에서 주로 산다고 했다. 연어는 5kg(kg당 15달러) 되는 것을 샀다. 삶은 새우(kg당 25달러)도 샀는데 맛이 좋았다. 굴도 샀다. 정 사장님 부부가 오셨다.

　그래서 연어는 뼈를 빼고 썰어 두 접시 담고, 굴과 새우도 각각 두 접시씩 담아서 상을 차렸다. 고추와 마늘도 작게 썰어 담고, 상추와 깻잎도 담아서 푸짐한 상을 차렸다. 여섯 명이 앉아서 남자는 화이트 와인으로, 여자는 레드 와인으로 건배하면서 신나게 먹었다. 그리고 회덮밥도 해 먹었다. 배가 어느 정도 부르자 커피를 마시면서 선배님의 시집 출판 기념회 때 낭송할 시를 하나씩 고르고, 다섯 명이 돌아가면서 낭송 연습을 했다. 시인인 도담 선배가 낭송하는 법도 가르쳐 주어서 두세 번 하다 보니까 잘하게 되었다. 남편의 시 제목은 "원귀"로 어려웠다. 내용은 남북 전쟁에 대한 것이었고, 나의 시 제목은 "시드니 아이콘"이었다. 호주에 사는 이민자들이 '고국에 대한 그리움'의 시였다.

도담 선배의 오늘의 말씀은 사람들이 모두 겪어야 하는 "팔고"라는 것이다. "팔고"는 생로병사(태어나고, 늙고, 병들고, 죽고)와 사랑하는 사람과 헤어지는 고통, 미워하는 사람을 만나야 하는 고통, 구하려 하면 안 되는 고통, 집착하는 것을 떨어뜨리지 못하는 고통이라고 한다. 이러한 고통은 누구나에게 오는 것이므로, 앞으로 어쩔 수 없는 고통은 받아들이고, 하지 않아도 될 고통은 빨리 체념하고 포기하는 지혜로 살아야겠다.

10월 21일 (일) "항상 처음처럼 마지막처럼", 교환 교수가 호주에 살게 된 이유 ___ 오늘 목사님 말씀은 '항상 처음처럼, 항상 마지막처럼'이란 주제다. 아내는 남편을, 남편은 아내를 처음 사랑했을 때의 모습으로 얼굴을 바라보고, 마지막 보는 것처럼 얼굴을 바라보라는 것이다. 또한 처음 보는 하늘인 것처럼 바라보고, 마지막 보는 하늘인 것처럼 바라보면서 살아야 한다고 했다. 《영원히 살 것처럼 꿈을 꾸고, 내일 죽을 것처럼 살아라》라는 책 제목이 생각났다.

저녁때 김밥을 싸고, 통닭 한 마리와 맥주를 사서 SKY 집에 놀러 갔다. 떡볶이, 어묵국과 총각김치로 함께 저녁을 먹고, 소맥과 와인으로 즐거운 시간을 보냈다. 그동안 SKY 남편 조교수가 교환 교수로 와서 한국에 돌아가지 않고, 호주에 살게 된 이유가 궁금해서 물어보았다. 한국에서는 잘 나가던 한의대 교수였지만, 싫은 것도 해야 하고, 마음에 들지 않는 사람들과도 관계를 해야 하는 병원의 생태에 질렸다고 한다. 그래도 한국에 있었으면 그 속에서 그냥 살았을 텐데, 호주에 와 보니 내 마음껏 내가 하고 싶은 대로 하고 살 수 있어서, 교수를 포기하고 호주에 남게 되었다는 것이다. 과감하고도 쉽게 할 수 없는 결정을 했다. 우리 사위도 먹고 싶지 않은 술을 먹어야 되고, 줄을 잘 서서 비벼야 하는 한국 직장생활에서, 자유롭게 마음껏 내 역량을 발휘하고자 유학을 가고 싶어 했었다. 그래서 조교수의 마음이 충분히 이해되었다.

10월 22일 (월) Idiom(방언, 사투리), 홍콩 중국인 'Shirley', 호주에 사는 중국인 ___ 바티스트 영어에서 **Idiom**을 공부했다. **poor = a bit broke / expens = cost an arm and a leg / over price = a rip off / deli = delicatessen** 조제 식품 판매점 **/ sticky beak =** 꼬치꼬치 캐다 **/ cuppa = cup of tea / vegies = vegetable / undies = under wear / cozzie = swimming costume / nightie = night dress / Chrissie = christmas** 등 전혀 생소하였다.

함께 영어 공부하는 홍콩 중국인 Shirley가 집에서 키운 것이라고 lettuce(상추)를 잔뜩 가지고 와서 나누어 주었다. 사귀고 싶어서 Garden을 보고 싶다고 했더니, 오케이 오케이 하면서 공부가 끝나고 함께 갔다. Shirley는 30대 중반이며 함께 공부하는 남자가 아버지인 줄 알았는데 남편이었다. 남편은 60대 후반으로 보였고 일곱 살 먹은 딸이 있었다. 호주에 온 지 3년 되었으며, 집은 렌트해서 살고 있지만 뒷마당에는 호주에서 보기 드물게 닭도 세 마리 있었고, 파, 가지, 고추, 배추, 완두콩, 옥수수, 토마토, 브로콜리, 감자 등 많은 야채들을 키우고 있었다. 세 사람이 오손도손 재미있게 살고 있었다. Shirley는 성격이 시원시원했고, 과일과 땅콩 등으로 우리를 대접하고는, 한국산 멸치와 다시마를 꺼내어 보여 주었다. 삼계탕을 어떻게 하는지도 물어서 가르쳐 주었더니 메모하였다. 다음에 우리 집으로 초대해야지.

호주에 사는 중국인들은 대국의 기질이 있어서 그런지 아주 대단하다. 한국에서 중국인을 보는 시각과 여기 호주에서 중국인을 보는 시각은 아주 달랐다. 소문이 나 있기를 중국인 다섯 명이 어울려서 집을 지으려고 계획했는데, 한 명이 사정에 의해 돈을 충당하지 못할 경우, 다른 네 명이 그 한 사람의 몫까지 분담하여 모두 함께 산다고 했다. 죽이는 것이 아니라 함께 사는 방향으로 해결한다는 것이다. 그러고 보면 각 나라 각 도시의 노른자위 땅에 차이나타운이 들어서 있는 노하우려니 생각되었다. 호주에도 시티에 차이나타운이 있다. 대단한 민족이라는 것을 실감하게 한다. 또한 중국인들은 돈이 아무리 많아도 겉으로 절대로 나타내지 않는다고 했다.

　　　　10월 23일 (화) 필요하면 Yes, 영화 《Calling(소명) 3》, 나에게 주어진 소명은? ___ 한인 영어 공부에서 그동안 계속 불확실하게 알고 있었던 부분에 대해서, 확실하게 설명해 주었다. **Don't you~?**로 질문한 경우 내가 **필요하면 Yes, 필요하지 않으면 No**인데 끝까지 같은 대답을 해야 한다는 것이다. 내가 No 하였는데 상대방이 Sure(정말로) 했을 때도 끝까지 No 해야 된다는 것이다. 그리고 **How much does it cost**(얼마니)?, **How long does it take to**(시간이 얼마 걸리니) ~? 같은 것은 한 단어로 생각하고 입에서 줄줄 나오게 해야 한다는 것이다.

　　오후에 로즈에 있는 미락 쇼핑센터에서 영화 《소명 3》을 보았다. 영화는 11달러(12,000원)였다. 주인공은 연세대 의대 1회 졸업생 강원희님으로 77세 되신 의사이면서 선교사로 네팔 히말라야 산속을 두루 돌아다니면서 진료하신다. 코이카 의료봉사단과 함께하고 있었지만, 자신의 몸도 가누기 힘든데 진료를 한다는 것은 소명 의식 없이는 힘들 것 같았다. 부인은 간호사로 함께 돕고 있었다. 그리고 강원희님은 인생에 있어서 "머리도 꼬리도 아닌 가장 중요한 가운데 한 토막을 하느님께 드리고 싶었다"고 했다. 영화라기보다는 다큐였는데 그 속에 나오는 히

말라야 산은 무척 성스러웠다. 강가에 있는 화장터는 인도의 갠지스강가 바라나시 화장터와 비슷하였고, 조금 다른 것은 돈 많은 사람과 돈 없는 사람과 귀족의 화장터 장소가 다르다는 것이었다. 역시 화장을 하고 나서는 전부 강물에 씻어 보내졌고, 그 옆에는 아이들이 수영을 하고 있었다. 이곳의 아이들은 죽음에 대한 불안은 없을 것 같았다. 나에게 주어진 소명은 무엇일까?

10월 24일 (수) 여자 네 명이 간 "Gosford 바닷가" ___ 교회의 여자 집사님 중에서 나이가 많으신 K 권사님과 H 권사님이 SKY와 나에게 1시간 정도 가는 바다가 보이는 고스포드Gosford에서 점심을 먹자고 했다. SKY 차로 H 집사님 집에 가서 K 집사님 차로 네 명이 함께 타고 갔다. 바다가 보이는 고스포드에서 도박장이 있고 바가 옆에 붙어 있는 16달러 뷔페 레스토랑에서 점심을 먹었다. 동네 식당도 13달러, 15달러 하는데 16달러로 역시 별 차이가 없었다. 호주는 호텔 커피숍 커피와 동네 Take awayTake out 커피 역시 가격의 차이는 없었다. 오랜만에 배를 충족시켰더니 행복하기도 하고, 배가 불러 힘들기도 하였다. 나는 잔잔한 바다가 옆에 있고, 조용하고, 깨끗하여 마음까지 고요해졌다. 그러나 여자 넷이서 쉴 새 없이 수다를 떨다 보니 남자들이 없는 재미도 오랜만에 느꼈다. S대를 나오고 한국에서 회사 중역을 지낸 H 권사님 남편은 유일하게 청소도 하지 않고 백수로 지낸다. H 권사님은 교회에서 성가대 지휘를 하고 있고, 우리 큰딸의 동문으로 E여대 심리학과를 나왔다. 현재 H 권사님의 딸은 한국 S대학에서 박사 과정으로 신학을 하고 있으며, 아들은 혼스비에서 커피숍을 하고 있다. H 권사님 집으로 다시 가서 주스를 한 잔씩 마시고, 집 구경을 하고 SKY와 집으로 돌아왔다.

10월 25일 (목) '시아버지 상'pass away (떠나다), 항공권 ___ 어젯밤 10시에 잠을 자고 있는데 시아버지가 돌아가셨다고 막내 시동생한테서 전화가 왔다. 한 대 얻어맞은 기분이었다. 치매로 병원에 입원하고 계셨지만, 식사도 잘하시고 특별한 이상이 없는 줄 알았는데… 전립선암으로 수술하라고 병원에서 권유를 받았지만 시어머니가 반대하셨다고 한다. 시어머니는 자식들이 매달 병원비 대는 것을 부담스러워 하셨다. 그나마 아들이 다섯이니 매달 100만 원 이상 나오는 병원비를 나누어 한 집에 20만 원 조금 넘게 내고 있었다. 우리 세대는 자식에게 부담을 주지 말고, 자식들도 부모에게 부담을 주지 않는 세상이 되어야 하는데…

서울로 가는 비행기를 알아보기 시작했다. 새벽 2시여서 알아보기도 힘들었다. 인터넷에는 다음 날 것으로 경유하는 것밖에 없으니 발인 끝나고 가면 무슨 소용이랴. 그래서 아시아나에 직접 전화해 보니까 아침 10시 30분에 시드니에서 서울 가는 것이 있는데, 공항에서는 항공권 발권을 할 수 없다고 여행사를 통해서 하라고 했다. 이 새벽 두 시에 어느 여행사에 전화해서 할 수 있을까 머리가 아팠다. 그래서 곰곰이 생각해 보니 11월 말에 큰딸 수술 때문에 한국을 가려고 예약한 '아리랑 여행사'가 생각이 났다.

고든슈퍼에서 아리랑 여행사가 가장 저렴하다고 해서 알아보니 대한관광보다 30달러가 싸고, 세방여행사보다는 10달러가 쌌다. 그래서 예약해 놓았는데 전화 받는 아리랑 여행사 남자 분(한 두 명이 하는 사장)의 말투가 너무 특이하여 기억에 남았었다. 약간 특이한 사람이어서 안자고 있을 것 같았다. 아니나 다를까, 잠결에 전화를 받았다. 오, 하느님 감사합니다. 급한 사정을 얘기하고 부탁을 했더니 '밤에 전화 잘 안 받는데 오늘 왜 전화를 받았지' 하면서 혼자 중얼거렸다. 한참 공항에서 만나서 티켓을 주어야 되나? 돈을 어떻게 받느냐? 등 복잡하게 얘기하다가 알고 보니 우리 집에서 전철 한 정거장에 있는 킬라라에 살고 있었다. 모든 얘기의 결론은 새벽 6시에 전화를 하고, 자기 집으로 6시 15분까지 카드를 들고 오라고 했다. 그렇게 하겠다고 하고 가방을 쌌다. 쌀 것도 없었다. 서울에 내려서 바로 시골로 가야되므로 속옷과 양치도구만 챙기고, 6시에 내비를 찍고 여행사 사장 집 앞에 가서 전화를 했다. 사장님은 티켓의 이름을 두세 번 확인하고, 가고 오는 날짜와 시각을 확인시켜주고는 1,377달러를 카드로 끊었다. 그 와중에도 대한항공 호주 지점장을 지내서 모든 것을 잘 알고, 지금 살고 있는 집도 자기가 지었다고 자랑하였다. 많이 알고, 좋은 집에 살아도 잠옷 바람에 위에 걸친 옷에는 때가 꼬질꼬질하였다. 일은 완벽하게 하면서 자기 관리가 안 되는 사람이구나 생각되었다. 그래도 어쨌든 발권하게 되어 천만다행이고, 감사해야 될 사람이다.

남편은 7시에 전철을 타고 공항으로 갔다. 나도 같이 가고 싶지만 11월말에 딸 수술 때문에 서울에 가야 하니까 그때 가기로 하고 가지 않았다.

혼자 시드니에 남는 것은 무서웠다. 잠도 자지 못하여 가슴도 벌렁거렸다. 혼자 자는 것이 무서워 방에도, 화장실에도 불을 켜 놓고 잤다. 불안한 마음을 없애려고 노트북 티비 도사로 한국 텔레비전 방송을 있는 대로, 되는 대로 다 보면서 잤다.

10월 26일 (금) 영어공부가 향상되었다고?, 시어머니의 일생 ___ 그런대로 자고 일어나니까 덜 무서웠다. 남편과 딸과 한참 전화를 하고, 카톡도 하고는 영어 공부를 하러 갔다. 남편이 없어서 핌블 길도 헤매느라 10분 늦게 도착했다. Hillary가 2주간 사위가 수술을 해서 퀸즐랜드에 갔다가 왔는데 오랜만에 보니까 반가웠다. 사위가 한쪽 귀를 수술했는데 완전히 듣지 못한다고 했다. 조그마한 '호주 국기'를 선물로 학생들에게 하나씩 나누어 주었다. 오늘은 '영어 공부를 잘하기 위해서 하루에 어떻게 공부를 해야 하는가?'를 주제로 서로 질문하고 대답하는 식으로 공부하였다. Hillary 말은 그래도 좀 알아듣겠다. 사람들이 내 영어가 향상되었다고는 하는데, 잘 들릴 때도 있지만, 제대로 안 들릴 때가 많으니… 나는 아직 잘 모르겠다.

남편에게 전화를 했다. 경기도 이천 장지를 갔다 와서 시골에 도착하여 막걸리 한잔을 마시고 있다고 했다. 시어머니에게 괜찮으시냐고 했더니 속이 시원하다고 하셨다. 목소리도 힘이 있어 보였다. 시아버지가 3년을 병원에 계신 것이 자식들을 힘들게 한다고 생각하여 항상 미안해하신 시어머니다. 여자의 일생으로 보았을 때 시어머니는 참으로 불쌍하신 분이다. 딸도 없이 아들만 다섯 명을 키우고, 성질이 불같은 시아버지를 모시고, 생선 가게를 하시느라 그야말로 허리가 휘셨다. 지금은 워크가 없으면 제대로 허리를 펴지도 못하시지만, 혼자 사시면서 집안일을 다하신다. 남은 생이라도 편안히 사셨으면 좋겠다.

　　　　10월 27일 (토) "Safe Rock Fishing" Seminar ＿＿ 모자이크 센터에서 한국인 대상으로 낚시 세미나를 했다. 내가 낚시를 할 것은 아니지만, 알고 있으면 좋을 것 같아서 이쁜이랑 갔다. Dougherty Community Centre에서 10시에서 3시까지 교육하며, 바비큐로 점심을 무료로 준다고 하여, 낚시용품을 파는 사람들이 용품을 팔기 위해서 교육을 하는구나 하고 한국적인 생각을 했는데, 그것이 아니었다. 베트남, 한국, 중국인들이 낚시를 하다가 지금까지 150여 명이나 사망하여 모자이크 센터에 있는 카운슬러가 주정부에 건의하여 주정부 차원에서 "안전한 바위 낚시"에 대한 세미나를 개최한 것이었다. 바위 낚시는 위험이 예측 가능하여 100% 안전할 수 있는데, 안전 원칙을 지키지 않아서 문제가 발생한다고 했다.

　날씨Weather, 조수Tides, 너울Swell, 파도Waves, 위치Location, 바람Wind의 방향 등을 파악하여 언제, 어디서, 몇 시에 누구와 함께 낚시할 것인가를 결정해야 한다는 것이다. 더불어 장비도 아주 중요하다고 했다. 첫째 안전화를 신어야 되는데, 거친 바위에는 부드러운 신발을, 미끄러운 바위에는 스파이크가 있는 신발을 꼭 신어야 한다고 했다. 둘째 구명조끼를 꼭 입어야 되며, 옷은 물에 젖어도 빨리 마르는 옷을 입어야 하고, 그 외 휴대 전화와 여러 개의 손전등과 여분의 건전지를 지참하라고 했다. 동료가 물에 빠진 경우와 본인이 빠진 경우 대처하는 방법, 잡아도 되는 고기의 종류와 고기의 크기, 잡아도 되는 조개의 종류와 개수에 대해서도 말해주면서, 목록Glossary을 보면 더 자세하게 알 수 있다고 했다. 또한 수중 유해생물의 번식을 예방하기 위해서는 사용하는 모든 도구는 청소를 철저히 해야 한다는 것이다. 건강한 수로를 만들어주어야만 오래도록 고기를 잡을 수 있으므로 자기 쓰레기는 자기가 치워야 되고, 물이 깨끗해야 바닷속으로 햇빛이 들어가 고기가 먹을 수 있는 식물들이 잘 자랄 수 있다고 했다. 낚시를 할 수 있는 자격증도 사야 되는데, 18세 이하나 원주민, 장애인, 연금수급자는 없어도 된다. 자격증은 3일에 6달러, 1년에 30달러이며, 이 돈은 수산청 프로젝트로 오염물질에 엄청난 투자를 하여 물고기를 살리는 데 사용한다고 했다.

한 사람이 바다에서는 네 개의 낚싯대, 강에서는 두 개의 낚싯대를 사용할 수가 있고, 크기가 작아서 놓아 주는 고기는 낚싯줄을 짧게 잘라 놓아주어야만 한다. 낚시 고리를 빼다가 죽는 것보다는 그냥 두는 것이 더 오래 살 수 있으며, 3~4주 후에는 낚싯바늘을 저절로 토하기도 한다고 했다. 고기를 잡아서 처리하는 방법도 실제로 보여 주었다. 고기 네 마리로 회를 뜨는 방법도 배우고, 회를 먹기도 했다. 추가로 수영할 경우에는 꼭 "노랑 빨강 깃대"가 있는 사이에서 해야 되며, 수영하는 지역마다 안전 표시판도 꼭 확인해야 한다고 강조했다. 제대로 된 교육을 받았다.

10월 28일 (일) "축복된 삶 = 믿음 + 사랑 + 소망" ___ 혼자 한인 언약교회를 갔다. 오늘의 말씀은 인생의 세 가지 기본은 성경에 나오는 **제단과 장막과 우물**이라고 하였다. 제단은 **하느님**과의 관계로 **믿음**을 의미하며, 장막은 **가정** 내에서의 관계로 **사랑**을 의미하며, 우물은 **세상과의 만남**으로 **소망**을 의미하며, 이 세 가지의 관계를 올바르게 한다면 '**축복된 삶**'을 이룰 수가 있다는 것이다. 기도 중에 "**지금 기도하는 이곳이 천국 되게 하소서**"와 말씀 중에 "**자신을 죽이는 사랑**"을 해야 한다는 것이 가슴에 와 닿았다.

J 장로님 말씀 ___ 호주인은 몸과 마음에 하느님이 있다고 생각하기 때문에, 일요일에 꼭 교회를 가야 한다고 생각하지 않는다고 한다. 그런데 한국인은 물리적 교회로서 일요일만 교회에 가고, 교회 밖에 나오면 교회에 대해서는 '끝'이라는 식으로 산다고 했다. 특히 호주에 있는 한국교회는 종교라기보다는 **"Community"** 개념이 더 강하다고 했다. 호주 한국 교회는 교인이 몇 백 명이 아니고, 이삼십 명에서 오륙십 명 정도라고 한다. 그래서 그런지 목사님이 모든 교인의 어머니처럼 호주 생활의 불편한 점을 전부 보살펴 주는 차원이었다. 목사님의 도움 없이는 이민 생활은 참으로 외롭고 힘들다고 한다. 1년 있는 우리도 외로운데, 십 수 년을 사는 이민자들은 얼마나 외로울까? 생각하니 연민이 느껴졌다, 그래도 도담 선배처럼 교회를 다니지 않는 사람은 간혹 있다. 호주는 호주 가톨릭, 영국 성공회, 개신교의 United 교회(감리+장로), 하나님 교회Christ church 순서로 많았다.

N 집사님 말씀 ___ 유대인은 예수(메시아)가 나타나면 언제든지 따라가기 위해서 큰 가방 두 개를 항상 준비해 둔다고 한다. 또 아이가 어디를 가려는데 엄마가 함께 따라가려고 하면, 아이가 하는 말 '주님이 함께 계시잖아요' 한다고 했다. 《로마의 휴일》의 주인공 오드리 헵번은 '아름다운 입술을 갖고 싶다면, 좋은 말씨와 좋은 마음을 가져라'라고 했다고 한다. 또 《문화유산답사기》에서 유홍준 교수가 말하기를 백제 문화는 "화려하지만 사치스럽지 않고, 소박하지만 초라하지 않고, 검소하지만 누추하지 않다"고 했다고 한다.

10월 29일 (월) 해외에서 혼자, 교환 교수 부인들 만남, 워킹홀리데이 학생, 교환 교수 ___ 해외에서 처음 혼자 있어 보니, 무서워서 불도 켜 놓고,

노트북으로 한국 방송도 틀어놓고 자게 된다. 그러다 보니 잠을 깊이 자지 못하여 얼굴도 부석부석하고, 계속 몽롱한 상태다. 그래도 집에 있기보다는 나가는 것이 나아서 바티스트 교회로 영어 공부를 갔다. 어영부영 시간을 보내고 집에 오는데, SKY가 국수를 먹으러 가자고 했다. 시간을 보낼 수 있어서 잘 되었다. 가는 길에 서울대 교수 부인 SY를 픽업하여 처음으로 교환 교수 부인들 셋이서 모여 수다를 떨었다. SKY는 한국에서는 친정엄마가 애들을 돌보아주고, 일하는 아줌마가 살림도 다 해주었는데 호주에 와서 제대로 고생하고 있다고 했다. 서울대 교수 부인 SY는 남편 유학으로 미국에서 3년을 공부하여 박사를 받고, 이어 캐나다에서 5년 반을 살았고, 또 스웨덴에서 2년을 살다가 서울대 교수로 갔다가 3월에 교환 교수로 호주에 왔는데 나이가 오십이었다. 해외 생활이 좋은 면도 있지만, 지겹다고 했다. 빨리 한국에 가서 안정되고 싶다고 하면서, 내년 2월에 들어간다고 한다.

집에 오니 맹 아저씨가 있던 방에 워킹홀리데이 학생이 이사를 왔다. 호주 온지 10개월이 되었는데, 학생비자로 돌려서 계속 있겠다고 한다. 호주인들이 많이 사는 Tarry Hill 호주 레스토랑 주방에서 일하며, 호주인들 대우라 시간당 20달러를 받는다고 했다. JUN 엄마는 올려서 12달러를 받는다고 하였는데. 아마도 가디언 비자는 불법이라서 그런가 보다.

교환 교수의 해외 체류는 대학마다 다르다고 한다. 남편의 경우는 연구년 1년, 안식년 1년과 교환 교수 1년을 할 수 있다. 교환 교수를 1년 더 연장할 경우에는 월급이 나오지 않는다. 서울대학교는 5년 근무하면 1년을 신청할 수 있다고 한다. 어떤 대학은 3년에 6개월씩 연구하는 학교도 있었다.

10월 30일 (화) You know what(있잖아), How come(어째 그런 일이)! ___ 한인 영어 공부에서는 실지로 많이 사용하는 문장을 배웠다. Have you been to Japen(일본 갔다 왔니)? How many times have you been there (거기에 몇 번 갔니)? When did you go there(언제 갔니)? How was it(어땠니)? You know what(있잖아)? Do you often go away on the weekend(주말에 가끔 어디 가니)? I'm just about to go out(나 지금 막 나가려는 참이었어). May next time(다음에 하지 뭐). How come(어째 그런 일이)! What do you want for dinner(저녁 뭐 먹을래)? What do you usually do in your freetime(보통 시간 나면 뭐하니)? What does this word mean(이 단어 무슨 뜻이야)? How much does it cost to phone korea(한국에 전화하는 데 얼마니)? 등 많은 것을 배웠다.

　　10월 31일 (수) Halloween day, 태극권Tai Chi, 라인 댄스, 웃기는 얘기 ＿ 10월 31일을 할로윈 날이라고 하는데 아이들 있는 곳을 가지를 않아서, 얼굴에 가면을 쓰고 귀신 옷을 입고 사탕을 얻으려 다니는 것을 보지 못해 아쉬웠다.

　　모자이크(Multicultural One Stop Assistance Information Centre) 한인 사교 모임에 가는 도중, 영국 왕실에서 타는 하얀 차를 보았다. 얼른 카메라를 꺼내어 찍었다. 젊은 백인 여자가 운전을 하고 있었다. 채스우드 모자이크 센터 첫 시간에는 중국인이 가르쳐 주는 태극권을 했다. 한국의 60~80세 사이의 할머니들이 열심히 배운다. 둘째 시간에는 노래를 불렀다. 회장 할머니의 피아노 반주에 맞추어 과수원길, 바위섬, 등대지기 등 고상한 노래를 알토까지 화음을 넣어 불렀다. 할머니 한 분이 기부한 떡과 김치를 점심으로 먹었다.

　　점심 먹고 쉬는 시간에 하는 영어권의 농담은 무척 재미있었다. 한국 경상도 할머니와 호주 할머니가 버스를 기다리면서 하는 이야기였다.

　　경상도 할머니 : **What day**(왓데이)
　　호주 할머니 : **Monday**(먼데이-)
　　경상도 할머니 : **Birthday**(버스데이)
　　호주 할머니 : **Congratulation!**

　　또 한 가지는 예수님에 대한 경상도 할머니들의 이야기였다.

A : 어이! 예수가 죽었다 카더라!

B : 왜 죽었노?

A : 못에 찔려 죽었다 카더라.

B : 머리 풀고 맨발로 왔다 갔다 할 때부터 알아 봤데이.

C : 예수가 누꼬?

A : 우리 며느리가 아버지 아버지 하면서 다니는 것 보니까 우리 사돈 되나 갑더라.

C : 그래 장례식은 갔다 왔나?

A : 안 가따.

C : 왜 안 간노?

A : 사흘 만에 살아났다 카더라.

할머니들의 농담도 차원이 높았다. 한참 동안 웃었다.

스스로 무엇인가를
'꾸준히' 할 수 있는 영성!

11월 01일 (목) 남편, 세계 문화유산, Virtual tour ___ 남편이 한국에서 상을 치르고 왔다. 잠을 제대로 자지 못해 피곤한지 짜증스러워했다. 그래도 영어 공부는 간다고 해서 조금 늦게라도 갔다. 오늘 킬라라 영어 공부는 호주의 '울루루'(에어즈 록)를 비롯한 세계 문화유산에 관한 이야기였다. 각 나라의 문화유산에 무엇이 있는지에 대해 이야기하였는데, 나는 "불국사와 창경궁"만 생각났다.

집에 와서 세계 문화유산에 대해서 공부를 했다. UNESCO에 등재된 것이 세계 문화유산이다. **UNESCO**(United Nations Educational Scientific and Cultural Organization)란 교육, 과학, 문화 등 지적 활동 분야에서 국제 협력을 촉진함으로써 세계 평화와 인류 발전을 증진하기 위한 유엔 전문기구이다. 이렇게 UNESCO에 등재된 유산은 크게 세계 문화유산, 세계 자연 유산, 세계 무형 유산, 세계 기록 유산으로 나눌 수 있다.

현재 우리나라의 **세계 문화유산**에는 창경궁(조선), 수원 화성(조선 성벽), 석굴암 불국사, 해인사, 종묘(조선 왕가의 사당), 경주 역사 유적지, 고창·화순·강화의 고인돌Dolmen, 조선왕릉, 안동 하회 마을과 경주 양동 마을(민속·역사 마을) 등 아홉 가지가 있다. **세계 자연 유산**에는 제주 화산섬과 용암 동굴 하나뿐이었다. **세계 무형 유산**에는 종묘 제례(제사) 및 종묘 제례악, 판소리(민속악), 강릉 단오제(마을 굿), 강강술래, 남사당놀이(양반 사회의 부도덕성을 놀이로 비판), 영산재(49재의 한 형태로 영혼에게 제사), 제주 칠머리당 영등굿(신당인 칠머리당에서 마을 수호신인 영등신에게 해녀가 하는 굿), 처용무(사람 형상의 가면을 쓰고 추는 궁중 무용), 가곡(시조시), 대목장(나무로 궁궐 사찰 가옥을 짓는 장인), 매사냥(몰이꾼, 봉받이, 배꾼), 줄타기, 택견, 한산 모시 짜기, 아리랑, 김장 문화 등 16가지가 있다. **세계 기록 유산**에는 훈민정음, 조선왕조실록(역사적 사실), 직지심체요절(선의 요체), 승정원일기(왕명의 출납문서와 사건기록), 동의보감(동양의학), 조선 왕조의 의궤(왕실의 주요 행사), 해인사의 대장경 및 제경판, 일성록(151년간 국왕의 일기), 5·18 민주화운동 기록물, 난중일기, 새마을운동

기록물 등 11가지이다.

오늘 영어 숙제가 있다. **Virtual**(가상) **Tour**에 대한 문장을 만들어 오라는 것이다. 그래서 간단히 숙제를 했다. When I take a walk in backyard, look at creeping lizard, many trees, flowers and listen to noisy birdcall. Near my house, "Beautiful town" is quiet, clean, peaceful, calm. Sometimes windy.

11월 02일 (금) 발음 연습, 새 가방으로 교환, 이쁜이의 학생 비자
___ 핌블 영어 공부에서 Hillary가 처음으로 숙제를 내 주었다. 자기 자신이 발음하기가 어려운 단어를 적어오고, ABC와 SBS 뉴스를 보고 오라고 했다. 아침 10시 10분에 SBS에서 10분간 하는 한국 뉴스를 보고, 저녁 7시에 ABC TV도 보면 영어 공부에 도움이 된다고 했다. **th**[쓰]와 **sh**[시], **truth**, **warmth**와 **sheep sheet** / **f** [윗니를 아랫입술에 대면서 프]와 **p** [윗입술과 아랫입술을 붙여서 프], **fact**, **fair**와 parent, piano / **l** [혀를 붙여서 을]과 **r** [혀를 떼어서 어] **leave** [을리브], **love** [을러브] 와 rain [어레인], **ready** [어레디]로 구분해서 발음해야 한다.

퀸 빅토리아 빌딩에서 산 가방(180달러)에 책을 넣고 다녔더니 가방끈의 실밥이 풀려 가방끈이 빠졌다. 수리하러 갔더니 산지가 35일이나 지났는데 새 가방으로 교환해 준다고 한다. 한 달 실컷 들고 다닌 가방이고, 사용하다 보니 조금 작은 것 같아서 다른 가방으로 교환해도 되느냐고 물어보니 된다고 하였다. 그래서 113달러를 더 주고 처음부터 마음에 들었던 가방으로 교환했다.

영국 여왕 동상 앞에서 이쁜이와 만났다. 동상 뒤쪽 길로 쭉 내려오니 달링하버가 나왔다. 달링하버 공원의 한 넓은 마루에 신발 벗고 앉아서 이쁜이가 싸온 샌드위치, 사과와 오렌지를 먹으면서 얘기했다. 이쁜이는 초등학교 교사를 하다가 7년 동안 따라다니던 두 살 연하 남편과 결혼해서 아들과 딸을 두었다. 딸(34세)은 호주에 유학을 왔다가 공부하고 나서 눌러앉아, 노예 비자로 직장을 4년

을 다니면 영주권을 준다고 하여, 그 직장을 다녔는데, 지금은 그 기간이 끝나서 다른 일을 하고 싶어 한단다. 아들은 워킹홀리데이로 브리즈번에 있는 식당에서 돈(시급 17달러)을 벌고 있다고 했다. 워킹홀리데이 비자가 끝나면 학생 비자로 돌려서 요리하는 대학을 가고 싶어 한단다. 그리고 이쁜이는 남편이 문제(주식, 술, 도박, 여자)가 많아 남편을 한국에 두고, 딸이 있는 시드니에 혼자 왔다. 여행 비자로 왔다가 다시 3개월 연장했고, 내년 2월에 가서는 학생 비자로 돌려서 호주에 있겠다고 한다. 호주에서 한국 어른들이 학생 비자를 받으려고 하는 경우 한국어로 공부하는 신학 대학이 있어서 많이 간다고 했다. 그러면서 자기와 아들, 딸 전부 안정이 안 되어 앞으로 걱정이라고 했다.

공원에서 나와 패디스 마켓에 갔다. 야채와 과일이 주말에는 싸다고 했으나 무거워서 많이 사지 못하고 망고만 5달러에 세 개 샀다. 다시 차이나타운을 지나 조지Gorge 거리를 걸어서 시청Town Hall까지 와서 헤어졌다.

11월 03일 (토) 80세 생일잔치, 주말 파티, 망고 ___ 오랜만에 아름다운 동네를 산책했다. 갔다 오는 데 1시간 걸렸다. 오늘은 토끼를 열 마리 이상 본 것 같다. 아름다운 동네 어귀에 있는 경비실 건물에서, 아마도 우리나라 노인정 같은 곳에서 80세 생일잔치를 하고 있었다. 멋있게 인쇄된 생일잔치 알림이 여기저기 붙어 있었다. 토요일이니 어김없이 파티를 한다. 이곳 사람들은 파티를 하기 위해 일주일을 참다가 금요일부터 일요일까지 파티를 하거나 외식을 하는 것 같다. 그리고 다시금 조용히 일주일을 보내고. 아주 합리적으로 여유 있게 즐기면서 산다.

어제부터 망고를 먹기 시작했다. 4달러짜리와 3달러짜리의 맛이 다르다고 했다. 울워스 직원에게 맛이 무엇이 다르냐고 물었더니 자기 개인적인 생각에는 3달러짜리가 더 맛있다고 하였다. 두 가지를 다 먹어 보니 이해가 갔다. 맛이 묘하게 달랐다. 어제 간 패디스 마켓 시장에서는 한 개에 평균 2달러였다.

호주라는 곳 ___ 호주에 사는 사람들은 사생활 침해를 굉장히 싫어한다.
Hi! 하면 Hi! 하는 정도에서 끝나야 한다. 더 이상 진전되어서는 안 된다. 대개
남에게 관심도 없고 궁금해하지도 않는다. 그리고 타인이 주는 것은 먹지도 않
고, 타인에게 먹을 것을 주지도 않는다. 호주인들은 절대로 잘난 척을 하지 않
고, 화려하지 않고, 립스틱을 진하게 바르지도 않는다. 야한 것은 여성들이 가슴
을 삼분의 일 정도 보이게 하고 다니는 것뿐이다. 직접 본 것은 아니지만 호주 아
이들은 어려서부터 섹스와 마약에 관심이 많다고 한다. 중고등학교에서 끼리끼
리 모여 대화하는 내용이 그렇다고 했다. 그래서 동양인들과 거리가 멀어지기 시
작한단다. 또 다른 이면에 호주 사람은 모두 깨끗하고 정리된 환경에서 함께 잘
살기를 바란다. 옆집에 정원 손질Gardening이 안 되어 있으면 겉으로는 말을 하
지 않고, 쥐도 새도 모르게 신고가 들어가서 제재가 들어온다고 한다. 빨래도 바
깥에서 보여서는 안 된다. 그러나 최근에는 중국인들이 아파트를 많이 지으면서
빨래가 조금씩 보이기도 한다. 그러나 하우스나 유닛에서는 빨래를 전혀 볼 수가
없다. 아파트에 사는 June 집 문 앞에 '빨래를 널지 말라'는 메모가 붙어 있었다
는 얘기를 들은 적도 있다. 또 맨발로 운동하는 사람들도 많다. 길거리가 바람이
많이 불어서인지 어쨌든 깨끗하다. 수시로 정원을 손질하는 것이 주로 하는 일거
리 중 하나이다.

오페라하우스 뒤 더블 베이 쪽으로 주로 바다가 보이는 곳은 호주 부자들이 살
고, 우리가 살고 있는 시드니 북부 지역은 양반 동네라고 한다. 서울의 8학군이
라 불리는 호주의 고든 동네는 길거리에 어쩌다가 개를 끌고 다니는 사람만 보이
고, 가끔 우체부가 걸어 다니고, 그 외 보이는 것이라곤 뚜껑 색깔이 다른 큰 쓰레
기통들과 말끔하게 청소된 자가용들뿐이다. 가끔은 창고에서 차를 청소하는 것

을 볼 수 있는데 집밖에서는 절대로 보이지 않는 잡동사니가 다 들어 있다. 호주는 깨끗하고 아름답고 조용하고 평화로운 곳에서 모두가 잘 살기 위해서 노력하는 나라다. 우리나라도 깨끗하고 아름다운 나라가 되도록 모두가 노력했으면, 그리고 국가 정책적으로도 그렇게 하도록 정부에서 이끌었으면 하는 바람을 해 본다.

　　11월 04일 (일) 모르고 지나가는 시간, "하느님은 너를 만드신 분", 호주 월남 쌈 ＿＿ 가만히 생각해 보니 시간 가는 줄 모르고 살고 있다. 어느덧 11월인데도 겨울인지, 봄인지, 가을인지 날씨가 아침저녁으로 오락가락하니까 한국이 겨울이라는 것조차 전혀 인식하지 못하고 산다.

　한인 언약교회를 갔다. 오늘 말씀은 고난 뒤에 축복이 따른다는 내용으로 푸른 하늘을 볼 수 있음에 감사하고, 아름다운 마음을 가진 이웃들과 함께 있음에 감사하라고 했다. 또 사람들은 한계가 있으나, 하느님은 영원히 변치 않는다고 했다. 오늘은 특히"하느님은 너를 만드신 분"이라는 송영Recitation의 찬송 후렴 부분이 마음에 와 닿는다. "그의 생각 셀 수 없고, 그의 자비 무궁하며, 그의 성실 날마다 새롭고, 그의 사랑 끝이 없단다". 반면에 예배의 마지막 축도Benediction 중에서 끝 부분 "감화, 감동, 충만, 교통, 내조하심이 영원할 지어다"는 아주 생소하게 들렸다. 점심에는 돼지불고기와 부침개 세 개, 물김치로 맛있게 먹었다.

　저녁에는 목사님 집에 초대를 받았다. 라이스페이퍼에 갖가지 재료를 싸서 소스와 함께 먹는 월남 쌈이었는데, 소스가 내 입맛에는 맞지 않았다. 그러나 사과, 토마토, 파인애플, 아보카도, 파프리카, 양파, 양상추, 버섯, 어묵, 맛살, 계란, 쇠고기 볶은 것, 국수, 민트, 새싹 등 모두 몸에 좋은 영양 음식이었다.

11월 05일 (월) Melbourne Cup, 자녀 진로 선택 ___ 바티스트 영어에서 멜버른 컵Melbourne Cup에 대해서 공부했다. 11월 첫째 화요일 빅토리아 주에서는 경마를 하는데, 이때는 빅토리아 주만 공휴일이라고 한다. 그리고 이 경마가 빅토리아 주의 수도인 멜버른에서 개최되기 때문에 멜버른 컵이라고 한단다.

공부가 끝나고 서울대 교환 교수 부인 SY 집에서 점심을 먹었다. 떡국을 먹으면서, 호주에서의 10학년(고1) 학생들의 진로에 대해 이야기를 나누었다. 나는 본인들이 원하는 것을 하도록 하는 것이 좋은데, 그렇게 하려면 동기 유발이 되어야 하고, 왜 이것을 해야 하는지를 분명히 알도록 하는 것이 중요하다고 말했다. SY의 남편은 딸이 좋아하는 것이면 어떤 직업을 가지든 상관없으며, 단지 본인처럼 40년간 공부만 하는 것을 바라지는 않는다고 했다. SKY는 아이들 스스로 하도록 자유롭게 그냥 둔다고 했다.

11월 06일 (화) "You can say that again(그렇고말고요)", 혼자 간 피시마켓 ___ 화요일 한인 영어에서는 마지막 30분을 오늘 배운 영어를 두 줄로 서서 돌아가면서 대화하는 연습을 했다. 오늘은 고깃집에서 오랜만에 만난 친구와 대화하는 내용이었다. 처음엔 노트를 보면서 하였는데, 10번 이상 말을 하다보니까 외워지는 것 같았고 실제로 말하는 것처럼 말투가 바뀌었다. **I believe, I know, I understand, I think**로 시작하는 문장은 모두 사물에 대한 인식을 말하는 것으로 "내가 알기에는 ~"이라는 것이다. "그럼요"는 **absolutely / definitely / sure**로 말하면 되고, "그렇고말고요"는 **You can say that again.**으로 말하면 된다고 했다. 내일모레면 호주 온 지도 100일이다. 영어도 100일 수준은 되어야 하는데…

새우가 먹고 싶어도 피시 마켓 가는 길을 몰라 엄두를 못 내었는데, 오늘 아침 우연히 전철 표를 보다 보니 피시마켓역이 있었다. 그래서 공부해야 한다는 남편은 두고 나 혼자 용기를 내어 피시 마켓에 갔다. 센트럴에서 Tram을 갈아타는데 세 번이나 물어보았다. 센트럴역은 노선이 많아서 복잡하였다. 어쨌든 피시 마켓을 찾아가서 지난번 크리스티나가 산 가게에서 3.5kg 연어 한 마리를 50달러에 사고, 새우 2kg을 50달러 주고 사서, 빠른 걸음으로 다시 Tram과 전철을 타고 집에 왔다. 새우는 냉동실과 냉장실에 반씩 집어넣고, 연어만 남편과 실컷 먹었다. 원래 주기로 마음먹었던 주인집에 3분의 1을 주고, 너무 많아서 SKY와 JUN네도 갖다 주었다. 중국인 Shirly에게도 나눠 주러 갔지만, 집에 없었다. 피시 마켓까지 신경을 곤두세우고 혼자 갔다 오느라 피곤했다.

　　　　11월 07일 (수) 쒼콜라(수고하셨습니다)**, Cruise 여행 예약을?** ___ 채스우드 모자이크 한인 사교 모임Korean Social Group에서 태극권과 합창과 라인 댄스를 했다. 두 번째로 참석하였는데 라인 댄스는 좀 따라가겠으나 태극권은 아직 감을 잡지 못했다. 반찬을 한 가지씩 가지고 오라고 하였는데, 마땅한 것이 없어서 돌김에 기름 바르고 소금을 뿌려 구워서 가져갔다. 김, 나물 무침, 두부조림, 가지조림, 브로콜리 반찬과 김치로 맛있게 먹었다. 태극권을 가르쳐 주시는 중국 선생에게 중국말 세 가지를 배웠다. **쎄쎄 = Thank you. / 쒼콜라 = Very tired**(수고하셨습니다)**. / 쓰팔루마 = Are you have lunch**(점심 먹었니)**?**

　　모임이 끝나고 나서 이쁜이와 아이스크림을 먹고, 한국식품점에서 쑥갓과 시금치, 깻잎을 사고, 은행에 가서 2월에 딸과 함께 뉴질랜드 4박 5일 여행갈 항공권 비용 1,350달러를 송금했다. 그리고 3월 28일 가는 트로피컬 퀸스랜드 크루즈Tropical Queensland Cruise 여행도 예약할까 생각해 보았다. 11박 12일로 케언스Cairns, 포트 더글러스Port Douglas, 윌스 아일랜드Wills Island, 휘트선데이Whitsunday, 브리즈번Brisbane을 돌고 오는 것이다. 돈이 들더라도 할 것은 한번 해 보자. 금액은 엄청나게 차이가 난다. 최고 좋은 특별실은 9,000달러(1,000만 원)이고, 최하는 2,000달러(230만 원)이다. 전망이 얼마나 좋으냐에 따라, 또 얼마나 방안이 호화로우냐에 따라 차이가 있는지, 잠만 자고 매일 돌아다니면 방이 그리 중요하지 않을 것 같기도 한데… 크루즈 여행에 대해서 아는 사람에게 더 자문을 구하자. 객실이 비싸야 하는지, 객실에 따라 여러 가지 차이가 있는지 알아보아야겠다.

　　3개월 살아 보니 ___ 호주에 온 지 3개월. 글을 쓰기 시작한 지도 3개월. 이제는 무엇을 써야 하는지가 조금 감이 잡힌다. 그리고 꾸준하게 쓰는 것에 대해 조금은 익숙해져 가고 있다. 갓 태어난 아기가 세상의 스트레스에 별 탈 없이 적응하여 안정되는 시기가 100일이다. 내 글도 100일 되어 가면서 꾸준히 쓸 가능성에 대한 자신감이 생긴다. 첫 돌이 되면 걸어 다닐 수 있으니 책도 완성되리라. 완성되는 그 날이 기다려진다.

지금 현재 일주일 동안 하는 것을 보면 월요일은 고든 바티스트 교회Gorden baptist church 영어, 화요일은 한인 영어, 수요일은 모자이크 한인 사교 모임 Korean Social Group에서 태극권과 라인 댄스, 목요일은 킬라라 성 마틴 성공회St. martins Anglican church 영어, 금요일은 핌블 성 마태 교회St. Matthew's church 영어, 일요일은 한인 언약교회, 일주일에 한 번은 가끔 길 건너 고든 골프 클럽에 간다. 아직은 18홀이 힘들어 9홀만 친다. 토요일은 낚시나 여행, 파티 등 이벤트를 만든다. 나도 이벤트를 함께하고 싶은 사람들을 정리해 보았다. 도담 선배님. J 사장님, AN 집사님, N 집사님, 낚시하는 Y 집사 집Medibank, 초밥집 하는 L 집사님, SKY 부부, 서울대 J 교수, 미국에서 4년 살다가 온 미치코Kilara, 목요일 강사 Meredith, 총무 홍콩인 Wylie, Brenda, 금요일 강사 Hillary, Sue, Bernice 등이 생각난다.

11월 08일 (목) 일본인 Yuki, 호주인 Brenda 부부와 Dinner ___
지난주에 이어 가상Virtual Tour로 블루 홀이 있는 유명한 카이야마(지역 이름)에 대해서 공부를 했다. 그런데 일본인 유키가 나보고 영어가 많이 늘었다고 하면서 다른 날 공부하는 곳을 따라오겠다고 한다. 그래서 내일 핌블 교회 주소를 알려주었다. 유키는 미국에서도 좀 살아서 어느 정도 영어를 한다. 남편이 주재원으로 호주에 온 일본인이다. 냉동 해초류Frozen Seaweed 요리는 어떻게 하느냐고 옆에 있던 다른 일본인 친구가 물었다. 지난번 내가 싸 온 김밥이 맛있어서 요리를 잘한다고 생각하나 보다. 그래서 해초류도 종류가 많으니 사진을 찍어 오라고 했다.

공부가 끝나고 저녁을 함께하기로 한 Brenda와 7시 약속을 다시 한 번 확인하고 집에 왔다. 지난주에 75세 정도 되는 자원봉사자인 멋쟁이 할머니 Brenda가 자기 남편과 함께 저녁을 먹자고 하였다. 1인당 20~25달러 필요하다고 했다. 저녁을 먹자고 하고선 돈을 가지고 오라고 하는 사람은 처음 보았다.

이것이 호주 스타일인가? 자기 것 자기가 내야 된다는 것 같았다. 어쨌든 호주인이니까, 남편과 함께 하니까 나가보자. 7시가 되어 나가 보니 의외로 식당은 한국인이 하는 초밥집이었다. 의자에 앉을 때 Brenda 옆에는 내 남편이 앉고 내 옆에는 Brenda 남편이 앉았다. 그런데 우리가 많이 먹어 보지 않아서 음식을 선택하기가 어려웠다. 결국은 Brenda가 음식 선택을 하였는데 만두, 두부 요리, 쇠고기 요리, 닭 요리, 생선 요리, 돼지고기 요리 순서로 나왔다. 호주 맥주를 시키고, Brenda가 가지고 온 와인을 마시면서 이야기를 2시간 이상 하였다. 호주인들과 공부 시간에는 많이 함께 했지만 개인적으로 앉아서는 처음 대화하느라 신경이 많이 쓰였다. 남편은 오랜만에 맥주에 와인까지 먹어서 기분이 up되었다. Brenda의 남편은 흑인은 아니지만 아프리카에서 태어난 사람이었다. 아들 세 명에 딸이 한 명 있는데 용돈을 많이 주느냐고 물었더니, 돈은 안 주고 선물과 식사와 차를 많이 사 준다고 하였다. 뉴질랜드도 아직 안 가 보고 크루즈 여행도 안 해 보았다고 하는 것을 보면 넉넉해 보이지는 않는 것 같기도 했다. 헤어질 때 Brenda는 뽀뽀는 아니지만 포옹을 했다. 대화가 완벽하게 통한 것은 아니었으나 시간을 함께 보내고 집에 오니 긴장을 해서인지 정신이 몽롱하였다.

다음에는 공부를 더 많이 하고 만나야겠다는 생각이 들었다. 다른 자원봉사자 Wyile도 우리와 함께 식사를 하고 싶어 한다. 딸 한 명과 살고 있는 Wyile는 홍콩계 중국인으로 한국 음식이 먹고 싶다고 하면서 안내해 주었으면 했다. 몇 주 전부터 그러는데 계속 미루어왔다. 다음에 한번 함께 해야겠다.

11월 09일 (금) 유키에게 핌블 영어 공부 소개, 채스우드 파킹 ___
킬라라 영어 공부에서 만난 유키에게 핌블 영어 공부 주소를 알려 주었더니 잘 찾아왔다. 학생 수가 적은 데서 함께 공부하다 보니까 유키가 실력이 좋은 것이 드러나서 Hillary 선생이 다음부터는 윗반으로 가라고 했다. 중국인 한 명이 또 새로 왔는데 너무 영어를 못하여 나도 처음엔 저랬나 싶었다. 그 정도는 아니었으리라 스스로 위안해 본다. 나보고는 Hillary 선생이 Clever하다고 했으니까. 나는 용의 꼬리보다는 뱀의 머리가 나을 것 같아서 그냥 있어야겠다고 마음먹었지만… Hillary 선생은 나를 언제 올려 보내 주려나. 빨리 영어를 유창하게 잘하고 싶다.

오후에는 SKY에게 채스우드에 차 주차하는 것을 배우기 위해 내 차를 끌고 갔다. 설명을 열심히 들었으나 걱정된다. 채스우드 웨스트필드 지하 타깃Target이나, 주차장 있는 K-mart에 주차하라고 했으나, 나는 한국 슈퍼가 있는 주거지 길가의 2시간 무료 지역에 세우는 것이 더 편했다. 한국식당에서 냉면과 내장탕과 돼지고기 덮밥을 시켜서 셋이서 먹었다.

백호주의White Australia Principle에 대한 대처 ___ 백호주의는 앵글로색슨계를 비롯해 기독교 문명사회의 배경하에 있는 백인의 이민만 허용함으로써 동질적인 사회를 유지·발전시키려는 정책이다. 호주에 살았던 원주민은 애버리지니Aborigine였다. 원주민들의 시련은 1788년, 영국의 죄수들과 이들을 감시할 해군 및 그 가족 등 1,000여 명이 여섯 척의 배에 나누어 타고 시드니 항에 도착하면서 시작됐다. 호주 정부는 백인과 원주민을 결혼시키는 '혼혈 정책'과 백인 가정에 입양시키는 '동화 정책'으로 애버리지니를 없애려 했다. 뉴질랜드 정부가 원주민인 마오리족에게 일정한 권리를 주었던 것과는 전혀 달랐다. 1840년대 호주는 경제 공황으로 위기에 봉착했다가, 1850년대 금광이 발견되면서, **골드러시** (새로 발견된 금 매장지로 한몫 보려는 사람들이 갑자기 몰려드는 것)가 벌어져 중국인을 비롯한 아시아인들이 대거 호주로 몰려들었다. 그중 중국인의 이민이 1881년에는 5만 명에 달하였는데, 이 저임금 노동은 백인 노동자의 임금을 낮추는 결과를 가져왔다. 1888년의 전全 오스트레일리아 회의에서 중국 이민의 제한이 결정되었고, 이 제한은 더욱 강화되어 1896년에 모든 유색 인종의 배척을 결의하였다. 앵글로색슨계가 아닌 유색 인종의 이민을 금하는 극단적인 차별 정책이었다. 1901년부터 1973년까지 오스트레일리아 정부가 일관되게 유지했던 비 백인의 이민 제한 정책은 동질적인 사회를 구성한다는 명분이었지만, 노동력 부족이 심화되자, 1970년대 초반에 이 제도를 거두었다.

유럽계열 호주인들은 굉장히 교양이 있고 친절하며 순하다. 그 반면에 영국계 호주인들, 특히 잉글랜드계 과거 범죄자 출신의 영국계열 호주인들은 상당히 성격이 날카롭고 게으르고 나태하며 도박이나 경마에 빠져 사는 사람들이 많았다. 범죄자의 후손들다운 피는 못 속이는 그런 모습인 것이다. 게다가 아시아인들에 대해서 배타적이고 적대적이라는 것이다. 왜냐하면 일본인과 한국인, 중국인들은 영국계 호주인들과 달리 상당히 지능이 우수하고, 교육열이 높고, 교육 수준도 높아 호주 내에서도 각종 좋은 직장에 취직하여 부유한 삶을 누리기 때문이라는 것이다. 그래서 같이 성공하며 사는 유럽계 호주인들은 아시아인들에 대한 배타 감정이나 열등감이 없지만, 잉글랜드(영국계) 호주인들은 그 열등감이 대단하고, 러시아의 **스킨헤드**같이 아시아인들에 대한 강한 반감을 가진 자들이 많다는 것이다.

그러나 영국계 호주인들이 그렇다고 하더라도 우리가 영어를 완벽하게 하면서 그들과 당당하게 대하고, 자신의 생각을 분명히 표현한다면 전혀 문제가 되지 않을 것이다. 버스 운전기사에게도 말을 당당하게 확실하게 하지 못하면서 길을 물으니까 우리말에 아랑곳하지 않는 것을, 우리는 무시당했다고 생각하는 것이다. 백호주의를 나무랄 것이 아니라, 우리가 그들을 능가하는 영어를 구사하면서, 당당해진다면 문제 될 것이 없다는 결론으로 백호주의에 대한 대처라 생각된다.

스킨헤드Skinhead ___ 1960년대 후반 영국에서 있었던 노동자 계급의 하위문화Subculture를 가리키는 말로 쓰이기 시작했다. 그들은 짧게 깎은 머리를 하거나 대머리를 해서 '머리가 짧은 대머리'라는 뜻을 가진 스킨헤드가 이들을 지칭하는 말이 된 것이다.

11월 10일 (토) 아파트 Strata fee, 20억 넘는 궁전, 언제나 누구나 오는 우리 집으로! ___ 도담 선배의 아파트는 Strata Fee라고 하여 3개월에 1,700 달러(200만 원)를 내야 한다. 전기료와 수도세를 따로 내고도 순전히 유지하는 데 에만 그렇다고 한다. 그래서 그런지 **Granny House**(나이 들어 집의 일부를 임대주고, 주당 돈을 받아 용돈으로 쓰는 형태의 집)의 오픈 하우스를 보러 간다고 했다. 15억에서 25억짜리 하우스를 대여섯 채 보았다. 20억이 넘는 것은 방이 다섯 개이고, 샤워 실이 네 개이고, 차고가 두 개로 궁전 같았다. 손님 접대실, 가족이 쉬면서 TV 보는 곳, 부엌과 부엌에 붙은 식탁, 다이닝 룸, 바비큐를 할 수 있는 공간과 수영 장, 50명 이상이 파티를 할 수 있는 거실 등이 있다.

그리고 어떤 집은 방마다 붙어 있는 샤워실과 화장실, 세탁실도 있었다. 나 에게는 정말로 궁전이었다. 한국에서 지금까지 누군가가 우리 집에 온다고 하면, 먹는 것을 준비하기보다는 청소하고 치우는 것이 더 큰일이었는데, 이제 나도 서 울에 돌아가면, 언제 손님이 와도 모든 것이 준비된 상태에서 편안히 즐길 수 있 도록 하고 싶다.

11월 11일 (일) 한인 성당, 순종, 하느님의 성품, 교환 교수팀 바비큐 파티 ___ 처음으로 한인 성당에 갔다. 미사의 전 과정이 우리나라의 10년 전의 모습으로 보였다. 어린이를 위한 미사여서 아이들이 많아 산만하였고, 신부님도 젊으신 분이었다. 천주교의 진지한 분위기에서 마음을 정리해 보려 했는데 그러지 못한 것이 아쉬웠다.

또 오후에는 교회도 갔다. 오늘 말씀은 "순종"이었다. 내가 하느님께 모든 것을 맡기고, 기도로 해결해 달라고 원하지 못하는 이유를 오늘에서야 알았다. **내가 모든 것을 할 수 있다고 생각하기 때문이다.** 아, 난 살아가는 데 자신만만하였구나! 날뛰지 않고, 겸손한 자만이 기도할 수 있고, 또한 하느님의 성품을 닮는 것이 축복이라고 하였다. 하느님의 성품은 **성실, 배려, 사랑, 기쁨, 온유, 치유, 충성, 희생**이었다.

저녁 5시 30분에 교환 교수팀이 모였다. 서울대 J 교수는 처음 보았는데, 역시 서울대 농대에서 면역학을 하시는 만큼 날카롭고 민첩하면서도 부드러웠고 아주 예의가 있었다. 딸 Jane(고1)과 아들 KO(초5)를 아주 잘 키운 것 같았다. 아이들은 나중에 무엇이 되어야 하는지에 대한 소신이 있었고, 남을 배려할 줄 알고 있었다. 딸은 구청에서 하는 아이들 미술 프로그램에서 보조 교사로 봉사하고 있으며, 아들은 어린 아기 때문에 힘든 옆집 아주머니의 첫째 아이(초1)를 매일 학교에 데리고 다닌다고 했다. 부모의 교육이 중요하다는 것을 느꼈다. SKY 남편은 경희대 교환 교수로 왔다가 학생 비자로 바꾸어 한의원을 하고 있는데, 한국에서 교수로 힘들게 살아야 되는 길을 아이들에게는 가게하고 싶지 않고, 자유롭게 키우고 싶다고 했다. 아들 MK(고1)에게 대학을 어디로 갈 생각이냐고 물어보니 "실력이 되는 대로 가야죠" 한다. 딸 HO(초3)이와 HY(유치원)는 노는 것이 일인 양 열심히 잘 논다. 내 양육 방식은 어떠했던가? 일도 시키지 않고 오로지 공부만 하게하고, 살아가는 데 필요한 인성이나 남을 배려하고 사랑하는 방법을 가르쳐 주지 못했다는 생각이 들었다. 나부터 인성 교육이 되지 않았기 때문에 안목이 없었다는 것을 깨달았다. 의미 있는 시간이었다. 각자 가지고 온 쇠고기와 돼지고기, 캥거루 소시지를 구워서 먹었다.

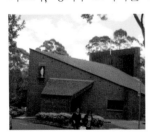

11월 12일 (월) 한국에도 Donation 정도로 영어 공부를! ___ 바티스트 교회에서 John이 영어를 가르쳐 주어서 좋다. 조용하고 차분하게 말도 잘 들린다. 3월 초까지 자신에 대한 소개를 에세이식으로 써 오라고 했다. 공부를 제대로 시킬 모양이다. 호주는 정책적으로 호주에 사는 모든 외국인도 영어를 다 잘할 수 있도록 권장하고 있다. 그것이 ESL로 English Second Language 공부이다. 각 학교에서도 학년별로 영어가 부족한 아이들에게 ESL 영어 공부를 수업 외에 시킨다고 한다. 구청이나 교회 등 많은 기관에서 저렴하게 2달러에서 4달러 정도 기부하면 영어 공부를 할 수 있다. 우리나라도 국가 정책적으로 저렴하게 많은 곳에서 다양하게 가르쳐 주면 좋겠다. 백호주의를 욕할 것이 아니라 영어를 잘해서 당당하게 행동하면 무시할 수가 없게 될 것이다. 모든 문제는 나 자신에게 있는 것이려니.

오늘 공부에서 새롭게 알게 된 것은 **1909년을 nineteen o(오) nine**으로 읽는다고 하였고, **276,000 숫자는 two hundred and seventy six thousand**로 읽는다고 한다.

오후에 남편은 시드니 대학 서점에서 주문한 책이 왔다고 연락이 와서 학교에 갔다. 이제 차츰 남편도 나도 혼자 나가는 일이 많아지고 있다. 항상 같이 다니다가 혼자 나가니까 처음엔 불안했는데, 이젠 혼자 시티도 잘 가고, 채스우드도 잘 간다. 내일 목사님 일행의 저녁 준비를 위해서 한국슈퍼도 가고, 울워스도 갔다 왔다. 빨리 몇 팀(도담 선배님, 여자 3명, Brenda, Shirly, Wyile, 노 집사 등)을 접대하고는 2주간 한국 갔다 올 준비를 해야지.

11월 13일 (화) wool은 [wul:우어리]로 발음, h는 점차 무 발음, 목사님 초대 ___ Hi John, I'm calling to see, if you are free on Friday night(안녕 존. 금요일 밤에 시간이 있는지 알아보려고 전화했어). Yes, I'm free. I don't have any plans(응 시간 있어. 별다른 계획 없어). Would you like to go to a movie with me(나랑 영화 보러 갈래)? I'd love to(좋아).

한인 영어에서는 회화에서 많이 사용되는 것을 배운다. 발음에서는 wool은 [wul : 우어리], wolf은 [wulf : 우어르프]로 발음을 하고, 또 h의 발음은 소리가 점점 나지 않는다고 한다. honey는 h 발음을 하지만, hour 아워 wheel[wi:l

: 윌], **why**[wai : 와이], **where**[웨어], **what**[왓] **when**[웬] 등은 h 발음을 하지 않는다. 그리고 **have**와 **have got**은 같은 의미로 사용된다고 했다.

저녁 6시에 목사님 부부, 안집사님 부부, 장로님 부인까지 다섯 분이 오셨다. 치즈와 슬라이스 햄과 쇠고기를 넣은 **로열 김밥**과 쇠고기, 파프리카, 버섯, 양파, 브로콜리, 당근, 배추를 넣은 **로열 떡볶이**, **쇠고기전**과 쇠고기, 버섯, 당근, 배추, 쪽파를 끼운 **꼬치**, **찐 새우**와 토마토, 키위, 사과, 수박 등의 과일, 미소 된장국, 주스와 녹차, 유자차 등 이삼일 전부터 조금씩 준비하면서, 오후에 5시간 걸려서 준비했다. 저녁 6시 10분에 목사님 일행은 망고와 사과를 한 박스씩 들고 오셨다. 목사님의 기도로 뒷마당에서 식사를 시작하였는데 날씨가 조금 쌀쌀해서인지 따뜻한 로열 떡볶이가 인기가 있었다. 김밥과 새우는 그런대로 팔렸는데, 만들기는 힘들었던 부침개가 많이 팔리지 않았다. 다음부터는 간단하게 돼지고기 덮밥이나 카레라이스 등 쉽게 만들 수 있는 것으로 해야겠다. 많은 얘기를 했지만 전반적으로 여자들의 파워가 나보다도 더 강했다.

11월 14일 (수) Fair trading(공정 거래) **차 교육, Target에서 이불 커버** ＿ 이쁜이가 미혼모집 청소를 하루에 4시간, 일주일에 네 번 하기로 하여 채스우드 사교 모임Social Group에 오지 못한다고 한다. 이쁜이는 그래도 나와 연배가 비슷하고 모임에 같이 들어가기 시작해서 쿵짝이 잘 맞았는데⋯ JY 형님이 있고, 구포 형님도 있긴 한데, 이쁜이가 없으니 내가 제일 젊어서 설거지를 독차지하게 되었다.

태극권을 배우고 나서, 호주 정부 공정거래위원회에서 차를 사고팔 때 어떻게 해야 하는지에 대해서 교육을 받았다. 개인으로 차를 거래할 때는 꼭 그 집으로 가서 사라, 주말에 파는 차는 도난차일 수도 있으며, 융자(1300-007-777)가 있는지도 꼭 확인해야 한다고 했다. 그리고 인터넷 차는 사지 않는 것이 좋다. 옥션(경매장)에서 사는 차는 보증을 안 해 주고, 시승해 볼 수도 없고, 공정 거래에서 도움을 줄 수가 없다고 했다. 핑크 슬립Pink Slip이란 차를 점검했다는 증명서이고, 그린 슬립Green Slip은 사람을 보호하는 책임보험에 가입했다는 것이란다. 또 상대 차 보상Third Party, 종합 보험Comprehensive, 사고 시 내가 내야 하는 돈Excess는 선택 사항이라고 한다. 교육이 끝나고 맛있는 점심을 먹고, 라인 댄스를 하고 끝났다. 웨스트필드 안에 있는 타깃에서 이불 커버 퀸과 더블 사이즈를 하나씩 샀다. 다행히 30% 할인하고 있었다. 또 시니SINI 에 가서 태반 크림을 여섯 개 더 샀다. 이제 한국 갈 준비는 거의 되었다. 루비 간식만 아직 사지 못했다.

11월 15일(목) '찌지미', Kangaroo Island Wildlife, Public Holiday, 호주 약사 __ 킬라라 영어 공부에 남아 있던 부침개Pan Fried Food를 가지고 갔다. 스리랑카 안과 의사였던 자원봉사자가 '꼬치부침개'에 무엇 무엇이 들어갔는지, 어떻게 만들었는지 자세하게 물었다. 그래서 쇠고기, 버섯, 쪽파, 당근, 배추를 끼워서 밀가루를 묻히고, 계란에 적셔, 기름 조금 넣고 구웠다고 설명해 주었다. 일본인들은 내가 어렸을 때 들어본 '찌지미'라고 하면서 맛있다고 했다.

Meredith가 휴가를 마치고 돌아와 강의를 하였다. SKI 휴가를 사촌과 같이 **캥거루 섬**Kangaroo Island으로 갔다 왔다고 한다. 애들레이드에서 1시간 30분 항구까지 차로 가서, 페리를 40분 타고, 캥거루 섬에 갔다고 하였다. 캥거루 섬에는 캥거루가 없다는 얘기를 들어서 캥거루를 몇 마리보고 왔느냐고 짓궂게 질문했더니 좀 보았다고만 한다. 캥거루 섬에 있는 야생동물은 캥거루, 코알라, 왈라비(작은 캥거루), 오리너구리, 웜뱃(곰 비슷), 바늘두더지Spiny Anteater (가시가 있는 개미핥기), 바다표범, 펠리컨, 요정 펭귄(밤 9시 30분 이후 나옴) 등이 있다고 했다.

이어서 호주의 공휴일Public Holiday에 대해서 설명했다. **1월 1일 New year day**, **1월 26일 Australia day**, **4월 25일 Anzac day**, **12월 25일 Christmas day**, **12월 26일 Boxing day**는 정해진 날이다. 매년 날짜가 움직이는 기념일도 있다. **3월 4월 중의 Easter**(Good Friday, Easter Monday), **6월 두 번째 월요일은 Queen's Birthday**, **10월 첫째 주 월요일은 Labor day**이다. 그 외에 **Remembrance day**라고 해서 세계 1차 대전(1914~1918)이 끝난 이후 지금까지 **매년 11월 11일**11th November 11시에 우리나라의 6월 6일처럼 2분간 침묵을 지킨다고 한다.

저녁때 엊그제 한국 교회에서 만난, 호주에 온 지 30년이 된 제약회사 판매원이 전화해서 자칭 약사라고 하면서 나보고도 간호사니까 제약회사 관련 영업을 해보라고 했다. 우리나라에서는 약사는 약 영업을 하지 않는데 호주라는 나라가 이상한지 아니면 이 남자가 약사가 아닌데 약사라고 거짓말을 하는지 알 수가 없었다. 그러나 치매와 심장과 콜레스테롤과 관절에 좋은 약이라고 한다. 정말로 좋은 것일까? 호주라는 나라가 먹는 것에는 거짓말을 하지 않고, 엄격하다고 하니까 한 번 설명을 듣기로 했다. 약이 좋다면 나부터 먹어야 할 테니 말이다. 저녁때 스트라스필드에서 만났다. 만나 보니 'My life'의 프랑스식 표현인 **Mona Vie**라고 하는 19가지 과일이 들어간 음료수였다. 19가지 과일은 아사이베리, 사과, 적포도, 백포도, 서양배, 아로니아, 말린 자두, 키위, 크랜베리, 패션프루츠, 블루베리, 석류, 울프베리, 카무카무, 아세로라, 바나나, 쿠푸아수, 빌베리, 리치 등 알지도 못하는 과일이 많았다. 고가는 아니지만 한 번 먹으면 음료수처럼 계속 먹어야 되는 것이어서 일단 생각해보겠다고 했다. 집에 와서 문어발식 영업인데 그런 말을 믿느냐고 남편에게 한마디 들었다. 인터넷으로 확인해 보니 우리나라에도 논현동에 대리점이 있었다.

Mona Vie 음료 __ 모나비 에센셜MonaVie Essential은 활성 산소로부터 세포를 보호해 주며, 가장 순수하고 강력한 형태의 항산화 성분이 많이 포함된 브라질산 아사이베리를 비롯해 몸에 좋은 19가지 과일로 만든 음료이다.

모나비 펄스MonaVie Pulse는 모나비 에센셜에 심장에 좋은 폴리페놀이 함유되어 있으며, 식물성 스테롤, 레스베라트롤, 비타민, 미네랄 함유된 음료이다.

11월 16일 (금) Manager 강사 SUE, Spring Roll, 남편과 나의 영어 문제점 __ 핌블 영어에서는 주어진 단어 하나로 문장을 만들어서 말하는 연습을 했다. 그러고는 쉬는 시간에 실제로 Break time을 준비한 봉사자에게 **Thank you for preparing break time.**이라고 인사를 해보았더니 **It's my pleasure**(그것은 나의 즐거움입니다)라고 하는 대답을 들었다. Hillary 선생이 쉽게 말해 주어서인지, 완벽하지는 않지만 인사도 하고, 대답도 조금씩 하고 있는 나 자신을 보고, 영어가 좀 늘었나 하는 생각이 들었다. 내가 알아듣고 알아듣지 못하는 것이 문제가 아니고, 그 사람들이 내 발음을 알아듣지 못하는 것이 문제였는데, 이제 내 말을 알아듣으니 내가 조금이라도 영어가 늘긴 늘었나 보다.

자원봉사 강사 중 매니저인 Sue에게 남편이 시드니대 교수 Murray에게 보내는 논문을 한 번 읽어보도록 부탁하면서 20분 동안 녹음했다. 그리고 함께 식사하러 가서 Sue에게 주문을 맡겼다. 나는 런치 스페셜에 연어 나오는 것을 시키면 값은 조금 비싸지만, 그런대로 맛있게 먹을 수 있어 시키려고 했더니 아니라고 했다. 아마도 Mini Lunch 하면서 값이 저렴하게 시키려고 한 것으로 보였다. 그런데 나온 음식은 토마토 토핑으로 된 샌드위치, 우리는 중국 스프링롤Spring roll이었다. 그리고 음료수는 커피와 와인과 레모네이드로 각자 주문해서 먹었는데, 스프링롤이 의외로 비싸서 52달러(6만원)나 되었다. 맛도 없고, 비싸기만 하고, 기분이 씁쓸했다. 비싸더라도 맛있는 것을 먹을걸.

Sue의 녹음은 다 알아들을 수는 없지만 말할 때보다 정확하게 들렸다. 집에 와서도 남편은 녹음한 것을 계속 들었다. 남편의 영어 문제가 "듣는 것"이기 때문이다. 남편은 느리지만 자신의 생각을 문장으로 만들어 말로 표현을 하고, 영어로 글도 잘 쓰는데, 정확하게 알아듣지 못하는 것이 문제다. 나의 영어문제는 대충 알아듣기는 해도, 문장을 만들어 말을 잘하지 못하는 것이 문제다. 문제를 파악하였으니 집중 공격해야겠다.

11월 17일 (토) SKY네, OLB네와 Little manly Beach 낚시 ___ 어제 하루 종일 비가 내려서 오늘 낚시를 갈 수 있을지 내내 조바심을 내면서 밤을 보냈다. 일기예보를 보니 흐리지만 비는 오지 않아, 일단 N 집사님과 가는 것으로 해서 준비했다. 아침에 비가 오지 않아 새벽 6시에 출발했다. 30분 정도 차로 달려 리틀 맨리 포인트 파크Little Manly Point Park에 도착했다. 조용하고 아담한 공원이 있는 마을이었다. 마을은 조그마한 비치가 있으면서 조금 멀리에서는 대여섯 척의 요트(돛이나 기관)에 사람들이 타고 있었고, 가까이서는 두 대의 카누(노)로 즐기는 사람들도 있었다. 낚시하는 사람도 우리 일행 외에 두 사람과 한 사람이 더 있었다. 매여 있는 개인용 아름답고 작은 요트들도 많이 있었다. 낚시 전문가 N 집사님을 중심으로 SKY네, OLB네, 그리고 우리와 아이들까지 아홉 명이었다. **Snapper**(도미 종류)와 **Feather Jacket**(쥐치 종류)을 잡아서 우리는 환호성을 지르며 회로 먹었다. 공원에는 이곳에서 잡히는 고기 종류의 사진과 함께 이름이 적혀 있었다. 지난번에 낚시 교육을 받고 나서부터는 고기의 이름이 무엇인지 제대로 보게 되었다. 그리고 내가 만든 김밥과 샌드위치, 올리비아가 가져온 라면과 김치를 먹고, 망고, 배, 체리, 커피를 함께 먹으니 행복했다. 날씨도 활짝 개서 오늘 오지 않으면 속이 상할 뻔했겠다고 올리비아와 나는 이구동성으로 얘기했다. 호주에 와서 세 번째 낚시였다.

11월 18일 (일) 추수 감사절 바구니와 헌금, '새로운 사람'을 반기지 않는 교회 ___ 목사님은 추수 감사절 예배에 선물 바구니를 가지고 오라고 하면서, 되도록이면 호주인들이 좋아하는 통조림을 가지고 오라고 하였다. 어떻게 해야 되는지 몰라 몇 명에게 물어보니까 쌀도, 라면도 가지고들 온다고 하였다. 그래서 울워스에서 쌀 10kg을 13.75달러(15,000원)에 사 갔다. 사람들이 가지고 온 것을 앞에다가 모아 두고는 예배를 했다. 라면도 쌀도 망고도 통조림도 있었다. 나는 교회가 이런 물질적인 것으로 믿음이 좋다고 평가하는 것이 싫다. 헌금도 종류가 너무 많다. 주일 헌금, 감사 헌금, 십일조, 건축 헌금 등. 그나마 헌금한 사람들의 이름을 부르지 않으니까 다행이다. 추수 감사절이라고 특별 헌금하라는 봉투를 받았다. 그래서 또 50달러(6만 원)를 넣었다. 한국에서는 우리 형편에 상상도 못 할 일이다. 그러나 좋은 인상을 남기고 가고 싶기에 참으로 하기 싫어도 해야 하는 마음이 조금은 씁쓸했다. 지난주부터 목사님 말씀이 귀에 거슬린다. 밥 먹으러 교회 오지 마라, 믿지 않으려는 사람을 꾀지 마라 등, 우리는 전혀 생각도 하지 못하는 말들을 하시다니! 우리는 누구나 교회에 오면 좋아할 줄 알았다. 이젠 누가 교회에 온다고 해도 데려오는 일은 하지 말아야지. 정 사장님과 올리비아가 한 번씩 오고는 오지 않아서 그런가?

자카란다 꽃나무 ___ 자카란다 나무는 큰 나무이면서 꽃은 보라색 꽃을 피운다. 호주의 봄이 완연해지면 피었다가 꽃이 지면 초록색 잎이 나온다고 하는데, 보라색으로 만발한 이곳 고든 동네는 요정이 사는 동네 같았다.

11월 19일 (월) 호주의 속어들, SKY SY JUNE 점심, 평화로움 ___ 바티스트 교회의 자원봉사 강사 John이 11월 16일 호주 정부에서 발표한 단어라며 우리에게도 알려주었다. 일상적Informal이지만, 의례적으로Polite 호주에서 많이 사용되고 있는 호주 언어라고 하였다. **Arvo** = afternoon / **fortnight** = two weeks period / **B arbie** = BBQ = Barbeque / **Snag** = BBQ로 요리하는 생 소시지 / **Chook** = Hen(암탉) / **Cuppa** = a cup of tea or coffee / **crook** = sick = ill / **Flat out** = very busy / **Loo** = Dunny = Toilet(초대되어 간 경우는 impolite) / **Fair dinkum** = Is it really true? / **Shout** = 펍에서 주문하러 가는 사람 / **bloke** = man / **Sheila** = Woman / **How ya goin?**= How are you going? / **soz**= sorry / **u** = you 등과 파티에 초대할 때 한 가지 음식을 해 가지고 가서 나누어 먹는 것을 'Bring a plate' 라고 했다. Bring a plate는 학교, 직장, 클럽 등 공동체의 모임에서 많이 하며, 영어공부가 끝나는 다음 주 월요일에 우리도 Bring a plate를 한다고 했다. 또 초대할 때 **'BYO'**라고 말하면 Bring your own drink라고 해서 자신이 마실 알코올이나 음료수를 가지고 오라는 것이다. 그리고 레스토랑에 BYO가 적혀 있으면 코르크 마개를 따는 와인이나 술을 가지고 들어갈 수 있으나 얼마간

의 따 주는 값을 받는다는 것이다. 지난번 Brenda 부부와 저녁을 할 때 Brenda 가 와인을 한 병 가지고 왔었다.

수업이 끝나고 SKY, SY, JUNE에게 카레라이스와 궁중 떡볶이, 과일을 대접했다. 그리고 SY의 면역학 교수인 남편이 뇌출혈로 쓰러진 이야기를 했다. 남편이 호흡도, 맥박도 안 잡혀서 SY가 인공호흡을 세 번 하니까 호흡이 되돌아왔다고 했다. 그리고 119 구조대를 불러 병원에 가서 수술하게 된 당시의 이야기를 생생하게 들려주었다. 나 또한 남편이 심방세동으로 심도자 절제술을 5시간 이상 시술하는 과정을 얘기했고, 술을 먹지 말아야 하는 것에 모두 동감했다. 세 여자가 가고 나서 오랜만에 아름다운 동네로 산책을 갔다. 시드니의 한가로움과 평화로움을 마음껏 느꼈다. 보슬비가 조금씩 내렸다.

11월 20일 (화) at(점) on(선) in(공간), Highway Pub ___ 한인 학원에서 시험을 보았다. 쉬운 것 같으면서도 틀렸다. 정확하게 모르기 때문이라 생각되었다. 또 언제 at, on, in을 사용하느냐에 대해 설명해 주었다. [at는 공간적으로 보았을 때 점에, 또 시간 앞에 / on은 날짜에, 선에 / in은 공간에] 지금 내가 살고 있는 주소가 3 Cawarra place Gordon NSW일 때, 세부적으로 필요한 경우 전치사를 at 3, on Cawarra place, in Gordon이라고 사용하며, always, usually, sometimes, often은 does형과 어울리지, is doing형 하고는 사용하지 않는다는 것이다.

오후에 산책 대신에 저번부터 가보기로 한 큰길 건너 두 블록을 지나 호텔 1층 펍에 가보기로 했다. Green gate Hotel로 1층에는 하이웨이 펍이 있었다. 생맥주와 피자 한 판을 주문하고 돈을 계산했다. 맥주는 그 자리에서 직접 받아오고, 피자는 벨이 울리면 가서 받아 왔다. 펍에는 동양인은 별로 없었다. 생맥주는 한국 맥주보다 독했다. 다음에 오면 스테이크나 샐러드를 먹기로 했다.

11월 21일 (수) 혼스비 영어, 부추김치와 배추김치, 호주의 날씨 ___ 46세 된 미스 Y를 따라 처음으로 혼스비로 영어 공부를 하러 갔다. 혼스비 교회의 영어는 자원봉사 강사가 시간마다 바뀐다. 크리스마스 캐럴에 대한 이야기를 하면서, 노래도 부르고, 둘째 시간에는 레스토랑에서 웨이터에게 음식을 주문하는 것을 짝을 지어 연습했다. 공부가 끝나고 혼스비 쇼핑센터에 가서 운동화와 슬리퍼를 사 가지고 집에 왔다. 그리고 오랜만에 부추김치와 배추김치를 담갔더니 마음이 부자가 된 기분이다.

호주의 날씨는 빨래를 아침 널면 금방 마르나 저녁때까지 두면, 덜 마른 것처럼 다시 눅눅해진다. 호주가 여름만 있다고 생각했었는데 결코 아니다. 왜 부츠를 신겠는가! 추우니까! 수시로 춥다. 밍크도 입는다. 그런데 여름에는 41도, 47도까지도 올라간다. 낮과 밤의 온도가 20도씩 차이가 난다. 그래서 일 년 내내 사시사철 옷을 다 꺼내 놓고 입어야 한다.

11월 22일 (목) 자원봉사자 Pamela와 매콰리 대학 ___ 킬라라 영어 자원봉사자 Pamela가 수업이 끝나고, 우리 부부와 함께 매콰리 대학에서 리더십 강의를 하고 있는 Co-operator를 만나러 갔다. Pamela가 알고 있는 '노르만'을 만나 매콰리 대학에 대해 설명을 들으면서 둘러보았다. 우리가 개인적으로 왔을 때 보지 못한 곳들도 보았다. 운동하는 곳도 다양하여, 종류에 따라 하루에 3달러에서 5달러만 내고 운동을 할 수도 있어서 합리적이었다. **'돈을 벌기 위한 것보다는 누구나 아무 때나 시간이 있을 때 운동할 수 있게 한다**'는 것이려니. 학교는 골프장처럼 넓은 잔디와 자연적인 호수와 그 주위에 작은 오리들이 거닐고 있는 것이 아주 평화로워 보였다. 또 학사모를 쓰고 가운을 입은 여학생과 남학생의 사람 크기 동상이 있었는데 아주 특이했다. 도서관 의자와 책상도 다양해 자기의 취향에 맞는 책상과 의자에 앉아서 마음껏 공부하는 학생들이 부럽기도 하였다.

Pamela가 우리를 데리고 와서 구경을 시켜 주고 싶었나 보다. Co-operator는 킬라라 교회에서 예배 봉사를 한다고 했다. 학교 구경과 설명을 해준 두 분에게 감사하여 데리야끼 치킨과 돼지고기, 그리고 간장에 비벼 놓은 밥으로 함께 식사를 했다. 학교여서 밥값은 싸고, 양은 많았다.

11월 23일 (금) "Pymble Bring a plate", 상해 중국인 Grace와 Callen, 시 낭송 연습 ___ 핌블의 "Bring a plate"에 김밥과 부추Scallion 부침개를 만들어 갔다. 상해 중국인 Grace와 Callen이 한국식 김밥에 대해 관심을 보여, 남아있는 김밥을 주려고 집으로 데리고 왔다. 과일과 음료수를 주려고 해도 극구 사양하여 주지 못했다. 중국 음식에 대해 아는 것이 있느냐고 물어보아서 스프링롤 정도는 알지만 그 외에는 잘 모른다고 했다. 서울 친정엄마 집에 있는 조선족 도우미가 만든 중국 만두는 맛있었다고 하였더니 한번 만두를 만들어 보겠다고 했다. 남편과 둘이서 어떻게 시간을 보내느냐고 물어서 남편은 책을 보고, 나는 글을 쓴다고 말해 주었다. 4개월 동안 남편이 산책이 몇 권이나 되나 보았더니 20권이 넘었다. 영어책은 굉장히 비싸다. 하드케이스로 된 책 한 권은 182달러로 거의 20만 원이 넘는다.

Grace와 Callen이 가고 나서, 내일 도담 선배님의 출판 기념회에서 할 시 낭송 연습을 하기위해 도담 선배 집으로 갔다. 내일 출판 기념 및 시 낭송회 일정에 대해 설명을 듣고, 음악에 맞추어 세 번 정도 연습했다. 집이었지만, 도담 선배

앞인데다가 서서 하니까 몰입이 되어선지 가슴이 찡했다.

살구 ___ 살구가 나오기 시작했다. 우리 것보다 크고 싱싱하다. 사서 하루 이틀 지나고 나서 먹으니 정말 맛있다. 수박, 사과, 배, 오렌지는 우리 것보다 맛이 없다. 우리나라 것보다 맛있는 것은 포도, 망고, 살구. 그런데 포도는 아직은 비싸고, 망고는 실컷 먹었고, 살구는 한 개에 한국 돈 700원꼴이다. 망고도 새우도 연어도 이젠 실컷 먹었다. 그러나 나중에 분명히 또 먹고 싶겠지.

11월 24일 (토) 감탄과 감동, 시 낭송회, 동창회 글집 ___ 3시에 이스트우드에 있는 도담 선배님 출판 기념회 및 시 낭송회 장소로 갔다. 조금은 생소하고 어색하였으나 그래도 한번 해 보아야겠다고 생각했다. UTS 경영학 K 교수가 사회를 보고, 10여 명의 시인들도 함께하였고, 호주 시드니 한인회장의 축사도 있었다. 또 한 시인의 축사가 가슴에 와 닿았다. 아름다운 것을 보고 느끼는 감정에는 두 가지가 있다. 마음속 깊이 느끼어 칭찬하거나 탄복하는 **감탄**과 마음에서 깊이 느껴 마음이 움직이는 **감동**이 있다. 삶 속에서 많이 느끼기를 바란다고 했다. 나는 과연 삶 속에서 얼마나 '감탄과 감동'을 하고 있는가? 많이 부족하다는 생각이 들었다. 돈 드는 것도 아닌데 앞으로는 많이 느껴서 삶을 풍요롭게 해야겠다. 이어서 도담 선배님은 **"꽃 그리고 그 인연"**이라는 시집을 출간하게 된 저자의 말에서 시의 대상은 자신이라고 하였다. 그리고 그림자, 거울, 술잔 속의 나, 자연, 영혼, 모든 사람을 대상으로 **피우지 못한 마음의 소리**를 한 번 더 들어 보고, 한 번 더 그려 보는 것이 '시'라고 하였다. 그리고 도담 선배님은 "어머니"라는 시를 직접 낭송하였다. 선배님의 어린 시절에 어머니의 삶이 한눈에 다 보이는 것 같았다.

이어서 도담 선배님의 시를 낭송하기로 준비한 22명의 낭송이 시작되었다. 남

편은 세 번째로 하였고, 나는 18번째로 하였다. 낭송이 별거 아니라고 생각했었는데 직접 해 보니 그것이 아니었다. 백여 명의 사람들 앞에서 시의 감정을 살려서 음악에 맞추어 낭송을 하였다. 국제무대에 선다는 것이 약간은 흥분되었고 긴장되기도 하였다. 내가 이런 경험도 다 해 보는구나 싶어 참으로 많은 것을 느끼게 했다. 한국에 가면 나도 나이 들어가면서 주위의 친구들과 문화를 창출할 수 있는 즐겁고 의미 있는 일들을 해 보고 싶다. '동창회 글집'이라도.

내가 낭송한 '도담' 선배님의 시 "시드니 아이콘" ___

이민촌 호주 하늘 알싸한 그리움 먹고 사는
사람들 틈새에 끼어 바쁜 손 내려놓고
푸른 물결 휘감은 블루마운틴 오르니
캥거루 배를 두드리고 검츄리 우듬지에 코알라 기지개 켠다.

물만큼 바람도 찬 남태평양 향해 아득한 못 자욱 고향 멀리 낚싯줄 던지니
세월이 가고 나면 호주 촌이 고향 되는 이 마음 그대로 묻어야 하는지
오페라 하우스 벽면을 내 집이라 못질하며
어둠을 베어 문 하버 브리지에 삐걱대는 사다리를 놓는다.

11월 25일 (일) '내가 상처받지 않기 위해서라도 섬기고 베풀어라' ___
오늘 말씀은 하느님을 제대로 믿는 사람의 얼굴에는 기쁨이 항상 있다고 한다. 믿음이 약해도 난 항상 웃고는 있는데, 기쁨이 정말 있는가 생각해보니 좀 부족한 것 같았다. 또한 섬기고 베풀고 살면 상처받지 않는다고 한다. 내가 상처받는 이유가 베풀지를 않아서인가 보다. **내가 상처받지 않기 위해서라도 섬기고 베풀어야겠다.** 또한 믿는 사람 얼굴에는 기쁨이 있고, 예수님을 항상 자랑한다는 것이다.

4개월 살아 보니! ___ 규칙적으로 매일 글을 쓰다 보니, 내 삶을 정리하게 된다. 또한 스트레스를 받지 않고, 편안하게 사는 호주 생활은 나를 건강하게 만들고 있다. 그리고 시간적 여유가 있어서인지 다른 사람을 배려하고, 마음을 헤아리는 것이 무엇인지 보인다.

11월 26일 (월) "Baptist Bring a plate", 76세 Volunteer ___ 오늘은 바티스트 교회의 이번 학기 마지막 날로 "Bring a plate" 날이다. 김밥을 10줄 쌌다. 이제 김밥에는 이력이 났다. 교회에서는 향기 나는 조그마한 초를 예쁜 꽃무늬 유리컵에 넣어 모든 학생에게 선물로 주었다. 우연히도 남편은 파란색, 나는 빨간색을 받았다. 오늘은 76세 된 할머니 강사가 크리스마스에는 예수님이 마음의 빛으로 집집마다 오신다고 하면서 아주 많은 말씀을 하셨다. 강의가 1시간 끝나고 모든 학생들과 강사들 거의 50명이 넘는 사람들이 목사님을 비롯하여 사람 트리를 세 그루 만들기 대회를 했다. 그렇게 해서 1등을 뽑고, 모두들 가지고 온 식사를 뷔페식으로 함께 먹었다.

우리는 영어를 가르쳐 준 76세 된 할머니 강사와 얘기를 나누었는데 젊었을 때는 일본 학생들 홈스테이를 했다고 한다. 아주 정정하셨고 오후에는 96세 된 시어머니를 보러 요양원에 가신다고 한다. 우리나라의 76세 된 할머니들은 무엇을 하실까? 내가 76세가 되어 그렇게 봉사하면서 살 수 있을까?

11월 27일 (화) 2000년은 Twenty double 0(zero), 남편 자동차 운전으로 불안 ___ 한인 학원에서는 과거형, 그리고 구Phrase에 대해서 배웠다. 평소에 궁금하던 것을 질문했다. 연도를 읽는 사람마다 다르게 읽어서 어떻게 읽는 것이 맞느냐고 했더니, 가장 정확한 것은 뉴스에서 아나운서들이 읽는 것이고, 시대가 변하면서 읽는 것도 변하지만 편한대로 읽으라고 했다. 2003년은

two thousand three / twenty zero three / twenty 0(오) three, 또 2000년은 twenty double 0라고도 읽는다.

오늘 배운 한마디 : I'm getting ready to do the dishes. Are you done with your plate(설거지하려고 하는데 다 먹었니)? Yes, here you go(네 여기 있어요). Can you help me? = Will you help me(도와줄래)? Sure, If you wash, I'll dry(그럼요, 씻으면, 닦을게요). 한인 학원의 공부는 말을 하게 해 주어서 좋다. 문장을 하루에 20분씩이라도 소리 내어 말하라고 하는데 집에서는 잘 안 된다.

서울 갈 때 가져갈 것을 가방에 넣고, 남편이 먹을 반찬과 미역국, 카레라이스 등 만들었다. 운전을 한 지가 얼마 안 되는 남편을 혼자 두고 가려니 조금 불안하다. 별일이 없기를 기도할 수밖에 없다.

11월 28일 (수) 서울 가는 비행기에서 라면, Cruise 영화, 서울 집은 엉망 ___ 한국 가는 비행기를 타기 위해 새벽 5시 30분에 집을 나섰다. 가방이 의외로 무거웠다. 양털 이불을 가방에 넣지 않고 매는 가방에 넣었더니 불편했다. 다시는 매는 가방은 들지 말아야지. 대한항공을 탔는데 아침에 닭고기가 싫어서 오믈렛을 시켰더니 배가 차지 않았다. 그래서 밥을 달라고 하였는데 밥이 없다고 라면을 주겠다고 하여 처음으로 비행기 안에서 라면을 먹었다. 맥주도 한 캔 마시고는 잠을 잤다. 2시간 자고 일어나서 영화를 보았다.

내가 관심 있는 크루즈 여행에 대한 것이어서 좋았다. 그리고 한국뉴스도 보고, 중간에 케이크를 먹으며 주스도 마시고, 도착하기 3시간 전에 비빔밥을 주어 또 먹었다. 아침에 밥을 주었으면 좋았을 텐데… 오후 5시 30분에 서울에 도착하여, 리무진을 타고 딸들에게 전화했다. 리무진 내리는 곳에서 큰딸 부부와 만나서 집에 있는 작은 딸과 함께 저녁으로 낙지 비빔밥과 낙지 부침개를 먹었다. 호주가기 전에 먹고, 호주가서도 계속 먹고 싶었던 음식 중의 하나였다. 그런데 집에 오니 작은딸이 시험이라서 그렇다 해도 그야말로 엉망이었다. 도우미도 못 오게 하여 그냥 두었더니……

서울에서의 3주

　11월 29일 (목) 도우미와 하루 종일 대청소, 우리카드 재발급 ＿ 둘째 딸이 학교에 가자마자 도우미 아줌마를 불렀다. 그리고 청소하기 시작했다. 비행기의 피곤도 풀리기 전에 일을 시작하니 힘들었다. 그러나 그냥 앉아 있을 수가 없었다. 도우미는 6시간을 부엌에서만 일하였다. 냉장고와 부엌 창틀까지… 난 거실에 늘어놓은 산더미 같은 옷가지를 정리하고 빨래를 몇 번 돌리고, 분리수거 할 쓰레기 몇 박스를 정리했다. 그러다 보니 하루가 다 갔다.

　중간에 중국집 잡탕밥을 시켜 먹기는 하였지만, 허리가 뻣뻣했다. 그러나 일을 빨리 끝내고 시드니에 갈 시간이 한정되어 있으니 서둘러야 했다. 그리고 시드니에서 잃어버린 우리은행 카드를 재발급받기 위해 신청을 하러갔다.

　11월 30일 (금) 스트레스 없는 생활이 건강을 만든다, 나의 존재 ＿ 호주에서 얼마나 그리던 목욕탕이었나. 정말 오랜만에 때 밀기와 오일 마사지를 했다. 그런데 호주에서 이것저것에 신경을 안 쓰다 보니까 스트레스를 덜 받아서 내 몸이 좋아진 것을 느꼈다. 호주에서 돌아오더라도 건강을 위해서 이제는 신경을 쓰지 말고 느긋하게 글을 쓰면서 편안히 살아야지.

　서울에 오니 사위가 예전에 내가 끓인 큰 조개 넣은 미역국이 제일 맛있었다고 말한 것이 기억났다. 그래서 농협에 가서 보니 큰 조개가 싱싱하지 않아, 바지락으로 미역국을 끓였다. 또 둘째 딸이 좋아하는 마늘과 청양고추, 메추리알을 넣은 장조림과 내가 잘하는 꽈리고추 멸치볶음을 했다. 육개장도 끓여서 큰딸 집에 갖다 주었다. 작은딸은 육개장 고기가 맛있다고 하면서, 엄마 호주가고 쇠고기는 처음이라고 했다. 그 말을 들으니 가슴이 찡했다. 엄마의 소중함을 알려나! 내가 한국에 그냥 있을 때는 항상 거기에 있으니 소중함을 모르다가 내 존재가 없으니 엄마의 자리가 보이나 보다.

행복해지기 쉬운 방법은
'여행'일까?

12월 01일 (토) 다시 가고 싶은 일식집 "아라섬", 사돈 김장 김치와 보쌈 ___ 둘째 언니네 딸 형록이가 결혼하는 데 필요한 이바지 음식을 주문하기 위해서 먼저 결혼시킨 나에게 자문을 구했다. 4시에 학동에 있는 본가폐백에서 엄마와 엄마 도우미 아줌마와 둘째 언니를 만났다. 육포와 홍삼 절편, 떡과 부침개 등을 시식하고는 이바지 음식을 주문했다. 볼일을 다 보고 둘째 언니가 저녁을 산다고 하여 학동 10번 출구 길 건너에 있는 "아라섬"이라는 일식집으로 갔다. 이것저것 시식하여 시장기는 없는 상태여서 회를 먹자고 했다. 아라섬의 회는 내가 먹어본 중에서는 제일 맛있었다. 굵고 크게 썰고, 싱싱하고 구수하였다. 나중에 해물탕도 배부르게 먹었다.

밤 9시에 사돈집이 있는 대구 영천으로 김장하러 갔던 큰딸 부부가 김장 김치를 가지고 왔다. 오전에 끓여 놓은 육개장과 구운 고등어, 보쌈으로 삶은 돼지고기를 피곤하니까 집에 가져가서 먹으라고 주었다. 딸 부부가 간 후 굴 넣은 김치를 먹어 보았더니 참으로 맛있었다. 내가 한 김장 김치보다 훨씬 맛있어서 삶아 놓은 돼지고기와 많이 먹었다. 행복했다.

12월 02일 (일) 큰딸 병원 입원, 엉터리 간호사 ___ 큰딸 입원에 필요한 침낭과 밑반찬을 싸서 사위 차를 타고 병원에 갔다. 순환기 병동 14층 2병동 205호 독방으로 갔다. 언제부터인가 병실은 독방을 사용한다. 옆 사람에게 신경 쓰기 싫고, 조용히 쉬고 싶기 때문이다. 하루 밤에 37만 원으로 거금이나 환자나 보호자가 편안한 것이 최고라 생각했고, 다른 데서 아끼자고 생각했기 때문이다.

그런데 내가 간호사를 25년간 일하고 퇴직한 지 5년이 넘었으나 병실에 들어온 2병동 간호사는 마음에 들지 않았다. 정맥 주사를 놓는 스킬이 형편없었다. 젊은 사람의 혈관인데도 불구하고 세 번이나 찔렀다. 혈관도 보이지도 않고 살이 있는 곳을 찌르니 참으로 답답하였다. 내가 교육을 시키고 고무줄을 옷 위로 묶어 주고 혈관을 나오게 하여 찌르라고 했는데도 또 혈관을 터지게 하여 속이 상했다. 내가 찌를 걸 하고 후회가 되었다. 수술도 하기 전에 주사 때문에 우리 딸이 공포에 질린 것 같았다.

그리고 또 주치의를 기다려도 안 와서 간호사들에게 물었더니 언제 올지 모른다고 한다. 참으로 답답하였다. 딸의 수술을 앞둔 엄마가 큰소리를 내면 좋지 않을 것 같아 참았다. 수술 받을 환자 보호자가 의사를 찾으면 의사에게 전화하여 언제 오는지 확인을 해주는 것이 당연한데도 모른다고 하니, 그 자리에 왜있는지 모르겠다. 주치의를 기다리다가 저녁 7시가 넘어 집으로 오는 중에 딸에게서 전화가 왔다. 오 교수가 회진을 왔다고! 순환기 의사들의 병원 리듬을 간호사들이 전혀 모르고 있는 것이 괘씸하여 간호사실에 전화해서 큰소리를 냈다. 간호사가 정맥 주사를 엉뚱한 데 찌르고, 의사가 입원 환자를 언제 만나러 오는지도 모르고 있다고 하니까 2개월, 6개월 된 간호사라서 잘 몰라서 그렇다고 한다. 그러면 프리셉터가, 멘토가 그렇게 교육을 시켰느냐고 하였더니 죄송하다고 한다. 내일 수술만 아니면 수간호사 아니 간호부에 가서 민원을 제기하고 싶었지만 참았다. 나중에 보니 옆 병동의 분위기는 아주 달랐다.

　　　12월 03일 (월) 묵주 기도 120단, 성사, 생미사, 큰딸 심도자 절제술
___ 아침 7시에 병원에 도착하여 오용석 교수를 만났다. 오후 두세 시에 두세 시간 걸려서 시술할 예정이라고 한다. 병실에서 잠을 자라고 딸 부부만 두고, 성당에 가서 묵주 기도를 열심히 바쳤다. 한자리에 앉아 120단을 해 보기는 처음이다. 원목실 수녀님께 수술을 기다리는 우리 딸이 불안해하니까 기도를 좀 해주십사 부탁하였더니 11시 10분에 오시겠다고 한다. 그리고 10시 30분에 미사가 있어서 딸 이름으로 생미사도 넣었다.
　뜻하지 않게 미사 직전에 신부님께 고백성사를 보게 되었다. 마음이 정말 홀가분하였다. 호주에서 4개월 동안 성당은 두 번 가고 교회는 빠짐없이 갔다고 하니까 신부님 말씀이 '가능하면 성당에 가도록 해 보세요' 하신다. 신부님은 호주가 성당이 많지 않고 세 개뿐이며, 오른쪽 운전대라 운전하기도 어렵다는 것을 아셨다. 어쨌든 홀가분하게 고백성사도 보고, 40분에 걸쳐 생미사도 보았다. 병실에서는 애기 수녀님이 기다리고 계셨다. 우리는 수녀님과 딸 부부와 둥글게 손을 잡고 조용하게 진지하게 정성 들여 해 주시는 수녀님의 자유 기도가 무척이나 가슴에 와 닿아 눈물이 났다. 우리 딸이 이렇게 어렵고 힘든 일을 겪는 것이 꼭 내 책임 같았다. 이미 작은 딸은 중고등학교 때 코(부비동염) 때문에 두 번이나 수술

했고, 큰딸은 처음 하는 수술이지만 심장이어서 가슴이 아팠다. 수술은 오후 3시에 시작하여, 생각 외로 빨리 4시 40분에 끝났다. 심실 조기 수축이 나타나도록 하려고 환자를 재우지 않고, 로봇 시술을 하여 딸은 힘들었다고 하였다. 그러나 심전도 상에 깨끗하다고 하시면서 오 교수는 만족해하셨다. 나도 기분이 좋아서 날아갈 것 같았다. 오, 하느님 감사합니다.

12월 04일 (화) 큰딸 퇴원, 아라섬, 시계 보증서 ___ 큰딸 효진이가 퇴원했다. 수술비는 일인용 병실료(2일)를 포함하여 304만 원이 나왔다. 수술해 주신 오용석 교수님께 정말 고마웠다. 평생 잊을 수 없는 분이다. 우리나라에서 3D 로봇으로 심장 수술을 하는 곳은 서울성모병원 뿐이라고 자랑하셨다. 그런데 바쁘게 퇴원수속을 하고 보니 어제 정성 들여 기도해 주신 수녀님께 인사를 하지 못하고 병원을 나섰다. 다음에 꼭 감사의 인사를 드려야겠다. 집에 오면서 수술이 잘된 기념으로 학동 '아라섬' 일식집에 회를 먹으러 갔다. 계란찜을 시작으로 회와 서더리탕, 그리고 갓김치가 정말 맛있었다.

노원 딸집에 도착해서 나는 다시 내 볼일을 보러 갔다. 롯데백화점에 들러 아르마니 시계 코너에 가서 시계 약을 교환하려고 했더니, 보증서를 가지고 논현동으로 가라고 한다. 시계 약 하나 교환하는데 무엇이 이리 복잡한지 다시는 사지 말아야겠다. 스와치 시계는 그러지 않았던 것 같은데… 또 보증서도 잘 보관해야 되고, 구입처도 알아야 한다. 시내 백화점 면세점인지, 인천공항 면세점인지, 또 롯데인지, 신라인지, 대한 관광인지, 인터넷 면세점인지… 뭐 그리 좋은 것이라고 쓸데없이 신경을 쓰고 사는가? 사지도 말고 편하게 살아야지. 스스로 반성했다. 보증서가 없어서 집으로 다시 왔다.

12월 05일 (수) 눈이 펑펑 오는 날 '6 Queens' 잠실 영주 집들이 ___ 12시에 우리가 결혼 초에 살던 잠실 신천 전철역에서 초등학교 동창 중에서 여자 여섯 명이 만든 모임 "6 Queens" 친구들을 만났다. 그런데 온통 세상을 회색으로 만들면서 첫눈이 온다. 눈은 살살 내렸지만 소복이 쌓였다.

우리는 잠실 주공 아파트 13평을 1987년도에 1천 8백만 원에 팔고 지금 사는 방학동으로 왔는데, 우리가 팔고 나서 이삼 년이 지나면서 주공 아파트값이 6억 원까지 올랐다. 돈이 사람에게 붙어야지. 너무 속이 상했으나 내가 안목이 없는 탓인데 누구를 원망하랴. 돈을 더 보태서 강북으로 왔는데 강북은 집값이 전혀 오르지 않는다.

그런데 잠실에 친구 영주가 3개월 전에 33평을 9억 주고 사서 이사를 해 집들이를 했다. 밖에서 회 정식을 먹고, 영주 집에 가서 과일에 차를 마시며 재미있게 놀았다. 재개발되어 5년 된 아파트인데 3천 5백만 원을 들여서 리모델링을 했다는데, 현관과 부엌이 마음에 들었다. 내가 사 온 태반크림을 친구들에게 선물로 하나씩 주고, 영주네 부자 되라고 친구들이 금일봉을 모아서 주고, 또 우리 시아버지 상으로도 금일봉을 받았다. 완전 쿨하게! 집에 오는 길에 눈이 너무 많이 와서 살살 걸어왔다. 우리 나이에는 넘어지면 절대 안 된다.

12월 06일 (목) 인터넷 쇼핑, 아르마니 시계, 이혈 연구소, It's my pleasure! ___ 호주가기 전에 **인터넷**으로 사서 반품한 압축 팩 값이 입금되지 않았다. 인터넷으로 구매하는 물건은 구매하는 곳, 돈을 입금하는 곳, 물건 주문하는 곳, 물건 배송하는 곳이 다 다르다. 또 반송되면 물건을 되받는 곳, 그리고 돈을 돌려주라고 하는 곳, 돈을 돌려주는 곳이 다 다르기 때문에 구매자는 참으로 복잡하다. 다시는 사지 말아야지.

오후에 수술 후 쉬고 있는 큰딸에게 호박 새우볶음, 만두, 불고기 양념한 것을 갖다 주고, 내 아르마니 시계 배터리를 교환하기 위해 논현동 7번 출구 파슬코리아Fossil Korea에 찾아가서 맡겼다. 1만 5천 원 선불하고, 13일까지 택배해 주기로 했다.

집에 오는 길에 건대입구 광진 교육원 이혈 연구소에 갔다. 열 박스에 36만 원 하는 '기석'을 연말이라 15박스를 36만 원(박스 당 24,000원 / 개당 2,400원)에 한다고 해서 샀다. 그리고는 횟집에서 원장님과 함께 저녁을 푸짐하게 먹었다.

아침부터 압축 팩 반송 문제와 시계 배터리 교환으로 머리가 아팠는데, 지금은 컨디션이 아주 좋아졌다. **이혁** 원장님이 기석을 붙여 주면서 내 귀가 빠닥빠닥하면서 좋다고 했다. 호주에서의 평화롭고 여유로운 생활이 나를 건강하게 해 준 것 같았다. 서울 생활은 경쟁적이고 스트레스가 많아 1년에 한두 달에서 서너 달은 해외에 나가 온전히 나만의 생활을 하는 것이 좋겠다는 생각이 들었다. 내가 생각하고 행동하는 모든 것이 내가 즐거워서 하는 것으로 생각하면 스트레스가 없다. 그리고 그것이 곧 '나의 즐거움'이라고 생각하면 말이다. 한국에서는 '수고 많으셨습니다' 하면 겸손의 미덕으로 '아니에요' 한다. 그런데 그것을 쿨하게 **"It's my pleasure**(그것은 나의 즐거움입니다)**!"**라고 표현하면 얼마나 기쁠까? 발상을 전환하자.

12월 07일 (금) 데레사와 명동 칼국수, 문화 포럼 단체 __ 데레사와 쌍문역에서 만나 명동으로 갔다. 데레사는 4개월 전과 별반 다르지 않았다. 즐겨 쓰는 모자를 쓰고, 싸면서도 따뜻하다고 하는 히트텍을 샀다며 자랑하였다. 오랜만에 명동 칼국수와 교자를 먹고, 커피 빈에 가서 핫초코를 마셨다. 장소가 2층이어서 명동 시내가 다 보여 속이 시원했다. 한참 수다를 떨었다. 요양 보호사 강의가 없으면 무엇을 할 것인가를 생각해 보았느냐고 물어보았더니 지금은 노니까 너무 좋다고 한다. 그러나 나는 그냥 노는 것보다는 의미 있는 활동을 하면서 놀기를 원한다. 호주에서 알게 된 것처럼 문화 포럼을 만들고 싶다. 시와 수필을 서로 낭송하기도 하고, 건강에 관해서 서로에게 도움을 주기도 하며, 불편하고 힘든 친구 이야기도 들어주고, 커피도 마시고, 밥도 먹을 수 있는 공간을 마련

하여 함께 나누면서 살고 싶다. 한참을 이런저런 얘기를 하다가 얼굴 팩을 사러 갔다. 내가 필요한 것이고, 호주에 사는 사람들이 피부가 안 좋아서 선물로 주고 싶었다. 또 히트 텍샵에서 호주가서 입을 여름울 티셔츠 두 개도 샀다.

12월 08일 (토) 씁쓸한 재경 초등학교 동창 송년 모임 __ 오후 6시에 강남 한티역 앞 친구 M네 만두 가게에서 재경초등학교 송년회를 가졌다. 18명 정도로 이전에 비해 너무 적게 모였다. 다들 몸이 안 좋은 것인가? 일부 남자 대

여섯 명은 부부동반 모임 때문에 안 왔다고 해도 잘 나오던 친구들이 나오지 않아 썰렁했다. 돌아가면서 한마디씩 하는데, 나는 우리 모두가 육십을 바라보면서 함께 글 집을 발간하는 것이 어떻겠냐고 제안했다. 몇 명이나 함께할지 몰라도!

오늘 동창회에서 마음에 와 닿은 것은 친구 H의 이야기였다. 그는 엄마가 쓰러져 의식이 없이 병원에 누워 계시고, 와이프가 뇌종양으로 수술한 후 한쪽 눈이 감기지 않고, 입이 약간 돌아갔다는 이야기를 스스럼없이 한다. 이전에 보았던 모습과는 전혀 다르게 내적으로 많이 승화된 상태에서 나오는 말로 느껴졌다. 나는 동창회에서도 이러한 진솔한 이야기를 하는 분위기가 되기를 바란다. 형식적인 이야기나 하고 잘난 척하고 폼만 잡는 모습은 없기를 바라는데, 그러나 그러한 모습들도 동창이니까 봐 주어야겠지. 동창회에 많은 기대를 하고 갔나 보다.

12월 09일 (일) 둘째 언니 딸 결혼, 7 친정 자매와 형제들 ___ 둘째 언니 딸 형록이 결혼식에 엄마와 친정 남동생 식구들과 함께 갔다. 리브사이드 호텔로 가는 길은 너무 복잡했다. 우리나라가 이렇게 사람도 많고, 차도 많아 복잡하니까 외국에 살려고 하는구나 생각되었다. 오랜만에 친정 일곱 형제가 직계는 아니어도 다 모였다. 대구는 큰언니만, 셋째 형부만, 넷째인 나만, 다섯째 박 서방만, 장남 식구는 모두, 차남은 혼자… 그래도 다 모이니 즐거웠다. 65세 된 제일 큰언니는 72세 된 형부가 통증 클리닉으로 많은 돈을 벌고 있는 의사로, 딸을 의사에게 시집보냈고, 큰아들은 약사로 약국을 개업하고, 둘째 아들은 재수를 시켜 지방 의대를 보냈다. 그토록 의대에 보내고 싶어 했는데 한이라도 풀었으니 다행이다. 62세인 약사 둘째 언니네는 약국, 약도매상, 제약회사를 하다가 제약회사 부도로 언니와 형부가 따로 살았었다. 이렇게 조카 결혼식에서 둘째 형부를 20년 이상 지난 지금에 만나고 보니, 이미 66세로 친 누나 약국을 대신 경영하고 계신다고는 하였으나, 얼굴이 좋아 보이지 않아 불쌍해 보였다.

62세 쌍둥이인 **셋째 언니**는 딸은 미 중부에서 박사과정 중에 있으며, 언니는 미국 뉴저지에 살고 있는 장가간 아들 학비 보내주려고 일본에서 돈을 벌고 있으며, 셋째 형부는 K 대학교를 나와서 직장을 은퇴하고, 지금은 65세로 혼자서 개인택시 운전을 즐겁게 하고 계신다. 또 **다섯째인 여동생**은 아들이 고등학생이라 결혼식에 오지 못하고, 산부인과 의사인 박 서방만 오고, **여섯째 장남**은 개인 회사에 다니면서 모아둔 재산은 없어 보이는데, 올케가 집에만 있으니 답답해 보인다. 우리가 정신없이 살아온 것에 비하면 정서가 한참 다른 모양이다. **일곱째 차남**은 부산에서 보건소 의사를 하고 있으며, 안과 원장인 올케와 해운대에 있는 초고층 아파트에서 제대로 누리고 살며, 고등학생 남매가 있다. 한 어머니의 뱃속에서 태어난 자식들이지만, 참으로 다양하게 살아가고 있다. **넷째인 우리**는 어떤가? 우리는 삼십 때에 10년을 남편이 제대로 벌지 못하는 상태에서 고생하면서 살았고, 최근 20년간 교수를 하면서 안정권에 들었지만, 모아둔 재산은 없고, 단지 부족하지만 조금 나오는 나의 연금과 남편 퇴직 후 나올 연금으로 걱정은 하지 않는다. 그러나 아직은 더 열심히 살고, 남편과 내 노후를 위해 절약하면서 저축해야 한다. 남편이 지금 만 59세이니 적어도 정년퇴직을 하는 만 65세까지는 말이다.

12월 10일 (월) 상가와 오피스텔, 만나고 싶은 사람, 잘난 척하지 말자 ___ 노후 대책으로 둘째 딸이 약국을 개업하게 될 경우 월세를 받기 위하여 준비한 문정동 푸르지오 23평 상가는 내년 7월 31일이 준공일이고, 이대입구 푸르지오 오피스텔 17평도 준공일이 내년 6월 30일경이라고 했다. 준공 일이 호주에 있는 동안이어서 잔금과 임대 주는 일들이 잘 해결될지 걱정이다.

예전에 내가 가르치는 요양 보호사 학생 중에서 겉으로는 부유해 보이지 않았는데, 월세가 600만 원씩 들어온다는 이야기를 듣고, 나는 허당이구나 하고 쇼크를 먹었다. 그래서 나도 월세가 월 얼마 이상 나오게 해야겠다는 생각이 들어, 상가와 오피스텔 분양받는 일을 저지른 것이다. 나중에 득이 될지 손해가 될지 몰라도 한번 해 보고 싶었다. 잠실 주공 아파트 싸게 판 것을 보상받고 싶기도 하고…

점심에는 성당 반 모임에 참석했다. 오랜만에 참석했지만, 모두 자기 위주에서 옳고 그름을 얘기하니까 듣기가 거북하다. 내게 문제가 있는 것일까? 잡다한 생각을 하지 않기 위해서는 조용히 글이나 써야지. 왜 호주 사람들은 진솔하고 있는 그대로 편안하게 말하고 행동하는데, 우리나라 사람들은 말도 많고 잘난 척도 많이 하는 걸까? 나부터라도 잘난 척을 하지 말아야지. 그냥 관조하며 살자. 그리고 시와 글로 모든 것을 표현하면서 마음을 토해내자.

12월 11일 (화) 호주 생활비, 수첩, 루비 다리 골절 수술 ___ 오늘 호주로 천만 원을 송금했다. 호주가서 첫 두 달(8~9월)에는 중고차 사느라 총 2,500만 원이 들었고, 그다음 두 달(10~11월)에는 1,500만 원이 들었다. 이제는 특별히 여행을 하지 않으면, 두 달에 1,000만 원이면 생활이 될 것 같다. 교환 교수로 일 년 나가면 1억은 쓴다고 하더니 여행비를 포함하면 대충 그렇게 될 것 같다. 일단 4박 5일의 뉴질랜드 남섬은 딸까지 세 명이니 3,690달러로 418만 원이 필요하며, 11박 12일의 태평양 크루즈 여행은 두 명이 6,000달러로 680만 원이 들어가서 1,000만 원이 더 필요하다.

낮에 영아원에 있는 친구 P 소장을 만나러 갔다. 그곳에서 해마다 나오는 수첩이 정말 마음에 든다. 그래서 P 소장이 있는 한 수첩을 꼭 얻고 싶다. P 소장이 천사를 사 오라고 했다. 그런데 문자를 늦게 보아 천사를 사지 못해, 딸 책상 위에 있던 '기도하는 남매'를 갖다 주었다. 다음에라도 해외에서 네 명이 한 쌍으로 된 천사를 꼭 사오라고 했다. 천사가 필요한 이유가 있겠거니. 내가 좋아하는 수첩을, 내가 좋아하는 호주에 있는 사람들에게 줄 수 있어서 기분이 좋았다.

그런데 저녁때 큰일이 났다. 딸이 집에 들어오는데 내가 루비를 껴안고 있다가 마루에 내려놓는 순간, 루비가 뛰어내려서 그만 루비 앞다리가 부러진 것이다. 그렇게 쉽게 부러질 줄은 몰랐다. 루비는 일어나지 못하고, 딸이 안으니까 앞발 왼쪽 다리를 들고는, 침을 질질 흘리면서 아주 가만히 있었다. 딸이 병원을 가야 한다고 서둘러, 딸은 잠옷 바람으로 병원에 갔다. 병원에서 엑스레이를 찍고 보니 확연하게 부러져 있었다. 다리뼈는 내 손가락보다도 더 가늘었다. 전신마취를 해서 수술하고, 젖니 여덟 개를 함께 빼는 데 89만 원이라고 했다. 루비를 100만 원에 샀다는데… 그러나 그냥 둘 수가 없었다. 돈이 들더라도 해 주어야겠다는 생각이 들었다. 그래서 여러 가지 주사를 놓았다. 침 덜 나오는 주사, 잠 오게 하는 주사 등 네다섯 가지를 맞고는 루비는 잠에 취했다. 그리고는 전신마취를 하면서 수술에 들어갔다. 사람보다도 더 안쓰러웠다. 7개월 된 애기인데. 수술이 끝나고 엑스레이를 찍어보니 수술이 아주 잘 되었다. 송곳니 네 개와 위앞니 네 개도 발치했다. 다 끝나고는 의사가 루비 몸에 묻어 있는 지저분한 것을 다 닦아 주었다. 그리고 좀 있다가 루비가 깨어났다. 그러나 루비는 몸이 축 처져 있고, 기운도 없어 보여 마음이 아팠다. 링거를 달고 있는 루비를 다른 개들이 있는 닭장 같은 방의 한 장소에 옮겼다. 옆으로 눕혀 놓고 이불을 덮어 주었다. 그리고 잘 자라고 마음으로 기도하고 집으로 왔다.

12월 12일 (수) 동서들과의 점심, 루비 퇴원 __ 셋째 동서가 서울에 오면 꼭 연락하라고 했었다. 그래서 12시에 방학동 전철역에서 셋째와 넷째 동서를 만났다. 이렇게 시댁이 아닌 다른 장소에서 만나기는 처음이다. 낙지 비빔밥을 맛있게 먹고, 바로 길 건너 커피숍에서 고구마 라떼를 마셨다. 가족 여행은 우리가 한국에 돌아오는 내년 8월에 가기로 했다고 한다. 기대된다. 오 형제니 열 명이 처음으로 같이 가는 역사적인 여행이다. 그토록 여행을 가자고 해도 가지 않더니만… 오늘 점심에 내가 물주가 아니어서 큰 형님을 부르지 않은 것이 마음에 좀 걸렸다.

오늘 루비가 퇴원하는 날이다. 딸이 학교에서 오자마자 태워서 루비가 있는 병원으로 갔다. 어제 루비 때문에 딸은 시험을 망쳤다고 했다. 그러나 어떻게 하나? 인위적으로 생긴 일이 아닌데. 어제 밤새도록 마음이 편하지 않았다. 루비가 눈에 보이지 않으니까 더 불안했다. 수술이 끝나고 전신 마취에서 겨우 깨어나는 것을 보고 집에 왔으니 잘 노는지 잘 자는지 몹시 궁금했다. 아침에 병원에 루비가 잘 노는지 확인 전화를 했을 때 잘 있다고는 했었다. 병원에 도착해서 보니 루비는 다리를 절면서 불안한 기색이 역력했다. 추워서 떠는지 무서워서 떠는지 많이 떨고 있었다. 약을 타고 집으로 데리고 왔는데 먹지를 않는다. 많이 먹어야지 빨리 회복될 텐데… 그래도 루비가 눈에 보이니까 딸도 나도 마음이 편했다. 루비가 다리를 절면서도 자꾸 걸으려고 하였다.

　　　12월 13일 (목) 이비인후과, 서울 추위, 월남 쌈 샤브 ___ 감기에 걸려 사흘째 고생하는 상태에서 이비인후과에 들러 주사를 맞고 약을 탔다. 서울은 너무 추웠다. 12월 중순인데도 영하 7도라고 한다. 이렇게 추우니 자기를 보호하기 위해서, 사람들이 남을 배려하기 힘들고, 마음의 여유가 없고, 자기밖에 모르게 되나 보다. 이젠 추운 겨울에는 몸과 마음을 위해서 따뜻한 나라에 가서 두 달씩 살고 와야겠다.

　둘째 언니가 호주로 가기 전에 함께 밥을 먹자고 했다. 그래서 월남 쌈 샤브샤브를 먹었는데, 오랜만에 맛있게 먹었다. 호주 목사님 집의 월남 쌈보다 월남 쌈 샤브샤브가 내 입맛에는 더 맞았다.

　　　12월 14일 (금) 남편 책 출판, 이혈 연구소 ___ 호주가기 직전, 남편이 18명의 교육학자들이 함께 《새로운 사회를 여는 교육 혁명》이라는 책을 출판했었다. 그 책과 다른 책 세 권을 받기 위해서 출판사 사장님과 E여대 K 강사님을 함께 만났다. 12시에 혜화동 흥사단 입구에서 출판사 사장님과 먼저 만나 한식집에 갔다. 내가 쓰고 있는 《호주 이야기》를 출판하는 것에 대해서 몇 가지 궁금한 것을 물어보았다. 좀 있으니까 K 강사님이 오셔서 함께 식사하였다. 출판 기념회는 1월 16일로 연기했다고 한다. 점심을 먹고, 커피를 마시러 나꼼수 커피숍으로 갔다. 책을 만들어 내기까지 힘들었던 이런저런 이야기를 들었다.

　오는 길에 광진 교육원 원장님께 인사도 할 겸 건대입구에 있는 요양 보호사 교육원에 갔다. 원장님 딸이 3월 1일에 결혼한다고 한다. 원장님은 우리 딸 결혼식에 화환도 보내고 축의금도 했었다. 잊어버리지 않고 꼭 기억해야지 하고 수첩에 메모했다. 시간이 없어 조그마한 선물만 드리고 달력만 얻어서 집으로 왔다.

12월 15일 (토) 외할머니댁에서 큰딸 부부, 작은딸과 점심, 짐 싸기 ___ 효연이 기말고사가 오늘로 끝이다. 그래서 큰딸 내외와 작은딸과 함께 외할머니 집에서 점심을 먹기로 했다. 국은 내가 끓인 육개장을 가져갔다. 탕수육, 야채 튀김, 잡채, 족발 등 외할머니댁 조선족 가사 도우미가 열심히 차렸다. 내가 내일 호주로 가니까 함께 식사하자고 해서 우리 딸들도 불러 함께 먹은 것이다. 오후에 집에 와서 육개장과 사위가 좋아하는 대합 미역국, 장조림, 김무침, 우엉, 오징어무침, 오징어 넣은 김치전 반죽 등을 큰딸에게도 주고, 작은딸 먹게 냉동실에도 2인분씩 비닐 팩에 넣어 두었다. 일이 끝도 없다. 이제 짐을 싸기 시작해야 하는데… 공항에서 빼앗기는 것을 신경 쓰지 않고 짐을 다 싸기로 했다. 참기름, 들기름, 까나리액젓, 멸치, 오징어, 김장 김치, 미숫가루, 고춧가루, 나나스께 등.

12월 16일 (일) 큰딸 부부와 작은딸과 돼지갈비, 모닝캄 회원 ___ 오늘은 호주로 가는 날이다. 아침부터 짐을 싸서 23kg이 넘지 않도록 조절하다 보니 작은 가방도 하나 가지고 가야 했다. 남편이 가지고 오라고 하는 책 세 권과 12월에 출간된 새 책 여덟 권, 그리고 먹을 것과 얼굴 팩 120개가 무게가 꽤 나갔다. 공항에서 걸릴까 봐 지난번에는 멸치와 김밖에 못 가져갔기에 이번에는 가지고 가고 싶은 것은 다 가지고 갈 생각이다. 대충 짐을 싸고 점심에 큰딸 부부, 작은딸과 함께 돼지갈비를 먹었다. 그리고 사위가 공항까지 데려다 주었다. 공항에서 혼자 있는 시간이 적어서 지루하지는 않았다. 수속하는 데 사람이 많았지만, 대한항공 모닝 캄 회원은 다른 줄에서 수속하였고, 가방이 23kg에서 32kg까지 가능하다고 했다. 이번에 서울에 도착했을 때 모닝캄 카드가 집으로 와서 혹시나 하고 가지고 왔더니 사용할 수 있어서 좋았다. 그래서 큰 가방에 다 집어넣

어 가방이 하나로 해결되었다. 스낵과 음료수도 네 번 먹을 수 있다고 하는데 시간이 없어서 먹지 못했다. 탑승이 지연되어 조금 늦게 비행기에 탔다. 그런데 혼자 긴 시간 비행기를 타는 것은 지겨웠다. 같은 일행이 있는 것이 좋은 것을 알았다.

다시 시드니

12월 17일 (월) 시드니 도착, SKY 집에서 점심, 새댁이 주고 간 그릇 ___ 아침 8시에 시드니 도착했다. 공항을 나와 전철을 타고 9시에야 고든에 도착했다. 남편이 고든 역으로 나왔다. 남편이 운전하니까 참으로 편리한데 나는 그동안 그것을 누리지 못하고 살다가 이제야 그 덕을 조금 보고 있다.

남편은 SKY가 점심 먹으러 오라고 했다고 한다. 피곤하지만 12월에 나온 남편 책과 수첩 그리고 얼굴 팩을 선물로 가지고 갔다. 서울대 교환 교수 부인 SY도 왔다. 떡국과 해물전으로 맛있게 먹었다. 그리고 새댁이 한국 돌아간다고 우리에게 주고 간 그릇을 가지고 집으로 왔다. 잊지 않고 생각해줘서 고마웠다. 한국에 가면 식사라도 사야겠다. 그릇이 많으니 부자가 된 기분이었다. 너무 많아도 쓸모가 없지만, 모든 것이 적절하게는 있어야겠다는 생각이 들었다. 밤에는 집주인에게 수첩과 얼굴 팩을 선물로 드렸다. 수첩은 받는데 얼굴 팩은 한사코 받지 않으려 하였으나 달팽이 팩과 뱀 팩이라고 선전을 하고 주었다.

12월 18일 (화) 엄마와 아내의 역할, 킬라라 Public School 졸업과 파티 ___ 피곤하지만 빨래를 돌리고, 냉장고, 방안, 옷장, 책상 등을 정리했다. 서울에 가서도 파출부를 불러 사나흘 동안 청소하고, 오는 날까지 정리 정돈과 밑반찬에, 미역국과 육개장을 끓여서 냉동실에 넣고 오느라 정신이 없었다. 서울에서만 살았을 때는 엄마는, 아내는 늘 하는 일 없이 사는 것이라 여기던 가족들이 엄마, 아내의 역할이 이렇게 중요하다고 느끼는 것을 보고 감개무량했다.

오후 2시에 킬라라 초등학교Kilara Public School 졸업&종업식을 갔다. 모든 행사는 교실에서 다 치른 다음, 전교생이 학교 운동장에 둥글게 두 줄로 서서 두 팔을 올린 채 맞잡고 있으면 6학년 졸업하는 선배들이 그 길을 지나가도록 하였다.

Clap out이라고 하는데 박수를 치는 가운데 학교를 나간다는 뜻이라고 하였다.

어린 애기 같은 유치원Preschool생부터 5학년까지 서 있었는데 졸업하는 선배들은 그 길을 지나가면서 서로 포옹도 하고, 울기도 하면서 두 바퀴를 돌았다. 우는 학생들이 많았다. 이것이 호주의 초등학교 졸업식의 가장 큰 행사라고 한다. 유치원 애기들이 서서 Clap out을 하고 있는 것은 무척 귀여웠다. 졸업하는 6학년을 위해서 5학년 엄마들이 소시지 햄버거와 음료수로 파티를 열어 주었다.

12월 19일 (수) Kilara High School 졸업 & 종업식, 도담 선배와 저녁, 대통령 선거 ___ 10시 30분에 킬라라 고등학교Kilara High School 졸업&종업식에 갔다. 단상에는 교장을 포함한 교사 다섯 명이 학사, 석사, 박사 가운을 입고 있었고, 학생 대표 세 명이 함께 의자에 앉아 있었다. 교장이 인사말을 하고, 학생 대표가 인사를 하고, 각 학년 대표로 남녀 한 명씩이 나와서 상을 주는 사람과 상을 받을 사람을 호명하였다. 특이한 것은 상을 받으러 나온 학생은 상을 주는 사람과 오른손으로 악수하고, 왼손으로 상장을 받고는 그냥 단상을 내려온다. 상을 주는 사람에게 인사도 하지 않고 또 관중에게도 인사는 없었다. 모두가 그렇게 하는 것이 당연한 모양이다. 내 눈에는 너무나 버릇이 없게 보였다. 학년 대표로 서서 마이크에 이름을 부르는 학생도 주머니에 손도 넣고 자유분방하게 하고 있었다. 한편으로는 어른도 아이들도 참으로 인권이 있음을 느낄 수 있었다. 우등생만 주는 것이 아니고, 수학을 잘한 사람, 외국어를 네 개 하는 사람,

운동도 각 부분에서 잘한 사람, 그림을 잘 그린 사람 등 특별상을 아주 많이 주었다.

저녁에는 도담 선배님과 저녁을 먹기로 하였다. 내가 없는 동안 우리 남편을 위하여 가끔 함께 식사해 준 선배님이시다. 그래서 채스우드에 있는 '주막'으로 가서 해장국과 곱창볶음, 그리고 부추전에 막걸리를 마셨다. 이렇게 먹어도 64 달러(7만 5천 원)이다. 식사 후 선배 집으로 갔다. 오늘은 대한민국 새 대통령이 결정되는 날이라 한국 투표 결과를 텔레비전으로 보기 위해다. 6시 출구 조사에서 벌써 문재인 후보가 밀렸다. 국민을 위한 대통령이라면 누구든 응원하겠지만, 텔레비전 2차 토론에서 잠깐 보았을 때 박근혜 후보는 대처 능력이나 머리가 돌아가는 것이 느리고, 그에 비해 말을 어눌하게 하는 것으로 알았던 문재인 후보는 의외로 소신 있게 자신의 의견을 펼치는 것을 보고 나름대로 결정을 했었다. 그러나 부재자 투표를 하는 시기에 한국에 있었고, 한국의 투표일에는 호주에 와 있게 되어 투표는 하지 못했다. 48%의 문재인 지지자들은 아마도 허탈한 상태였으리라. 반면 51%의 박근혜 지지자들은 만족스럽고 기쁠 것이다. 어쨌든 국민들이 모두 행복하게 살 수 있는 나라가 되도록 일하는 대통령이었으면 좋겠다.

12월 20일 (목) 호주는 전부 주당Weekly, 글을 쓰면서 생긴 버릇
___ 여기는 모든 것이 주당이다. 아주 합리적으로 보인다. 골프 회원제는 1년 이상도 있기는 하지만, 집세나 아르바이트비나 헬스클럽에서 운동하는 것 등 거의 전부 주당이다. 언제 어떤 상황에서 변화가 있을지 알 수 없기에 일주일 단위로 하는 것은 서로에게 부담을 주지 않으니 참으로 현명한 방법이다. 모든 학교의 학기가 10주이면서, 방학이 1년에 2주, 2주, 2주, 6주 있어서 여행도 많이 가고, 아이들과도 함께해야 하므로 주당Weekly으로 모두 이루어지는 듯하다.

이제 글을 쓰면서 '버릇'이 생겼다. 모르는 것이 있으면 알고 싶고, 또 알려고 노력한다는 것이다. 워낙에 역사를 싫어하였는데 성탄절 밤에《페르시아의 왕자》라는 영화를 보면서 페르시아가 도대체 어느 나라였는지도 궁금하였다. 인터넷에서 찾아보니 페르시아는 아시아의 남서부에 있는 이란의 옛 왕국으로 1935년에 국호를 페르시아에서 이란으로 바꾸었다는 것이다. 이란은 아리아인의 땅이라고도 했다.

12월 21일 (금) Cruise 예약, 기차,《레미제라블》무비스타 요정 같은 'Isabelle Allen' ___ 크루즈 여행을 9월부터 예약하려 했는데 결정을 못 했었다. 정보도 부족하고, 경비도 두 사람이 6,000달러(700만 원)나 필요하여 미루어 오다가 오늘은 비싸도 결정을 내려야겠다고 마음먹고 호주 여행사를 찾아갔다. 그런데 이것이 웬일이야! 1인당 3,000달러가 아니라 두 명이 3,000달러란다. 그런데 두 달 전보다 금액이 올라서 우리가 들어가고자 하는 객실이 3,500달러(400만 원)였다. 울며 겨자 먹기, 아니 신 나서 예약했다. 크루즈 여행지는 패키지로 가려고 계획한 뉴질랜드를 빼면 피지와 뉴칼레도니아로 가는 South Pacific & Fiji 12박 13일과 호주 태평양 위쪽 케언스에서 브리즈번을 돌고 오는 Tropical Queensland 11박 12일이 있었다. South Pacific & Fiji Cruise는 일정이 2013년 9월 23일이어서 포기하고, 2013년 3월 28일 가는 Tropical Queensland Cruise로 선택했다. 예약을 마치니 속이 시원했다. 1인당 가격이라고 생각한 것이 2인 가격이라니, 횡재한 것 같아 신이 났다. 앞으로도 어떤 여행이든 도전해야겠다. 지중해 크루즈도. 내친김에 내일 포트 스테판도 예약하고, 센트럴역에 가서 애들레이드와 캔버라 가는 기차도 알아보아야겠다고 나섰다. 센트럴역은 워낙 복잡하다. 물어 물어서 표 파는 곳인 1번 홈으로 갔다. 시드니에서 퍼스, 애들레이드까지 호주 서쪽으로 가는 기차 **Indian Pacific**과 애들레이드에서 앨리스스프링스, 다윈까지 호주 북쪽으로 가는 기차 **The Gun**이 있었다. **Indian Pacific**으로 시드니에서 애들레이드까지는 24시간이 걸리며, Red Service 중에서는 객실(550달러로 침대칸)과 좌석(327달러로 의자)이 있었다. 같은 기차여도 옵션에 따라 가격이 엄청나게 달랐다.

그리고 대한 관광에 가서 포트 스테판 예약을 하고 나오는데, 시청 근처 영화관에 영화《레미제라블》에 나오는 배우가 7시 30분에 들어간다며 사람들이 그녀를 보려고 5시인데도 인산인해였다. 나는 영화배우는 알지 못하지만, 포스터에 나와 있는 어린 여자아이 이사벨 앨런Isabelle Allen (10살)의 얼굴이 뭔가 애원하는 것 같아 자리를 뜨지 못했다. 남편은 1시간 있다가 먼저 가 버렸다. 나는 2시간을 넘게 기다리면서 영화관에 들어가는 드레스와 양복을 입은 사람들 중 이사벨 앨런이 들어가는 것을 보려다가 누가 누구인지도 모르게 지나가는 바람에 허망하게 집으로 돌아왔다. 이사벨 앨런의 얼굴을 한번 보고 싶어서 계속 서 있었는데… 내가 생각해도 허망한 짓을 하긴 한 것 같았다. 그래도 하고 싶은 것을 시도해 보았으니 후회는 없다.

　　　　　12월 22일 (토) 'Port stephens(포트 스테판)', Museum역, 교환 교수 팀 파티 ___ 대한 관광 일일투어로 포트 스테판(75달러)에 갔다. 6시에 전철을 타고 시청에서 내려 피트 스트리트로 가서 관광버스를 탔는데, 연휴여서 사람들이 많았다. 전부 한국 사람으로, 큰 버스 두 대가 출발하였다. 제일 먼저 와이너리 Winery (포도주 양조장)에 갔다. 와인을 만들어 파는 곳인데다 포도 농장이 펼쳐져 있어서 아름다웠다. 와인을 네 종류 마셨더니 해롱거렸다. 세 번째 먹어 본 것이 마음에 들어 세 병을 60달러에 샀다.

　　　　　다음에 모래사막인 아나 베이Ana bay로 갔다. 바닷가인데 모래사막이 있어서 경이로웠다. 이삼십 명이 타는 사륜구동의 조금 큰 차를 타고, 모래사막을 가로질러 가서 경사가 심한 곳에서 내렸다. 높이가 100m 되는 모래언덕을 올라가서 샌드보드에 앉아서 미끄럼을 타는 것인데, 올라가기도 힘들게 올라갔지만 도저히 겁이 나서 타지 못하고 그냥 내려왔다. 남편도 한 번만 타고는 더 이상 타지 않았다. 그래도 여러 번 열심히 타는 사람들도 많았다. 모래사막에서 낙타를 타는 사람들도 있었다. 그리고 점심으로 비빔밥과 사골국을 맛있게 먹었다. 다음엔 넬슨 베이로 갔다. 100명 정도 타는 유람선을 타고 돌고래가 있는 곳으로 가서 돌고래가 네 마리씩 가족으로 모여서 나타나는 것을 구경하면서, 바다를 보며 항해하는 것을 즐겼다.

그런데 아침에 날씨가 흐려서 선크림이나 모자를 준비하지 않았는데, 햇빛이 강렬해서 얼굴과 목과 팔이 많이 타서 쓰라렸다. 다음에는 선크림과 모자, 긴소매 옷을 꼭 준비하고 다녀야겠다. 관광버스에서 내려서 뮤지엄역에서 전철을 탔는데 무서웠다. 꼭 영화에 나오는 영국의 암흑가 지하도 같았다. 다시는 뮤지엄역에서 타지 말아야겠다. 센트럴역도 일부 길은 무서웠지만.

집에 오자마자 샤워하고 그린 게이트 호텔 펍으로 갔다. 이미 서울대와 경희대 교환 교수 부부들이 와 있었다. 뇌출혈로 수술하셨던 서울대 교수는 술 대신 물을 마시면서도 분위기를 잘 맞추었다. 어떻게 와이프를 만나게 되었는지부터 잔소리가 많다는 이야기까지 끝없이 이야기하며 재미난 시간을 보냈다.

12월 23일 (일) 난민, 후원 '차 한 잔 마시게나!', 냉장고 ___ 교회에서 예배를 보고 나오자 목사님이 내가 한국에 가 있는 동안에 남편이 '난민' 같아 '불쌍했다'고 한다. 그래서 내가 남편이 '한국에 가면 오지 말라'고 했다고 하니까 목사님 왈, '남자의 마지막 자존심'이라고 했다. 그래서 한바탕 웃었다. 왜 우리 남편은 솔직하지 못할까? 내가 없으니까 잔소리를 안 들어서 좋다고 했다. 잔소리라고는 건강에 관한 것과 생활태도에 관한 것인데, 외로운 것은 견디는데 잔소리는 견디기가 힘들다는 것이다. 내가 보기에 다른 남편들은 마누라 잔소리에 그러려니 하고 사는데 말이다.

도담 선배처럼 아내 말을 잘 듣고, 아내에게 극진히 대해 주고, 모든 면에서 잘 도와준다면 잔소리할 것이 없을 텐데, 많이 배우고 한국에 돌아갔으면 좋겠다. 금요일에 열리는 고려문화포럼 송년 파티에서 입을 드레스를 빌려 두었다며 입어 보라고 하여 선배 집에 갔다. 옷을 입어보고 검정 원피스로 결정했으나, 아직 시간이 있어서 더 쇼핑도 해 보기로 했다. 선배 집은 5층 아파트의 펜트하우스로 전망이 정말 좋았다. 하얀 돌이 깔려 있는 그늘진 아파트 뒤쪽 베란다에 돗자리를 깔고 앉아서 수박과 강냉이를 먹으면서 이야기를 나누었다. '차 한 잔 마시게나!' 하면서 많은 대화를 하는 것도 좋은 것이라고 했다.

그리고 채스우드의 '주막'으로 함께 식사하러 갔다. 곱창 볶음과 콩나물 해장국에 막걸리를 마셨다. 맛있게 먹고 도서관 앞의 큰 크리스마스트리를 구경하고, 커피숍에서 커피와 핫초코를 먹으면서, 우리 두 부부는 그렇게 성탄절 기분을 냈다.

돌아오는 길에 SKY한테서 냉장고가 있다고 문자가 왔다. 그동안 냉장고 하나로 세 집이 사용하려니 복잡하였다. 그래서 부탁해 놓았었다. 냉장고는 방안에서 사용하기에 안성맞춤이었다. 남편은 물 먹기도, 과일 먹기도 좋다고 했다.

12월 24일 (월) 32도의 성탄절, 교회 성탄 놀이, Pamela와 성당, Nowella와 Ester ___ 아침부터 무덥기 시작했다. 32도 한여름 성탄절! 한국에서는 상상도 못 한 상황이다.

호주인과 한국인이 연합 예배를 한다고 해서 4시에 교회로 갔다. 호주 아이들과 목사님이 함께 연극으로 꾸민 성탄절 이야기로 1시간을 보내고, 5시에 저녁을 먹고, 7시에 한국인들만 모여 두 팀으로 나뉘어 게임을 하였다. 신약성서에 나오는 성경 제목과 인물 말하기 등 종교적인 게임과 끈을 길게 하는 게임, 닭싸움 등으로 선물도 주었다.

나도 한국에서 가져간 수첩과 얼굴 팩, 쫄바지와 최근 출판된 남편 책을 목

사님, AN 집사님, P 장로님, N 집사님, 그리고 L 집사님에게 선물로 주고 나니
마음이 흐뭇했다. 우리도 교회에서 호두빵과 주방용품 세트를 받았다.

남편이 밤 11시에 영어 자원봉사자 Pamela가 킬라라 교회에 오라고 했다면서
가자고했다. 킬라라 교회는 가톨릭 성공회였다. 천주교식으로 영성체도 하였다.
나도 할 수 있어서 좋았다. 미사가 끝나고 나서 Pamela와 인사하고, 얼굴 팩을
선물로 주었다.

오늘은 우리 큰딸 Nowella(노엘라)의 영명축일이다. 고등학교 3학년 때 1차 수
시에 합격한 후 교리를 받기 시작해서, 한 번도 빠지지 않았고, 성탄절 무렵에 영
세를 받았는데, 그 뒤로는 성당을 가지 않는다. 강요는 못하고 언젠가는 성당에
가려니 기다리고 있다. 작은딸 Ester(에스텔)은 고3 때 2차 수시에 합격하고, 교리
를 받기 시작해서 영세를 받고는 지금까지 주일을 거의 빠지지 않고 성당에 가고
있다.

12월 25일 (화) Robbin Head로 교회 야유회 ___ 11시 교회에서 성
탄 예배를 보았다. 하느님과 함께 계신다는 임마누엘Immanuel에 대한 말씀을 하
셨다. 예배가 끝난 후 30명 정도의 교회 사람들이 바닷가로 갔다. 호주 날씨는
언제 어떻게 될지 모르기 때문에 비가 오는데도 갔다. 대신 비가와도 앉아서 먹
을 수 있는 로빈 헤드Robbin Head로 갔다. 바다도 보였지만 파크같이 바비큐를
해 먹을 수 있는 시설이 있으며, 굉장히 넓었다. 크리스마스 연휴여선지 많은 사

람들이 와 있었다. 우리는 김밥, 닭튀김, 막국수, 잡곡밥에 오징어 젓갈, 수박, 천도복숭아 등을 배부르게 먹고 커피도 마셨다. 칸막이가 있는 우리 옆자리에 아랍의 예쁜 여자들이 앉아 있었다. 얘기가 하고 싶어 말을 걸었다. 두 명은 사우디아라비아, 한 명은 팔레스타인에서 왔다고 했다. 히잡을 하고 있었는데 왜 벗지 않느냐고 하였더니 종교적인 전통이라고 하면서, 남자들이 오니까 가라고 한다. 남자는 아버지와 오빠 외에는 얼굴을 볼 수가 없다고 한다. 사우디아라비아의 전통 차와 대추 같은 전통 열매를 맛보았다. 오래도록 이야기를 나누고 싶었지만 그러지 못해 아쉬웠다. 집에 오는 동안에도 비는 계속 왔다.

12월 26일 (수) Boxing day, 도담 선배와 맥주 ___ 성탄절 다음날인 오늘은 박싱 데이로 선물을 주고받는 날이다. 그리고 모든 상가는 문을 닫는다. 우리나라는 연휴에 음식점이 더 잘 되는데, 여기 호주는 많은 상가들이 놀기 때문에 가족끼리 집에서 음식을 해 먹어야 한다. 그래서 1년에 연말 크리스마스 전후에서부터 학교 방학이 끝나는 1월 26일까지는 가족 여행을 가거나, 가족들이 모이는 큰 연중행사를 한다. 우리나라의 성탄 개념과는 다르다. 우리나라는 설이나 추석 같은 명절 때 가족이 모이고, 제사 때문에 힘든 여자로서는 고달픔이 있지만, 호주의 성탄절은 가족 모두가 함께 즐기는 개념이다.

아침에 마당에 나가니 수영장 가장자리에 팔뚝만 한 도마뱀이 딱 앉아 있었다. 누군가에게 들었다. 도마뱀이 집을 지켜준다고… 오후에 아름다운 동네로 산책을 갔다. 가는 도중 창가에서 호주 아주머니가 새들에게 먹이를 주고 있었다. 처음 보는 복스럽게 생긴 새 일고여덟 마리가 먹이를 먹고 있었다. 우리가 사진을 찍자, 호주 아주머니는 매일 새벽 5시만 되면 시끄럽게 잠을 깨운다고 하였다.

밖에 어둠이 내리면서 7시쯤인가 도담 선배에게 전화가 왔다. 맥주 한잔 하자고… 남편은 당연히 오케이다. 서둘러서 옷을 입고 집 밖으로 나갔다. 그린 게이트 호텔까지 천천히 걸어서 갔다. 맥주 피처(Jar 14달러)와 웨지 감자(8달러)를 시키고, 야외에 앉았다. 최근에 젊은 사람들이 나이 든 사람들을 끼워주지 않아서 약간은 기분이 상한다고 도담 선배 사모 크리스티나가 이야기하였다. 어쩔 수없는 것이겠지만 섭섭한 마음이 든다는 것이다. 나이가 들어간다는 것을 깨닫게하는 부분이었다. 추가로 Jar 맥주와 마늘 치즈빵Cheese Garlic Bread (7달러)을 더먹었다.

도담 선배 가라사대 '문화culture'란? ___ 문화란 '항상 늘 거기에 있어야 되는 것'이라 한다. 중국은 건조해서 덜 씻어야 되고, 일본은 습해서 균이 많아 자주 씻어야 된다. 그래서 중국인은 안 씻는다고 생각하는 것이고, 일본인은 깨끗하다고 생각하는데 그것은 잘못된 생각이라는 것이다.

12월 27일 (목) Fujiyama 초밥집, 드레스와 샌들, 20달러짜리 가방___ L 집사님의 초밥집에 갔다. 레스토랑은 생각했던 것보다는 크고, 손님은 거의 호주인들이었다. 음식의 종류도 다양했다. 우리는 회와 우동을 시켰는데 집사님이 마음대로 주셨다. 처음엔 두부 요리, 다음에는 야채샐러드와 튀긴 롤밥, 그리고 새우튀김과 회, 마지막에 우동이 나왔다. 비엔나커피까지 마셨다. 이런 레스토랑 주인이라면 마음대로 원하는 것을 먹고 좋겠다는 생각이 들었다.

오후에는 내일 고려문화포럼 송년파티에서 입을 드레스를 보려고 동네 중고품 가게로 갔다. 며칠 전 중고 가게만 문이 닫혀 있어 보지 못했었다. 중고로 나오는 것은 그래도 괜찮은 옷들이 있을 것 같아 가 보았는데, 마음에 드는 검정원피스가 하나 있었다. 내 몸에 맞기도 하고, 빌린 옷보다 훨씬 마음에 들었다. 치마 길이도 무릎 아래고, 배 쪽에 주름이 있어 나온 배도 가려져 마음에 들었다. 그리고 신발을 보니 내가 신던 신발과는 거리가 멀지만, 발목까지 올라온 나인 웨스트Nine West 샌들이 있었다. 굽이 없어서 신을 만했다. 그러고는 원피스 속에 입을 검정 탑도 샀다. 100%는 아니지만, 90% 마음에 들어 기분이 좋았다. 새 옷을 사더라도 이렇게 마음에 들기는 어려울 것이다.

또 울워스에서 백도를 30개에 14달러, 수박 4분의 1쪽에 3.5달러에 사고, 얼룩말 무늬가 있는 천으로 된 숄더백이 마음에 들어, 25달러 하는 것을 40달러에 두 개를 샀다. 가방 하나는 내가 하고, 하나는 내일 파티에 가져갈 20달러짜리 선물로 결정을 하고 나니 파티 준비가 다 되어 홀가분했다.

12월 28일 (금) 고려문화포럼 송년파티, 우보님 집 안의 수영장과 노래방 ___ 날씨가 정말 좋다. 밝고, 햇빛이 강하나 그늘에서는 바람이 분다. 이 맛에 시드니에 반하나 보다. 처음에는 시드니가 아주 싫었는데 하나씩 좋아지고 있는 것을 느낀다. 방문을 열어 놓고 뒷마당을 보면서 '글을 쓰고 있는 지금이 천국이구나' 하는 생각이 들었다. 비록 남의 집에 셰어하고 있지만, 주위가 이토록 조용하니 내 세상이다. 햇빛이 있어선지 시끄러운 새들도 지금은 조용하기만 한다.

남편은 고려문화포럼 송년파티에서 축사를 5분간 해 달라고 부탁받고는 논문(?)을 쓰고 있다. A4용지 넉 장을 쓰고 읽어 보겠다고 한다. 줄줄 읽었는데도 15분이 걸리는데 말로 하면 30분은 걸리겠다고 퉁을 주면서, 송년파티가 무슨 학회냐고 두 장으로 줄이라고 했다. 아, 우리 남편이 이렇게 고집이 센 줄은 정말 몰랐다. 심 고집이다.

맨발로 샌들을 신을 때는 매니큐어를 발라야 한다는 둘째 딸의 말이 생각나, 크리스티나 집에서 큰 발가락에만 빨강 매니큐어를 발랐다. 옷이 검은색이라 매니큐어도 검은색을 바르고 싶었지만 없었다. 도담 선배 부부와 함께 에핑 RSA 클럽의 2층 홀로 갔다.

　10명씩 앉는 원탁이 여섯 개 있었다. 드레스를 입은 사람도 입고 그냥 온 사람도 많았다. 여성은 드레스를 입고, 남성은 모두 빨강 넥타이를 했다면 훨씬 분위기가 좋았을 텐데… 정장을 하지않은 젊은 사람들이 있어서 그런 분위기는 못되었다. 1부에서는 개회사에 이어 회장 인사, 임원진 소개를 하고 남편의 축사가 있었다. 쉽게 간단히 하라고 그토록 이야기하였는데도 짧기는 했으나 역시 강의를 했다. 어쨌든 남편의 흰머리가 모든 사람들에게 드러났다. 그 후 스테이크로 저녁을 먹고, 2부에서는 사무총장이 고려문화포럼의 연혁에 대해 설명한 후, 팀별로 게임을 했다.

　라이프 그래프 그리기, 몸으로 말해요(감정, 영화, 생물, 운동, 속담 등), **단어 말하기**(곡식 두 글자 등), **다섯 글자 높낮이로 말하기**(쿵덕더덕더, 김삿갓삿갓 등), **팀별로 지적하면 주제별 아는 노래 부르기**(캐럴, 트로트 등), **선물 교환하기, 라플**Raffle **뽑기** 순으로 진행되었다. 라이프 그래프는 개별 활동이었는데 내가 제일 먼저 손을 들고 나가 설명했다. 부모님 부부관계의 절정에서 내가 태어났기 때문에 100점으로 태어나, 20세 전후해서 대학 공부에 직장 다니느라 점수가 80점으로 내려갔다가, 결혼하면서 애기 낳고 남편의 해직으로 30세 이후에 20점으로 바닥을 치고, 40세가 넘어가면서 교수가 되어 점수가 50점으로 오르기 시작했다. 그리고 60세 전후해서 오늘에 이르러 80점이 되었고, 앞으로도 계속 이 상태로 살다가 120세가 되어 "아 잘 살았구나" 하면서 절정에서 가볍게 하늘나라로 가려고 한다고 설명을 했다. 박수를 받으면서, 영양제 선물을 받았다. 이어 두 사람이 더하고, 게임을 했는데 우리 노장 팀들은 거의 지다가 **"단어 말하기"**에서만 1등을 했다. 두 팀씩 해서 올라가는데 젊은 사람들은 오래 살지 않아서인지 우리가 이겼다. 호주도시 세 글자(킬라라, 린필드, 울루루, 아트만, 혼스비), 곡식 두 글자(메밀, 찹쌀, 귀리, 녹두, 현미), 동물 이름 네 글자(능구렁이, 오랑우탄, 하이에나, 스라소니, 흑두루미, 날다람쥐) 등을 말하기였다. 오랜만에 재미있었다.

밤 11시가 넘어서 공식 행사가 끝나고, 건설업을 하시는 우보 장 사장님 집으로 2차를 갔다. 집은 엄청나게 컸다. 밤이라 자세히 보지는 못하였으나 집 안에 수영장과 헬스장이 있고, 2층에는 노래방과 큰 화장실이 있었다. 모인 사람들은 임원진과 우리까지 11명이었다. 우보님은 산소와 접촉해야 한다며 와인 다섯 병을 한꺼번에 따고, 사모님은 과일을 포도 두 가지, 체리, 천도복숭아, 수박, 멜론 등 종류별로 준비해 주셨다. 마른안주로는 호두, 오징어포, 땅콩, 아몬드 등이 나왔다. 와인을 마시며 게임에서 하지 못했던 계사년에 대한 삼행시를 돌아가며 말하고, 많은 뒷이야기를 한 후 2층 노래방으로 가서 가무를 즐기다가 새벽 3시가 되어 집에 왔다.

우보님 가라사대 ___ 고려문화포럼에서 만난 나이가 65세 되신 분으로, '아름다운 부자'처럼 보였다. 건설업을 하면서도 책을 많이 보시는 분으로 정치와 교육과 도덕과 윤리에 대해 박식하고, 관심이 많으신 분이다. 우보님 집의 책상 위에 있던 《꿈은 성공의 최면술이다》라는 책은 제목만 보아도 내용을 알 것 같은 내가 좋아하는 종류의 책이었다.

우리나라가 발전하지 않는 이유는 '직업의 귀천이 너무 심하고, 도덕과 윤리가 없어져서 문제'라는 것이다. 호주는 빚이 없는 나라이면서, 직업에 귀천이 없는 나라라고 했다. 뉴질랜드는 공장을 안 만들고, 중국에서 전부 수입해서 살면서, 깨끗한 환경에서 살려고 하는 나라라는 것이다. 또 유대인이 세운 대표적인 백화점이 웨스트필드라고 하는데, 유대인의 힘은 탈무드Talmud에서 나온다고 했다. 탈무드가 궁금해졌다.

12월 29일 (토) JUN 엄마 우리 옆방으로 이사 결정 ___ 어제 밤늦게 JUN 엄마가 셰어 집주인에게 집값이 조금 비싸다고 하였더니, 집주인이 나가라고 했다면서 몹시 서러워하며 문자가 왔다. 그런데 오후 세 시경 JUN 엄마한테서 전화가 했다. 갑자기 밝은 목소리로 호주나라 홈페이지에 Cawarra Place주소로 200달러짜리 셰어가 오늘 날짜로 나와 있다고 한다, 우리가 살고 있는 집! 그러면 Peter와 Mr 성 둘 중에 누가 이사를 가나? 전혀 이야기를 들은 바가 없어서 몰랐는데… 20분 뒤에 JUN 엄마가 왔다. 주인과 방을 보았다. Mr 성이 워킹홀리데이에서 학생 비자로 바꾸어 공부하기 위해, 시티로 이사를 간다고 하였다. 그래서 JUN 엄마가 방도 제대로 보지 않고 보증금 2주치 460달러를 내고 결정했다. 화장실과 조금 먼 방이라 혼자 살면 주당 200달러인데 중학생과 둘이라서 230달러라고 했다. 그래서 1월 8일에 이사하기로 하였다. JUN 엄마는 지금 사는 곳보다 주당 70불이 싼데다가 우리와 함께 사니 더욱 좋다고 하면서 신나했다. 나는 남자보다 여자이고, 깔끔해서 좋은 점은 있지만, 말을 많이 할까봐 좀 걱정이 된다. 그래도 JUN 엄마가 평일과 토요일은 오후 2시까지 일을 하니까 우리만의 시간을 보낼 수 있고, 일요일에는 우리가 교회를 가니까 괜찮을 것 같기도 했다.

12월 30일 (일) 이 세상에 온 나그네Nomad (방랑자), 남편의 고집 ___ 오늘의 목사님 말씀 내용은 "이 땅에 나그네 되어 살고 있는 우리의 삶이 그렇게 분주한 이유가 무엇인가?"이다. 말씀에 따르면 평안과 안정을 주는 마음의 고향을 잃어버렸기 때문이라고 한다. 마음의 고향은 예수님이라는 것이다. 고향을 떠나 고향Home away from home에 살고 있는 이민자들에게 예수님은 평안과 안정을 주는 마음의 고향이라고 했다. 목사님은 나그네의 삶이라도 그리 분주하지 않은 새해가 되기를 바란다고 했다. 나는 이민자가 아니지만 인간은 이 세상에 왔다가 언젠가는 돌아가는 나그네라고 생각되었다. 그래, 다른 세계에서 지구로 여행 온 나그네가 그리 바쁘게 살 것이 뭐 있나, 그냥 느긋하게 즐기면서 살지.

요즈음 남편이 고집이 세다는 것을 계속 느낀다. 말하고 있는 남편 몸에서도 고집이 느껴진다. 남편과 둘이 단순하게 살다 보니 남편뿐 아니라 나의 모습이 어떤지도 느껴진다. 한국에서 바쁘게 살 때는 마음의 여유가 없어서 느낄 수가 없었다. 나는 역시 마음이 약하고, 다부지지는 못하다는 것을 느낀다. 한국에서는 다부지고 악착스럽게 살았다고 생각했었는데, 여기 오니까 전혀 그렇지가 않다. 그런데 마음의 여유가 생기니 남편이 고집이 세다는 것을 느끼게 되었다. 그래도 새해에는 남편도 나도 여유있는 많은 변화를 바람해 본다.

12월 31일 (월) 도담 선배와 피시 마켓, 불꽃놀이, 송구영신 예배 ___

2012년 한 해가 가는 마지막 날이다. 남편과 둘이 그냥 보내기에 쓸쓸할 것 같아 피시 마켓에서 연어와 새우를 사다가 파티를 하자고 도담 선배님께 제의를 했다. 그리고 AN 집사님도 부르자고 했다. 마늘, 고추, 깻잎, 양상추, 상추 등 야채와 노랗고 큰 멜론과 와인도 한 병 준비했다. 9시 40분에 도담 선배님 집으로 가서 야채와 멜론, 와인을 놓고 피시 마켓에 갔다. 연어는 4.8kg(kg당 15달러)를 75달러에, 새우 1kg를 25달러에 샀다. 크리스티나는 굴과 레몬을 샀다. 선배님 집으로 가서 준비했다. 연어의 뼈를 빼서 썰고, 야채를 접시에 담으며 준비하고 있는데 AN 집사님이 큰 수박을 하나 들고 오셨다. 조금 있다가 초대하지 않았는데도 변호사 부부가 왔다. 와인을 한 잔씩 하면서, 굴과 새우와 연어를 먹고 나서 회덮밥도 해 먹었다. 회덮밥 재료는 마늘, 고추, 깻잎, 양상추, 양파, 오이 등과 연어와 참기름, 초고추장이다. 즐거운 시간을 보내고 왔다.

밤 8시가 되어서 남편과 서큘러 키 반대쪽인 밀슨스 포인트Milsons Point로 불꽃놀이를 갔다. 밀슨스 포인트역에 내려서 나가니 바로 하버 브리지 밑이었다. 밤 9시 정각에 브리지 양쪽에서 불꽃놀이가 10분간 진행되었는데 하버 브리지와 어우러져 아름다워 보였다. 사람들은 자정까지 있으려고 돗자리도 깔고 먹을 것도 잔뜩 가져다 놓고 누워서 진을 치고 있었다. 우리는 역에서 내려 다리 가까이 가기는 갔는데, 불꽃놀이가 끝나고 나오려니 사람들이 많아서 역까지 나오는 길에는 사람들이 꼼짝을 안 했다. 개찰하는 곳을 차단하고 있다가 전철이 올 때쯤 얼마간 내보내고 다시 차단하였다. 전철 표를 개찰하는 기계는 아예 꺼져 있었다. 우리는 옆으로 옆으로 해서 겨우 빠져나와 전철을 탔다. 집까지 열 정거장인데도 집에 오는 데 1시간이나 걸렸다.

서둘러서 밤 10시 35분에 교회에 도착하여 송구영신 예배를 보았다. 교회에서 새해 직전에 하는 예배는 처음이었다. 2012년의 회개 기도문과 2013년 새해 소원 기도문을 적어서 내라고 하였으나 우리는 내지 않았다. 목사님이 너무나 노골적으로 새해에는 지갑을 두둑이 열라고 말씀하신다. 목사님이 직접적으로 돈에 대해서 말을 하는 것은 믿음에 대한 신비감이 없어져서 정말 마음에 들지 않았다. 신도들이 서로 교회 사정이 안 좋으니 좀 더 내도록 하자고 자발적으로 이야기가 나오도록 하는 것이지 어떻게 직접적으로 말할 수가 있을까… 얼굴을 직접 보기가 민망스러웠다. 새해 첫날부터! 이러한 것이 천주교와 다른 기독교의 모습이 아닌가 생각되었다. 내 믿음이 부족해서인가?

5개월 살아 보니 ___ 그래, 물건은 다 필요 없는 것이다. 아무리 소중히 여기고 아껴도 물건은 내가 되지 않는다. 단지 마음 깊이 속마음을 드러내고, 사람들과의 관계만이 나의 풍요로운 삶이 되는 것이다. 내가 몸담고 있는, 내 몸을 떠받치고 있는 이 자리를 정리정돈하고 여러 사람들과의 어울리면서 사는 것이 현명하다. 물건을 가진다는 것은 다 부질없는 짓이다. 단지 조금 편리할 뿐이다. 한국에서의 삶은 바빠야 잘나가는 사람이라 생각하는데, 호주에서 잘나가는 사람들은 여유를 부리며, 느긋하게 천천히 살아가는 사람들이다. 나도 자연을 즐기고, 주말에 가족과 파티하고, 느긋하게 여행하는 것이 더 가치가 있다고 생각되어 그렇게 살도록 노력해야지.

세상에서 주어진
'능력'을 다 발휘하며!

01월 01일 (화) 새해 소망. 교회에서 Catherine Hill Bay 낚시, 금상첨화 __ 새해가 되었으니 한국식으로는 59세, 내년이면 60세이고 만으로 하면 58세! 이러나저러나 나이가 들어가는 것은 사실이다. 이제 '**단순하고 규칙적인 삶**'을 사는 습관을 들여 보자. 또한 무엇에 '**중심 가치**'를 두고 살 것인지를 생각하여, 후회되는 시간이 되지 않도록 해야겠다. 한국에 가서도 경쟁을 하기 보다는 어떻게 하면 삶이 풍요로울 수 있는지를 생각하고 하루하루를 '**느긋하게 생각하면서 누리는 시간**'을 만들어 보자.

새해 첫날. 교회에서 낚시를 가는 날이다. 부지런히 김밥을 싸고, 물과 천도복숭아를 준비했다. 2시간 걸려서 시드니 북쪽 캐서린 힐 베이Catherine Hill Bay로 갔다. 한국 사람끼리는 이곳을 '귀신 골'이라고 한다고 했다. 들어가는 입구에 큰 묘지가 있어서 새벽 서너 시에 낚시하는 사람들이 그렇게 지었다고 한다. 새벽에 미리 가신 분들이 낙지 다섯 마리와 드러머Drummer 50㎝ 한 마리와 블랙 피시 Black Fish 네 마리를 잡아 놓으셨다. 목사님과 우리 일행은 가자마자 드러머, 블랙 피시 회와 삶은 문어와 함께 김밥을 맛있게 먹었다. 그리고 각자 원하는 대로 자유로운 시간을 가졌다. 여자들을 낮잠을 자고, 남자들은 낚시하고, 아이들은 소라 잡고 트럼프하고… 나는 잠시 바위 사이 그늘에 들어가서 혼자만의 시간을 가졌다. 2013년 새해 첫날 바닷가에서 느긋하게 시간을 보내면서 올 한 해는 여유 있기를 기원해 본다. 서울에 돌아가더라도 가끔 산책을 하던 '아름다운 동네'와 파아란 바닷가는 영원히 기억에 남을 것이다. 마무리를 하고 돌아오는 길에, N 집사님이 잡은 고기가 많다며 손질해서 세 마리나 주셨다.

맑고 밝은 파아란 하늘에 구름 한두 조각
철썩 처~얼썩 바위에 부딪혀 울리는 불규칙한 파도 소리
깊은 물속 바다 옆 바위에서 낚시를 하는 어르신들

멀리 수평선에 일정한 간격으로 떠 있는 큰 배들
가느다란 더운 바람은 큰 파도 소리에 기가 죽었다.

바위 사이 그늘진 편안한 내 앉은자리
바위에 붙어 있는 작은 돌멩이가 엉덩이를 아프게 했지만
나만의 이 공간은 **금상첨화**로구나.
해야 할 일도 없고, 눈치 볼 것도 없고, 짜증나는 일도 없고
그런데 낚시하는 저 양반들 무엇을 저리 잡으려 하는가? 행복인가? 집착인가?

　　　　01월 02일 (수) 골프 18홀에 3만 원, 잃어버린 Sand Wedge ___ 오후 3시가 조금 넘어 JUN 엄마랑 고든 골프장을 갔다. 골프는 18홀에 23.5달러, 혹은 9홀에 17.5달러였다. 일몰인 4시가 넘으면 13달러라고 한다. 트롤리Trolley 비용이 5달러로 4시 전에 18홀을 치면 남편과 둘이서 57달러(6만 원)였고, 4시 이후에는 13달러로 트롤리 비용을 더해도 둘이서 36달러(4만 원)이다. 처음에는 이를 몰라서 4시 조금 전이었는데도 57달러를 주고 쳤다. 한국에서보다는 싸지만 별로 좋아하지 않고, 힘들어서 치고 싶은 마음이 없는 탓인지 돈이 아까웠다. 게다가 샌드웨지Sand Wedge를 잃어버렸다. 11홀에서 퍼팅하기 전에 사용하고, 잔디에 던져 놓고는 그냥 온 것이다. JUN 엄마가 가 보았는데 없다고 한다. 샌드웨지를 잃어버리고 나자 15홀부터는 맥 빠져서 치기가 싫었다. 18홀까지 그냥 걸어서 나왔다. 그리고 트롤리를 끌고 다니는 것도 아주 힘들었다. 나오면서 골프장 사무실에 혹시나 주워서 가져다 놓았는지 물어보았으나 없었다. 고든은 총 67par로 par 3이 아홉 개, par 4가 다섯 개, par 5가 네 개였다.

01월 03일 (목) Lutein Vision(Black Mores), 스웨덴(한국 TV에서 본 정보) ___ 우리 눈의 망막 및 황반의 구성 성분인 **루테인**Lutein은 몸속에서 스스로 합성되지 않아 식품 혹은 건강 기능 식품으로 섭취해야 한다. 특히 나이가 들면서 루테인 감소로 인한 시력 저하율이 증가한다. 그래서 루테인이 함유된 제품을 꾸준히 섭취하면 눈의 망막 및 황반 성분을 보충·유지할 뿐만 아니라 눈의 건강에도 도움을 준다는 것이다. 하지만 일종의 영양제이지 치료약은 아니기 때문에 직접적으로 눈이 더 잘 보이게 되거나 밝아지지는 않는다는 것이다. 루테인은 부작용이 없으며, **시금치**에 많이 들어있다.

그리고 **스웨덴** 사람들의 혁신적인 아이디어와 독특한 생각이 스웨덴을 오늘의 복지 국가로 만들었다고 한다. 스웨덴 한 회사의 벽에 붙어 있는 "**What if~**(~라면 어떨까?**"**라는 말은 고정관념에서 벗어나 새로운 아이디어를 창출해 보라는 것이었다. 예를 들어 우유가 들어가면서 포장까지 되는 삼각 우유팩도 스웨덴에서 개발했다고 한다.

01월 04일 (금) Wakebrust golf club with UB & 도담 선배, 혼마 4 Star ___ 우보님이 골프를 같이 치자고 해서, 골프 프로인 도담 선배님이 우리에게 간단히 오리엔테이션을 해 주셨다. 골프를 치는 중간에 먹을 것도 준비하고, 흰 양말을 신고, 목이 있는 상의를 입으라고 했다. 그리고 골프 치고 나서 저녁도 먹을 거니까 갈아입을 옷도 준비하라는 것이다. 서둘러 준비한 후 8시 50분에 도담 선배 차로 25분 정도 타고 맨리 비치의 웨이크허스트 골프 클럽Wakehurst Golf Club으로 갔다. 고든 골프보다 비싼 만큼 좋았다.

골프를 시작한 지 15년, 30년 된 사람들과 한 달 초보와 일 년 초보자인지라, 혹시나 우리 매너가 그들을 기분 나쁘게 하거나, 마음에 들지 않는 행동으로 비위를 상하게 하지 않을까 걱정이 되었다. 다른 사람들은 회원이라 우리 둘만 91달러(둘이 10만 원)를 내고 들어갔다. 골프장은 시원하게 앞이 트여 있었고, 9홀까지는 주로 올라가는 곳이라 트롤리를 끌기가 힘들었으나 엊그제 고든보다는 가벼워서 덜 힘들었다.

이곳은 총 74 par로 par 3이 세 개, par 4가 열 개, par 5가 다섯 개였으며, 10홀부터는 전반적으로 내려가는 길이었다. 9홀과 18홀 끝나고 나서는 클럽으로 가는 경사가 높은 곳은 전력으로 가동되는 밧줄이 있어서 그것을 잡고 올라갔다. 공이야 어차피 초보니까 못 치는 것이 당연하였지만, 드라이브가 잘 되거나 퍼팅이 잘 되면 기분이 좋았다. 벙커가 많았고, 더러운 호수가 많아서 공도 많이 잃어버렸으나, 크리스티나가 호수에서 공을 줍는 기구로 공을 많이 주워 주었다. 그러나 우리 같은 초보에게는 집 앞에 있는 고든 골프장에서 싸게 해 주는 오후 4시 이후 저녁 시간에 심심풀이로 부담 없이 치는 것이 낫겠다는 생각이 들었다.

골프가 끝나고 샤워를 하고 맥주 한 잔을 시원하게 마시고, 채스우드의 바심에서 차돌 된장찌개와 회 냉면으로 저녁 식사를 했다. 골프도 못 치는 우리와 함께해 준 것에 대한 감사로 식사비(50달러)는 우리가 냈다. 도담 선배님은 혼마 골드 4 star인 내 아이언이 굉장히 좋은 것으로, 지금 사려면 600만 원은 주어야 한다며 가보로 잘 보관하라고 했다. 그리고 호주는 싱글Single이 핸디Handy로 10 이하인 것을 말한다고 했다.

01월 05일 (토) 우리가 언제 이리도 한가하게 살았단 말인가? ___

내 삶을 되새겨 본 호주의 여름 어느 날 ___
어제 골프장의 피곤으로 오늘은 방안에서 쉬고 있다.
창으로 뒷문으로 보이는 밖은 너무나 청명하다.
30도를 오르내리는 날씨에도 방안은 시원하다.

시도 때도 없이 영화를 보려고 컴퓨터를 열고 있는 우리 남편
우리가 언제 이리도 한가하게 살았단 말인가?
1985년, 결혼한 지 3년 만에 계단에서 다친 허리로
한 달이나 누워 있던 남편을 보고 암담했던 미래가
1986년 고집스럽게 교육 운동을 하던 남편의 해직으로
세 살이 된 딸을 안고 책과 보험을 팔면서 앞이 보이지 않았던 미래가
오늘의 우리를 있게 했단 말인가?

남편은 영국으로 유학을 가고
어린 두 딸을 데리고 다시 간호사로 일하기 시작한 1993년
시집이나 친정에서 나 몰라라 하는 우리의 어려운 형편에서
나 혼자 십이지장 궤양과 우울증으로 힘든 시간을 보낼 때
치매가 걸린 옆집 할머니는 밤마다 베란다 창문을 흔들며 소리를 질러
힘든 나를 더욱 힘들게 하였다.

아이들을 데리고 남편이 있는 영국으로 가서 유럽 5개국을 여행했던 1994년
하늘의 뜻인지 남편이 박사 학위를 받으면서 교수가 되던 1995년
2007년까지 아이들과 병원밖에 모르고 살았던 나의 15년
그 후 5년간 요양 보호사 교육원 강의를 하면서 나 자신이 보이기 시작했고
교환 교수를 가지 않으려고 하는 남편을 설득하여 온 호주의 1년이 지금이다.

그래, 만 58세, 이제는 나도 여유를 부리며 살 나이인데
60세가 되기 전에 여유로운 slow life로 규칙적인 삶을 살아야겠다.
심장병과 고혈압에 좋지 않은 겨울엔 따뜻한 나라에서 두 달 정도 살기도 하고
나에게 의미 있는 공동체와 마음을 나누며, 또한 하느님의 평화 가운데
오래도록 함께할 가족들과 풍요로운 삶을 나누며 살아야지.

　　01월 06일 (일) 책《행복에 목숨 걸지 마라》, 기도와 전도, 골프장 산
책 ＿＿ JUN 아빠가 인도에서 오자마자 JUN네 가족이 블루마운틴으로 여행을

간다며 이사 올 날은 내일모레인데 이삿짐을 우리 다이닝 룸에 미리 갖다 두었다. JUN 아빠는 키가 크고 남자답게 생겼으며 귀도 잘 생겼다. JUN 아빠가 들고 온 책이 마음에 들어 잠깐 빌려 보았다. 《행복에 목숨 걸지 마라》였다. 이 책에서는 삶의 궁극적인 목적은 행복이지만, 역설적으로 행복에 목숨을 걸지 않을수록 더 행복해질 수 있다고 했다. 그래서 사소한 **생각, 감정, 행동**들을 버려야만 한다는 것이다. 마음의 고통과 상처, 과거의 아픔, 슬픔, 의심, 두려움 같은 사소한 **생각**을 버리고, 불안, 화, 분노, 무시, 비난, 집착 같은 사소한 **감정**을 버리고, 걱정, 불신, 상실감, 갈등, 부정, 적대감, 조급증, 비관 같은 사소한 **행동**을 버리라는 것이다. 버리는 방법도 있었다. 가장 인상 깊었던 한 가지를 들어 보면, **부정**이라는 행동을 버리는 방법은 **"고기를 잡아서 작은 고기를 놓아 주는 방법"**으로 먼저 부정적인 생각은 자기 자신을 자멸시킨다는 사실을 인식하고, 마음속에 지나가는 부정적인 생각들에 보다 **세심한 주의**를 기울여 인식한 후, 부정적인 생각이 더 커지기 전에 그것을 흘려보내라는 것이다. **이러한 부정적인 생각에 빠져드는 이유는 그렇게 길들여졌기 때문이고, 다른 방법을 가르쳐 준 사람이 없었기 때문이라는 것이다.** 나에게 필요한 부분이라 가슴에 와 닿았다.

오늘 교회에서 목사님의 말씀은 2013년을 기도와 전도의 해로 한다는 것이었다. 기도는 가능해도 전도는 나에게 무리라는 생각이 들었다.

저녁 여덟 시가 이리도 훤할 수가
집에서 길 건너 또 길 건너에 있는 골프장으로 산책을 갔다.
간혹 물병 들고 빠른 걸음으로 지나가는 사람 한두 명은 보였지만
시끄러운 새들의 소리가 사방을 뒤흔들고 있다.
가끔은 시끄럽게 소리 지르며 날아다니는 새들에게 물릴까 겁도 났다

넓은 골프장의 잔디 한쪽에는 다섯 마리 토끼가 놀다가

가까이 다가가야만 달아나버린다.

삼십여 분을 걷고 집에 오는데 아직 불 켜진 집은 하나도 없다.

주말에 호주 사람들은 다들 무엇을 하는지?

레스토랑마다 아시아인은 별로 보이지 않고 서양인만 보이더니

01월 07일 (월) SY 만남, 한국 가져갈 선물, 울루루 여행 ___ 울루루 여행에 대해서 물어보고 싶어 2월 1일 한국으로 돌아가는 서울대 교환 교수 부인 SY를 만났다. 울워스 건너편에 있는 한국말을 아주 잘하는 중국인 커피숍을 갔다. SY 가족 네 명은 직접 운전하여 뉴질랜드 남섬을 두루 돌아다녔다고 한다. 초등학교 5학년인 작은 아이가 싫어하는데도 번지점프를 하도록 하였다는데, 아이가 앞으로 살아가는 데 겪을 고통을 이겨낼 수 있도록 하는 아빠의 강한 의지로 생각되었다. SY에게 '브라더스' 공항택시 전화번호를 주면서, 국제공항은 100달러, 국내공항은 50달러였는데 협상해서 조금 깎은 것이라고 알려 주었다. 또 SY는 2002년 산(만 10년)으로 6,800달러에 샀던 자동차 코롤라Corolla를 6,300달러에 팔려고 호주나라에 올려놓았다고 한다. 우리 차는 코롤라로 2006년 산(만 6년)을 10,850달러에 샀으니 나중에 9,500달러에 내놓아야겠다. 그리고 SY는 웨스트필드Westfield에 있는 등산용품 체인인 카트만두Kathmandu에서 여행 가방 쌀 때 사용되는 패킹 셀Packing cell과 세면도구 가방에 대해 알려 주었다. 한국 것보다 훨씬 단단하다고 했다. 만다린 센터Mandarin Centre의 카트만두 아웃렛 매장에서 싸게 판다고도 했다. 또 1월 23일 집 정리를 하여 팔고 남은 것은 주겠다고 하면서, 한국에 가지고 갈 만한 것에 대해 얘기했다. **SY는 꿀**과 심장에 좋은 **마그네슘**, 눈 영양제 **루테인**, 로열젤리를, 나는 심장에 좋은 **코엔자임 Q10**과 콜레스테롤을 낮추어 주는 **폴리코사놀**이 좋을 거라고 했다. 그리고 울루루 여행에 대해서 이야기를 듣고 대충 아웃라인을 잡았다.

01월 08일 (화) 내 생에 처음 41도, JUN네 이사, 세계 3대 미인 종족 ___ 일기 예보가 38도로 되어 있다. 엊그제 골프 칠 때 창만 있는 모자를 써서 머릿밑이 빨갛게 타는 바람에 삼사일은 아팠다. 머리 위가 있는 모자를 써야겠

다. 오늘 예보와는 달리 41도까지 올라가서 그야말로 찜통이다. 집은 그나마 냉장고처럼 시원하다.

점심때 JUN네가 블루마운틴에서 돌아왔다. 급하게 밥을 해서 함께 먹었다. 인도 이야기를 한참 하면서, 세계 3대 미인에 대해서 이야기해 주었다. 슬로바키아의 슬라브족 여자들은 어깨가 좁고, 키가 아담한 세계 3대 미인 중의 한 종족인 반면에, 체코는 종족이 다른 게르만족 독일인으로 덩치가 크고 미인이 아니라고 한다. 또 따른 미인 종족은 이란과 인도 북부 델리 쪽의 **아리안족**으로 몽골의 칭기즈칸이 침범했던 종족이고, 나머지 미인 종족은 아메리카의 **멕시코와 브라질** 종족이라고 했다.

저녁에는 JUN 아빠가 한턱을 낸다며 채스우드 웨스트필드 4층에 있는 중국 레스토랑으로 우리를 안내했다. 오리고기를 밀전병에 싸서 먹고, 버터에 요리한 게를 먹었는데 맛있었다. 그리고 돼지고기 요리 세 개와 야채요리 한 개, 해물볶음밥 등 너무 많이 시켜 다 먹지 못했다.

01월 09일 (수) SY와 쇼핑 & 죽는 문제, 부정적인 생각과 말, 정의에 대한 이야기 ___ 어제 41도의 더위가 오늘 새벽까지 이어지더니 세 시가 넘어서야 더운 바람이 없어졌다. 실내에 있다가 밖으로 나가면 사우나 하는 기분이었다. 그런데 오늘은 아침에 27도로 떨어지다가 낮에는 21도까지 떨어져, 바람이 불면 추웠다. 오후 2시에 SY와 채스우드 웨스트필드에 있는 등산용품 체인점 **카트만두**에 갔다. 캠핑에 필요한 용품들이 다양하게 있었다. 가격을 조사하고는 다시 **만다린 센터**에 싸게 판다는 **아웃렛**outlet으로 갔다. 그 가격대로 파는 것도 있고 싸게 파는 것도 있었다. 100달러(11만 5천 원)였던 2인용 피크닉 세트인 보냉 가방이 20달러(2만 3천 원)여서, 색상도 좋고, 많이 사용할 것 같아 샀다. 그리고 패킹 셀과 트롤리 가방은 다음에 저렴할 때 사기로 했다. 또 한국에 짐을 부칠 때를 대비해 거북슈퍼 입구에 있는 택배 취급소에 가 보았다. 직원에게 문의하니 택배는 20kg이 넘는 경우 kg당 4달러라고 했다.

　SY 남편은 호주 오기 6개월 전에 뇌출혈로 쓰러졌는데, 즉시 수술하여 다행히 별 후유증이 없이 호주로 오게 되었다고 한다. 이 일로 SY는 그 어떤 문제와 힘든 일이 있어도 죽는 문제가 아니면 긍정적으로 받아들인다고 했다. 나도 7년 전 **"죽고 사는 문제가 아니면 통과 통과"** 하는 것이 잘~ 사는 것이라는 말을 접하고 나서부터는 집착하지 않고, 받아들이며 살고 있는데, SY는 실제로 남편의 죽고 사는 문제를 경험한 사람으로서, 죽고 사는 것은 어느 한 순간이라고 했다. 그래서 **"부정적인 생각이나 말은 하지 않는다"**는 것이다. 좋은 말만 해도 죽는 것은 한 순간인데 왜 좋지 않은 생각과 이야기로 시간을 낭비하느냐는 것이다. 나보다 9년이나 젊은데 이미 많은 것을 터득했으니 SY의 앞으로의 삶은 참으로 풍요로울 것 같았다. 또 호주에 와서 영어가 조금 부족한 작은 아이에게 **"너는 한국어를 잘하니까 영어는 좀 못해도 흠이 되지는 않아! 그런데 호주에서 생활하는데 조금 불편하니까 공부를 해야겠지"**라고 말했다고 한다. 그리고 딸 Jane이 고등학교 1학년인데, 자신이 초등학교 때 영어로 쓴 수필집에 사인을 해서 소설가 신경숙에게 주었다고 한다. 아직 고등학생인 아이가 **"나는 정의를 사랑한다. 하지만 정의의 총부리가 나의 어머니를 향한다면, 나는 어머니 편에 서겠다"**라고 사인한 것을 보고 신경숙씨는 나중에 훌륭한 사람이 되거든 만나자고 했다고 한다. SY의 딸이 이렇게 사인했다는 말을 듣고 나는 가슴이 뭉클했다. Jane은 미술을 전공해서 계속 공부하여 교수가 되기를 바란다고 한다. 그러나 미술을 잘하기 위해서는 글을 잘 써야 하고, 영어와 불어까지 잘해야 해서 불어도 공부하며, 일본어는 스스로 공부했다고 한다. 16세에 무엇을 할 것이며, 무엇을 해야 되는지를 다 아는, 정말로 훌륭한 가정교육을 받았다는 생각이 들었다. 남편을 서울대 교수로 만들고 지금은 아이들이 제대로 이 사회에서 우뚝 서게 하려고 동분서주하고 있는 SY가 대단해 보였다. 아이들이 계속 이동하면서 전화로 보고를 하고 있었다. SY는 간호학을 전공했으나 5년 정도 일하다가, 한 사람한테 올인해야만 성공할 것이라는 마음으로 남편에게 올인했다고 한다. 아이들 어릴 때부터 해외에서 너무 오래 살아 2월에 한국으로 가면 정착하기를 바라고 있고, 세계에서 제일 좋은 나라는 우리나라라고 강조했다.

01월 10일 (목) 빈 주머니, JUN 아빠와 골프, 흑맥주 ___ 시티에 가서 백팩커나 YHA카드를 만들고, 기차 여행도 예약하려 했으나 지금 남은 돈으로는 기차표를 예약하기에 부족할 것 같아서 다음 주로 미루었다. 사위에게 돈 천만 원을 인터넷뱅킹으로 보내며 호주 돈으로 송금해 달라고 했는데, 코 수술 때문에 다음 주 월요일에 송금한다고 했다. 갑자기 타국에서 불쌍한 우리가 된 기분이다. 일주일을 먹을 수는 있으나 뭔가 이벤트를 하려면 불안하다. 그래서 집에서 남편은 번역하고 나는 글을 쓰고 있었는데, JUN네가 골프장에 가자고 하여 내키지 않았지만 함께 갔다. 그래도 지난번에 골프에 조금 재미가 붙기도 했고, 다행히 골프장 갈 돈은 되었다. JUN 아빠가 남편에게 열심히 가르쳐 주어서 남편은 공이 잘 맞기도 했다. JUN 아빠는 공을 자유자재로 요리할 수 있는 대단한 실력이었다. 그러나 우리는 힘이 들어서 9홀로 끝내자고 했다. 그리고 저녁 식사와 함께 와인도 마시고, JUN네가 사 온 네 가지 맥주를 종류별로 맛도 보았다. 남자들은 흑맥주 맛이 좋다고 하는데, 나는 일본 글씨가 조금 적힌 맥주 맛이 깨끗하고 좋았다.

01월 11일 (금) 사위, '비중격 만곡증' 수술, 딸도 사위도 어른이다 ___ 사위가 코 수술은 간단한 수술이니까 겁이 안 난다고 했다. 오후 3시 30분이나 되어서 수술이 시작되었다. 지난번 딸의 심도자절제술 때에는 정말 걱정이 많이 되었다. 신체에서 가장 중요한 심장이어서… 사위는 그나마 코 수술이라 그리 많이 걱정되지는 않았다. 그러나 수술이라고 하는 것은 작은 수술이라도 마취 등 여러 가지 위험이 따르는 것이다 보니 마냥 마음을 놓을 수는 없었다. 그래서 수술 내내 기도를 했다. 수술은 1시간 정도로 해서 끝났다.

딸도 사위도 어른이다. 그들 스스로의 삶은 그들 스스로에게 맡기자. 내가 모든 것을 짊어지고 살 수는 없다. 내가 더 허약할 수도 있다. 미래에 그들에게 짐이 되지 않기 위해서라도 내 몸 관리에나 더 마음을 쏟자.

01월 12일 (토) 일출, Whales Beach & Reef Beach 낚시, 요트 대회
___ 고등학교 1학년인 JUN이 낚시를 가고 싶다고 해서 JUN 아빠 있을 때 가는 것
도 좋은 추억이 될 것 같아 N 집사님에게 낚시를 데려가 달라고 정중히 부탁했다.
집사님은 약속한 새벽 4시에 칼같이 오셨다. 새벽 2시에 싼 김밥과 라면, 과
일을 준비해서 출발했다. 내 차는 JUN 아빠가 운전했다. 새벽 4시에 하는 운전
은 차가 거의 없어도 오가는 길이 하나뿐인데다가 깜깜해서 무서웠다. 또 시간이
갈수록 멀리 회색 하늘의 어두운 구름이 보여 더 으스스했다. 해변 가까이 있는
슈퍼에서 먹을 물과 고기 미끼를 사고, 웨일스 비치Whales Beach에 도착했는데,
지금까지 간 어떤 해변보다도 아름다웠다. 태양이 막 뜨려고 하였다. 태양이 뜨
는 것을 제대로 보는 것은 처음이다. 태양은 뜸을 한참이나 들이더니 뜨기 시작
하고는 빠르게 모습을 나타냈다.

그러나 높은 바위에서 고기 잡는 것이 위험해 보였다. 아니나 다를까 낚시를
오랫동안 하신 N 집사님도 낚싯대를 던지면서 놓쳐서 낚싯대가 날아가 버렸다.
사람이 딸려가지 않은 것이 천만다행으로 생각되었다. 이러다 사람들이 죽기도
해서 호주 정부는 낚시의 위험에 대해서 열심히 홍보하는구나 싶었다. 가자미를
두 마리 잡았는데 회로 먹기가 그런지 도로 놓아 주었다. 그리고 우리 일행은 40
분 걸려 장소를 이동하여 리프 비치Reef Beach로 갔다. 맨리 비치의 반대쪽 비치
로 또 다른 아름다움이 있었다. 자리를 잡고 가지고 온 김밥과 라면을 수시로 먹
으면서 낚시를 했다. 블랙 피시 세 마리와 도미 한 마리를 잡아서 회로 먹고, 오
후에는 소라도 줍고, 블랙 피시 두 마리를 더 잡아서 집으로 가지고 왔다.
리프 비치에서 바라다 보이는 바다에는 두 개의 노란 행글라이더가 하늘을 오
가고, 서서 타는 카누와 앉아서 타는 카누가 지나가고, 셀 수 없을 정도의 많은

요트가 떠다녔다. 요트 대회를 하는지 각양각색의 돛을 달고, 바다 위를 오가며 즐기고 있는 100여 대의 요트들! 그들을 보고 참으로 인생을 잘 즐기고 있구나 생각되었다. 그러나 시간이 갈수록 바다에 빠지는 요트들을 보면서 왜 사서 고생을 할까 하는 마음도 들었지만, 무엇이나 도전하는 젊음이 좋긴 좋아 보였다.

두 비치 모두가 수심이 깊어 위험한지, 바닷가인데도 수영을 할 수 있도록 울타리가 만들어져 있었다. 그리고 N 집사님이 다음에는 힘들고 시간이 걸리는 김밥은 싸지 말라고 하면서, 흰밥과 김, 오징어 젓갈과 김치만 있으면 최고라고 하였다. 새벽 4시에 출발했던 우리는 오후 4시가 되어서야 놀던 자리를 정리하고 집에 왔다. 고된 하루였다.

어디서나 나그네 __
새벽의 어두움이 가시면서 황금빛 태양이 서서히 떠오른다
퍼덩 덩펑 어두움 속의 파도 소리가 이렇게 클 줄이야! 살짝 기가 죽는다
새벽 네 시 어두움을 뚫고 달려온 베이에서 이아침을 여는 여명을 본다
내 생에서 몇 번이나 여명을 보았나
오는 길도 문경새재만큼 꼬불거리더니 무섭기도 아름답기도 특이하기도 하다

세상에 어디를 가든 태양은 어김없이 뜨고, 새벽은 어김없이 온다
그리고 세상의 어디든 앉으면 내 자리요, 내 방이요, 내 집이다
남태평양의 바닷물은 밀물과 썰물이 되어 대서양으로 인도양으로 흐른다
가고 싶은 만큼 갔다가 되돌아오고 싶은 만큼 되돌아온다
앉고 싶을 때에, 앉고 싶은 곳에 앉았다가 어딘가 가고 싶을 때 훌쩍 떠난다

저렇게 파도를 치면서 미련도 없이 서글픔도 없이 가고 가서 다시 되돌아 온다.

누우면 내 자리요 내 방이요 내 집이려니

그런데 우리 인간은 왜 그리 집착하고는 가고 가지 못하는가?

이 넓은 아름다운 맨리의 바닷가를 바라보노라니

인간은 한낱 바윗덩어리 하나에 불과한데

하늘의 태양이 뜨거울수록 바다의 푸르름은 더 진해진다

저 언덕 위의 빨간 지붕과 넓은 잔디로 평화로운 저 집은 누가 사는가?

저렇게도 평화롭게 사는 이도 있는데

왜 남의 시선에 신경을 곤두세우고 살았던가?

행글라이더, 서핑, 카누, 요트로 여유로운 호주 사람들의 평화가 보이네

푸른색, 초록색, 미색, 흰색, 분홍색 등

각양각색의 요트들이 자유로이 춤을 춘다.

5대양 - 인도양, 태평양, 대서양, 남극해, 북극해

7대주 - 아시아, 아프리카, 북아메리카, 남아메리카, 유럽, 오세아니아, +남극 대륙

　　　　01월 13일 (일) 웃지 않는 사람, AIY 집사님 내외, JUN 가정교육 ___
오늘 교회에서는 초청 목사님이 설교를 했다. 초청 목사님은 성가를 만들어 CD
를 내신 분으로, 간증하는 가운데 성가를 세 곡이나 불렀다. 목소리가 좋아서
아주 듣기 좋았다. 항상 웃어야 한다고 했다. **웃지 않는 사람은 이전에 받은 상처
가 있거나, 교만하거나, 자아가 강한 사람이라는 것이다.** 어디를 가든지, 어디에
있든지, 주님이 원하는 삶의 모습이 되도록 생각하고, 기도하고, 웃으며 살아야
한다는 것이다. 내가 좋아하는 고추장 돼지고기 볶음밥으로 점심 식사를 하고,
AIY 집사님이 이스트우드 아이스크림을 먹으러 가자고 했다. 처음 말씀하신 것

이어서 비가 오는데도 갔다. 두 분의 집사님 내외와 아이스크림을 먹으며 많은 이야기를 들었다. AIY 집사님은 5살 연상의 JS 집사님과 오랜 연애 끝에 결혼해서 살고 있는데 아이가 없다고 한다. JS 집사님은 여고 다닐 때 패거리를 만들어 담배도 피우고, 말 안 듣는 여자애들은 밤에 기다렸다가 두들겨 패서 꼼짝 못 하게 기를 죽였다고도 한다. 남편 AIY 집사님 또한 마음에 드는 여자가 있으면 그냥 두지 못하고 데리고 도망을 갔었다고 한다. 그래서 많은 여자들을 사귀었다고 했다. 그러나 지금 두 분은 아주 열심히 교회에 다니면서 사이가 좋으시고, 젊었을 때 그렇게 사셨는데도 지금 의젓하신 것을 보니 사람의 팔자는 알 수가 없었다. JS 집사님이 다음 주에 제 2탄을 이야기하겠다고 한다. 그렇게 재미나게 이야기를 하는 가운데 비가 많이 쏟아졌다. 호주는 이렇게 1시간만 비가 오면 막히는 곳이 많다고 했다. 오르락 내리락 하는 길이 많아서 그런 모양이다. 비가 조금 조용해졌을 때 빨리 집으로 왔다.

저녁에는 내일 인도로 가는 JUN 아빠를 위해 환송 파티를 했다. 맥주로 건배하면서 주로 JUN 교육 문제에 관해 이야기했다. 자식 사랑이라는 것이 일일이 간섭하면서 이래라, 저래서는 안 된다, 하지 마라, 그러지 마라 등으로 표현이 되는지 모르겠지만, 옆에서 듣는 우리는 지겨웠다. 그런데 24시간 그것을 듣는 아들은 얼마나 지겨울까 생각하니 아들이 불쌍했다. 우리는 JUN이 아빠 엄마가 자기를 개라고 생각한다는 충격적인 이야기는 하지 못하고, 단지 아들을 동물로 사육하지 말고 하나의 인격체로 대해 주라고 강조했다. JUN 엄마 아빠가 얼마나 변하게 될지 알 수 없지만…

01월 14일 (월) 남자 DN 바람, 중고 매매 ___ 어제는 비가 오후 내내 왔지만 오늘은 날이 활짝 개었다. 밝은 시드니가 더 밝아 보인다. 이 날씨 덕에 호주를 좋아하게 되겠구나 생각되었다. 주간지에는 이번 주에 호주 전 지역의 평균 기온이 39도가 될 것이고, 47도까지도 올라간다고도 하는데 오늘은 도리어 선선하기까지 하여 긴 트레이닝복을 꺼내 입었다.

오후에 SY한테서 전화가 왔는데 남자 DN이 바람이 났다고 한다. 내가 아는 DN은 단지 열심히 영어 공부를 하다가 작년 11월부터는 낚시 가고, 골프 치고, 청소해서 돈을 번다며 영어 공부 모임에도 나오지 않았었다. 그런데 웬 날벼락인가? SY가 한국에 가기 전 빌린 집을 청소하기 위해 DN에게 부탁했더니 오늘 11시에 견적을 내러 온다고 하여 주소를 휴대 전화에 찍어 주었다고 한다. 그런데 11시가 되기 전에 DN 부인이 먼저 나타나서 DN과 바람난 여자인가 싶어 왔다는 게 아닌가. SY 말에 따르면, 부인은 60세인 DN보다 늙어 보였고, 다리도 불편해 보였다고 한다.

DN이 도착했다는 전화를 받고, DN 부인은 2층 계단에 숨어서 기다렸다가, DN이 견적을 내고 가고 난 후, 다시 집으로 들어와 하소연하였다고 했다. 부인은 남편이 사용한 문자와 사진 등을 보여 주면서, 남편과 바람난 여자는 두 딸과 사는 기러기 엄마로 이름은 ES이며, DN과 함께 청소를 하다가 바람이 났다고 한다. 부인은 ES의 전화번호는 알고 있지만, 집 주소를 알아서 집으로 쳐들어가서 딸들에게 폭로하려고 한다고 했다. 오 마이 갓! 아이들 교육 때문에 먼 타국 호주까지 와서 교육은 얼마나 잘 시켰는지 모르지만 가정이 이렇게 엉망이 되면 교육을 시킨들 무슨 소용이 있으랴! 생각을 깊이 해 보아야 할 문제다.

시간은 많고 교육비는 비싸서 돈을 벌고 싶다 보니 문제가 발생하는 모양이다. 무슨 부귀영화를 보려고 그렇게 사나! 가족이라는 것이 함께 살면서 행복과 고통을 함께 나누는 것인데, 그리고 부모가 함께 살아도 아이들에게 문제가 생기는 판에 일부러 한 부모 밑에서 살 필요가 있을까 생각되었다. 작은 생각의 차이가 전혀 생각지도 못한 큰 결과를 가져올 수도 있다는 것을 여실히 보여 주었다. 한편 SY는 냉장고, 세탁기, 책상, 침대 등 중고 가구는 1,000달러에 사서 700달러에 다 팔았다고 한다.

Second Shop(중고가게) 만물상회 vinnices ___ 검정 원피스(12달러), 원피스 속에 입는 탑(5달러), 샌들(15달러), 스포츠화(20달러), 식탁보(4달러) 등을 샀다.

01월 15일 (화) 초밥, 돈을 아는 딸이었으면, 산책 ___ JUN 엄마가 초밥 집에서 일하면서, 점심 대용으로 받은 초밥을 몇 달이나 먹어서 질린다며 우리에게 갖다 주어 먹고 있다. 3개월 정도 계속 먹으면 질릴 것이라 했다.

한국에 있는 큰딸과 카톡을 하는데 지난주에 사위에게 호주로 송금하라고 1,000만 원을 인터넷뱅킹 해 두었는데, 오늘 호주로 송금하면서 내 생일이고, 음력설이라고 50만 원을 더 송금했다고 한다. 큰딸은 아직 집이 없어서 돈을 부지런히 모아야 하는데도, 젊어서 그런지 안달하거나 악착스럽게 살지 않고, 그냥 하고 싶은 대로 다 하고 살고 있다. 그것이 더 좋은지 모르겠으나 돈을 조금 아껴 쓰면 좋으련만…

오늘도 날씨는 선선하다. 저녁 7시가 넘어서 우리는 산책을 했다. 여전히 조용하고 깨끗하고 아름다운 동네다. 아직 방학이 2주 남았다. 특별한 일 없이 집에만 있다 보니 지겨울 것 같은데도 그렇지 않고 시간이 잘 간다. 낮에는 새소리, 밤에는 개구리소리, 적적할 겨를이 없다.

01월 16일 (수) 궁금한 세계 속의 Jewish ___ 유대인Jewish이 미국과 유럽을 지배한다고 하는데 어떻게 지배할 수 있었을까 궁금했다. 그래서《세계 속에 영향을 미친 유대인 100명》이란 책을 펼치게 되었다. 우리가 알고 있는 모세, 솔로몬, 예수님, 바울, 공산주의 창시자 카를 마르크스, 심리학자 프로이트, 화가 샤갈, 상대성 이론가 아인슈타인, 세계적 지휘자 번스타인, 외교가 키신저, 영화《쥐라기 공원》을 만든 스필버그 등 모두가 유대인이다.

노벨상을 수상한 사람 300명 가운데 93명이 유대인이고, 미국 인구의 2%가 유대인으로 미국 상위 400가족 중 24%, 최상위 40가족 중 42%를 차지하고 있단다. 미국의 변호사 70만 명 중 20%인 14만 명이, 뉴욕 중고등학교 교사 중 50%가, 국민투표로 당선된 미국 국회의원 535명 중 42명이 유대인이다. 미국 프린스턴 대학, 하버드 대학의 교수 중 25~35%가 유대인이며, 그중 총장을 비롯해 주요 행정 책임자의 90%가 유대인이다. 영향력이 있는 매스컴 뉴욕 타임스 사장 슐츠버그Shultzburger, 워싱턴포스트지 사장 캐서린 그레이엄Catherine Graham, 출판을 많이 하는 Random House(랜덤 하우스)사장도 유대인이라고 한다.

탈무드란 무엇인가?(Talmud의 힘) ___ 유대인들은 적으면서도 우수한 민족이 될 수 있었던 힘은 탈무드에서 나왔다. **탈무드는 '위대한 학문'**이라는 뜻이다. 유대인들은 **토라**(성경)대로 열심히 살다 보니 **미슈나**(예식서)가 생겼다. 미슈나대로 열심히 살다 보니 게마라(장로 유전 해석서)가 생겼다. **게마라**(토론)를 잘 정리하다 보니 **탈무드**Talmud가 생겼다. 하나님의 뜻대로 살다 보니 생긴 아름다운 이야기들이다.

탈무드는 어떻게 형성되었나? ___ 솔로몬이 죽은 후 BC 931년 이스라엘이 분열되어 이스라엘과 유다로 갈라졌다. 그 후 722년 아수르는 북 왕국을 멸망시켰다. 140년 후 586년 아수르를 멸망시킨 바빌론이 남 왕국을 멸망시켰다. 586년 성전이 무너졌다. 에스겔을 중심으로 에스겔 집에 장로들이 모여 기도하고 토라를 공부하기 시작하였다. 이들은 구전으로 내려오던 모든 사실들을 모으기 시작하였다. 이들을 탄나임이라고 불렀다. 미슈나를 가지고 토론하였다. 토론하는 이들을 아모라임이라고 불렀다. 토론을 게마라라고 불렀다. **토론한 내용을 기록한 것을 '탈무드'**라고 불렀다. 한동안 탈무드는 손으로 써서 전달되었다. 그러나 1240년 로마 교황 그레고리우스 9세는 탈무드를 불태우라고 명령하였다. 그 후 여러 교황에 의하여 손으로 쓴 탈무드 수만 권이 불타 없어졌다. 탈무드가 처음으로 인쇄된 것은 1482년 스페인 과달라하라에서였다. 그 후 10년 뒤 1492년 콜럼버스가 아메리카 대륙을 발견하던 해에 스페인 왕은 유대인들을 추방하였다. 유대인들도 콜럼버스처럼 유랑 길에 올랐다. 그때 탈무드를 가지고 있는 유대인은 무조건 사형을 시켰다. 그래서 유대인들은 탈무드를 땅속에 묻었다. 최근 그것이 발견되고 있다.

\# 팔레스타인 탈무드 또는 예루살렘 탈무드는 1523~1524년 베네치아에서 처음으로 인쇄되었다. \# 바벨론 탈무드는 1482년 스페인에서 인쇄되었다. \# 1886년 빌뉴스에서 처음으로 표준 탈무드가 발간되었다. 탈무드를 연구하는 랍비들은 대부분 세속적인 직업을 두고 연구하였으며, 수공업자, 대장장이, 도예업자, 농부, 상인, 재봉사 등의 직업을 가지고 있었다. 그들은 자기 직업에 충실하면서 탈무드를 집필하였다. 바울도 선교사지만 텐트를 깁는 기술이 있었다.

탈무드 내용 ___ 탈무드는 지금까지 63권 발간되었는데 72권을 목표로 발간되고 있다. 탈무드는 두 부분으로 나누어진다. 첫 부분인 할라카Halacha는 탈무드의 3분의 2가량인 **모세오경**을 해석한 부분이다. 둘째 부분 아가다Agada는 **지혜**를 모은 부분이다. 탈무드는 모두 6부, 63제, 525장, 4,187절로 1만 2천 페이지에 달한다. 탈무드 제 1권 1페이지는 백지다. 2페이지부터 시작되는데, '**항상 반복하여 읽는 책**'의 의미라고 한다. 1은 시작을 의미한다. 탈무드는 시작도 없고 끝도 없다. 탈무드는 대략 2,000명 정도의 랍비들이 600년 걸려서 정리하여 완성하였다. 베껴 쓰는 데만 100년 걸렸다. 큰 절판 소 인쇄체로 3만 페이지에 달하고, 100만 단어가 들어 있다. 유대 생활의 백과사전으로, 건강, 의약, 법률, 윤리, 종교적 실행, 역사, 전기, 천문학, 생물학, 자선 등이 총 망라되어 있다.

01월 17일 (목) Jewish, 탈무드의 힘은? ___ 탈무드의 힘은 **믿음**, 기도, **토라**(말씀), 유머, 가정, 돈, **지혜**, 교육, 연합에서 나온다.

유대인들은 '**기도의 민족**'인 것이 특징이다. 하루에 세 번씩 9시, 12시, 3시에 기도한다. 유대인들은 조상 아브라함을 본받아 하나님의 말씀을 받아 그대로 살아가는 사람들이다. 유대인들의 '**말씀**' 교육은 탁월하다. 그들이 미국 땅에 도착했을 때 우선 회당을 짓고, 두 번째로 성경 학교를 지었고 다음에 자기 집을 지었다. 미국 하버드, 예일, 프린스턴은 모두 이들이 성경을 공부하기 위하여 세운 학교다. 그 후로 300년간 미국의 교육을 주도하고 세계 선교를 이끌고 있다. 유대인들의 문명을 지켜온 원동력은 **토라**(말씀)교육이다. 1900년 동안 나라를 잃어버리고 이 나라 저 나라로 유랑하면서도 항상 몸에 지니고 다녔던 것은 **성경 토라와 탈무드**였다. 아버지가 철저히 자녀에게 교육했다. 그래서 '**세대 격차가 전혀 없는 민족**'이 유대 민족이다. 말씀은 능력이다. 그래서 유대인들은 문에 말씀 상자 메주자Mezuzah를 달아 두고 나갈 때 들어 올 때 입을 맞춘다. 또 이마에도 메주자를 달고 다닌다. 팔에는 테피린을 맨다. 말씀 중심으로 살겠다는 다짐이다. 유대인들은 온 세계를 자기들이 지배할 것이라고 믿고 있다. 하나님이 토라를 쓰라고 하셨기 때문에 인쇄된 토라는 금물이다.

유머에서 힘이 나온다 ___ 아브라함은 99살에 하나님께서 아들을 주신다고 할 때 웃었다.

"아브라함이 엎드리어 웃으며 심중에 이르되 백 세 된 사람이 어찌 자식을 낳을까? 사라는 구십 세니 어찌 생산하리요 하고"(창 17:17)

유대인들은 조상 아브라함의 피가 흐르고 있다. 그래서 항상 웃는다. **어떤 환경에서도 웃을 수 있다는 것은 힘이고, 능력이다.** 특별히 웃지 말아야 할 절기가 있다. 자신의 영을 괴롭게 하는 회개의 절기인 대 속죄일이나 성전 파괴일 외에는 항상 웃고 산다. 이유는 하나다. 유대인들은 하나님이 태양처럼 밝고 즐거우신 분이시고, 항상 웃는 분이라고 알고 있기 때문이다. 그래서 탈무드에도 유머가 많이 등장하고 있다.

가정에서 힘이 나온다 ___ 유대인들은 교회보다 가정이 더 거룩한 성소로 여기며, **가정에서 힘이 나온다**고 말한다. 유대인들의 집 출입문 오른쪽 문설주에 붙어 있는 메주자는 땅에서 약 1.5m 지점에 약 10㎝ 길이로 나무나 금속 유리 등으로 만들어진 윷 모양의 장식이다. 이 메주자가 달린 집은 다 유대인이 사는 집으로 2천 년 이상 된 풍습이다. 메주자가 달려 있다는 의미는 집을 성소로 여긴다는 의미이다. 많은 유대인들이 회당에는 특별한 때만 간다. 그러나 신앙적 행동이나 예식은 회당보다 더 많은 신앙생활을 하는 가정이 성소다. 그래서 부모는 훌륭한 교사다.

돈에서 힘이 나온다 ___ 유대인들은 돈에서 힘이 나온다고 여겨 돈에 대한 속담이 많다. 몇 가지를 살펴보았다.

성경은 빛을 주고 돈은 온기를 준다 / 돈으로 행복을 살 수는 없지만, 행복을 불러오는 데 큰 역할을 한다 / 돈이 인생의 전부가 아니라고 말하는 사람에게는 죽을 때까지 돈이 쌓이지 않는다 / 집안에 돈이 있으면, 집안에 평화가 있다 / 인간의 동물과 다른 점은 돈 걱정을 한다는 것이다 / 랍비가 길거리에 설교하는 것보다 10달러씩 준다면 더 인기가 좋다 / 부자가 되는 길이 있다. 내일 할 일을 오늘 하고, 오늘 먹을 것을 내일 먹으면 된다.

지혜에서 힘이 나온다 ___ "지혜의 그늘에서 사는 것이 돈의 그늘에서 사는 것이다. 사람은 지혜가 있어야 틀림이 없다. 인생의 길을 깨친 사람이라야 이런 이득을 본다."(전 7:12)

그래서 그들은 우렁차게 외치고 있다. 생각의 동맥 경화를 뚫어라. 이것이 지혜다. 그러면 모든 것이 풀린다는 것이다. 이렇게 해서 천재가 가장 많은 민족이 되었다. 유대인들은 '지혜가 없는 사람에게 운명의 여신은 미소를 주지 않는다'고 말한다.

교육에서 힘이 나온다 ___ 유대인들의 교육은 세상을 변화시킨다. 유대인들 교육의 일차 교사는 아버지로 공급자Supplier, 보호자Protector, 인도자Guider, 훈계자Instructor의 네 기능이 있다. **유대인들은 책을 사랑한다.** '옷을 팔아서 책을 사라'(Solomon,1992,93) 이스라엘에는 헌책방이 없다. 한 번 산책은 팔지 않는다. 줄망정 팔지 않는다. '사람은 책을 만들고 책은 사람을 만든다', '만일 책과 돈이 동시에 바닥에 떨어져 있으면 책부터 집어 올려라'(Solomon,1992,95), '20년 배운 것도 배우기를 중단하면 2년이면 다 잊는다' 등 유대인들의 교육은 '남을 이기라'가 아니라 **'남과 다르게 되라'**이다. 유대인 어머니의 교육열은 대단하다. 얼마나 극성스러운지 '주이시 맘Jewish Mom'이라는 단어가 생겨날 정도다. 자녀들에게 최초의 교육자는 어머니라는 자부심과 의무감을 가지고 있다. 유대인 어머니들은 '자녀들을 남들과 똑같이 키우지 않고, 각자의 장점을 찾아 개발해 준다'는 교육관이 있다. **아인슈타인**은 네 살 되도록 말도 제대로 못 해 저능아라는 소리를 들을 정도의 부진아로, 학교에서도 제대로 적응을 못 하였다. 그래서 성적표에는 '이 학생은 지적 능력이 낮아 앞으로 어떤 공부를 해도 성공할 가능성이 없음'이라고 적혀 있었다. 그러나 이런 성적표를 받고도 **아인슈타인의 어머니**는 얼굴을 찡그리지 않았다. "걱정할 것 없다. 남과 같아지려면 결코 남보다 나아질 수 없는 법이다. 그러나 너는 남과 다르기 때문에 기필코 훌륭한 사람이 될 것이다" 이렇게 격려하고, 아인슈타인을 천재로 만들었다. 티쿤 올람Tikun Olam은 유대인 신앙의 기본 원리로 '세계를 고친다'는 뜻의 히브리어다. 하나님의 파트너로서 세상을 개선하고 완벽하게 만들어야 하는 인간의 책임 의식을 강조한 말이다. 이것이 유대인의 교육 이념이다.

연합에서 힘이 나온다 ___ 지구상에서 가장 단결이 잘 되는 민족이 유대인들이다. 이를 '고리론'이라고 한다. 고리는 한 개만 끊어져도 사용할 수 없다. 이스라엘 백성들 한 명 한 명이 다 고리이다. 그래서 배를 타고 가다가 유대인이 빠져 시체가 떠내려가면 돈이 얼마가 들든지 찾아내고 만다. 이스라엘 백성들을 하나로 묶고 있는 곳이 통곡의 벽으로, 24시간 인터넷으로 중계한다. 온 세계에 흩어져 사는 유대인들은 통곡의 벽을 보며 같이 기도한다.

01월 18일 (금) 한국마트, Target, Roy young chemist, 사람의 종류, 영상 47도 ___ 점심 때 도담 선배님이 냉면을 먹자고 하여 채스우드로 갔다. 먼저 마트 두 곳에 들러서 필요한 것을 샀다. 라면 같은 후루루 국수 다섯 개들이 네 봉지. 수박과 멜론, 그리고 돼지고기와 차돌박이, 숙주와 고사리, 김치를 비롯해 파, 양파, 부추 등을 담았다. 그리고 웨스트 필드에 있는 타깃Target에서 베개 커버와 소파에 깔 패드도 사고, 로이 영 케미스트Roy young chemist에서 루테인을 샀다. 쇼핑을 마친 우리는 냉면을 먹고, 커피도 마셨다. 도담 선배님을 만나면 많은 것을 배운다. 오늘은 사람의 종류에 대한 이야기를 들려주었다. 한 사람은 진실하고 정직하여서, 나중에 주위 사람들이 도와주어 성공하게 된다는 것이고, 다른 한 사람은 총알이 날아오면 엎드리고, 먹을 것이 있으면 덥석 먹는다는 사람이다.

오늘 날씨가 예보로는 38도였는데, 휴대 전화의 날씨를 보니까 47도였다. 한국의 사우나실 수준이다. 처음으로 41도였을 때는 힘들었으나, 오늘은 견딜 수 있는 여유가 생겼다. 도담 선배는 호주에서 25년 만에 처음 보는 더위라고 하였다. 호주가 항상 이렇지는 않았나 보다.

01월 19일 (토) 교환 교수 환송회, 생활을 단순화 ___ SKY 부부와 2월에 한국 돌아가는 S대 교수 부부를 저녁에 초대했다. 맥주와 함께 육개장과 부침개, 돼지고기 볶음과 상추, 과일 샐러드로 식사하고, 수박을 먹으면서 시간 가는 줄 모르고 얘기했다. 서울대 교수는 호주의 주 정부를 상대로 장문의 편지를 써서 두 아이의 등록금(고등학생, 중학생)을 받아냈다고 한다. '월급이 한국에서 나오고, 호주에 와서 1년간 일을 하는데, 아이들 등록금도 내야 되고 집값과 생활비는 비싸 생활하기가 어렵다. 그러므로 등록금이라도 내지 않게 해 달라'고 호주 정부에 편지해서 승낙을 받아내고 낸 돈 역시 즉시 돌려받았으며, 그다음부터는 등록금을 내지 않았다고 한다. 또 SY는 해외에 나가면 먼저 식료품점 Grocery을 알아보고 김치를 담그고, 책을 빌리기 위해서 도서관 카드를 만든다고 하였다. 그리고 편리한 생활을 하도록 빨리 준비하는 것이 돈 버는 길이고, 빨리 적응하는 비결이라고 했다. 또 부부가 싸우면 금이 간다. 마음에 없는 말도 하게 되고, 싸우고 나서 풀려면 어색하고, 순간만 지나면 이해되고 풀어진다. 싸움은 인생에 도움이 전혀 안 된다. 남편은 친구 같아야 하고, 말하지 않아도 한 곳을 함께 바라보고 살아야 한다고 했다. 나쁜 짓을 하더라도 '내버려두면 돼!', '내가 벌주지 않아도 벌을 받더라' 등 살아온 삶의 경험을 이야기하였다. 나보다 젊어서 똑 소리가 났다.

아 피곤하다. 이제 당분간 식사 초대는 그만해야겠다. 글을 쓰고 책, 주간지, 인터넷 등 뭔가를 보는 것이 더 즐겁다. 남편도 번역을 하면서부터 나돌아 다니는 것을 싫어하였고, 더구나 날씨도 더워서 조용히 방에 있는 것이 더 편안하다.

이제는 점차 생활에서 '하고 싶은 것과 하고 싶지 않은 것'이 구분되어 간다. 10년 전 일본 디즈니랜드에 가고 난 이후 유원지는 절대 가지 않는다. 그리고 지난 9월 초 그레이트 오션 로드에 가서 헬리콥터를 타 본 이후 별 감동이 없어 앞으로는 헬리콥터를 타지 않겠다고 마음먹었다. 또 지난 토요일에 간 낚시 이후 교회에서 공식적으로 가는 낚시 외에는 가지 말아야겠다고 마음먹었다. 골프는 아직 결정을 못 했다. 더 해 보고 생각해야겠다. 점차 하고 싶은 것만 할 수 있는 생활로 더 단순화하자.

01월 20일 (일) 나는 과연 무엇으로 사는가? So what(어떡하라고)? ___ 목사님의 오늘 설교는 "사람은 과연 무엇으로 사는가?"였다. 세계관, 인생관, 가치관이 다 포함된 질문인데, 인간은 보는 것으로, 아는 것으로, 느끼는 것으로, 믿음으로 산다는 것이다. 나는 과연 정말로 무엇으로 살고 있는가? 정성을 들일만 한 가치가 있나 없나를 먼저 생각하고, 또한 마음에 어떤 느낌으로 와 닿는지를 파악해서, 마음이 가는 대로 말하고, 행동하려고 노력하며 살아야지. 그러나 아직 믿음으로는 살지 못하고 있다. 타인에 이끌려 살면서 "So what(어떡하라고)?"하지 말고 삶을 자기 주도적으로 살아야겠다.

01월 21일 (월) 두 번 가게 된 East Wood(SINI & UB와 막걸리) ___ SY와 이스트우드 시니SINI에 갔다. SY는 어그 부츠(140달러), 양모 이불(더블 사이즈 140달러. 퀸 사이즈 160달러)과 양모 베개(25달러), 고동색 태반 크림(5달러), 세럼(20달러), 여드름도 없어지는 크림(50달러) 등을 샀다. 또 SY는 아는 사람들에게 선물하기 위해서 부담 없이 줄 수 있는 태반 크림을 20개 샀다. 여기서는 5달러(6,000원)인데 한국에서는 35,000원이나 한다고 한다. 물건을 사면 택배비는 무료이다. 한국으로 이삿짐을 부칠 때는 상자도 주고, 집으로 가지러 온다고 한다. 채스우드 택배와 가격은 같은데 상자도 주고 가지러 오기 때문에 이스트우드가 더 편리한 것 같았다. 나도 세럼과 크림을 사고, 덤으로 태반 크림을 하나 얻었다. SY와 딸 Jane과 함께 '맛있는 세상'이라는 식당에서 칼국수를 먹었다.

저녁때 도담 선배한테서 전화가 왔다. 우보님이 이스트우드에 있는 갈빗집으로 오라고 한다고 했다. 막걸리 여섯 병과 소갈비 5인분을 먹었다. 그리고 2차로 프라우스에 가서 아이스크림을 먹었다. 그리고는 우보님을 집에 모셔다 드리고, 도담 선배님도 모셔다 드리고, 집으로 왔다. 오늘은 운전을 많이 해서 뒷머리가 뻐근했다.

01월 22일 (화) 고려대학교 시드니 교우회 신년 하례식 ___ 고려대학교 시드니 교우회 신년 하례식이다. 처음 보는 선후배들이고, 한번 밖에 가지 못하는 모임인데다가, 회비를 100달러나 내면서까지 갈 필요가 있느냐면서 처음에는 도담 선배가 가지 말라고 하였다. 그러다가 교우회 회장에게 50달러만 받으라고 했다고 하면서 가자고 했다. 그래서 오후 5시 30분 에핑으로 갔다. 치킨과 맥주를 파는 곳인데 막걸리, 와인, 맥주와 함께 한식 뷔페로 저녁을 먹었다. 부인들은 10명, 교우회 회원들은 40명 정도 되었다. 저녁을 먹고 회의에 들어가 새 회장을 뽑고, 사회를 보는 사람이 순서 없이 회원들을 한 사람씩 소개하면서 마이크를 돌렸다. 74세 된 신일고등학교 교사였던 분 말씀이 "북경대 교수가 2015년에는 남한에서 한국을 통일시켜서, 시베리아 벌판을 개발하여 석유를 우리나라가 공짜로 사용할 수 있도록 한다"고 했다. 정말 꿈같은 이야기인데 기분은 좋았다. 마지막으로 제일 젊은 교우인 워킹홀리데이 학생의 선창으로 고대 응원 구호를 함께 외치고, 막걸리 찬가와 승리가를 부르고, 마지막으로 교가를 불렀다. 80세가 넘는 분들부터 20대 초반까지 함께 하는 모임에서 함께 막걸리 찬가를 부르는 것은 멋있고 전통이 있어 보기가 좋았다.

01월 23일 (수) 호주 시골 Armidale 기차표 예매, YHA 카드 ___ 미루고 미루던 아미데일Armidale (country link로 8시간 소요) 가는 기차표 예매를 하기 위해 센트럴 역으로 갔다. 센트럴 역 1번 출구로 나와서 요금이 얼마인지 확인했다. 1인당 왕복 132달러인데, YHA 카드가 있으면 10% 할인되어 119달러이다. 일단은 얼마나 여행할 수 있을지 모르겠으나 캔버라도 가야 하고, 숙박도 해야 하므로 YHA카드를 만들고자 피트 스트리트Pitt Street에서 11 로슨 플레이스Rawson Place 와 만나는 코너에 있는 YHA 여행사를 찾아갔다. 이전에 일일 여행에서 만난 워 킹홀리데이 학생이 가르쳐 준 주소였는데 쉽게 찾았다. YHA 카드는 26세 이하는 32달러, 26세가 넘으면 42달러였다. 한국에서는 2만 원(?) 정도 한다는 얘기를 들 었는데 만들어 올 걸 하였으나 지금은 가격이 올랐으리라는 생각도 들었다.

01월 24일 (목) 에어즈 록 6박 7일 여행 계획, 아스피린, 루카스 Lucas ___ 시드니에서 에어즈 록을 갔다가 애들레이드를 들러서 오는 여정을 짜 보았다. 애버리지니가 가장 많이 살고 있는 앨리스스프링스Alice springs까지 비행기(300달러, 3시간 20분)로 가서 1박(120달러)을 하고, 에어즈 록 2박 3일 투어(350 달러 : 에어즈 록까지 버스로 5시간 30분)를 하고, 다시 앨리스스프링스로 와서 1박(120달 러)을 하고, 애들레이드Adelaide까지 비행기(230달러, 2시간)로 가서 1박을 하고, 애 들레이드에서 더간 기차(441달러, 24시간, 비행기로는 1시간 40분)를 타고, 시드니로 돌 아온다. 일단을 계획을 세웠으나 좀 더 생각을 해 보자.

아스피린은 심장과 뇌졸중 예방, 심장마비 방지를 위해서는 복용을 권하고 있으나, 10년 동안 정기적으 로 장기 복용 시에는 연령과 관련된 **황반변성의 위험 률이 높아진다**(시드니 대학 연구진). 황반변성은 눈의 황 반부에 변성이 일어나 실명과 같은 시력 장애를 일으 키는 질환으로 주된 원인은 연령 증가, 가족력, 인종, 흡연과 관련이 있다고 한다.

루카스는 빨간색 통에 들어 있으며, 자연 성분으로 땀띠, 벌레 물린 곳 등에 만병통치약이라고 한다.

01월 25일 (금) 우보님과 도담 선배님과 골프 ___ 솔직히 골프는 별로 가고 싶은 마음은 없는데 어울리는 맛에 갔다. 남편과 나의 수준에서는 전혀 알 수 없는 많은 것을 사업가인 우보님께 듣고 싶어 어울리려고 하는 것이고, 또한 그런 사람들은 어떻게 살아가고 있는지도 알고 싶은 것이다. 도담 선배 또한 많은 것을 알게 해 준다. 보통 사람들이 생각은 하지만 실천이 잘 되지 않는 것을 도담 선배는 실제로 행하는 사람이기 때문이다. 도담 선배 부인은 골프를 함께 하지 않았다. 게임에서 1등(40달러), 2등(35달러)을 해서 상금을 타는 사람이 우리 같은 초보자와 치려면 재미가 없을 것은 충분히 이해되는 부분이다.

우보 가라사대 ___ 최선을 다해서, 최고가 되라. 그러면 돈은 저절로 따라온다. 그리고 사람은 남이 만들어주는 것이지, 자신이 만드는 것은 아니다. 네덜란드와 뉴질랜드는 성이 개방되어 있다. 뉴질랜드 사람들은 동네에서 서로 돌아가며 부부 관계를 한다고 한다. 그래서 누구의 자식인지도 모르며, 국가적으로 친자 감별이 금지되어 있다고 한다. 그래서 호주로 일부는 친자 감별을 하러 오기도 하지만, 양자도 들이기 때문에 별 문제가 되지 않는다. 또한 유대인이 세계를 지배하는 것은 '석유와 무기와 금융' 때문이었다고 하였다.

역사학자인 도담 선배 가라사대 - 내 마누라, 내공, 역사 ___ 내 마누라가 어떻게 생각을 하든 상관하지 않고, "내가 내 마누라에게 잘하지 않으면 누가 잘하겠느냐. 그리고 다른 사람이 잘해 준들 그것이 무슨 소용이 있느냐"라는 것이다. 그래서 자기는 최대한 잘해 준다고 한다. 그리고 나이 들어 아는 것이 없이 무지하면 창피하다. 그래서 가치를 느낄 수 있는 내공을 쌓아야 한다. 그러면 안 올 수도 있지만 국운이 올 때가 있다. 또한 내공이 쌓이게 되면, 대통령이 내 어깨를 툭 쳤을 때, 나도 대통령 어깨를 툭 칠 수 있게 된다는 것이다. 누구든 더 높게 볼 필요도 없고, 공평한 눈으로 보는 것이다. 그러면 그 어떤 것에도 구애받지 않고 살게 된다. 또 가치가 있는 일만 한다. 그 가치가 있는지 없는지도 내가 정한다. 가치가 왔을 때 뭔가를 한다. **"공이 날아왔을 때 칠 수 있는 내공!"**, 즉 '**깊은 철학**'이 있다면 무엇을 해도 상관이 없다. 그리고 역사적으로 볼 때 삼국통일을 백제가 했든 신라가 했든 지금에 와서 무슨 상관이 있느냐. 그와 마찬가지로 **남북통일**을 북한에서 하든 남한에서 하든 미래에 역사적으로 보았을 때 아무 상관이 없다는 것이었다. 나는 상상도 하지 못할 참으로 역사학자적인 생각이었다. 또한 문학은 마지막에 할 것이 없을 때 하는 것이고, 열등한 사람이 하는 것이다. 작가는 화가 많은 사람은 못 쓴다. 내려놓아야만 쓸 수 있다. 남이 나를 알아주지 않는 것이 서러우나 실제로는 내가 남을 알아주어야 한다. 남도 알아주지 않으면서, 남이 나를 알아주기를 기대해서는 안 된다는 것이다. 그리고 인격 형성에 가장 중요한 것은 '**자연환경**'이라고도 하셨다.

01월 26일 (토) Anniversary Day, Pamela에게 편지 ___ 오늘은 호주의 **개천절**이다. 그러나 원주민들에게는 영국에게 침범당한 날이다. 아이러니하게도 원주민이 아닌 호주인은 이 날을 기념하기 위해서 각 국가 기관에서 호주를 위해서 일을 한 사람들에게 많은 상을 주기도 하고, 여러 가지 축제도 거행된다고 하는데, 하루 종일 비가 와서 가 보지는 못했다.

Pamela가 성탄절 때 선물로 '얼굴 팩' 준 것을 사용하고는 고맙다며 며칠 전에 조그마한 편지가 오고, 오늘은 전화가 왔다. 다른 사람들과 함께 3월 16일에 초대한다는 것이다. 의사소통이 되어 약속이 제대로 되었는지 걱정스러워 하는 것 같아서 답장을 썼다.

Dear Pamela ! We hope you will have "Happy new year" with your husband. I appreciated letter from you. So we were glad. We(you&I) made appointment to see with other couples on phone. The meeting time is at 7 o'clock on 16th March. We will memorize the date. And then we will see you on 7th February at ELS class. How have you been nowadays? We had free time at home, sometimes fishing and golfing. Thanks a lot. From Soyoung and White.

01월 27일 (일) "인생의 목적은 자신 Destiny를 발견하고 이루어 가는 것!"＿ 한국 수원 하나교회 K 목사님이 호주로 '아시아인들의 Breakthrough(돌파, 발전)'에 대해 강의하러 오셨다가 우리 J 목사님과의 인연으로 우리 교회까지 설교하러 오셨다. 주제는 Destiny(Fate : 운명)였다. 미국에서 공부하신 분이라 한두 마디 하는 영어 실력이 대단해 보였다. "인생의 목적은 자신의 Destiny를 발견하고 이루어 가는 것이다"라고 했다. 차원이 높은 철학을 바탕으로 이야기하는 것 같았다. 거기에다가 어떤 고통이 따르더라도 기쁨과 즐거움이 있다면 그것은 하느님의 계획된 Destiny라는 것이다. Destiny를 발견하는 것이 Vision인데, 하느님의 계획에 동참하는 것이 Vision이고, 동참하지 않는 것은 '야망'이라고 하였다. 내 '생각과 야망'을 내려놓아야만, 하느님의 계획이 이루어지고, 우리 앞에 광야가 있다 하여도 Throughout(처음부터 끝까지 돌파)할 수 있다고 했다. 나에게는 거창한 말씀이었다.

01월 28일 (월) 좋아하는 빗소리, 정 사장이 저녁 초대, Pensioner ＿
하얀 눈은 빨랫줄 위로 소복이 쌓이지만
맑은 비는 빨랫줄 아래에 소복이 매달려 있다.
비오는 이아침에 쉽게 알지 못하는 아주 위대한 것을 발견한 양 신기했다.
어제 그제 밤부터 내린 비는 어두움이 가득한 이 밤에도 아직 내린다.
호주 하늘은 구멍이 뚫렸나?

서울 6층 아파트에서는 땅바닥이나 시멘트 바닥에 부딪히는
내가 좋아하는 **빗소리**가 들리지 않는다.
그런데 지금 방안에서는 바로 옆에서 빗소리가 들리니
마음은 안정을 찾고, 정신은 맑아진다.

그동안 너무 외적인 이벤트에만 관심을 가졌다.

이젠 내공을 쌓는 데 내실을 기해 보자.

정 사장님 부부가 한국을 다녀와서 도담 선배 부부와 함께 저녁을 먹자고 했다. 줄기차게 오는 비도 만나서 즐기고자 하는 욕구를 이기진 못했다. 와인과 함께 타이 음식을 먹으면서 즐겁게 이런저런 이야기를 하였다. 2차로 맥도날드에 가서 커피를 마셨는데 호주 영주권이 있는 연금 수령자Pensioner들은 무료라고 한다. 호주 사람들은 만 60세가 넘어서 받는 여러 가지 혜택을 자랑스러워하는 반면에, 우리나라에서는 65세가 넘어 받는 혜택을 남이 모르게 받거나 안 받으려고 하는 것이 다른 것 같다. 나는 65세가 되면 당당하게 혜택을 받아야지.

01월 29일 (화) Pamela 편지 배달, RTA 등록 갱신 허탕 __ 아침에 일어나니 언제 비가 왔느냐는 듯 맑아 하늘이 거짓말을 하고 있는 것 같았다. 맑고 깨끗한 하늘에 바람이 분다. 토요일에 써 놓은 Pamela 편지를 내비게이션을 보면서 핌블Pymble 집으로 직접 갖다 주러 갔다. Pamela 집인지 확실치 않아 전화했더니 남편이 밖으로 나와서, 화요일은 Pamela가 헬스클럽에 가는 날이라고 했다. Pamela 남편은 아주 건장하게 잘생기셨다. 약속을 하지 않으면 들어와서 차 한 잔 하자는 말도 없는 호주 사람들이란 것을 알기 때문에 편지만 주고, 3월 16일에 만나자고 하고 돌아왔다. 오는 길에 채스우드 RTA에 가서 등록 증명서Registration Certification를 갱신하고자 자동차 보험Green Slip, personal injury insurance과 자동차 등록비를 내러 갔는데, 자동차 점검Inspection state 증명서도 있어야 한다고 했다. 그래서 허탕을 쳤다. 정비 기술자가 점검한 증명서Pink Slip를 받아오라는 것이다. 내일 기술자Mechanic에게 가기로 하고, 저번부터 한번 사 먹어야지 했던 중국에서 먹어본 오리고기 반 마리를 14.3달러에 사서 집에 와서 맛있게 먹었다.

01월 30일 (수) 남편의 번역 작업 1차 마무리 __ 남편은 1월 3일부터 서울대를 졸업하고 위스콘신 대학교에서 박사 학위를 받아 미네소타 주의 세인트 토마스 대학에 있는 한국인 여자 교수가 쓴 책을 번역하기 시작했다. 《비판적 교육학은 사회 변화를 가져올 수 있는가?)라는 7장으로 된 것을 거의 한 달 가까이 새벽 서너 시에 자면서 피 터지게 번역 작업을 했다. 오늘 일단 1차 마무리가 되어 남편은 홀가분하다고 했다. 이제 여러 번 수정하고, 저자가 쓴 내용에서 이해가 안 되는 부분은 메일로 직접 묻고, 저자 서문도 받기로 했다고 한다. 이제 한국에 있는 출판사가 미국에 책 나온 출판사와 계약하는 시간이 걸린다고 한다. 일단은 저자와 이야기가 되었으니 조만간 책이 될 것 같았다. 영어를 공부하면서 전공도 번역하다 보니 시간이 아주 잘 간다고 했다.

01월 31일 (목) Mechanic, Registration Renew(등록 갱신), Smash
___ 자동차 점검 증명서를 받기 위해서 11시에 이스트우드 정비소에 갔다. 정비 기술자는 무슨 기계를 가지고 차를 타더니 한 바퀴 돌고 와서, 앞과 뒤에 불이 들어오나 확인하고는 35달러 내라고 했다. 그러고는 점검 증명서인 Pink slip을 발부해 주었다. 그것과 타인 보험Green slip (800달러)과 등록Registration 증명서를 가지고 RTA에 가서 280달러를 내면서 등록했는데, 2013년부터는 제도가 바뀌어 차 앞 유리 왼쪽 상단에 부치는 스티커 발부를 안 한다고 한다.

그리고 옥션에서 차를 살 때부터 왼쪽 뒷문 옆쪽에 상처가 있는 것을 7월에 팔려고 하면 문제가 될까 봐 시드니에서 제일 친절하고, 작업도 잘하고, 싸게 해 준다고 하는 Smash Repairs에 가서 견적을 한 번 내보았다. 400달러를 내라고 했다. 그런데 가만히 생각해 보니 6개월 사용하는 동안에 또 문제가 생길 수 있어서 차를 팔 7월에 가서 하기로 하고 그냥 집으로 왔다.

판금 회사 : Smash Repairs Pty(Proprietary 독점) Ltd(Limited 회사)

6개월 살아 보니 ___ 이제는 내 소신대로, 하고 싶은 대로 그 어떤 것에도 구애받지 않고 살고 싶다. 그리고 매일 매일을 정리하다 보니 내가 살아 있음을

199

느낀다. 또한 내 행동과 생각에 여유가 생기며, 정돈된 생각과 느낌으로 하루하루를 만들어 가면서 살 수가 있다. 그리고 필요한 말만 하게 되고, 다른 사람들을 여유 있게 보아 줄 수 있는 아량도 생긴다. 또한 호주에서의 생활은 나를 자세히 들여다볼 수 있게 하였다. 한결같은 사람! 항상 그 자리에 그대로 있는 사람이 되고 싶다.

내가 '바라보는 것'이
나를 지배한다.

02월 01일 (금) Armidale, 기차로 8시간 ___ 고려대 후배이면서 경희대 교환 교수가 사는 아미데일로 2박 3일 여행을 갔다. 기차로 8시간이나 걸렸다. 센트럴 역에서 여유 있게 커피를 한 잔 마시고, 1번 플랫폼에서 기차 B 칸을 타고 자리를 찾아 앉았다. 8시간을 가기에는 불편하지 않을까 걱정했으나 우리나라 KTX보다는 공간이 넓었다. 기차가 출발했다. 그러나 어떤 기대도 하지 않고 그냥 떠났다. 단지 미지의 세계에 대한 호기심으로. 아미데일! 그곳도 사람이 사는 곳. 그래 그냥 방랑자로! 아침에 집에서 나오기 전에 번개가 치면서 소나기가 한바탕 퍼부었는데, 지금은 약간 흐리기는 해도 비는 오지 않았다. 바람이 계속 불어 숲의 나무들이 흔들린다. 잠깐 비가 내리고 나서는 날씨가 맑아졌다. 2시간 정도 지나다 보니 넓은 벌판이 나왔다. 자연이 숨 쉬는 곳! 하늘의 구름이 무척 아름답다. 하늘이 이렇게 넓은 줄은 정말 몰랐다. 설탕 과자 같은 구름이 내 머리 위에 살포시 지나간다. 이 기차로 세계 구석구석 한 바퀴 돌고 싶다. 기차에서 식사가 준비되었다고 사 먹으라는 방송이 들리면서, 배가 고프다고 내 배꼽시계가 울린다. 준비해 온 빵과 천도복숭아와 과자로 배를 채웠다. 그러나 따뜻한 무엇인가가 먹고 싶었다. 뷔페라고 적힌 식당차로 갔더니 냉동식품을 녹이는 데 1시간이 걸린다고 한다. 미리 주문하고 기다리라는 것이다. 스파게티, 카레밥 등 다양하게 있으나 냉동식품이라 먹고 싶지 않아서, 터키 음식인 케밥을 사서 먹었다.

어느 역에선가 우리 옆자리에 애버리지니(원주민) 남자가 의자와 조그마한 스테인리스 가방과 큰 나무통 **디저리두**Didgeridoo **악기**를 들고 탔다. 쳐다보지도 말라는 남편의 신호에 아랑곳없이 겁이 났지만 관심이 갔다. 그래서 말을 걸어 보니 내 말을 못 알아듣는다. 그러나 선한 눈에 미소 짓는 얼굴을 보니 서양인들이 원주민 말살 정책을 편 것이 떠올라 불쌍하게 보였다. 아미데일에 도착하니 S교수가 초등학교 5학년인 아들 HK를 데리고 나와 있었다. HK네 집으로 가서 잡채와 오징어 볶음으로 저녁을 먹었다. 아미데일은 교육의 도시로 깨끗하고 조용했다. 집값이 시드니의 3분의 2밖에 안 되었다. 집을 빌렸는데 330달러라고 한다. 좀 싸게 얻었다며 400달러까지도 한다고 한다. 시드니라면 600달러는 주어야 하는 집이었다.

02월 02일 (토) Armidale City Tour, 발도르프 대안 초등학교, 캥거루, Pub __ 누룽지로 아침 식사를 했다. 아침을 잘 안 먹던 우리에게도 누룽지는 잘 넘어갔다. 10시부터 2시간 동안 무료로 하는 아미데일 시티 투어를 하러 갔다. 그래서 관광 안내소까지 가서 작은 셔틀버스를 탔다. 사실 별것 아닌 것을 별것인 양 설명하는 할아버지와 뚱뚱한 운전기사, 10명 정도의 사람들을 태우고 출발했다. 할아버지는 쉬지 않고 설명을 한다. 교회, 기차역, 초등학교, 고등학교, 대학교, 미술관, 각 거리 등등 한 바퀴 도는 데 2시간이 걸렸다.

투어가 끝나고 나서 점심은 레스토랑에서 피자, 스파게티 두 가지, 샐러드 그리고 샌드위치를 사 먹고 다른 커피숍에 가서 카푸치노를 마셨다. 물론 나는 핫초코를 먹었다. 그리고 오후에는 산속에 있는 발도르프 대안 초등학교로 가 보았다. 학교는 쉬는 날이고 건물로 보아서는 특별해 보이지 않았지만, 전인적이고 통합적인 교육을 받기 위해 엄마들은 멀리 이곳까지 아이를 위해서 드라이브를 한다고 했다.

그리고 캥거루를 보러 갔다. 처음 보는 캥거루는 하는 짓이 무척 귀여웠다. 같은 방향으로 같은 포즈를 취하고 두세 마리씩 서 있는 것도 재미있었고, 긴 두

뒷다리로 껑충껑충 뛰어가는 것도 신기했다. 앞발은 언제 사용하는지는 자세히 보지 못했다.

집에 오면서 울워스를 들러 HK에게 줄 수박, 바나나, 천도복숭아, 아이스크림을 사고, 내일 기차에서 먹을 천도복숭아와 빵도 샀다. 그러고는 비빔밥으로 저녁을 먹었다. 그리고 교육에 관한 대화를 나누다가, 펍Pub을 구경한다고 호텔 펍에 갔다. 맥주와 웨지 감자를 먹으면서, 남편과 S교수는 계속 교육에 관한 담론을 폈다. 남편은 5년 뒤 정년퇴직을 하고 나서 무엇을 할 것인가를 이야기하였고, S교수는 한국과 독일, 일본, 중국 등의 여러 가지 교육 문제에 대한 비교 연구를 하면서, 중국에 많은 영향을 주고 싶다고 했다.

02월 03일 (일) HK의 기도, 네팔 학생 ___ 누룽지에 계란말이와 김을 반찬으로 아침을 먹었다. 서둘러서 기차역으로 갔다. HK에게 서울에 오면 우리 집에 놀러 오라고 하면서 다시 만나자고 했다. 사모님과 S교수에게도 고맙다고 인사를 하고 기차에 탔다. HK는 오래도록 손을 흔들었다. 남자아이였는데도 아주 귀여웠고, 그냥 예뻤다. 나는 한국적인 사고방식으로 용돈을 쥐어 주고 싶었는데 남편이 주지 말라고 한다. 교육적으로 좋지 않은 모습이라는 것이다. 내 마음은 그게 아닌데, 우리를 반가워하고 좋아하고 즐거워하니까, 나 또한 즐겁고 기분이 좋으니까… 그리고 HK는 식사 전 기도할 때 밥을 앞에 두고도, 맛있는 과일을 앞에 두고도 아주 오래도록 기도를 했다. 그래서 무슨 기도를 그렇게 오래도록 하느냐고 물어보니 자신의 건강, 그리고 부모님 건강, 한국에 계시는 할머니 건강, 그리고 앞에 있는 나와 우리 남편의 건강과 우리 딸이 7일 날 온다고 하니까 우리 딸의 건강까지도 기도했다고 한다. 식사할 때마다 HK는 마음에 있는 사람들 모두를 위해 기도한다는 것이다. 그러니 점점 기도가 길어질 수밖에. 대단한 아이였다.

시드니로 돌아오는 기차에서 8시간을 어떻게 보낼까 생각했는데 일단 잠을 잤다. 두세 시간을 자고 보니 몸이 개운했다. 뒤쪽에 앉아 있는 젊은 중동계 여자에게 관심이 갔다. 그래서 말을 나누어 보니 네팔에서 간호학과를 졸업하고, 간호학 석사를 공부하러 아미데일로 왔는데 지금 실습을 위해 뉴캐슬에 있는 병원으로 가는 중이라고 한다. 나중에 신장 센터에서 일하고 싶다고 했다. 먼저 내리는 학생에게 좋은 간호사가 되라고 인사하면서 헤어졌다.

02월 04일 (월) Baptist 영어 시작, 잘난 척하는 한국인 ___ 휴가가 끝나고 각 학교가 개학을 하면서, 영어 공부도 시작되었다. 자원 봉사자 강사 Edna와 일대일로 공부했다. 한국에서 어떻게 오게 되었고, 어떻게 이 지역으로 오게 되었는지, 그리고 이 지역이 어떤 느낌이 드는지 등등에 대해 1시간을 공부했다. 그리고 둘째 시간은 약속이 있다고 하면서 Lilian 강사에게 나를 소개해 주었다. 쉬는 시간이 끝나고 Lilian 강사 반에서 두 번째 시간을 시작했는데 이게 웬일인가? 한국에서 수학 선생을 했다고 하는 30대 후반의 여자가 얼마나 잘난 척을 하는지, 그리고 큰 소리로 싸우는 것처럼 말을 해서, 일본인, 중국인, 한국인, 호주인 여덟 명이 함께 공부하는데, 도저히 보기가 민망할 정도였다. 수학 선생을 했다는 이 여자는 주재원의 부인으로 온 사람인데 겸손과 교양이라곤 찾아볼 수가 없었다. 집에 와서 남편에게 말소리 좀 줄이라고 그 여자에게 한마디 해야겠다고 하였더니 참으라고 한다. Lilian 강사 반에서는 절대로 공부하지 말아야지 생각했다. 예전에 중국인 여자가 계속 중얼거려서 귀에 거슬렸는데, 그 중국인은 오늘 도리어 많이 나아진 것 같았다.

02월 05일 (화) th 발음, 더 불고기, 한국 슈퍼, 혼자 하는 운동 습관 ___ 한인 학원에서 공부를 시작하는 날이다. 문장은 쉬우면서도 내용은 아주 좋은 공부다. The, Thirty 등의 th 발음에 대해 다시 지적을 받았다. '위아래 치아 사이로 혀가 나와야 한다'는 것이다. 이제는 발음할 때 음절도, 발음도 생각해야겠다. 그리고 하루에 20분씩 '솔' 음으로 10m까지 들리게 큰소리로 읽으라는 것이 숙제다. 그러다 보면 외워지고, 외워지면 영어로 말할 수 있게 되고, 필요시에는 말이 나온다는 것이다. 오후에 모자이크 센터에서 영어를 공부하는 남편을 데리러 가서 '더 불고기' 레스토랑에서 갈비 비빔밥과 회, 튀김, 우동으로 점심을 먹었다. 그리고 한국 슈퍼 세 군데를 두루 돌면서 멜론, 꿀 자두, 깻잎, 콩나물, 고들빼기김치, 오징어 젓갈, 두부, 미역, 삼겹살, 소갈비 살을 사고, 집에 오면서 고든 울워스에서 천도복숭아와 샐러드 야채를 샀다.

저녁때 영어 공부를 한참 하였더니 머리가 띵해서, 나 혼자 집 앞에서 단거리 달리기로 유산소 운동을 20분간 했다. 빨리 달리다가 느리게 달리기도 했다. 그리고 침대에서 팔을 360도로 돌리고, 다리는 옆으로, 앞으로 50번씩 근력 운동을 했다. 그렇게 하고 나면 걷는 것이 편해지기도 하고, 무릎도 덜 불편하였다. 나이 들어도 나 혼자 할 수 있는 운동으로 습관을 들여야지.

02월 06일 (수) Social group, 마누카 꿀 +10 ___ 채스우드의 사교 모임Social Group에 갔다. 이쁜이도 보고, 태극권도 배우고, 합창도 했다. 그러나 점심을 먹고 나서부터 속이 불편하고, 머리도 아프고, 어깨도 짓누르면서 쓰러질 것 같아, 라인 댄스는 하지 않고 이쁜이와 밖으로 나왔다. 그런데 이쁜이가 약국에 가 보자고 하여 힘이 들었지만 나도 가 보려고 하던 중이라 아프다는 말도 못하고 함께 갔다. 오메가3, 스쾰렌, 마누카 꿀 등을 둘러보았다. 세 군데나 갔는데 값이 다 달랐다. 그래서 비교해서 싼 약국에서 이쁜이는 많이 사고, 나는 세노비스 비타민 세 개(개당 12달러)와 마누카 꿀(빨간색 +10으로 23달러) 한 개를 샀다. +25는 암 환자들이 먹는 것이고 +16은 입과 위가 불편한 사람들이 먹는 것이라고 했다. 이렇게 다 좋은 것이라면 호주 사람들은 아픈 사람이 없을 것 같은데…
맛을 보기 위해 우선 +10을 샀다. 집에 와서 먹어 보니 우리나라 꿀과는 달리 맛
있고, 위가 편해지는 것 같았다.

02월 07일 (목) 둘째 딸 도착, 호텔 pub, 강아지 '루비' ___ 둘째 딸이
9시 20분에 고든 역에 도착해서 데려왔다. 피곤하지 않다고 하여 영어 공부 하는
곳에 데리고 갔다. 영어는 그런대로 하는데 비행기에서 내리자마자 데리고 와서
얼떨떨한 기분이 드나 보다. 집에 와서 점심을 먹고, 울워스에 가서, 강아지 루비
먹을 것과 과일을 사고, 한 바퀴 둘러보고 나왔다. 그리고 아름다운 동네로 산책
하러 갔다가, 골프장으로 해서 돌아오는데, 토끼들과 새들을 보았다.

바로 호텔 펍으로 가서, 호주 사람들이 일을 열심히 하고 시원하게 먹는다는
Carton Draught 맥주와 웨지 감자, 버섯 피자를 시켜서 맛있게 먹었다. 강아지
루비는 딸 친구 집에 맡겼다는데, 친구 강아지도 있고, 집도 50평으로 넓어서인지
루비가 신나한다고 했다. 아 다행이다. 딸의 마음이 편안해서…

02월 08일 (금) 22달러 My multi Day Pass ___ 22달러짜리 일일 교
통권my multi pass을 샀다. 딸과 본다이 정션 역에 내려 밖으로 나가서 버스를 타
고 본다이 비치에 갔다. 사람들이 본다이 비치에 대해서 많이 이야기하여 굉장
히 기대하고 갔는데, 그냥 부산 해운대보다 더 큰 비치일 뿐이었다. 많은 사람들

이 수영복을 입고 모래사장에 누워들 있었다. 딸과 나는 그래도 섭섭할까 봐 바닷물에 발을 담가 보았다. 시원하고 기분이 좋았다. 모래가 정말 보드랍고 깨끗했다. 그래서 사람들이 좋다고들 하나 보다. 바닷가 카페에서 우리는 피시앤칩, 홍합 등을 시켜서 맛있게 먹었다.

그리고 다시 버스 380번을 타고 25분 정도 가서 종점에서 하차하니 갭 공원 Gap park이 보였다. 높은 절벽과 바다가 연결되어 있는데 조금 무서웠다. 다시 와트슨 베이쪽으로 걸어와서 보니 작은 공원이 있으면서 해변이 있었다.

와트슨 베이에서 멋있게 카푸치노를 한 잔 마시고는 비치를 가는 페리를 타고, 해안이 W로 되어 있는 화려하고 소박한 시드니 최고의 부촌 더블 베이를 보면서 서큘러 키Circular Quay로 왔다. 그래도 티켓의 본전 생각이 나서 늦게까지 다니는 맨리 비치를 가는 페리를 타고 한 바퀴 돌면서, 네덜란드에서 여행 온 엄마와 딸 둘 일행과 즐거운 시간을 가졌다. 집에 오면서 채스우드에 들러 '바심' 식당에서 소갈비와 갈비탕으로 저녁을 먹었다.

02월 09일 (토) 피시 마켓, 도담 선배집에서 파티 ___ 도담 선배 부부와 우리 딸과 함께 피시 마켓을 갔다. 우리는 게와 새우를 사고, 도담 선배는 연어, 새우, 굴 등을 샀다. 회덮밥 해 먹을 야채와 회 먹을 상추, 깻잎, 고추, 마늘 등 야채는 내가 어제 전부 준비했었다. 도담 선배집에서 정 사장님 부부와 함께 파티를 했다.

도담 선배 가라사대 ___ 아는 것이 부족하고, 돈이 부족하지만, 주려고 하는 것은 부족하지 않다. 내가 주기 위해서는 아는 것이 많아야 한다. 도덕성은 변하지 않으면서 남과 조화를 이루도록 노력은 하되 같아지려고 하지 않는 것이 군자니라.

인간에 대한 나의 느낌 ___
사람의 마음 깊숙이 들어가면 모든 인간의 욕심들이 요동친다.
그것을 느끼는 순간 내 마음은 허망함을 느낀다.
가까이 가지 말걸. 욕심이 보이기 전까지만 다가갈걸.
그 모든 것이 진정한 나의 삶이 가칠해지는 순간이다.
호주 사람들처럼 안녕하면 안녕만 하는 거기까지만 다가가는 거다.

02월 10일 (일) 교회, 시티 벨모어 공원과 George St. 퀸 빅토리아 빌딩 ___ 딸이 울워스에 가자고 해서 갔다. 우리 딸은 강아지 루비 먹을 것만 사려고 한다. 한 바퀴 둘러보면서 살 것을 사고 서둘러 교회로 갔다. 예배를 보고, 딸의 만류를 무릅쓰고 딸을 소개했다. 설답게 점심에 비빔밥과 수박과 떡으로 푸짐히 먹고, 배추 겉절이와 무생채 남은 것을 조금 가지고 왔는데 우리는 일주일은 충분히 먹으리라.

오후에 남편은 번역 초본을 수정하느라 집을 지키고, 딸과 나는 시티로 갔다. 중국인들이 벨모어 공원에서 축제를 한다고 해서 구경했다. 그러나 차이나타운 축제는 그저 그랬다. 작년 설에 샌프란시스코에서도 차이나타운 축제를 한다고 야단이었는데 볼 것은 별로 없었다. 센트럴에서 타운 홀까지 중심도로를 따라서 조지 스트리트George St를 걸었다. 한국인 가게에서 3달러짜리 딸이 입을 티셔츠를 하나 샀다. 그리고 퀸 빅토리아 빌딩 애완동물 용품점에 갔는데 6시에 이미 문을 닫아서 들어가 보지 못해 딸은 안타까워했다.

02월 11일 (월) "자신의 이야기Life Story" ___ 바티스트 영어 공부에서 책을 만든다며 강사와 학생들 모두에게 "자신의 이야기"를 써내라고 했다. 그래서 일단 대충 써서 냈다.

2013년 2월 11일 Baptist church ESL Class   "SO YOUNG"

South Korea is my country. Capital is Seoul city. I was born in 'Sangju' rural area. But I live in Seoul from when I have been university student. My name is 'Soyoung Kim'. It was given to me by my parents. My parents is both korean. My korean name Soyoung's meaning is "Light and shadow". I don't have English name. But korean name is used in English name. In English, my korean name's meaning is "so young". Therefore I am "always" young. Even When I am eighty years old, I am young. In my country, I have worked a nurse and midwife in the University Hospital, Delivery Room. I have retired six years ago from now. I have come to Australia in August last year(2012) due to my husband's sabbatical year in the Sydney University. Therefore we are staying only until August this year. I have two children. First daughter is 29 years old. She got married two years ago. But She has still no baby. Second daughter is 26 years old. She is university student. I don't work now. I study

English weekdays at Gordon, Kilara, Pymble. Sometimes I did fishing, played golf, traveled. Specially I like to travel. I have already been to Armidale, Melbourne and New Zealand. And then we will cruise Cairns and Brisbane 12days at 28th March. Additionary I hope to go Ayers Rock and Adelaide about June. I am writing essay about Australia life story for 1 year. Therefore If I go back to korea, I will make a book about Australia life story. Australia is good multiracial nation. It is quiet, clean, lots of trees, lots of bird, lots of ESL class, lots of bay, sheep, Koala and Kangaroo. But I want to go my country. Although my country is small, I love my country. All Volunteer teacher! Thank you for teaching earnestly at ESL class. I will remember ESL class forever. Australia! God bless you!

02월 12일 (화) 뉴질랜드로 출발, 3시간 늦게 도착, 폐허 된 Christchurch ___ 7시에 집에서 출발했다. 고든 역에서 전철을 타고 센트럴에서 갈아타고, 네 정거장째인 시드니 국제공항에 8시에 도착했는데 이게 웬일인가 티케팅도 하기 전에 2시간이 지연되었다. 10시 10분 출발이 12시 10분이라고 해 놓고, 12시가 되어서도 탑승하지 않는다. 그러고는 물어보면 직원들도 모른다고 한다. 항의하는 사람도 없이 다시 30분을 더 기다린 후 탑승했다. 비행시간은 3시간 30분으로, 탑승 전에 3시간이 지연되면서 늦게 뉴질랜드에 도착했다. 아랍 에미리트Emirates 비행기는 크고, 좌석도 넓고, 음식도 맛있었다. 게다가 절대로 늦는 일이 없다고 하는데 두바이 날씨가 지연의 원인이었다. 길 여행사Way travel 의 운전기사 겸 가이드인 사장님이 기다리고 있었다.

우리 일행 다섯 명이 늦어서 다른 사람들은 이미 호텔에 들어갔다고 한다. 우리 일행만 데리고 2년 전 지진으로 폐허가 된 Christchurch 시내를 한 바퀴 돌면서 설명해 주었다. 1900년 영국의 옥스퍼드 출신 200명이 도시를 건설했는데 이들의 고등학교 이름이 Christchurch라고 한다. 뉴질랜드는 역사적으로 보아서 지진이 80년마다 한 번씩 일어난다. 지금도 시내 중심에는 전기와 수도가 나오지 않는다. 2년이 지났는데도 시내는 정비되지 않았다. 그러나 지진이 났을 때 파손된 경비를 나라에 청구한 대로 확인도 하지 않고 주었다고 한다. 참으로 국민을 믿는 국가이고, 국민 또한 거짓말을 하지 않는 나라구나! 또한 뉴질랜드는 인구는 총 430만 명으로 우리나라의 10분의 1밖에 안 된다. 북섬이 330만 명이고, 남섬은 100만 명으로 남 섬의 크기가 남한의 1.5배라고 한다. 호주는 수돗물을 그냥 먹지만 물이 부족하여 물값을 받고, 뉴질랜드도 수돗물을 그냥 먹지만, 물이 많아 물값이 없다고 한다. 또한 뉴질랜드 호텔은 거의가 1층으로 되어 있다.

02월 13일 (수) 뉴질랜드 남섬 Canterbury 대평원, 데카포와 푸카키 호수 ___ 우리나라는 역사가 5천 년 가까이 되고, 일본은 3천5백 년 정도이다. 바다에서 솟아나서 나무가 많지 않은 뉴질랜드는 남반부의 알프스이며, 영연방 국가로 역사는 1천 년이라고 한다. 호주는 원주민 애버리지니 말살 정책을 쓰고 있으나, 뉴질랜드는 원주민 마오리 족과 함께 잘 살고 있다. 마오리 정당도 있고, 학교도 있고, 언어도 있다고 한다. 대부분의 마오리 족은 따뜻한 북섬에 살고 있다. 남섬의 캔터베리Canterbury 대평원에는 목초지를 사용하기 위해서 스프링쿨러 시스템이 되어 있어서 풀이 잘 자라고 있었다. 소, 말, 돼지, 양 떼, 알파카(흰색. 고동색. 검은색) 등 전부 방목하지만, 울타리가 있어서 목초지를 이동하면서 풀을 먹이며 살고 있었다. 뉴질랜드에는 소가 540만 마리이고, 양은 3,800만 마리로 세계에서 세 번째로 많은 나라라고 하였다. 1위는 호주이다. 놀라운 것은 뉴질랜드에서 가장 많은 것은 1억 2천 마리에 달하는 토끼라고 한다. 토끼는 야행성으로 밤에 길거리에서 차에 많이 치여 죽으며, 사료를 많이 먹기 때문에 1년에 한 번씩 자연사를 시킨다고 하였다. 토끼의 천적은 여우나 독수리 등 맹수인데 뉴질랜드에는 맹수가 없으며, 더 놀라운 것은 뱀도 없다고 한다. 세관이 그리 까다로운 이유를 알 것 같았다. 대평원을 지나 그림 같은 남섬에서 세 번째로 큰 데카포 호수로 가서 경치를 만끽했다. 옥색의 호숫물은 정말이지 아름다웠다. 빙하속의 암석들이 오래도록 부서져 섞여 옥색이라고 하였다.

또 데카포 호수 옆에는 '선한 양치기 교회'와 '양몰이 개 동상'이 있었다. 20명이 들어갈 수 있는 천주교인 '선한 양치기교회' 중앙의 **십자가**는 배경이 데카포 호수여서 성스럽기까지 하였다. 또 양몰이 개 동상은 양 주인을 살리고 개가 죽어 영국에서 동상을 세워주었다고 했다. 도중에 점심으로 연어회 도시락을 먹었다.

또 한참 가다가 푸카키 호숫가 마운트 쿡 전망대에서 뉴질랜드의 최고봉 마운트 쿡(3,754m)의 만년설을 감상하였다. 마운틴 쿡을 볼 확률은 50%라고 하였는데 우리는 운이 좋았다. **푸카키** 호수는 55km나 되지만 물이 차고, 수심이 얕으며 물에 돌가루가 많아 어류가 살지 않는다고 하였다. 마운틴 쿡을 배경으로 푸카키 호수가 아름다워서 딸과 함께 공중 부양 사진도 찍었다. 와이너리와 과일 농장이 많은 도시 크롬웰의 과일 상가에서 체리와 살구를 샀다. 체리는 호주보다 비쌌다. 가는 동안에 가이드님의 이야기는 계속되었다. 동남아로 이민 간 사람보다는 미국, 호주, 뉴질랜드로 이민 간 사람들이 수준이 높다고 했다. 뉴질랜드 이민 역사는 20년, 호주는 40년이 되었다.

동양인 이민자들이 원주민을 싫어하니까 원주민도 동양인을 싫어한다고 한다. 그래서 원주민이 동양인 이민자를 막기 위해서 2006년부터 이민자들의 영어 시험을 어렵게 했다고 한다. 오스트레일리아인을 '오지'라고 하고, 뉴질랜드인을 '키위'라고 하며, 뉴질랜드 새는 키위 새로 수컷이 알을 품어 주고 키운다고 했다. 또 뉴질랜드를 상징하는 것이 고사리Fern라고 하는데 주위에 크나큰 고사리들이 많아도 딱딱해서 먹지는 못한다. 미국을 상징하는 것은 독수리, 인도를 상징하는 것은 까마귀, 우리나라를 상징하는 것은 호랑이. 나라마다 상징하는 동물이 달랐다. 또 특이한 것은 **파트너**Partner라는 제도이다. 뉴질랜드는 아이들 다섯 명 중 세 명이 동거하는 파트너 가정에 산다. 가끔 호주로 가서 친자 확인을 하며, 형제들도 아버지가 다를 수 있고, 동네 사람들과 섹스를 공유하기도 한다는 것이다. 뉴질랜드 역시 호주처럼 이혼하면 여자에게 모든 재산이 다 간다고 했다.

*《Mutant(변종)》: 애버리지니가 에어즈 록과 태즈메이니아를 여행하면서 쓴 책

02월 14일 (목) 밀포드 사운드, 양떼몰이, 히치하이크, Valentine Day ___ 아침 일찍 버스는 출발했다. 밀포드 사운드 가는 길에 산이 여러 개 겹겹이 있으면서 계곡이 만들어진 **에글링턴 계곡**을 배경으로 사진도 찍고 감상도 하고, 호수에 산이 그대로 보이는 **거울 호수**도 보았다. 또 호머 터널을 지나갔는데, 호머 터널은 1935년부터 1953년까지 18년간 곡괭이로 터널을 팠다고 하였다. 길이는 1,270m로 10m마다 1m씩 낮아져서 127m의 낙차가 있다고 한다.

또《반지의 제왕》에서 나오는 나무에 무언가 덕지덕지 붙어 있는 밀림으로 들어가서 협곡chasm도 보았는데 무시무시했다. 그러고는 밀포드 사운드 선착장에

도착하여 1시간 40분 동안 크루즈 배를 탔다. 배에서 점심을 뷔페로 먹었는데 해물이라고는 홍합만 있었지만, 맛있어서 삼십 개 이상 먹었다. 밀포드 사운드는 뉴질랜드와 노르웨이에만 있는 피오르fiord 해안 지역이라고 한다. 사운드 19개 중에서 한 개만 개발하여 관광을 시작했다고 하였다. 수십 개의 실 폭포가 있는데 이것을 '밀포드의 눈물'이라고 했다. 배가 그중에서 제일 큰 폭포 가까이에 가서 물세례를 받게 하여, 관광객들 모두는 환성을 지르며 즐거워했다. 돌아오는 길에 바위에 잔뜩 앉아 있는 물개들도 보았다.

테아나우Te Anau로 돌아오는 길에 우리 일행은 운이 좋은 건지, 나쁜 건지 두 가지 일이 동시에 일어났었다. 좋은 것 한 가지는 양떼몰이를 보았다는 것이다. 양떼몰이 개 열 마리 정도가 수많은 양 떼 주위에서 양들을 몰면서 이동시켰다. 뉴질랜드 운전면허 시험에는 양떼몰이가 오면 어떻게 하느냐는 질문도 있는데, 답은 '양떼가 지나갈 때까지 기다린다'는 것이다.

가이드 겸 운전기사인 길 여행사 사장님도 10년 동안 양떼몰이를 한 번도 보지를 못했다고 했다. 우리보고 세 번씩이나 보아 행운이라고 하면서 양떼몰이 사진을 찍기도 하셨다. 양떼몰이는 신기하기도 하고, 아름답기도 하고, 행복한 마음도 들게 하였다. 그런데 세 번째 또 양떼몰이가 지나가 차를 세웠는데 그때 차 시동이 완전히 꺼져 버렸다. 행운이 한꺼번에 세 번이나 겹치니까 좋지 않은 일이 일어났다.

숙소가 있는 테아나우까지 40㎞ 남은 상태에서 길 여행사 자동차가 시동이

꺼지면서 아무리해도 시동이 걸리지 않았다. 말로만 듣던 **히치하이크**를 정말로 해야 될 상황이었다. 전화도 터지지 않는다. 그래서 지나가는 차를 잡아서 설명하고 두세 명씩 얻어 타고 테아나우에 있는 호텔로 갔다. 먼저 간 사람들이 옵션으로 가기로 한 반딧불 동굴을 취소하였다. 뉴질랜드인들의 여행사라면 차도 좋고, 크고, 여러 대 있어서 연락하면 빠르게 대처해 주는데, 한국 로컬 여행사는 한두 대의 차로 한두 명의 운전기사가 행사를 하다 보니 이런 상황을 대처할 수가 없다고 했다. 어쩐지 한국 로컬 여행사들이 불쌍해 보였다. 늦게야 일행 모두가 호텔에 도착하여 저녁을 먹으러 갔다. 그래도 모두들 군소리 한마디 하지 않는다. 늦은 저녁인데다가 중국 요리가 맛도 있고 푸짐해서 와인과 함께 모두들 잘 먹었다. 내일 아침에는 차를 정비 기술자에게 보여 주어야 하므로 10시에 출발한다고 하였다. 테아나우 호수는 뉴질랜드 남섬 최대의 큰 호수이다.

양 ___ 양의 종류는 아그로돔종, 머리에 뿔 달린 메리노종, 얼굴이 검은 링컨종이 있다. 또한 우리가 보는 것은 전부 암컷이며. 소는 24개월에서 30개월 사이 고기를 먹지만, 양은 12개월 미만의 어린 수컷 양만 고기로 팔려나간다.

양은 임신 기간이 5개월로 8월에서 11월 사이에 새끼를 두 마리씩 낳으며, 양 꼬리는 20에서 25㎝로 태어나는데 생후 2~3개월에 과도로 잘라 준다. 젖 짜는 시간이 되면 양의 우두머리가 이동하기 시작해 양들이 전부 줄을 서서 따라가고, 젖을 짜고 나면 다시 줄을 서서 되돌아온다. 또한 양은 20년 사는데 어릴 때부터 하루 종일 이빨로 씹고 있기 때문에, 늙으면 먹지를 못한다. 그래서 8년이 지나면 양을 정지시킨다. 양털 생산을 위해서 양을 사육하는데 먹지 못하면 소용이 없다. 1년에 2~5번 양털을 깎아 주며, 양 한 마리는 75달러. 새끼 양은 35달러로 싸지만, 가공비, 인건비, 운반비로 인해서 슈퍼의 양고기는 비싸다.

02월 15일 (금) 여왕의 도시 퀸스타운, 번지점프, 마운트 쿡 빙하, 교양과 매너 ___ 오늘부터는 뉴질랜드 사람이 운전하는 버스를 탔다. 길 여행사 사장님은 전적으로 가이드만 하게 되었다. 오늘은 여왕의 도시 **퀸스타운**을 구경했다. 퀸스타운의 와카티푸 호수에서 흘러나오는 것이 카라호 계곡인데, 1850년에는 사금이 많이 나왔다고 한다. 호수에서 보트를 타고 바닷물을 뒤집어쓰면서 여러 번 방향을 바꾸며 스릴을 느끼는 잭 포트Jack Port는 무서워서 나는 타지 않았다. 또 썰매Luge는 리프트를 타고 올라가서 시멘트 바닥으로 내려오는 것으로 위험해 보였지만, 젊은 사람들은 많이 탔다. 우리는 퀸스타운 케이블카를 타고 밥스픽 전망대에 올라가서 퀸스타운의 아름다운 경치를 보고, 스카이라인에서 점심 뷔페를 먹었다.

오후에 1986년 세계에서 최초로 시작한 **번지점프**Bungy jump대에서는 우리 일행 중에 남녀학생 각 한 명이 43m의 높이에서 웃으면서 뛰어내렸다. 해 본 사람들이 절대로 죽지 않는다고 해서 뛰어보았는데, 뛰어내릴 때는 괜찮았으나 피가 머리로 쏠리고, 다시 위로 올라오면서 흔들릴 때는 기분이 좋지 않았다고 했다. 그러나 대단해 보였다.

다시 마운트 쿡을 가까이서 보기 위해 트레킹을 왕복 40분 동안 했다. 마운트 쿡은 '모래를 뚫는다'는 뜻을 가진 마우이말로 '아우라끼'라고 했다. 오래도록 눈이 쌓여서 압축되어 20m 이상 되는 것을 **빙하**Glacier라고 하는데, 마운트 쿡으로 내려오는 가장 큰 빙하는 타스만 빙하로 폭이 3㎞, 길이가 27㎞, 깊이가 300㎞라고 한다. 마운트 쿡을 가까이서 보고 있자니 자연의 거대함에 인간의 나약함을 충분히 실감할 수 있었다. 죄짓고 살지 말아야지. 가까이 본 마운트 쿡은 빙하로 덮여 있었는데 멀리서 볼 때는 하얀색이었지만, 가까이에서 보니 눈 위에 먼지가 묻은 것처럼 더러웠다.

우리와 함께한 여행자들은 중국에 사무실을 두고 부산에서 사업을 하는 사장님 부부와 의과대학 예방의학과 교수와 부인 안과원장, 그리고 교환 교수 부인과 딸, 학회에 따라온 교수 부인, 학회에 온 서울대 박사 과정 학생, 그리고 한국으로 돌아갈 워킹홀리데이 학생 세 명, 중학생 두 명과 엄마, 그리고 우리 가족 세 명으로 총 17명이었다. 이번 여행에서 아무리 많이 배워도 '**교양과 매너**'가 있어야 한다는 생각이 들었고, 옷도 되도록 단정히 입어야겠다는 생각이 들었다. 남편이 함께 오지 않고 교환 교수 부인이라고 자신을 밝힌 여자와 딸 둘이서 운전기사 바로 뒤에 앉아서 맨발을 엔진 위에다 올리고 있는 것이 눈에 거슬렸기 때문이다. 이런저런 생각을 뒤로하고 우리는 트와이젤에서 잤다.

02월 16일 (토) 시드니 도착, 일주일 my multi pass 2 티켓 ___ 푸카키 호수와 테카포 호수를 옆으로 해서 크라이스처치로 돌아오는 길에 가이드 겸 기사님이자 사장님이 여러 가지 퀴즈를 냈다. **비행기 넉 대다, 내기 게임 할머니, 더블, 김지미 나훈아 이야기** 게임이었다. 크라이스처치에 도착하여 점심으로 된장찌개와 돼지고기를 먹고 공항에 갔다. 티켓팅을 일찍 하고 면세점을 구경하고 게이트 앞에서 윤미래 님 부부와 함께 대화했다. 윤미래 님 남편은 부인을 절순이라고 하였다. 절을 열심히 다녀서 남편이 부르는 별명이었다. 윤미래 님은 사람이 굉장히 편안해 보였다. 여행 내내 뭔가를 많이 주려고 하였다. 또 하시는 말씀이 "달라고 보채는 사람은 이전에 내가 빚을 진 사람이고, 주려고 오는 사람은 나에게 빚을 갚으러 온 사람"이라고 했다. 그래서 윤미래 님은 항상 주려고 하는구나 생각되었다. 또 혜민 스님이 "어디서나 언제나 3초만 기다리라"고 했다고 한다. 나는 가톨릭이지만 1년에 한 번만이라도 템플스테이를 해 보고 싶었다고 하니까 서울에 있는 안국 선원에 가보라고 했다.

시드니로 돌아오는 에미리트 비행기는 올 때와는 달리 정확히 4시에 출발하여 3시간 30분 걸려서 호주 시각으로 5시 30분에 시드니에 도착하였다. 에미리트 비행기는 지금까지 타 본 비행기 중에서 가장 부드럽게 이륙하고, 가장 부드럽게 착륙했다. 스르르 뜨고 스르르 땅에 앉는다. 하나도 겁이 나지 않았다. 버스를 타고 내리는 기분이었다.

시드니에 도착하여 일주일 My multi pass 2 티켓을 72달러(52달러+공항 왕복 20달러)에 사고, 나는 딸과 함께하려고 일주일 My multi pass 2 티켓을 64달러(52달러+공항 편도 12달러)에 샀다. 남편은 필요한 경우에만 사려고 집에 가는 편도 공항 티켓만 17.3달러에 샀다. 그래서 합계가 153달러(17만 5천 원)이다. 교통비가 엄청 비싸다. 호주는 자가용의 기름값이 훨씬 싸기 때문에 호주 사람들은 자가용만 타고 다닌다. 다시 시드니에 오니 내 집에 온 것 같아 포근했다. '익숙하다는 것'이 때로는 게으름을 유발하기도 하지만, 마음을 편하게 해 준다. 그래서 시드니보다는 서울이 더 좋다고 생각하게 되나 보다. 시드니에 살다가 한국에 가면 다시 시드니에 대한 향수가 생긴다고들 한다. 그래서 다시 와서 정착하는 사람들도 많다고 했다. 난 어떨까? 아직까지는 아니다. 저녁에 후루루 국수를 삶아 먹고 나서 곯아떨어졌다.

02월 17일 (일) 트램, 피시 마켓에서 사온 "새우와 연어" 먹을수록 맛있다 __ 딸과 둘이서 피시 마켓에 갔다. 센트럴 역에서 플랫폼이 1번에서 10번까지는 일렬로 되어 있어서 꼭 1번으로만 가지 않아도 트램을 탈 수 있다는 것을 오늘 알았다. 트램을 타고 피시 마켓에 가서 먼저 생선뼈를 빼는 족집게를 6달러에 사고, 딸은 쿠키 구울 때 모양을 내는 캥거루와 코알라 틀을 3달러씩 주고 샀다. 그러고는 왕새우King prawn와 대하Tiger prawn를 섞어서 1.5kg 정도를 36달러에 샀다. 대하는 연한 분홍색으로 맛을 못 보게 하더니 덜 싱싱하였다. 다음부터는 분홍색을 사지 말고 진한 주황색에 가까운 것만 사 먹어야겠다. 피시 마켓도 서너 번 가니까 훤해졌다. 연어는 한 마리에 3.8kg가량 되는 것을 62달러(kg당 16달러)에 샀다. 보통 울워스 마트에서는 생것으로 먹지 못하는 것을 kg당 25달러에 사곤 했다. 그러니까 피시 마켓까지 전철비 12달러를 제하고도 싸게 사는 셈이다. 먹을수록 맛을 더 느끼는 것 같았다. 그리고 냉동해 놓고 사오일에 걸쳐서 먹어도 울워스 것보다는 싱싱했다. 한 끼 외식만 해도 40~50달러인데, 60~70달러로 사오일을 맛있게 먹는데 어찌 안 먹을 수가 있나? 새우와 연어를 사서 나오면서 싱싱한 망고를 네 개에 10달러, 노란 멜론을 두 개에 10달러 주고 사고, 레몬과 와사비도 샀다. 사기는 잘 샀는데 딸과 나는 낑낑거리면서 그러나 행복감을 느끼면서 트램 역까지 걸어가서 타고, 센트럴 역에서 갈아타고, 남편에게 차를 고든 역으로 가지고 나오게 하여 집에 왔다. 집에 오자마자 연어에서 뼈를 빼고 집에 있던 깻잎과 상추와 마늘과 고추를 곁들여 먹었다. 딸은 새우도 먹었는데 새우머리를 안 먹어서 내가 먹느라 아주 배가 불렀다. 남편은 여행하고 온 뒤라 피곤하기도 하고, 연어와 새우로 배를 채우고 나니 교회 시간도 조금 지나, 교회를 가지 말자고 하였다. 나 또한 배가 불러 가고 싶지가 않아서 쉬기로 했다.

02월 18일 (월) 로즈 이케아, 채스우드 Pet Barn, Mr vitamin의 마누카 꿀 ___ 전철을 여러 번 갈아타고 로즈 쇼핑센터 안에 있는 스웨덴 브랜드인 '이케아'에 갔다. 지난번 Jane이 한 번 가 보라고 하여서 딸에게 가자고 했더니 '이케아'를 알고 있었다. '이케아'는 살림을 하는 데 필요한 모든 것이 있었고 가격도 저렴하고 스타일도 심플하여 마음에 쏙 들었다. 최근에 한국에도 들어왔다는 얘기를 들었다. 그래서 우선 필요한 부엌 바닥에 까는 러그Rug 두 개, 음식쓰레기통 두 개, 양을 재는 작은 컵 세트 등 몇 가지를 샀다. 신발가게 Ecco에서는 126달러 하는 샌들을 사려다가 마음에 썩 들지 않아 포기했다.

또 딸이 가고 싶어 하는 Pet Barn을 가려고 전철을 타고 채스우드에 와서, 버스를 갈아타고 한참을 걸어서 힘들게 Pet Barn을 찾아갔다. 큰 Pet Barn에는 개, 고양이, 새, 물고기 등 애완동물에게 필요한 모든 것이 다 있었다. 집, 먹이, 간식, 장난감, 사진, 달력, 책 등. 우리는 루비가 놀 때 필요한 소리 나는 공과 던지면 집어 오는 원반, 그리고 여러 가지 간식도 샀다. 돌아올 때는 버스를 제대로 타서 힘들게 걷지 않았다. 채스우드 역에 와서 Comvita 빨간색 브랜드 마누카 꿀을 사기 위해서 약국과 Mr vitamin을 둘러보니 Mr vitamin에서 제일 싸게 팔았다. +15가 여섯 개에 162달러로 개당 27달러이고, +18이 세 개에 99달러로 개당 33달러로 샀다. 뉴질랜드 여행에서 만난 부산 윤 여사님이 시티에서 +15를 개당 36달러에 사서 10% 할인 받고 무료 택배로 한국에 부쳤다고 전화가 왔었다. 가는 곳마다 그때그때 할인을 다르게 하니 살 때마다 확인하고 사야겠다.

02월 19일 (화) 베이와 비치, 애완동물 용품점, 스타카토 가방과 구두 __ 서큘러 키에서 7.9달러에 과일과 견과류 등 세 가지 종류 아이스크림을 먹었는데 양도 많고 맛있었다. 페리를 타고 와트슨 베이, 로즈 베이, 더블 베이를 둘러보고, 다시 페리를 타고 맨리 비치를 또 갔다. 맨리 비치 의자에 앉아 바다를 보면서, 멜버른에서 뉴질랜드 크루즈를 위해 시드니에서 1박하시는 동안 맨리 비치를 보러 오셨다는 노부부Farmer의 사진도 찍어드리고, 대화도 했다. 또 캐나다에서 남편 사업차 오신 여자분 혼자서 피시앤칩을 먹다가 말을 건넸다. 돌아오는 길에 치킨 피자와 콜라 슬러시를 먹었다.

다시 페리를 타고 서큘러 키로 가서 전철을 갈아타고 두 정거장째인 타운홀에서 내려 퀸빅토리아 빌딩에 있는 애완동물 용품점에 가서 딸이 만족할 만큼 실컷 구경했다.

다시 채스우드의 웨스트필드 레벨level 4에 있는 애완동물 용품점에 갔다. 도착하니 5시 30분쯤으로 문을 닫을 시간이 되어서 귀여운 강아지들을 마음껏 보지 못한 아쉬움에 내일 다시 오기로 했다. 나오다가 40% 할인하는 홍콩 신발 가게 '스타카토'에서 운동화 같은 구두와 샌들 두 컬레를 140달러에 샀다. 어제 126달러 하는 샌들을 안사기를 잘했다. 그런데 구두와 샌들을 산 사람은 가방을 50% 할인해 준다는 게 아닌가. 마음에 드는 가방이 눈에 띄었다. 검은색 가방으로 심플하고, 물건도 많이 들어가고, 값도 싸서 또 샀다. 50% 할인해서 84달러(10만 원)였다. 몇 백만 원하는 명품은 사지도 못하지만, 아직까지는 사고 싶지도 않다. 다시 Mr vitamin으로 가서 어제 사지 못한 오메가 3와 코엔자임 Q10을 샀다. 오는 길에 중국 요리인 오리고기 반 마리를 14.5달러에 사 가지고 왔다. 오늘은 페리를 실컷 탔다.

02월 20일 (수) 푸지야마에서 점심, 애완동물 용품점에서 루비 목줄 ___ 아침에 울워스에 가서 딸이 가져갈 키리Kiri 치즈를 샀다. 여섯 조각 들어 있는 것이 2.8달러였다. 치즈를 잘 먹지 않는데 이 치즈만은 빵에 버터 대신 발라 먹으면 먹을 만 했다. 그리고는 딸과 남편과 함께 피터샴에 있는 교회 집사님 초밥집 '푸지야마'에 가기 위해 버우드로 갔다. 집사님 집으로 가서 차를 타고 초밥 레스토랑으로 갔다. 두부 요리, 회, 여러 가지 롤, 새우튀김과 우동으로 배를 채우고 87달러를 냈다. 집사님에게 한국에서 사 온 하회탈을 레스토랑에 걸어 놓으라고 선물로 주고 왔다. 초밥집 집사님은 나보다는 어리지만, 사람이 쿨해서 교회에서 제일 마음에 들었다. 교회에서 항상 밥도 함께 먹어 주었다.

버우드에서 다시 전철을 타고 채스우드로 갔다. 어제 갔던 웨스트필드 쇼핑센터의 애완동물 용품점에 다시 갔다. 어제와 달리 강아지들이 많이 바뀌었다. 어제도 오늘도 강아지 사는 사람이 계속 있었다. 강아지를 실컷 구경하고 딸은 핑크색 강아지 목줄과 끈을 35달러에 샀다.

오늘 저녁 비행기로 딸은 한국에 간다. 가방 무게를 달아 23.5kg으로 조절하고 거절당하면 초콜릿을 빼라고 하면서 가방 싸는 것을 마무리했다. 딸을 전송하기 위해 오후 7시가 되어 남편과 함께 공항으로 갔다. 공항전철역을 빠져나가면 12달러를 더 내야 하므로 전철표 내는 곳까지만 딸을 데려다 주고 역 의자에서 문자가 오기를 기다렸다. 티켓팅을 하고 가방을 부치는 데 문제가 없다는 것을 문자로 확인하고 집으로 돌아왔다.

02월 21일 (목) Burma(버마), 보타닉 가든과 페리 ___ 킬라라 영어 강사 **Meredith**가 1948년 영국으로부터 독립된 버마를 6,500달러로 16일을 여행하고 왔다. 그중 8일은 양곤Rangoon과 만달레이Mandalay 도시 사이의 이라와디 강Irrawaddy River에서 한 크루즈 여행이었다. 그래서 궁금한 것에 대해서 질문하면 대답해 주는 식으로 공부했다. 버마 말로 Hello는 밍갈라바Mingalaba라고 하였다. 화폐는 짯트kyat이며, 여행 시기는 30도 정도가 되는 10월에서 4월이 건기로 좋다고 했다. 또한 불교의 수도원Monastery, Nunnery들을 많이 보았다고 한다. 수도원을 보러 한번 가고 싶다. 이어서 2월 14일이 밸런타인 데이라고 하여 각 나라의 결혼식에 관한 이야기를 하였다. 아시아 지역에는 신부 지참금Dowry이 거의 있었다.

오후에는 Weekly my multi pass 2가 이틀이나 남아 아까워서 남편을 졸라 오페라하우스 뒤에 있는 로열 보타닉 가든에 갔다. 전철을 타고 서큘러 키에 가서 보타닉 가든을 둘러보았는데, 멋있는 나무들도 많고, 바다를 끼고 산책하는 길은 시원하고 공기가 맑아서 좋았다. 그리고는 피시앤칩을 사서 먹었는데 생선이 덜 익어서 바꾸어 달라고 갔더니 환불해 주었다. 감자를 절반이나 먹어서 배도 불렀었는데 잘되었구나 싶었다. 페리를 실컷 타려고 로즈 베이까지 갔다 오고, 다시 맨리로 가는 페리를 탔다. 약간씩 어두워지면서, 바람이 많이 불어 방향을 바꿀 때에는 큰 배인데도 많이 흔들려서 겁이 나기도 했다. 그래도 맨리 비치에서 지난번 딸과 먹었던 치킨 피자를 어두운 바닷가 의자에 앉아서 먹었다. 오늘도 페리를 오래도록 타서 가슴이 시원했다.

　　　　02월 22일 (금) 응급 시 병원은?, 시드니 대학, 로즈의 이케아 쇼핑
___ 핌블 영어에서 응급 시 병원에 갈 때 어떻게 해야 하는지에 대해서 공부를
했다. 응급 전화번호는 000three zero이라고 한다. 전화해서 소방서Fire, 경찰서
Police, 구급차Ambulance 중에서 필요한 부분을 빨리 말하고, 집 주소와 전화번
호를 말해야 한다고 했다. 그리고 구급차인 경우에는 문제가 무엇인지 심장, 뇌,
교통사고 등 간단하게 말을 해야 되고, '출혈bleeding'이 있는지, '의식mental'이
있는지 등 질문에 대해 대답해야 한다고 했다. 그리고 살고 있는 집 주위에서 가
까운 병원이 어디인지도 알고 있으라며 두 군데 병원의 약도를 프린트해서 주었
다. 필요한 것을 가르쳐 주어서 좋았다.

　오후에는 Weekly로 산 My multi pass 2 본전을 뽑으려고 남편에게 어디든지
가자고 하고 나섰다. 오랜만에 시드니 대학 책방도 가고, 학교 연구실에도 가서
번역한 것을 출력하려 했더니, MS 오피스는 출력이 되는데, 아래 한글은 출력이
안 되었다. 다시 로즈 이케아에 가려고 전철을 탔는데, 같은 플랫폼으로 방향을
보지 않고 탔다가 타라마타까지 갔다. 그래서 쇼핑센터 안에 있는 '이케아'가 문
을 닫을까 조마조마하면서 갔는데, 다행히 9시까지 하였다. 이케아에서 향이 나
는 연두색 초 두 개를 사고, 물기가 잘 마르는 나무도마, 그리고 여행할 때 소지
품(약, 화장품, 문구류 등)을 담는 작은 가방을 큰 것과 작은 것을 세트로 세 개를 사
고, 화장실 바닥에 까는 얇은 카펫이 색깔이 예쁘고 질긴 것 같아 세 개를 또 샀
다. 마음에 드는 것을 사서 기분이 좋았다.

　　　　02월 23일 (토) J 사장님과 '더 불고기' ___ 종일 영어 공부에 밀린 글
을 쓰려고 했는데 J 사장님이 점심을 먹자고 한다. 지난번 한국 갔다 와서 타이
식사를 샀으니 이번에는 우리가 낼 차례이다. 도담 선배님에게도 연어 회와 새우
로 식사 대접을 받아서 함께 가자고 했더니 감기에 걸려 못 간다고 하여 J 사장님
내외와 식사를 했다. 채스우드 '더 불고기'에서 돌솥 비빔밥과 회 정식을 먹었다.
J 사장님은 대우 건설 부품부에서 일하다가 결혼 초에 호주로 오셨다고 한다. 지
금은 호주에 온 지 30년이 되었고 세 명의 아이 중에서 두 명이 변호사가 되었다

고 한다. 자식 농사는 잘 지었는데 결혼을 시킬 일이 걱정이라고 했다. 커피숍에 가서 카푸치노와 핫초코를 먹었다. 채스우드의 주차가 2시간이어서 서둘러서 한국 슈퍼에서 김치, 왜간장, 고구마와 깻잎을 사 가지고 왔다. 아침부터 내린 비는 하루 종일 내렸다.

과일 종류 ___ Strawberry(딸기), Kiwi(키위), Coconut(코코넛), Watermelon(수박), Banana(바나나), Blueberry(블루베리), Lime(라임 : 레몬 비슷), Melon(참외), Mango(망고), Plum(자두), Avocado(아보카도), Nectarine(천도복숭아 white, yellow), Peach(복숭아 white, yellow), Cherry(체리), Pear(배), Tomato(토마토), Orange(오렌지), Apricot(살구), Grape(포도), apple(fuji, red sweet) 등

02월 24일 (일) 일대일로 하느님을 만나라, 우보+도담 선배와 저녁, 남북통일 ___ 교회 목사님이 한국을 들러 터키에 가서서 외부 목사님이 설교를 하였다. 기존에 한국에서 듣던 내가 별로 좋아하지 않는, 소리 지르면서 하는 설교서 듣기가 거북했다. 설교 내용은 '성경의 말씀과 기도와 성령을 경험하라'는 것이었다. 그리고 매일 같은 시각에 시간을 내서 하느님과 일대일로 만나라는 것이 있다. 가톨릭에서는 성체조배를 하는 것이 하느님과 일대일로 만나는 시간이다.

저녁 7시에 UB와 도담 선배에게서 전화가 왔다. 저녁 식사를 하자고 한다. 속이 불편하여 안 먹고 싶었지만 서둘러 준비하고 나갔다. 타이 레스토랑에서 와인과 함께 오리고기, 닭고기, 버섯 수프, 볶음밥, 카레 요리, 볶은 우동 등을 먹었다. UB는 최근에 북한에서 우라늄이 굉장히 많이 나온다는 뉴스를 어디선가 들었다고 했다. 서울에서 생각하는 것보다도 외국에 있는 한국 사람들은 빨리 통일이 되어 우리나라가 좀 더 강한 나라가 되기를 바라는 것 같았다. 실제로 외국에 나와 보니 우리나라도 다른 나라와 겨루어 강대국이 되도록 모든 국민이 노력해야 되는데, 우리나라 안에서 서로 지지고, 볶고, 싸우고, 있으니 참으로 안타까웠다. 세계적으로 러시아를 비롯하여 많은 국가가 독립하고, 베트남, 독일은 통일도 되었는데, 우리나라만 갈라져 있어 외국인들이 우리를 가련하게 본다. 나의 힘으로는 아무것도 할 수 없는데… 언제 통일이 될까?

02월 25일 (월) Not bad, Thanks, United Kingdom, 위궤양 증상 일주일 ___ 판에 박힌 대답에서 벗어나자. How are you? 했을 때 우리나라의 대답은 Fine, thank you and you?만을 답으로 알았다. 그러나 Good, thank you. / I'm ok, thanks. / I'm well, thank you. / Not bad, thanks. 등 다양하게 자기 편한 대로, 기분 나는 대로 대답해도 된다. 또 하나 알게 된 것은 **유나이티드 킹덤**United Kingdom과 **그레이트브리튼**Great Britain은 영국을 칭하는 같은 의미인 줄 알았는데 달랐다. 스코틀랜드Scotland, 잉글랜드England, 웨일스Wales를 그레이트브리튼이라 하고 북아일랜드Northern Ireland를 합친 것이 유나이티드 킹덤이라고 하였다.

여러 날 여행을 하고 오면 항상 위가 탈이 나는 것을 잊어버렸었다. 뉴질랜드 가서 먹을 것도 없는데 먹는 것에 욕심을 또 부렸나 보다. 이번에도 어김없이 여행 이삼일 후부터 속이 계속 불편하다. 위궤양 약까지 먹는데도 쉽게 낫지 않는다. 벌써 일주일째다. 언제 먹는 것에 대한 욕심에서 벗어나려나! 훌훌 벗어버리고 싶은데도, 먹는 것을 보기만 하면 조절이 안 되니…

02월 26일 (화) 아주 좋은 한인 학원, '가치를 둔 욕구'와 '살아 있는 것' ___ 날씨가 비도 자주 오고, 바람도 많이 불어, 가을이 오는 가 했더니 낮에는 또 태양이 뜨겁다. 어제는 긴팔을 입었더니 더워서 오늘은 아예 여름 반팔을 입었다. 오늘도 한인 학원 공부는 실제로 말하는 데 아주 필요한 것이며, 중요한 것이 많았다.

I've decided(나 결심했어). / Have you decided(너 결심했니)? / Have you bought(너 ~ 샀니)~? / I haven't done it yet. = Not yet(아직 안 했어). / Just right(아주 좋아). / Don't forget to tell him(꼭 말해라). / **Don't forget to call me**(전화해). / Why don't you call me(전화하는 게 어때)? / Why don't you try(해 봐 : 적극적인 친절)? / Why not(안 될 게 뭐

있어)? / **I'm afraid,** he's just gone(막 갔는데 어머! 어떡해). 그리고 **f**의 발음은 아랫입술과 윗니가 부딪쳐서 소리 나는 것이라고 한다. 그러니 fat fish / fat fish / fat fat fish fish로 연습하라고 했다. 또 제 2외국어를 잘하면 제 3외국어, 제 3외국어도 다 잘할 수 있다는 것이다. 천자문의 하늘 천, 따 지처럼 계속 입과 손을 사용해서 노래하듯 말하는 연습을 하면 된다고 한다. 희망이 있는 건가?

'가치를 둔 욕구'와 '살아 있는 것' ___

여유를 즐기던 호주의 생활은 남편이 번역 작업을 시작하면서 전쟁으로 변했다.
거기에다가 학술 진흥 재단에 논문도 하나 제출하겠다고 한다.
오늘이 마감이라 일주일 전부터 더 피 터지게 컴퓨터에 앉아 있다.
꼼짝도 안 하고 하루 18시간 이상을 저렇게 앉아 있다.
똥고집은 똥고집이다. 엉덩이에 뿔이 날 것 같다. 건강을 해칠까 걱정이다.
청춘도 아닌데 나이를 생각해야지.
그래도 아직까지는 어깨나 팔, 다리 등 아프다는 말이 없다.
가치를 둔 욕구는 정말 모든 것을 가능하게 하고, 즐거운가 보다.

덩달아 나도 많은 진전이 있어 나 스스로 글을 쓰는 즐거움을 느낀다.
한국에서는 시간이 나거나, 마음이 내켜야 글을 써서 아직 모두 미완성이지만.
여기 호주 이야기를 쓰기 시작하면서 이젠 글 쓰는 것이 습관이 되었다.
무엇이든 3주만 꾸준히 하면 습관이 된다고 했는데 벌써 7개월이 되었다.
이대로 3년간 쓴다면 나는 아예 글쟁이가 될 것 같다.
이젠 내 삶의 소중한 시간들을 기록하지 않으면 나는 '살아 있는 것'이 아니다.

02월 27일 (수) 혼스비 영어, 애버리지니의 악기 디저리두, 수제비
___ 작년에 한 번 가본 혼스비 교회로 영어 공부를 하러 갔다. 중동계 사람들이 많고, 자원봉사 강사들이 아주 적극적이다. 우리는 중급반에 들어갔다. 첫 시간에는 강사가 질문하면 대답하면서 호주의 어느 곳을 여행하였는지 지도를 펴 놓고 이야기하였다. 두 번째 시간에는 호주의 민요Country song 중에서 까마귀crow 가 뒤로 날아다닌다는 재미있는 노래를 배웠는데, 캥거루Kangaroo, 들개Dingo,

도마뱀 종류Goanna, 곰 비슷한 동물wombat들의 이야기가 나와 가사를 공부하면서 노래를 들려주었다. 그리고는 애버리지니들의 악기인 디저리두의 연주 소리도 들려주었다. 아주 경쾌했다. 서큘러 키에 가면 한 두 명의 애버리지니가 얼굴과 몸에 흰 칠을 하고 이 악기를 연주하고 있다. 그러나 그들은 움직임이 없이 그냥 늘어져 있어선지 배는 볼록 나오고 다리는 약했다. 그들은 마약과 알코올로 산다. 그나마 악기를 부르고 돈을 버는 사람은 다행이 아닌가 생각된다. 애버리지니가 사는 마을을 가보고 싶은데, 위험하다고들 한다. 점심에는 호주에 와서 처음 수제비를 해 먹었다.

02월 28일 (목) Meredith Coordinator, 영어 질문 세 가지 ＿ 킬라라의 코디네이터Coordinator 겸 강사 Meredith는 예전에 지리 선생님을 했다고 하는데 내가 만난 호주 사람 중에서 가장 인텔리로 한결같은 사람이다. 아침부터 날씨가 후덥지근하니까 오늘은 날씨에 대해서 이야기를 시작했다. 우리말로 후덥지근한 것이 humid로 sticky, steamy, muggy, air is heavy로 표현되는데, sweaty나 perspiring(땀이 나는)은 저속한not polite 것으로 사용해서는 안 된다고 한다. 오늘은 틀려도 부끄럽지 않고, 많이 궁금해서 질문을 여러 번 했다. 질문 하나는 [I have heard, 'good bye' is used when people die. Is it right?]로 한국 학원에서는 분명히 죽을 때 하는 인사가 'good bye'라며 일상에서는 거의 사용하지 않는다고 했었다. 그런데 호주인들은 내용에 따라서 사용하며, 사람이 죽었을 때는 appreciation(감사, 평가), eulogy(찬사), oration(연설)을 한다고 한다. 두 번째 질문은 [Adore and worship, What's difference?]로 두 가지 중에서 상황에 따라 선택해서 사용하게 되는데 주로 adore는 사람에게, worship은 종교적으로 사용된다고 한다. 세 번째 질문은 [How is gay festival? I want to know about gay festival.]였다. 내일모레 토요일 저녁 8시에 시티 옥스퍼드 스트리트Oxford Street에서 Mardi Gras 축제를 하는데 게이Gay와 레즈비언Lesbian들의 퍼레이드가 펼쳐진다고 한다. Meredith는 보고 와서 이야기해 달라고 하고, 옆에 있던 중국인은 발판을 가지고 가서 발판 위에 서서 구경하라고 했다. 들고 다니기 쉬운 발판을 어디서 구하지?

자기 힘을 극대화하는 방법은
'자기를 비우는 것'

03월 01일 (금) 호주 돈, '건강관리 노하우'를 영어로! __ 호주 돈에 대해서 공부했다. 1966년 2월 14일 화폐 단위가 파운드Pound, 실링Shilling, 펜스Pence에서 달러Dollar, 센트Cent로 변경되었다. 당시 1파운드는 20실링, 1실링은 12펜스였다. 지금 사용하고 있는 화폐는 5, 10, 20, 50센트, 1, 2, 5, 10, 20, 50, 100달러 등 열한 가지 종류이다. 호주 화폐Currency에는 우리나라와 같이 지폐Notes와 동전Coin이 있다. 현재 지폐는 종이로 만든 지폐Paper Notes보다 더 위조를 방지하기에 적절하고, 깨끗하고, 재활용이 가능한 플라스틱으로 만들어진 **폴리머 지폐**Polymer Notes이다. 동전은 금화 2달러(작고), 금화 1달러(크고), 은화 50센트(12각형의 제일 큰 것), 은화 20센트(둥글고 큰 것) 은화 10센트(둥글고 작은 것), 은화 5센트(둥글고 제일 작은 것), 은화 1센트짜리는 없다. 그래서 반올림해서 돈을 받는다. 3센트는 5센트로 주고, 2센트는 안 준다.

동전의 한 쪽 면은 전부 영국 여왕인 엘리자베스 2세Elizabeth II 사진이 들어 있다. **센트**는 구리와 니켈 합금으로 만들어졌으며, 5센트에는 바늘두더지Echidna, 10센트에는 수컷 공작새Male lyrebird, 20센트에는 오리너구리Platypus, 50센트에는 캥거루와 에뮤가 그려져 있다. 또 동전으로 된 달러는 구리와 주석의 합금으로 만들어졌으며, 1달러에는 캥거루 다섯 마리가, 2달러에는 호주 원주민 부족장Aboriginal Tribal Elder이 그려져 있다. 폴리머 지폐는 투명하게 보이는 부분이 왼쪽으로 앞이라고 한다. 분홍색 5달러 지폐 앞뒤에는 엘리자베스 2세와 의회 건물Parliament House in Canberra이, 파란색 10달러 앞뒤에는 시인 밴조 패터슨Banjo paterson과 데임(존칭) 메리 길모어Dame Mary Gilmore가 인쇄되어 있다. 또 빨간색 20달러 앞뒤에는 목사 존 플린John Flynn (Royal Flying Doctor Service : 세계 최초로 비행기로 의료 봉사)과 메리 레이베이Mary Reibey (영국에서 온 전과자로 해운업을 성공하고 자선 사업)가, 노란색 50달러 앞뒤에는 원주민 작가이자 발명가인 데이비드 우나이폰David Unaipon과 최초의 여성 국회의원인 에디스 코완Edith Cowan이 있다. 초록색 100달러 앞뒤에는 세계적인 소프라노인 데임 넬리 멜바Dame Nellie Melba와 장군이었던 존 모내시 경Sir John Monash 사진으로 되어 있다.

쉬는 시간에 강사 힐러리가 내일 뭐 하느냐고 물어서 한국 포럼 모임에서 '건강관리 노하우'를 발표할 것이라고 했더니, 핌블에서도 한번 발표presentation 하라고 했다. **Oh My God!** 옛날에 젊었을 때 누군가가 나에게 이름만 가지고 살 수 있을 것이라 했었는데 정말 그럴 건가? 어쨌든 최대한 노력을 해 보자. 이미 나의 노래 "건강관리 노하우"를 찾았고, 그 노래를 계속 부를 것이고, 그 노래가 울려 퍼지게 하는 것이 나의 삶이니까!

　　03월 02일 (토) Gay festival, 고대 문화 포럼 '건강관리 노하우' 발표
___ 호주에서는 3월 첫째 토요일에 Mardi Gras Festival이라고 하여 동성애자들이 시티의 옥스퍼드 스트리트에서 밤 8시부터 10시 30분까지 퍼레이드를 한다고 한다. 그런데 종일 비가 와서 옥스퍼드 길거리에서 하는 축제는 보기가 어려울 것 같았다. 또 이동해야 하는 거리가 있어 서둘러야 하므로 남편은 발표와 구경 양쪽 다 하려다가 하나도 제대로 안된다고 하면서 구경 가는 것을 포기하고, 발표에나 집중하라고 했다.

　　포럼은 6시에 중국 요리로 저녁을 끝내고, 분위기가 물어 익어 가면서 '별자리 이야기' 그리고 '유언장 써 보기' 다음으로 '125세를 사는 건강관리 노하우'를 내가 발표했다. 2시간 정도 해야 할 분량인데, 24개의 슬라이드를 20분 만에 하려다 보니 중요한 부분을 골자로 해서 끝냈다. 그러나 할 것은 다 했다. 스트레스 날리기 위한 웃음, 호흡법, 그리고 가장 중요한 **'죽고 사는 문제가 아니면 통과 통과'**하는 부분에서는 합창으로 함께 박자도 맞추었다. 우리가 먹는 것은 무엇입니까? 여러분은 명품입니까? 자서전을 쓰려고 하십니까? 등 질문도 중간중간에 했다. 또 마지막에는 모두 일어나게 하여 전신 운동으로 '관절 댄스'를 하고 강의를 마무리하였는데 반응이 아주 좋았고, 강의한 나도 기분이 좋았다.

남편에게 80점은 되느냐고 했더니, 칭찬에 인색한 남편이 95점이라고 했다. 그런대로 내용이 전달되기는 한 모양이었다.

마디 그라 축제 Mardi Gras Parade ___ 매년 3월 첫째 주 토요일 시드니에서 열리는 게이&레즈비언 축제로 세계 최대 규모라고 한다. 1978년 시드니의 동성애자와 성전환자들이 동성애자 차별법에 대항하기 위해 행진한 것으로부터 시작되었고, 마디 그라 퍼레이드는 시드니 중심가인 하이드 파크에서 옥스퍼드 거리까지 벌어지는 행렬이다. 동성애자, 양성애자Bisexual, 성전환자Transgender 등 성적 소수자 전체를 퀴어Queer라고도 표현한다. 게이Gay는 영어로 '즐거운, 유쾌한, 기쁜, 행복한' 등의 사전적 의미로 남녀 동성애자를 긍정적으로 일컫는 말이다. 시드니 게이 페스티벌은 그들의 삶을 풍성하게 하고, 세상과의 관계를 확장시키며, 그로 인해 세상의 편견에 맞서 싸워야 하는 게이와 레즈비언의 지친 영혼을 달래 주는 휴식처가 된다고도 하였다. **"A world in which all people can fully express themselves and their love, whereby they live**(이 세상에 있는 모든 사람들은 그들 자신과 그들의 사랑을 충분히 표현할 수 있다)**."** 이것은 시드니 마디 그라 축제의 표어이다.

03월 03일 (일) 피시 마켓, 외식을 절제하자, Clean up Australia Day ___ 남편을 졸라서 피시 마켓에 갔다. 혼자 갔다 오라고 하는 남편에게 트램을 안 타 보았으니 한번 타 보라고 하면서 함께 갔다. 혼자 가도 되지만 연어 4 kg, 새우 1.5kg 해서 5.5kg을 들고 오는 것은 보통 일이 아니다. 우리는 집에 와서 맛있게 먹고, 일부는 냉동실, 일부는 냉장고에 넣었다. 이제 사오일은 잘 먹을 것 같다. 며칠 전부터 또 닭계장이 생각나서 화요일에 채스우드 가면 부추와 마늘을 사와야겠다. 앞으로 외식하는 돈으로 집에서 마음껏 해 먹어야지.

매년 3월 첫째 주 일요일은 '호주 전국 대청소날'이다. 올해 청소의 날Clean up Day은 3월 3일 일요일이다. 지역 청소날은 3월 3일 일요일이지만, 학교 청소날은 3월 1일 금요일, 회사 청소날은 2월 28일 화요일에 한다고 한다. 이러한 행사를 하는 호주여서인지 길거리에는 쓰레기도 하나 없고, 맨발로 다녀도 괜찮을 정도로 깨끗하다. 호주 국가 정책적으로 하는 이러한 사업은 모든 국민이 자기 나라를 아끼고, 사랑하고, 내 나라라는 마음을 들게 하는 것 같았다.

03월 04일 (월) 바티스트 'interrupting하는 인사' ___ 오늘 배운 영어 중에서 두 가지는 알아야겠다. 공손하게 'interrupting 하는 인사'로 간단한 것만 보면 **Excuse me / Pardon me / Sorry to interrupt / May I interrupt for a minute**이고, 원래의 화제로 되돌아오려고 할 경우 시작하는 말로 **Anyway / what were you saying? / Now where was? / where were we?**를 사용한다고 한다. Excuse me와 Anyway 한 가지씩밖에 몰랐지만, 이것만이라도 자연스레 나온다면 사용하기에는 충분하다.

03월 05일 (화) 한인학원 R과 L 발음, Z와 J 발음 ___ 한인 학원에서 R과 L발음, Z와 J발음에 대해서 공부했다. **Rome**은 '우롬'으로 발음하고, Lily는 입을 옆으로 해서 '릴리' 하라고 한다. 또 Brazil은 입천장에 혀가 마찰하여 나오는 소리로 발음하고, John은 마찰 없이 그대로 발음하라고 하였다. 또 회화로 'Have you been to(가 봤니. 그 상태에 있어 봤니)~?'이고, '했다 안 했다'는 Has done형으로 'I have done. I have not done'으로 하면서, 상황에 따라서 just(금방), already(이미), yet(부정문에서는 아직. 의문문에서는 벌써)을 사용하면 된다고 하였다. 또 '몇 번이나 해 봤니?'는 '**How many times have you done?**'으로 해서 외우라고 했다. 그리고 **Hi! / Hello! / How are you? / How are you going? / How are you doing? / How have you been?** 등 짧은 인사나 긴 인사나 말하는 길이(시간)는 같아야 한다는 것을 배웠다.

03월 06일 (수) Social Group 강의 약속, 힐링 캠프 배우 '한석규'의 상상력 ___ 책도 사고, 빌리기도 한다며 남편은 시드니 대학에 가고, 나는 모자이크 센터 사교 모임Social Group에 갔다. 라인 댄스를 오랜만에 배우고, 건강관리 노하우 강의를 3월 27일에 하기로 했다. 내가 강의하려는 이유는 나 자신이 즐겁고, 습관을 들이기 위함이요, 또 호주 한국 할머니(60~70세)들에게 조금이나마 도움을 드리기 위한 봉사라고 생각하기 때문이다.

저녁때 쉬려고 노트북으로 방송 프로그램을 보았다. 호주에서는 인터넷이 잘되지 않고, 버퍼링이 심해서 시간을 많이 끌지만, 그래도 한국이 그리워서 내가 좋아하는 프로인 붕어빵, 1박 2일, 남자의 자격, 그리고 최근에는 K팝 스타, 아빠 어디가, 힐링 캠프 등을 본다. 물론 힐링 캠프는 나오는 사람 따라서 보지만, 오늘은 최근에 강단에 섰다는 배우 한석규가 나온다기에 보았다. 영화를 많이 보지 않아 이름만 알지 자세히 모르지만 목소리가 좋고, 발음도 정확하였다. 그리고 말하는 모든 것이 경험에서 승화된 이야기였다. 한석규는 자신에게나 다른 사람에게 질문을 자주 한다고 했다. 가장 행복했던 순간은? 내 인생에서 가장 많이 하는 일은? 사람에게 가장 중요한 것은? 등등. 비록 자신의 모습은 요 모양 요 꼴이지만 예술혼을 느낄 수 있는 예술적 체험을 많이 하면서 극복한다고 했다. 또 중요한 것은 '자연과 상상력'이라는 것이다. 상상력! 누구에게도 간섭받지 않고, 오르지 혼자 자유롭게 마음껏 할 수 있다는 것이다. 또한 배우 한석규는 쓸쓸함이 있을 때 편안함이 함께하기에 쓸쓸한 것을 좋아한다고 했다. 한마디로 멋있는 인간이었다.

03월 07일 (목) 킬라라 영어 about 'Shopping', 닭계장 ___ 쇼핑에 대해서 공부했는데, 플레밍턴Flemington에 있는 시드니 마켓Sydney market이 싸다고 한다. 또한 가까운 홈부쉬Homebush에 있는 공장 직영 아웃렛Direct Factory Outlet (DFO)과 버켄 헤드 아웃렛Birken Head Outlet도 있다고 한다.

그리고 물건들의 포장 형태도 다양하다. 유리병bottle과 세제류를 담은 상자box, 캔, 대용량 요구르트 단지jar, 곽 포장carton, 과자를 담은 패킷packet, 튜브tube, 아이스크림을 담는 통tub 등으로 많았다. 저녁에는 호주 와서 처음으로 닭계장을 끓였다. 깍두기도 담그고, 배추김치도 반 통 담갔다. 닭계장을 시원하게 잘 먹었다.

03월 08일 (금) 새로 온 프랑스 여자, 도담과 J 사장 부부와 호텔 레스토랑 ___ 프랑스에서 온 젊은 교환 교수 부인이 영어반에 들어왔다. 두 살 된 아기를 맡기고 왔다고 한다. 프랑스 사람들은 영어를 다 잘하는 줄 알았는데 그렇지도 않은 모양이다. 말의 핵심은 없으면서 군더더기 말을 많이 한다. **I think / you know / any way** 등. 나도 군더더기 말을 많이 사용해야겠다. 중국 하얼빈에서 온 젊은 남자가 하얼빈에 대한 프레젠테이션을 했다. 노트북이 작아서 잘 보이지 않았다. 2주 후 내가 프레젠테이션 할 때에는 모두 프린트해서 나누어 주어야지.

저녁에 우리가 호텔 펍에서 도담 선배 부부, J 사장 부부에게 간단한 저녁과 맥주를 하자고 제안했다. 호텔에는 고급 레스토랑도 있었다. 우리는 펍 밖에서 마음껏 부담 없이 이야기하면서 먹으려 했는데, J 사장이 레스토랑이 좋다고 해서 레스토랑으로 갔다. 우아하게 샐러드, 파스타 두 개, 돼지고기 요리와 흑맥주를 시켰다. 펍 보다는 훨씬 비쌌다. 키타의 생음악 연주를 들으면서 먹고, 도담 선배가 우리가 레스토랑을 의도했던 것이 아니어선지 돈을 함께 내자고 했다. 그래서 50달러씩 내고, 2차로 호텔 밖 펍에서 피자와 웨지 감자와 맥주를 또 먹고, 부족한 22달러만 우리가 더 냈다.

도담 선배는 많은 영화를 저장해서 보는데, 동영상 실행 프로그램이 여러 가지 있다고 설명해 주었다. 주로 사용하는 것이 '곰 Player'인데 Media Player, MK Player 등이 있다며 같은 동영상이라도 재생기에 따라서 나오기도 하고, 안 나오기도 한다고 했다.

03월 09일 (토) 문법 영어책 115unit 중에서 35unit, 영어 프레젠테이션 종일 준비 ___ 영어 문법책은 총 115단원으로 진도는 17단원까지 나갔지만, 나 혼자 35단원까지 공부해서 이제 80단원만 공부하면 책 한 권이 다 끝난다. 한인 학원 진도와 상관없이 하루에 두 단원씩 하면 40일이 걸린다. 크루즈 여행도 있고, 프레젠테이션 준비도 있어서 어떻게 될지 모르겠지만, 못할 경우를 생각해서 4월 말까지는 마무리해 보자.

그리고 하루 종일 '건강관리 노하우'를 영어로 프레젠테이션할 것을 만들었다. 내 실력으로는 부족하지만, 열심히 해서 영어를 잘하는 사람에게 한 번 보여 주고 수정한 후 프린트하여 말하는 것을 연습하자. 또 그러다 보면 영어 실력도 늘겠지. 내가 젊었을 때 이토록 공부했으면 나도 박사가 되었겠다.

03월 10일 (일) '살리려는 방식'의 인생과 '약사들의 원칙', 교수들의 관한 이야기 ___ 외부에서 오신 목사님은 말은 어눌하지만, 설교 내용이 아주 좋았다. 사람이 살아가는 방식에는 두 가지가 있다고 한다. 하나는 **'살려는'** 방식의 인생이고 다른 하나는 **'살리려는'** 방식의 인생이라는 것이다. 살려는 인생은 내 목적만을 위해서 사는 것이고, 살리려는 인생은 다른 사람을 돌보기 위해서 사는 사람이라고 한다. 그런데 살려는 인생은 성공해도 만족하지 못해서 행복을 느끼지 못하나, 살리려는 인생은 항상 행복하다는 것이다. 또 '자신이 무엇인가를 하는 이유'는 하지 않는 것보다는 즐겁고, 행복하고, 가치가 있기 때문이라는 것이다. 그리고 '약사의 네 가지 원칙'에 대해서도 말씀하셨다. 첫째, 약을 안 먹어도 되는 사람에게는 팔지 말고, 둘째, 집에 약이 있는 사람은 집에 있는 약을 먹으라고 하고, 셋째, 병원 처방이 있어야만 조제해 주고, 넷째, 병원으로 갈 사람은 약 주지 말고 병원으로 보내라는 것이었다.

저녁때 SKY이네와 오랜만에 맥주를 한잔하기 위해 호텔 펍에서 만났다. 한의사인 SKY 남편 이야기로는 한의사는 일반적으로 졸업하면 바로 개업해도 되지만, 교수가 되려면 1년 인턴, 3년 레지던트를 해야 한다는 것이다. 양의사와 마찬가지로 다른 과도 돌면서 보기 때문에 주사도 놓고, 상처 치료도 한다는 것이다. 의과 대학에 대해서 잘 모르는 남편은 실습과 이론을 함께하는 의대에 대해 이론이 실제로 잘 적용되는지에 대해 많이 궁금해했다. 그리고 남편은 현장 경험을 하지 않고 공부만 한 인문학 교수들이 많아서 이론과 실제가 일치되지 않는 경우가 많으며, 특히 IT 쪽은 젊은 학생들이 많이 알고 있어서, IT 교수들이 힘들어한다고 했다.

03월 11일 (월) 바티스트 J 사장 영어, 몸이 욕구에 따르지 못해 무리가 오다 ___ 호주에서 20년을 넘게 산 J 사장이 영어를 배우겠다고 오셨다. 강사 한 명이 오지 않아 합반으로 함께 공부했다. 재미있는 것은 요즈음 전부 전자사전을 사용하는데, 조그마한 종이사전을 들고 오신 게 아닌가. 아이들이 두 명이나 변호사라고 하는데 어떻게? 호주에서 오래 살아서 필요가 없나보다.

오후에 전혀 아프지 않았던 허리가 기분이 나쁘게 움직이기가 불편하다. 이틀 전부터 약간씩 조짐이 보였는데, 쉬지 않고 토요일에 하루 종일 앉아서 영어 공부에 '건강관리' 영어 프레젠테이션까지 준비하느라 무리가 되었다. 그래서 귀에 이혈도 붙이고, 베개 위에 Hot Bag을 올려 허리에 대고 한잠 자고 나니까 몸과 허리가 조금 가벼워졌다. 종일이라도 공부하고 싶은데, 몸이 안 따라 주는구나 하는 생각에 안타까웠다.

03월 12일 (화) 발음보다 '강세', 열 명에게 건강관리 강의, 도담 선배님 아들 Eric ___ 한인 영어에서 발음보다는 '강세'에 중점을 두고 읽으라고 했다. 그리고 동사에서 싱글 모음인 경우 ing를 붙일 때는 같은 철자를 한 번 더 쓰고 ing를 붙이고, 더블 모음인 경우에는 그냥 ing만 붙여서 쓰면 된다고 했다. 싱글 모음의 예는 shopping, 더블 모음의 예는 speaking이다.

영어를 마치고 SKY 집에서 한인 학원 아줌마 열 명이 모인 가운데 '건강관리 노하우'를 발표했다. 핌블과 모자이크 사교 모임Social Group에서만 발표하고, 이젠 그만해야겠다. 내가 좋아서 했지만 몸에 무리도 오고, 영어 공부에도 지장이 있으니 말이다.

저녁에 도담 선배님 아들 Eric이 왔다고 전화가 왔다. 도담 선배 아들이 오면 우리가 밥을 산다고 했었다. 그래서 채스우드 만다린 고기 뷔페에 갔다. 돼지고기 항정살을 비롯하여 많이 먹었다. 또 영어로 쓴 '건강관리 노하우'를 Eric이 수정도 해 주었다. 아들 Eric은 키가 183㎝에다가 눈, 코, 입이 뚜렷하게 잘생겼다.

03월 13일 (수) 아름다운 혼스비 영어 강사, 영어 '건강관리 노하우' 수정과 연습 ___ 내비게이션이 망가져서 전철을 타고 혼스비로 갔다. 혼스비 자원봉사 강사는 휠체어에 앉아서 가르치는데, 휠체어에 앉아서도 부끄러워하지 않고 아주 즐겁게 가르친다. 예전에 초등학교 선생님을 하셨고, 70세가 넘어 보였는데, 내가 본 호주 할머니 중에서 가장 아름다운 분이었다. 나는 저 나이에 무엇을 하고 있을까? 어떤 모습으로 변해 있을까? 하는 생각이 들었다. 곱게 늙어야지!

집에 와서는 내내 영어로 번역한 건강관리 노하우를 수정하고, 강세가 어디에 있는지 확인하면서 읽는 연습을 하고, 말로 하는 연습도 해 보고 단락 사이사이를 어떤 말로 연결할까 생각하면서 메모도 하였다. 할수록 어렵다는 것이 느껴졌다.

03월 14일 (목) 킬라라 영어 Bargain Shopping, 핌블 영어 발표 연기 ___ 지난주에 이어 쇼핑에 대해서 공부를 했다. Bargain Shopping하는 것도 종류가 다양하였다. 사람들을 위해서 물건을 팔려고 하는 장소를 Market, 좋은 가격으로 뭔가를 사는 것을 Bargain, 더 이상 필요하지 않은 물건을 집에서 판매하는 것이 Garage Sale, 더 이상 필요하지 않은 물건을 차 뒤편에서 파는 것을 Car-boot Sale, 교회에서나 자선 단체에서 중고품을 파는 것을 Op Shop, 쓰레기를 재사용하는 것이 Recycle, 자신이 사용했던 것을 남에게 사용하라고 주는 것을 Pass on이라고 한다고 하였다.

오후에 집에서 가만히 누워서 계속 발표할 것을 연습하고 있는데, 아무래도 준비도 부족하고 부담스러워서 22일에 발표하기로 한 것을 미루어야겠다는 생각이 들었다. 내일 핌블로 공부하러 가고, 22일 금요일은 교회에서 원주민 마을에 가야하고, 29일 금요일은 부활절로 수업이 없고, 4월 5일 금요일은 여행 중일 테니, 4월 둘째 주인 12일 금요일로 해야 하는데, 학기의 마지막 날이라 쫑파티가 있어 가능할지 모르겠다. 일단 나 스스로 미루고 나니까 날아갈 것 같았다.

03월 15일 (금) 영어 공부 '우리나라 돈', Cruise 여행사, 선교 사전 모임 ___ 영어 건강관리 노하우를 4월 둘째 주로 미루었다. 일단 연기하는 것으로 정리하고 나니 살 것 같았다. 오늘 공부는 '돈'에 관한 것이었다. 힐러리가 어제 메일에서 자기 나라 돈을 가지고 오라고 했었다. 그래서 집에서 인터넷으로 미리 '우리나라 돈'에 대해 공부했다. 최근 우리나라 돈에서 지폐로는 5만 원, 1만 원, 5천 원, 1천 원 권이 있고, 동전으로는 500원, 100원, 50원, 10원으로 총 여덟 가지가 있다. **5만 원 권**은 2009년 6월 23일에 처음 만들어졌으며, 돈의 크기는 가로 154㎜, 세로 68㎜이다. 앞면에는 신사임당(1504~1551)과 신사임당의 작품들이 그려져 있는데 여성으로는 처음으로 화폐 모델이 되었다. 흔히 신사임당은 현모양처이면서 이율곡의 어머니로 유명하지만, 그 이전에 시, 그림, 글씨에 뛰어난 시인이자 화가이며 예술가라고 한다. 뒷면에는 지조와 우아함을 겸비한 매화가 그려져 있다. **1만 원 권** 앞면에는 우리나라에서 32년간 재위한 세종대왕(1397~1450)이 그려져 있다. 세종대왕은 **훈민정음**이라는 자모를 만들어 한글을 사용하게 하였다. 뒷면에는 세종대왕 시대에 만들어진 천체의 운행과 위치를 관찰하는 혼천의, 별자리 그림인 천상열차분야지도, 최신 광학천체망원경 등 당대와 현대의 과학 문물이 그려져 있다. **5천 원 권**에는 정치가이자 신사임당의 아들이 었던 이율곡(1536~1584)이 앞면에 인쇄되어 있다. 조선 시대 대표 성리학자로서, 인간의 본성에 관한 책을 많이 저술하였고, 살아가면서 바로 실천을 해야 한다는 것이 퇴계 이황과 다르다고 한다. **1천 원 권** 앞면에는 후진 양성에 일생을 바치면서, 학문의 체계를 확립한 퇴계 이황(1501~1570)이 그려져 있으며, 뒷면에는 후진양성을 위해 세운 학교인 도산 서원이 그려져 있다. 영어 실력이 부족하나, 돈을 보여 주면서 대략적으로 설명했다.

공부가 끝난 후 그동안 팸플릿Pamphlet을 읽고 궁금한 점을 마지막으로 물어 보려고 **크루즈** 여행사에 가기로 했다. 그러나 나 혼자 가서 내 멋대로 알아듣고 여행에 착오가 생길까 걱정되어 SKY를 데리고 갔다. 그래서 궁금한 것을 다 물어보고, 가방 Tag도 받고, 신분증 매달고 다니는 목줄도 받고, 체크인Check In 서류도 받았다.

저녁에는 금요일 저녁마다 모이는 교회 목장 모임에 참석했다. 오늘은 교회에서 원주민 마을로 2박 3일 선교를 가는 것에 대해 회의했다. 선교까지 할 수준은 못 되지만, 교회에서도 선교할 수 있는지 살펴보러 가는 것이고, 가서 밥만 해서 같이 먹고 오면 된다고 했다. 원주민이 어떻게 살고 있는지 궁금해서 계속 가보고 싶었지만, 겁이 났다. 애버리지니 마을에서는 술만 마시고, 마약을 하고, 아이들은 돌보지 않아 부모가 어떤 사람인지도 모른다고 한다. 우리 모두가 아버지의 마음으로, 돌보아준다는 마음가짐으로 가면 된다고 했다.

03월 16일 (토) Pamela 집 저녁 초대에서 네 커플 모임 __ 호주인 집에는 처음으로 초대되어 가는 날이다. 킬라라 영어 공부에서 자원봉사를 하시는 Pamela가 저녁 7시에 초대했다. 두 달 전에 이미 약속한 것인데도 조금은 긴

장되었다. 지난 번 Brenda가 레스토랑에서 식사를 하자고 했을 때도 처음이라 긴장했었는데, 오늘은 집으로 가니 더 신경이 쓰였다. 그리고 호주는 초대를 받으면 와인 한 병과 조그마한 음식 한 가지를 가지고 간다고 해서 크리스마스 때 선물 받은 예쁘게 포장된 와인과 한국에서 가지고 온 탈 액자를 가지고 갔다. 5분 전에 도착하여 밖에서 거닐고 있는데, 7시 정각에 차 한 대가 오더니 한 커플(전 시드니 대학 교수였던 미국인 남편과 전 매콰리대 교수였던 호주인 부인)이 내리면서 인사했다. 그래서 뒤따라 들어갔다. 들어가면서 선물을 주자 Pamela와 커먼웰스 은행에서 일했던 그 남편은 연신 고맙다고 인사를 하며 와인과 위스키와 사과 주스 등 음료수를 선택하게 했다. 이때 또 한 커플(전 소방관이었던 호주인 남편과 미국인 부인 Linda)이 들어왔다. 남편은 와인 나는 사과 주스를 선택했는데 미국인 Linda는 위스키를 골랐다. 각자 잔을 들고 서서 이야기를 하면서, 손으로 먹는 핑거 푸드 Finger Food로 바게트에 연어와 야채로 장식한 것과 긴 막대과자와 올리브를 하나씩 먹었다. 짠 올리브는 싫은데 할 수 없이 하나 먹고 기겁을 했다.

한참을 서서 서로서로 이야기하고는 Pamela가 식탁으로 오라고 해서, 여덟 명이 앉을 자리를 정해 주었다. 남녀가 섞이고 부부가 섞여서 앉았다. 식탁에는 개인마다 우리가 오자마자 받은 음료수 잔, 물컵과 와인 잔이 있었고, 잔마다 나무받침이 다 깔려 있었다. 또 조용하게 음악도 흘러나왔다. 개인 접시에는 애피타이저로 익힌 아스파라거스 줄기 세 개 위에 베이컨이 조금 있었다. 다 먹고 나니 접시와 포크를 거두어 가고, 통째로 구운Barbecue 양고기를 얇게 저민 것에 한쪽에는 감자, 당근 등 야채들을 볶은 것이 나왔다. 또 샐러드는 큰 통에 나온 것을 각자 먹을 만큼 자기 접시에 덜어서 먹었다. 그리고 천으로 만든 주머니에 들어 있는 바게트에 버터를 발라서 먹었다. 먹으면서 나눈 이야기의 주제는 다양했다. 운동부터 Pamela 부부 말레이시아 여행, PHD(박사 학위), 한국 음식, 70세가 되어 보이는 Pamela가 이탈리아어 배우는 이야기, Linda 부부가 아프리카로 여행가기 위해 세 가지 예방 주사를 맞았다는 이야기, 전 시드니대 교수의 미국 이야기 등… 다양하게 대화했다. 우리는 100% 알아들은 것은 아니었지만. 뉴질랜드에 갔다 온 것과 크루즈 여행 예정에 대해 이야기도 하고, 여러 가지 질문도 했다. 우리보다 나이가 많은 그들은 거의 은퇴했지만 주로 평생 교육원에서 궁금한 부분을 공부하는데, Linda 남편은 불교에 관해 공부하고 있다고 했다.

Pamela 집은 시간마다 울리는 자명종 시계 소리가 유난히도 크게 들렸으며, 1시간이 왜 그리 빨리 가는지 4시간 30분이나 지나 밤 11시 30분인데도 갈 생각들을 안 했다. 후식으로 파인애플, 블루베리, 딸기 위에 아이스크림을 얹어서 먹고, 말레이시아 차와 커피를 취향대로 먹었다. 생수에는 레몬을 띄우고, 식사 사이사이 화이트 와인과 레드 와인을 수시로 마셨다. 11시 40분이 되어서야 일어나서 작별 인사를 했다. Lovely to meet you! 호주인들의 제대로 된 저녁 만찬을 경험한 것은 좋았지만, 오랜 시간 신경을 곤두세워서 피곤했다.

　　　　03월 17일 (일) 호주 목사님 설교와 Easter 준비, 호주 생활 15년 청산하는 Y 집사님 ___ 호주 목사님이 설교를 했다. '나아갈 길'에 대해서 영어로 말씀하신 것을 Y 장로가 통역했다. 설교는 인도를 두세 번 여행하면서 느낀 인도의 좋은 냄새와 나쁜 냄새를 비유하면서 죽음은 삶의 일부분이라고 하였다. 나도 2007년도 인도의 북부 바라나시를 여행하면서 삶과 죽음은 종이 한 장 차이라는 생각이 들었었는데, 목사님도 같은 생각이 들었나 보다. 그때 이후로 집착하지 않고 살려고 노력하는데, 조금은 변했을까?

　　또 호주 교회는 예수님이 십자가 지고 지나가는 길을 옛날 그대로 재현하고자 준비하느라 야단이었다. 그리고 부활절을 맞이하면서 예수님의 고통을 그대로 느껴 본다고 했다. 다가오는 화요일 아침 9시에 부활절 체험Easter Experience을 한다며 어떻게 무엇을 하는지 보러 오라고 하였다. 그리고 오늘 한국 교회가 점심을 준비하지 못한다고 각자 해결하라고 했다. 그런데 창원이 고향인 Y 집사님이 갑자기 4월 7일에 한국으로 완전히 돌아간다고 하였다. 그래서 우리가 Y 집사님을 모시고 호텔 펍에 갔다. 15년 전 한국에서 건설업을 하시다가 다리가 부러지고, 술을 많이 마시는 바람에 간이 좋지 않아서, 처제가 있는 호주에 1년 쉬고자 왔다가 그냥 살게 되었다고 했다. 15년간 이민을 온 것도 아니고 취업비자로 살아왔다고 한다. 그동안 청소업을 하면서 주말마다 낚시를 하여 낚시 전문가가 된 분으로 계속 한국에 가고자 하였는데 결정을 못 하다가 지난주에 결정을 했다고 한다. 한국에 가서는 바닷가 근처에 집을 구하고, 배를 사서 고기를 잡을 것이라고 하였다. 낚시에 대한 교육도 충분히 할 사람이다. 요즈음은 귀농도 귀농이지만, 역이민으로 미국에서나 호주에서 많이들 한국으로 들어간다고 한다.

03월 18일 (월) 가을, 이해되는 영어, 상상해 본 출판 기념회, '나 자신이 즐거울까' ___ 갑자기 기온이 15도로 내려갔다. 가을이 오나 보다. 일 년 내내 여름만 있는 줄 알았던 호주에 가을이 있고, 겨울도 있다니 소문과는 다른지, 아니면 우리나라가 겨울이 점점 더 추워지듯 여기도 점점 더 추워지고 있나.

엊그제 토요일에 4시간 30분을 줄곧 영어를 들어서인지, 바티스트 교회에서 John이 한 오늘 수업에서는 영어라는 것이 어떤 것인지를 조금이나마 이해하게 되는 것 같았다. 말도 조금 더 잘 들렸다. 단어 하나하나를 해석하려 하지 말고, 전체적인 의미를 파악하려고 노력해야겠다.

오후에는 글을 쓰다가 잠깐 누웠는데, 갑자기 내가 쓴 호주 이야기책 '출판 기념회'를 상상했다. 88세의 친정엄마가 축사를 하는 것도 재미있을 것 같고, 내 삶의 큰 전환점이 될 수도 있겠다는 생각이 들었다. 난 왜 이런 상상이 들까? 남편 말처럼 잘나지도 않았는데 잘난 척을 하는 걸까? 또 나잇값 못 하고 있는 걸까? 아니야, 나는 내 삶을 즐기고, 삶에서 이벤트를 만들어 두루 함께 즐기면서, 내 삶에 의미를 부여하고 싶을 뿐이야. 결코 잘난 척은 아니야. 내 마음 깊숙한 곳에서부터 간절히 원하고 있는 것으로 친정엄마도 즐겁게 하고, 나도 즐겁고, 나의 딸들이 즐거워할 테니까 말이다. 앞으로의 나의 삶은 어떻게 하면 '나 자신이 즐거울까'에 초점을 두고 살아야지. 그러면 지금보다도 훨씬 삶을 깊게 넓게 볼 수 있는 부유한 마음이 되겠지. 나만의 명품을 만들자.

03월 19일 (화) 호주 교회 부활절 경험하기 ___ 호주 교회 부활절 체험을 하러 갔다. 교회의 어른들은 부활절 전 모습의 옷으로 분장하고, 교회도 옛 모습대로 전부 꾸며 놓았다. 사흘간 학생들이 오전에 2시간씩 온다고 한다. 나도 머리에 스카프를 하고 옛날 옷을 입었다. 초등학교 저학년 여자아이들이 왔다.

최후의 만찬 방, 예수님께 가시관 씌우는 장면을 연극 하는 곳, 예수님이 돌아가신 자리에서 부활하는 연극을 하는 곳, 마켓 플레이스 시장에서는 여러 가지의 체험도 하였다. 아홉 살이라는 학생들은 시장에서 뜨개질도 해 보고, 십자가가 그려져 있는 카드에 풀을 바르고 그 위에다가 작은 구슬을 붙여 부활절 카드도 만들고, 구슬을 가지고 꿰는 것도 해 보았다. 호주 교회는 젊은 청년들이 아니라 나이 많은 어른들이 아이들을 위한 활동을 많이 한다.

03월 20일 (수) 남편 번역 책 승인, AN 집사님과 점심, 교황 선출
＿＿ 남편이 번역하고 있는 책이 미국 출판사에서 승인이 났다며 한국 출판사에서 연락이 왔다. 초고를 한국으로 넘기기 위해 열심히 다시 확인하면서 수정하고 있다. 나 또한 최근에 한인 학원 영어책을 혼자서 이달에 마무리하려고 **고군분투**하고 있다. 이제 돌아다니는 것은 자제하고 내실을 기해야겠다. 지금까지 사귄 사람이나 관리하고, 새로운 사람은 사귀지 말아야지.

둘이서 열심히 공부하고 있는데 프라우스 아이스크림 AN 집사님이 점심을 하자고 했다. 고든 '아카시아' 레스토랑에서 만나서 점심을 먹고 커피숍에서 커피도 마셨다. 한국이 통일되기를 바란다는 호주 사람들의 이야기, 뉴질랜드는 원주민과 함께 살아가는데, 호주는 왜 원주민들을 말살하려는 정책을 쓰고 있는지에 대한 이야기, 원주민 마을 선교 가는 이야기, 교회 사람들의 사정 등 다양한 이야기를 나누었다. AN 집사님 말씀은 뉴질랜드의 원주민 '키위'들은 살려고 하는 욕구가 있는 반면에, 호주의 원주민들은 의욕이 전혀 없어서 원주민 자체에도 문제가 있다는 것이다.

저녁때 교황이 건강상의 이유로 사임하여 다음 교황을 선출해야 한다고 매스컴에서 계속 중계를 하였다. 선거인단인 추기경들이 선출하는 것이 '콘클라베'로, 하루에 네 번 선출하며 검은 연기가 나오면 선출이 무산된 것이고, 흰 연기가 나오면 선출이 결정된 것이라고 한다. 교황이 사흘 이내에 선출되지 않으면 닷새 동안 식사가 한 끼니 한 접시로 제한하며, 닷새가 지나도 선출되지 않으면 빵과 약간의 물, 포도주만을 제공하는 규칙이 제도화된 것이라고 하였다. 다행히 이틀 만에 76세 되신 아르헨티나 '프란치스코 1세Jorge Mario Bergoglio, Francis' 교황이 선출되었는데, 우리나라 김수환 추기경님과 비슷한 인상으로 아주 선하게 생기셨다.

03월 21일 (목) 중국인 Callen이 점심 초대, 도담 선배님과 식사 ___ 함께 핌블에서 공부하는 중국인 Callen이 예전에 초밥을 먹으러 우리 집에 Grace와 잠깐 온 적이 있어선지 우리를 점심에 초대했다. 핌블 자원봉사 강사 Bernice도 함께했다. 호주와는 다르게 역시 동양인의 푸짐함을 느꼈다. 돼지고기, 새우 요리, 야채 요리, 버섯과 햄 요리, 오이 요리, 한국 불고기가 준비되어 있었다. 우리가 가지고 간 와인과 함께 푸짐하게 식사를 했다. 아이 하나만 낳아야 하는 중국의 법적인 문제와 더불어 피임은 잘 하는지에 대한 이야기, 우리나라 여자 대통령 이야기 등 영어로 힘들게 하였지만, 호주인이 영어로 중국인과 한국인 사이에서 통역을 하였다. 호주인과는 알아듣는데 중국인과는 대화가 안 되니 웃기는 이야기이다. 전문적인 용어를 사용해서인가?

우리가 산 USB 2테라에 영화와 다큐를 저장해 주신 도담 선배님의 수고에 감사하는 마음에서 함께 식사를 하러 갔다. 스테이크와 피자와 맥주를 먹었다. 도담 선배의 마음에 변화가 왔다. 좋은 이야기를 많이 해 주었는데 이제는 말을 절제해야겠다고 하신다. 말을 정말 하지 않아서 이상했다. 도담 선배는 알고 있는 좋은 이야기를 주위 사람들에게 해 주고 싶어서 말을 많이 하는데 사람들이 별로 반응이 없고, 받아들이지 않고, 젊은 사람들은 관심도 없고 해서 선배님만의 세계에서 살려고 한다고 하였다.

03월 22일 (금) 아침 7시 픽업, 원주민 선교 출발 ___ 호주인 2,300만 명 중에서 2.4%인 50만 명이 원주민이라고 한다. 호주 원주민들은 부족이 많아서 서로 협조가 되지 않아, 힘도 없고 고립되어 산다.

아침에 목사님 딸이 우리를 데리러 오겠다고 하는데, L 권사가 목사님 딸이 힘드니까 우리보고 전철을 타고 이스트우드까지 오든지 차를 이스트우드 역에 사흘간 세워 두라고 했다. 교회는 다 이런 곳인가? 호주 한인 교회 일부 교인에 해당할 수도 있지만, 모두 결혼하고 사는 동등한 사람인데 왜 그토록 목사와 가족 모두를 예수님 모시듯 할까? 내 생각과 가치로는 도저히 이해가 가지 않는다. 대통령이 앞에 와도 당당하게 얘기할 수 있는 사람이 되어야 한다고 도담 선배의 말씀이 생각났다. 제대로 된 종교인이라면 누구에게나 당당해야 할 것 같은데, 한국 교인들이 목사와 가족들을 군림하도록 만들고 사는 것 같다. 이런 기독교가 싫다. 제대로 된 목사님이라면 정말 하느님의 종답게 살아야지, 욕심이 가득한 목사님과 가족을 교인들은 왜 저토록 섬기는 것일까? 그러지 못하는 나에게 문제가 있는 것인가? 참으로 풀지 못한 숙제다.

옥신각신 끝에 기분은 좋지 않은 상태에서 데리러 왔고, 차는 출발하였다. 가다가 쉬기도 하고 식사도 하면서 8시간을 달려 원주민 마을인 머린 브리지 Murrin Bridge에 도착했다. 두 살 때 호주에 온 히스토리 교회의 한국인인 마이클은 키도 크지 않고 바싹 말라서 영양실조처럼 보였다. 마이클이 이번 원주민 선교에 사역은 예배와 기도, 어린이 섬김, 음식 섬김 등 세 가지라고 설명했다. 나는 선교라고는 처음이지만, 한 가지만 빼고, 두 가지는 할 수 있는 내용이라 부담 없이 출발했었다. 그러나 오판이었다. 결과적으로 많은 갈등을 안겨 준 선교였다. 도착해서 원주민 대표들과 중간에서 다리를 놓아 준 오렌지 마을에 사는 한국 목사님과 인사를 나누고, 준비해 온 해물 찌개와 어묵국으로 저녁을 먹고, 오래도록 찬양과 기도를 하였다. 교회에서 주일 예배 시작 때 30분 하는 찬양도 지겨웠는데, 1시간이 넘도록 하는 찬양은 첫날부터 우리를 지겹게 했다. 밤 10시에 빌려준 침낭에 얇은 이불을 깔고 오리털 파카를 입고 잤다. 오래도록 차를 타서 인지 쉽게 잠들었다.

　　　03월 23일 (토) 원주민 마을 선교, 나눔, 방언, 예수님을 한 가족으로! ___ 콩나물 넣은 김칫국으로 아침밥을 먹고, 10시에 예배가 시작되었다. 원주민 목사와 대표들, 그리고 마을 아이들과 우리 일행 이십여 명을 비롯해 큰 깃발을 가지고 춤으로 봉사하는 호주인 부부와 함께 오렌지 마을에 사는 한국 목사님이 예배를 진행했다. 역시 찬양은 1시간을 하였다. 마을 사람들이 소리를 듣고 오게 하려는 것 같았다. 예배를 하면서 안수를 주는데, 원주인 어른 두세 명이 쓰러지기도 하였다. 나도 성당에서 안수 주는 신부님에게서 경험해 보았지만 약간 휘청하는 정도였는데 뒤로 완전히 넘어간다. 점심은 카레 볶음밥을 먹었다. 오후에는 빈둥거리다가 함께 온 젊은 친구들이 아이들에게 풍선으로 모자와 인형을 만들어 주고 사탕도 나누어 주었다. 남자아이 두세 명은 막무가내로 말을 듣지 않았다. 그러고는 일행 모두가 동네 한 바퀴 돌면서 집집마다 들러 저녁 5시 30분에 무료로 식사하러 오시라고 홍보했다. 밖에서는 사람들이 사는지 안 사는지 알 수가 없었다. 모임이 있었는지 한 집에만 사람이 열 명 정도 있었는데 별로 귀담아듣지 않는다.

저녁은 양념한 불고기 바비큐와 샐러드와 밥으로, 오는 사람들에게 나누어 주었다. 원주민 봉사자가 잡아온 생선도 바비큐를 해 먹었다. 그러나 원주민들은 쉽게 나오지 않았다. 어린아이들만이 나오다가 대여섯 명의 청년들이 나오고, 어른들이 한두 명씩 나와서 식사를 집으로 가지고 가기도 했다. 저녁을 먹고 또 찬양과 예배가 시작되었다. 우리에게는 불편한 시간이었다. 찬양이 끝나고 기도하면서 여러 명이 방언도 했다. 방언은 처음 들었다. 예수님을 접한 사람들은 앞으로 나오라고 했더니 여러 명의 아이들이 앞으로 나왔다. 그리고 안수를 주는데 절반 이상의 어린이들은 눈만 말똥거리면서 휘청하지도 않았다. 그리고 예배의 마지막에는 신 나게 춤을 추었다. 처음에 원주민 아이들은 움직이지도 않다가 나중에야 움직이기 시작하고, 함께 나가자고 서로의 손을 끌기도 하였다. 특히 키가 큰 여자아이 한 명은 TV에서 보고 춤을 추게 되었다고 하는데 춤을 아주 잘 추었다.

오늘의 모든 행사가 끝나고 선교팀들은 모여서 나눔을 하였다. 술에 취한 원주민 한 명이 우리 모임에 끼어서 한국 청년이 통역해 주는 것을 열심히 들었다. 그리고 한 사람 나눔이 끝나면 감사하다고 인사하면서 악수하고 포옹해 주었다. 내 차례가 되어서 나는 천주교 신자이고, 선교할 정도의 믿음이 강하지 못하며, 그냥 원주민에 대한 호기심으로 오게 되었다고 했다. 그리고 나눔을 하는 동안 나와는 기독교의 정서가 맞지 않아 일단 교회를 이제 그만 다녀야겠다고 마음속으로 결정했다. 그러나 한국에 가면 '예수님을 우리 가족의 한 사람으로 생각하고

살아야겠다'는 마음이 들었다.

　남편은 방언이 아주 이상했다고 이야기했다. 일부 사람의 이야기로는 방언은 혼자 기도할 때 하는 것이지, 공적인 자리에서는 하는 것이 아니며, 방언을 하면 분명 해석을 해야 된다는 것이다. 그런데 기도만 하면 방언을 한다. 어라라어라라…

　　　03월 24일 (일) 원주민 마을 선교 마지막 날 교회를 마무리하다 ＿＿
선교에서 돌아오는 날이다. 픽업 문제로 기분도 안 좋고, 같이 타고 가고 싶지 않지만 어쩔 수 없이 히스토리 교회 마이클 차를 탔다. 함께 탄 도 여사는 호주가 초창기 원주민 말살 정책을 하려고 원주민들의 아이를 빼앗아서 백인에게 주고 키우게 한 것이 천주교였다며, 나 들으라는 듯 두세 번을 이야기하였다. 아, 질렸다. 절대로 교회는 가지 말아야지. 빨리 이 왕국에서 벗어나자. 이들이 진정 하느님을 믿는 것인가?

　또 회비는 오기 전에 일인당 50달러를 냈는데, 돈이 부족하다며 모든 사람들에게 똑같이 추가 회비를 받지 않고, 집사 세 명 중 한 명이 자기를 포함해서 세 명 집사와 우리에게 150달러씩 더 내라고 했다. 전도사는 네 집에서 600달러를 더 냈다고 광고도 하지 않는다. 집에까지 가는 차량 문제로 머리가 아팠는데 회비까지 더 내라고 하니까 짜증이 났다. 반갑지도 않은데 AN 집사가 집까지 데려다 준다고 한다. 뿌리치고 우리끼리 택시 타고 집에 가자고 했더니, 남편이 크게 확대하지 말고, 조용히 교회를 끝내자고 했다. 그리고 집에 와서 남편도 이번 기회로 교회를 마무리해야겠다고 했다. 어쨌든 내가 천주교라고 밝히고, 남편은 아무 데도 안 다닌다고 하니까 우리를 완전히 마귀로 보는 것 같았다. 이런 줄 알았다면 절대로 가지 않는 것인데… 마음이 불편한 교회는 더 이상 가지 말아야지. 앞으로는 내 의지대로 살자. 아~ 경험의 한 단계가 UP되는 기분이다. 이제 목요일 크루즈 여행 준비나 하자.

03월 25일 (월) Cross Bun과 부활절 십자가 선물, John의 토끼 초콜릿 ___ 바티스트 교회에서 부활절 선물로 십자가를 주었고, John이 개인적으로 토끼 초콜릿을 주었다. 토끼 초콜릿의 의미는? 초콜릿을 먹어 보니 속은 텅 비어 있고 초콜릿이 껍질로만 되어 있는데, 돌아가신 예수님이 부활하여 비워진 것을 의미한다고 하였다. 쉬는 시간에는 십자가 빵Cross Bun을 주었는데 아주 맛있었다. 중국 여자와 결혼한 영국인 John은 정말 착하다. 부인도 내가 본 중국인 중에서는 제일 선해 보였다. 그래도 부인이 잔소리를 한다며 John은 가끔 불평은 하였다. **Good Friday**는 예수님이 십자가에 못 박혀 돌아가신 날이고, **Easter Sunday**는 예수님이 부활하신 날이라고 하였다. **Easter Good Friday = God die / Easter Sunday = God revive**(부활)**이다.**

03월 26일 (화) 한인 학원, 드레시한 옷, 좋아하는 가방과 신발 ___ 한인 학원 영어 공부에서는 내가 필요한 것을 알려 주었다. **Can you text me**(나에게 문자할 수 있니)?, **I'll text you**(내가 문자할게). 그리고 움직이는 것에는 down, 고정되어 있는 것에는 under를 사용하고, 현재 시점에서 이전은 ago를 사용하지만, 과거 시점에서 그 전의 이야기에는 before를 사용한다고 한다. since는 until now가 포함되어 있어서 has been과 함께 사용된다고 한다. 다음은 우리가 한국인 중에서 경상도 사람으로 항상 문제가 되는 발음이다. **learning**(울런닝)과 **running**(런닝), **Risa**(리사)와 **Lisa**(리사), **James**는 제임스가 아니고 제인므스, **year**(이여)와 **ear**(이어르)로 아직 제대로 발음하려면 끝이 없다.

크루즈에서 정장Formal을 두 벌은 가지고 오라고 했는데, 그런 옷도 없거니와 나에게는 드레시한 것이 어울리지도 않는다. 몇 십만 원을 주고 사고 싶지도 않고, 중고 가게에는 마음에 드는 것이 없어서 에라 나한테 있는 옷으로 그냥 대처

해 보자 하는 가벼운 마음으로 크루즈를 가기로 했다. 그냥 단순하면서 편한 옷이 좋다. 그러나 나는 몇 백만 원 하는 명품 가방은 사지 않지만, 저렴한 가방과 신발은 마음에 들면 사는 것을 좋아한다. 백만 원대 이상으로 올라가지 않는 한 마음에 드는 것이라면 가끔 샀다. 그러나 이제는 절약해야겠다. 가치가 있는 것에만 투자해야지.

03월 27일 (수) 한인 Social Group '건강관리' 강의, 설문지 ___ 태극권을 하고, 합창도 하고, 라인 댄스(라인 댄스 강사 'Whiny')도 하는 한인 사교 모임Social Group에서 '건강관리 노하우' 강의를 했다. 내가 잘 되지 않는 것이어서 다른 사람들도 건강관리가 잘 되지 않으리라 생각되어 강의를 즐겨한다. 내 특강이 끝나고 열다섯 명 가운데 어르신 두 분이 오늘부터 집에 가서 새롭게 뭔가를 시작해야겠다고 말씀을 하시면서 고맙다고 했다. 어떤 어르신은 커피를 타서 가져다주기도 했다.

이어서 호주 의회Council에서 남자 세 명이 의료에 관한 설문 조사를 하겠다고 왔다. 문제는 다섯 문제인데 세 명이서 설명을 거창하게 했다. 보기까지 다 읽어 주면서. 정상 근무 시간이 아닌 경우 의료팀이 필요할 때 이 팀들의 근무 시간은 언제가 좋은지? 이름은 무엇으로 하면 좋은지? 광고는 책자, 온라인 등 어디에 하는 것이 좋은지? 등이다. 이토록 쉬운 문제를 홍보하기 위해서 남자 세 명이 두루 다닌다.

03월 28일 (목) Tropical Queensland Cruise 출발, 결혼 31주년 여행 ___ 냉장고에 있는 음식은 거의 다 먹고 남은 것은 다 버렸다. 한국에 가서 살더라도 가끔은 내장을 말끔히 청소해서 비우듯, 냉장고를 완전히 비우기도 해야겠다. 절대 쌓아 두고 살지 말아야지… 옷은 있는 대로 다 넣고 가방을 쌌다. 호화롭게 준비는 못 하였으나 그냥 편안하게 여행해야겠다고 생각했다.

배를 타려고 2시에 출발하여 서큘러 키에 있는 국제선 여객 터미널로 갔다. 지금까지 가끔 서큘러 키에 정박해 있었던 내가 본 배 중에서는 제일 큰 배였다. 위쪽이 거의 사각형이다. 이미 많은 사람들이 도착해 있었다. 안내하는 대로 가서 가방을 맡기고, 사진을 찍고, 카드도 받았다. 카드는 방 열쇠면서, 배 안에서 모든 결제를 할 수 있는 카드였다. 카드를 여행사에서 준 목걸이에 끼우고 목에 걸고 다녔다. Stateroom이라고 명명하는 방으로 갔다. 돈이 좀 들어도 바다가 보이고, 베란다에 앉아서 바다를 느껴보고 싶어서 베란다가 있는 방을 선택했는데 잘한 것 같았다. 그런데 가방이 빨리 배달되지 않아서 신경이 쓰였고, 방에 TV가 나오지 않고, 방에 있는 전화기도 연결이 제대로 되지 않아서 이야기해야 되는 번거로움이 있었다. 그러고는 배가 출발하기 전에 집합 장소인 메인 레스토랑에서 응급 시 집합 장소와 대처 방법에 대한 설명회를 가졌다.

또 우리는 여행사에서 예약할 때 식사 자리를 예약하지 않았다. 자리를 정하면 같은 사람과 같은 장소에서 12일간 계속 같이 먹어야 한다. 그래서 우리는 번거롭지만 그때그때 선택하는 Select dinner를 예약했었다. 처음에는 혼란스러웠으나 도리어 여러 사람들을 각기 다른 자리에서 만나게 되어 더 좋았다. 저녁에 메인 레스토랑에서 멜버른에서 온 은퇴한 체육 선생님과 간호사인 부인, 딸도 간호사인 가족과 함께 식사하였다. 저녁을 먹고 극장에서 하는 간단한 쇼를 구경했다. 방에 가는 길에는 쇼핑몰도 있고, 많은 와인과 양주를 파는 주류 가게도 있었다. 방에 들어와 집사butler가 가져다 놓은 내일의 일정표를 보았다.

03월 29일 (금) Cruise 2 하루 종일 항해, 양식 레스토랑, 유대인 산부인과 의사 ___ 태평양의 망망대해에 떠 있는 이 배의 이름은 최고의 저명인사, 즉 'Celebrity Solstice'라고 한다. 천국에 온 기분이다. 크루즈 온 사람들이나 이곳에서 일하는 사람들이나 모두 서로 나쁠 것이 없으니 즐거울 수밖에 없고, 신경이 쓰이지 않아서 짜증 낼 일이 없으니 마냥 즐기는 분위기다. 오전에는 4층 극장에서 하는 Explorer 탐험가에 대한 세미나를 듣고, 12층 헬스장에서 하는 해독Detox과 신진대사Metabolism에 관한 건강 세미나를 듣고, 12층 페르시안 가든Persian Garden에서 건식과 습식 사우나를 했다. 오후에는 부활절 미사Easter Mass를 한다고 하여 극장에 갔는데 형식이 많이 달랐다. 수건에 싼 예수님의 고상을 옆으로 전달하면서 기도하였다.

아침과 점심은 뷔페로 편하게 먹고 저녁은 메인 레스토랑에서 애피타이저, 샐러드 혹은 수프, 메인 요리 그리고 디저트에 커피를 마셨다. 와인 등 음료수를 마시면 음료수 값을 따로 내야 하지만, 화이트나 레드 와인을 추가로 시켜 먹으면 금상첨화다. 사실 한국에서 가끔 이탈리안 레스토랑을 갔지만, 이런 격식에 맞추어 먹지는 않았었다. 샐러드, 수프, 피자와 스파게티 등 먹고 싶은 대로 먹었다. 제대로 격식을 갖추어서 먹은 것은 2주 전 Pamela 집에 초대되어 호주인 세 커플과 함께 4시간 30분 동안이나 이야기하면서 저녁을 함께한 게 처음이다.

그때 제대로 배웠다. 그러나 메뉴판을 보고 선택해야 하는 것은 어려웠다. 시드니에서 타이 레스토랑을 갔을 때도 잘못시키면 못 먹을 수 있어서 항상 신경이 쓰였다. 그러나 여러 번의 경험을 살려서 대충 아우트라인이 섰다. 우선 애피타이저로는 새우와 연어가 들어간 것으로 주문하고, 메인 요리는 돼지고기나 소고기, 그리고 연어를 위주로 주문하고, 수프는 버섯이 들어간 것으로, 디저트는 여러 가지 케이크를 보고 고민했지만 일단은 아이스크림을 주로 시켰다.

그런데 오늘은 특별한 날이라며 전부 정장을 하고 저녁 만찬에 오라고 했었다. 나도 원피스에 숄을 걸치고 갔다. 평상시에 목걸이를 하지 않아서인지, 하나 준비해 간 목걸이조차 하지 않고 나갔다. 레스토랑에서 식사를 할 때 옆에는 결혼 50주년을 맞는다는, 남아프리카공화국에서 산부인과 의사로 살고 있는 유대인 부부(부인 70세)와 함께 식사하면서 가족에 대한 이야기, 최근 매스컴에서 계속 나오는 병원에 입원한 만델라 이야기, 남아공 수도인 요하네스버그에 살고 있고, 케이프타운이 아주 아름답다는 이야기 등을 하였다. 저녁을 먹고 나서 극장에서 선장과 부선장들의 축하 인사를 나누며 건배를 했다. 그리고 이어서 축하 뮤지컬을 보고, 댄스장에 들러서 20분간 춤을 추었다. 방에 가는 길에 바티스트 교회의 중국인 자원봉사 영어 강사를 만났다. 세상은 넓고도 좁다. 시드니에서 알게 된 사람을 퀸즐랜드 크루즈 여행에서 만나다니, 그것도 바로 옆방이다. 어제는 한국 부부가 한 팀이라도 있었으면 했는데 다행이다. 각자 즐겁게 보내지만, 바로 옆방이라 마음이 든든했다.

방에 오니 룸서비스 맨인 '아리온'이 유럽 호텔에서 본 적이 있는 수건으로 사람 인형을 만들어 침대 위에 두어서 한바탕 웃었다. 필리핀 사람인 아리온은 하루에 두 번 방에 들어와서 정리를 한다. 오전에는 침대를 새 침대처럼 정리하고, 오후에는 잠자기 쉽게 침대 귀퉁이를 접어 두고, 초콜릿을 베개 위에 하나씩 둔다. 매일매일 변화를 주니 기분이 좋았다.

이전의 습관 ___
배는 어제 오늘 계속 태평양을 가고 있다.
배가 가고 있다는 것이 별로 의식되지 않는다.
우리는 시간이 가고 있다는 것도 의식하지 못한다.
또한 늙어가고 있다는 것을 의식하지 못하는 것처럼 말이다.

하늘과 구름과 바다가 울타리요, 마당이다.
해야 할 것도, 하지 않으면 안 될 것도 하나도 없다.
아무것도 하지 않아도 된다.
그러나 무엇인가 해야 될 것 같은 이전의 습관이 무섭다.

　　　03월 30일 (토) Cruise 3 : at sea, 과일, modern line dance, 새 카드 ___ 아침에 버터를 바른 맛있는 바게트 대신 주황색 멜론과 초록색 멜론과 파인애플, 오이와 보라색 양파를 먹었다. 그리고 돼지 바비큐 두 쪽과 계란 반숙 두 개, 훈제한 연어를 많이 먹고 열대과일 주스를 마셨다. 이제 배 안의 이벤트에 대해서 조금 감이 잡히는 것 같았다. 그러나 24시간 서양인들 사이에서 생활하는 것은 피곤했다. 그 와중에 좋은 기회를 놓쳐버릴까 연신 스케줄 표의 시간과 내용을 확인했다. 쇼핑센터 앞에는 10달러 하는 가방, 지갑, 반지, 팔찌와 모자를 사려고 줄을 길게 서 있어서 나도 한 바퀴 둘러보고, 12층 풀장에 가서 모던 라인 댄스Modern Line Dance를 30분을 따라 하고, 사우나를 1시간 정도 했다.
　점심에는 대합을 넣은 감자 수프와 버섯, 브로콜리만 넣어 달라고 해서 만든 크림 스파게티에 치즈 가루를 뿌려서 먹었는데 맛있었다. 상추 샐러드 조금에다가 초록색, 주황색 멜론, 파인애플과 수박도 먹었는데 이제 질렸다. 내 카드로 방문이 열리지 않아 Guest Relation에 가서 다시 만들어, 카드에 구멍을 뚫고 목에 걸었다. 휴대 전화나 카메라와 닿으면 문제가 생긴다고 한다. 카메라가 원인으로 생각되었다. 저녁에는 새우 칵테일, 맑은 버섯 수프, 해물 요리, 뉴욕 치즈케이크와 아이스크림을 먹었다. 이제 양식도 지겨워지려고 한다. 오늘 쇼는 팬터마임과 함께한 뮤지컬이었다.

　　　　03월 31일 (일) Cruise 4 : Cairns 원주민 Park, 피아노 쇼 ＿＿ 아침에 화이트 빵에 버터를 발라 계란 프라이와 함께 먹고, 과일을 먹은 후 과일 주스도 마셨다. 10시에 우리 배는 케언스에 도착했다. 일일투어Excursion를 하려고 아침 10시 극장으로 가 보았더니 소풍가는 사람이 너무 많았다. 가는 곳에 따라 번호를 붙이고 차례로 텐더Tender라고 하는 작은 배로 갈아타고, 11시 30분이 되어서야 육지에 도착했다. 우리는 애버리지니에 대해서 계속 궁금해서 애버리지니 공원Aborigine Park을 선택했는데 여기도 많이 발전되어 있었다.

　　　　원주민은 술만 마시고 마약만 한다고 하였는데 그런 곳은 보지 못했다. 지난 주에 교회에서 간 원주민 마을도 아이들이 학교에 다니고 겉으로 보기에는 호주인들과 구분이 잘 되지 않았다. 이곳 공원에도 피부색만 검지 코도 크고 살도 찌고 한 원주인들은 별로 없었다. 공연하는 젊은 사람들이 고작 열 명 정도였다. 원주인들의 영상과 함께 원주민들의 창조에서부터 살아온 과정을 보여 주었는데 신기했다. 그리고는 실제 원주민들이 불을 만드는 것을 보여 주고, 노래(바나바나

보래보리)와 춤도 함께 배워 보았다. 또 던지면 나에게로 다시 되돌아오는 부메랑과 활 던지기를 배워 보았는데 실제로 해 보니 생각만큼 잘 되지 않았다. 36달러나 되는 공원 입장료 한 번 내고, 버스를 타고 시내 한 바퀴 돌고, 입장료도 없는 보타닉 공원 간 것이 고작인데 투어 비용은 99달러나 되었다. 점심때인데도 점심을 주지 않아서 원주민 마을에서 샌드위치를 사 먹었다. 밥을 주는 배 안이 천국인데 그냥 배에 있을 걸 하는 생각이 들었다.

다시 텐더를 타고 배에 되돌아와서는 1시간 정도 쉬었다가 배가 고파서 15분 전부터 레스토랑 앞에서 기다리다가 1등으로 들어갔다. 오늘 저녁에는 새로운 것을 먹어 보려고 잘 모르는 것을 주문해 보았더니 역시 맛이 없었다. 잘 알면서 좋아하는 것을 먹어야 하는데… 그래도 창가에 앉아서 웨이터가 두 번이나 갖다 준 바게트를 배부르게 먹고, 새우를 구운 애피타이저는 맛있게 먹었다. 쉬다가 쇼를 보러 갔다. 밴드와 함께하는 피아노 연주다. 피아노를 연주하는 남자는 사이사이에 말과 행동으로 웃기면서 피아노를 떡 주무르듯 한다. 일곱 살 때부터 피아노를 쳤다고 했다. 쇼가 끝나고 오면서 돌로 만든 목걸이가 화려하지 않고, 마음에 들어 초록색 계통으로 15달러에 하나 샀다.

글을 쓴다는 것은
'살아 숨 쉬는 행위'를 익히는 방법!

　　　　04월 01일 (월) Cruise 5일, Port Douglas, Madman 연주 ___ 어제 육지에 나가서 힘만 들었다. 그래서 오늘 일일투어를 취소하려고 했더니 의사의 편지가 있어야 한다고 하여, 의사에게 갔더니 의사 소견서가 110달러라고 한다. 할 수 없이 그냥 투어를 가려고 Shore Excursion에 갔더니 밤사이 티켓이 팔려서 취소되었다고 한다. 그래서 텐더만 타는 티켓을 받아서 포트 더글러스에 내렸다. 더글러스는 미국 대통령 클린턴이 이삼일 묵었던 곳이라고 했다. 케언스보다도 항구는 더 번화하고, 4km나 되는 비치도 있었다. 시드니 바티스트 교회 영어 자원봉사 강사 부부(우리 옆방인 7245호)와 함께 구경했다. 비치에서 발을 담구었다가 5달러짜리 슬리퍼를 하나 사 신고, 남편도 샌들을 30달러에 하나 샀다. 인터넷을 사용하기 위해서 아이스크림 집에서 7달러 하는 스무디를 먹고 인터넷을 했지만, 한글로 된 메일은 읽을 수가 없었다. 홀스와 타겟에서 구경을 조금 하다가 텐더를 타고 큰 배로 돌아왔다. 오늘은 Solstice Delights Day라고 한다. 그래서 14층 카페에서는 하루 종일 먹을 수가 있다.

　　오늘 저녁 쇼는 전자 실로폰을 밴드에 맞추어 연주하는 것인데, Madman이라는 쇼 제목답게 신들린 사람처럼 연주하는 것이 아주 대단했다. 중간에 여자한 명이 아이리시 음악에 맞추어 아이리시 춤도 추었다.

　　이곳은 다름 아닌 이상적인 '실버타운'이다. ___
넓은 하늘이 보이고 저 멀리 수평선 가까이에 있는 약간의 구름과

사파이어 색깔의 출렁이는 넓은 바다

태평양이 넓기는 넓다. 그래서 태평양 같은 마음이라고 표현들을 하지.

배의 객실 우리 방 베란다 벤치에 앉아 있다.

내 인생에 있어서 최고로 수평선을 많이 보고, 큰 배도 타고 있다.

나는 가만히 있지만 나도 모르게 시간이 가듯 나도 모르게 배는 가고 있다.

그야말로 실버타운이다.

잠자리도 하루 두 번이나 정리해 주고,

먹을 것도 다양하게 언제든지 먹을 수 있고

언제든지 다양하게 강의를 들을 수 있고,

가르쳐 주는 춤을 줄 수 있고

매일 밤 볼 수 있는 다양한 쇼!

언제나 이용할 수 있는 헬스장, 수영장과 월풀, 골프와 포켓볼,

유리 제품을 만드는 쇼

도서실을 마음대로 이용하고

언제든지 돈을 내면 할 수 있는 오락과 도박과 인터넷

언제든지 돈을 내면 할 수 있는 마사지와 사우나

그림을 파는 갤러리, 다양한 상점, 다양한 와인 bar, 의사의 진료

　　　04월 02일 (화) Cruise 6일, Willis island, 160달러 마사지, 198달러 가방, 큰딸 생일 __ 아침부터 윌리스Willis 섬을 보라고 방송한다. 동서남북으로 수평선만 보이는 윌리스 섬에는 집 한 채가 있었다. 누가 살까? 기상대 사람 여덟 명이 산다고 한다.

　　　배가 출발하고 사나흘이 지나자 마사지를 할인한다고 홍보했다. 마사지는 250달러에서부터 500달러 이상까지 다양했다. 그런데 280달러 하는 것을 할인해서 160달러(18만 원)로 75분 해 준다고 한다. 얼마나 잘하는지 한번 해 보고 싶었다. 남편은 안 하겠다고 하여 나만 했는데, 몸이 가벼워지긴 하였지만, 돈 만

큼의 가치는 아니었다.

그리고 갤러리와 명품 파는 곳을 구경하다가 파슬Fossil 브랜드의 가방 중 마음에 드는 것이 하나 있어서 샀다. 256달러인데 25% 할인해서 미화 198달러란다. 가방이 마음에 들었지만, 그 마음이 얼마나 갈지 나도 모르겠다.

점심을 먹고는 강의하는 곳을 가 보았다. 한 곳은 선장Captain 제임스 쿡 James Cook (영국의 항해가)의 일대기에 관한 특강이었고, 다른 한 곳은 메릴린 먼로의 생애와 마지막 밤에 대해서 이야기하였다. 참으로 주제가 다양하다. 듣다가 5층 갤러리의 사진 전시회를 보러 갔다. 언젠가 저녁 식사 중에 사진을 찍더니 그 사진도 전시되어 있었다. 장당 20달러(2만 4천 원)였다.

04월 03일 (수) Cruise 7일, Airlie beach, 보는 여행, 평생 교육원
___ 내가 하는 four(우포르)와 lunch(런언치)의 발음을 못 알아듣는다. 발음 연습을 다시 해야겠다. 아침에 많은 외국인이 헬스를 하는데 우리만 방에서 늦잠을 잤다. 나도 바다를 보면서 운동을 하고 싶어서 12층으로 올라가서 러닝머신과 자전

거를 20분씩 탔다.

　그리고 에얼리 비치Airlie beach에 도착하여 역시 텐더로 육지에 도착했다. 휘트선데이Whitsunday에 있는 에얼리 비치는 조그마한 항구지만 많은 배가 있었다. 비치에는 젤리 피시라는 사람을 무는 고기가 있기 때문에 바다에 들어갈 수 없어서 파크 주위에 모래를 깔고, 바닥은 타일인 수영장을 아주 크게 만들어 놓았다. 그곳에서 많은 사람들이 수영도 하고, 잔디에 누워서 즐기고 있었다. 비치 쪽에는 시장이 서고 있었는데 주로 여러 종류의 여름옷과 다양한 목걸이 등을 팔고 있었다. 우리도 수영장에 발을 담그고 공원 의자에 누워서 잠시 동안 쉬었다가 텐더를 타고 배로 돌아왔다.

　14층에 점심 뷔페를 먹으러 갔다. 쇠고기 스테이크와 볶은 가는 국수와 땅콩을 넣어 만든 비스킷을 먹었다. 그리고 피곤하여 낮잠을 잤다. 오늘 저녁에 극장에서 하는 쇼는 한 명이 나와서 말로만 하는 코미디인데, 우리는 알아듣지 못해서 남이 웃을 때 함께 웃지도 못하고 지루했다. 그래서 중간에 나와서, 3층 센트럴Central에 갔더니 역시 패널 세 명과 사회자가 복잡한 영어 단어를 두고 말로 코미디를 하고 있었는데, 우리가 듣기에는 어려웠다. 그래서인지 일주일이 된 지금, 크루즈가 지겹기 시작했다.

　수영과 춤을 즐기고, 잠수나 서핑 같은 바다 이벤트를 즐기는 사람들은 좋은데, 역시 우리는 '쉬는 여행'보다는 '보는 여행'이 아직은 좋은 것 같다. 크루즈 온 사람들이 거의 은퇴한 사람들로 60대에서 80대들이 많다. 처음에는 신기하고 재미있고 볼 것이 많았지만, 말도 마음대로 할 수 없고 배 안에만 있어야 해서 답답하기도 하였다. 한국 사람이 두 팀만 더 있어도 재미가 있었을 텐데, 달랑 우리 둘뿐이니. 둘만 온 사람들은 많지만, 모두 영어권의 사람들이다. 그러나 역시 조용히 책을 보는 많은 노인들이나 열심히 걷기를 하는 분, 열심히 월풀Whirlpool을 하시는 분들, 그리고 마나님을 위하는 모습들은 아주 본받을 만하다. 우리나라 사람들은 은퇴하면 등산을 하고, 서양인들은 집근처 대학에서 평생 공부를 한다고 했다.

04월 04일 (목) Cruise 8일, 여행을 원하는 엄마, 멜버른 부부, Abe, 북한 김정은 ___ 아침 일찍 사람들이 별로 없는 6시 30분에 나도 14층 월풀에 들어갔다. 수영복도 없이 옷을 입고 한 번 들어가 보고 싶었다. 월풀을 어디에서 조절을 하는지 몰라 10분 만에 나오다 보니 버튼이 있었다. 젖은 옷을 큰 수건으로 닦고 피트니스에 가서 러닝을 20분, 서서 하는 자전거를 20분 탔다.

아침 식사에는 돼지고기, 소시지 세 개와 보라색 양파로 맛있게 먹었다. 61세 된 캐나다인 내과의사가 옆에 와서 말을 건넨다. 남편은 55세로 소방관을 하다가 은퇴했다고 하는데 재혼으로 보였다. 캐나다 가기 전에 한국을 사흘간 들른다고 하면서, 아시아나 비행기가 좋다고 하였다. 크루즈에서 만난 팀 중에서 세 팀째 의사이다. 조금 있다가 오른쪽에 83세 된 할머니가 애들레이드에서 둘째 딸과 왔다고 한다. 엄마 생각이 났다. 엄마가 왔으면 '아 좋다! 아 좋다!'를 연발했을 텐데. 우리 엄마는 87세로 여행을 몹시 하고 싶어 한다. 넓은 세상도 보여 드리고, 맛있는 것도 먹고, 다양한 사람 구경도 하도록 하면 좋아할 텐데 하는 생각이 들었다.

점심은 크루즈 첫날 저녁 식사를 함께했던 멜버른 부부와 함께했다. 71세 된 마거릿과 남편 빅토리아. 오며 가며 몇 번 만나기도 했지만, 두 번째 식사여서인지 아주 재미가 있었다. 마거릿의 영어 발음이 알아듣기가 쉽고, 항상 웃으면서 재미있게 이야기하여 좋았다. 결혼해서 영국 옆에 있는 아일랜드에서 살다가, 아이들을 데리고 호주에 왔다고 하는데, 우리에게 고향이 그립지 않으냐고 물었다. 마거릿은 항상 고국이 그립다고 하면서, 내 마음을 아는 것 같았다. 그리고 건강하시냐고 물어보았더니 마거릿은 즐겁게 살기에 아직까지 약 먹는 것이 없다고 하였다. 남편은 심장에 스턴트 시술을 하였고, 팔다리가 아프다고 하였다. 이런저런 이야기로 아주 즐거운 시간을 가졌다. 풀장 근처에는 담배 피우는 할머니들도 많지만, 비치 의자에 누워 책 보는 사람들도 많았다. 여유를 즐기는 모습이 바쁘게 움직이는 우리 한국과는 사뭇 다르다. 나도 베란다의 넓이만큼만 바다가 보이는 방보다 바다가 180도로 보이는 풀장의 비치 의자에 누워 보고 싶어 비스듬히 누웠다. 풀장은 배에서 가장 높은 곳으로 15층과 14층이 함께하고 있어 바람도 불고, 하늘과 양옆으로는 바다가 보여 속이 시원했다. 노트북을 들고 오랫동안 시간을 보냈다. 남편은 시끄럽다고 방에서 논문을 쓰고 있다.

6시에 저녁 식사를 하러 가서 에이브러햄Abe과 하젤Hazel을 만났다. 남아프리카 공화국 산부인과 의사 아브에게 남아공의 제왕절개율은 얼마나 되는지 물어보았다. 그는 80%까지 된다고 대답하였다. 우리나라에서는 내가 병원 근무를 할 때 60% 정도여서 제왕절개율을 낮추라고 야단이었는데, 남아프리카 공화국은 더 높다니 놀라운 일이다. 아브는 또 북한 김정은이 핵무기로 전쟁을 한다고 하는데 불안하지 않으냐고 물었다. 그리고 어떻게 생각하느냐고 자꾸 물어본다. 우리는 위협이지 실제로는 그렇지 않다고 말했다. 북한의 28살 젊은 청년 김정은이 매스컴에서 세계를 떠들썩하게 하여 우리가 한국인이라고 하면 북한 김정은에 대해 물어보면서 두 동강 난 우리나라 사람을 안쓰럽게 본다.

04월 05일 (금) Cruise 9일, Brisbane 시내와 Gallery, 바이올린 연주 __ 브리즈번에 도착하였다. 이곳은 텐더를 타지 않고 바로 Fisherman's Island인 육지에 내렸다. 이곳에서 브리즈번 시내까지는 왕복 셔틀버스 비용이 22달러이고, 35분 정도 걸렸다. 우선은 가장 시내 중심인 몰Mall을 걸었다. 물건의 질이 좋은지 몰라도 싸게 파는 것이 많았다. 얇은 윗도리를 세 개 샀는데 18달러이니, 중고가게 가격이다.

그리고 퀸즐랜드 박물관Queensland Museum, 퀸즐랜드 아트 갤러리 Queensland Art Gallery 등을 둘러보고 다시 셔틀버스를 타고 배로 돌아왔다. 14층에서 점심으로 크림 스파게티와 돼지고기 소시지, 바게트를 먹고, 방에 와서 한잠 자고 일어나니 오후 6시였다. 7시에 쇼를 보러 갔다. 특이한 바이올린으로 연주하는데 지금까지 들어 본 바이올린 연주 중에서 가장 아름답고 힘이 넘치는 소리로, 훌륭했다. 연주 중에 엄마가 어릴 때 아주 엄격하게 했다는 말에 나보다 더 심한 엄마들이 있구나 생각했다. 남편은 엄격하게 해서 따라오는 아이가 있는가 하면 반대로 비뚤어지는 아이도 있다고 하였다. 자세히 몰랐는데 나중에 알고 보니 바이올린을 연주한 사람이 한국인이었다. 그리고 저녁 식사로 오리고기를 먹고, 웨이터인 데이비드David의 메일 주소를 받았다.

밤에는 바람이 불어서 큰 배가 약간 흔들리는 것이 느껴져 겁이 났다. 그래서 노트북에 저장되어 있는 《쌍화점》이라는 한국 영화를 보았다. 작품을 쓴 작가들은 참으로 창조를 하는 것인지, 실제로 영화에서 표현한 대로 사는 것인지 궁금했다.

크루즈에서의 여러가지 ___ 실버타운을 2주간 답사한 기분이다. 철저하게 손 소독제로 관리한다. 식사를 하러 갈 때 또 배 밖으로 나갔다고 다시 들어올 때, 손 소독제를 설치해 두고도, 한 사람이 손 소독제를 들고 서서 모든 사람 손에다가 뿌려 준다. 그리고 줄을 느긋하게 서고, 어른 먼저, 아이 먼저 하면서 서로 양보한다. 서양 노인들은 책을 보거나, 수영을 하거나, 트럼프를 하거나, 느긋하게 쉬는 것을 잘 즐긴다. 퀸즐랜드에 있는 차 번호판에는 Sunshine state 혹은 Smart State라고도 적혀 있었다. 자기들의 주에 대한 강한 자부심을 가지고 있나 보다. Celebrity Solstice 배의 직원이 1,000명, 고객은 최대 2,000명이 가능하다고 한다. 자원봉사자들이 많다. 특강 하는 사람들, Guest Relation Center의 인도 아가씨 등 여행을 하면서 일도 하는 사람들인 것이다.

04월 06일 (토) Cruise 10일, 크루즈에서 하는 것들, '오빠 강남스타일' ___ 오늘은 하루 종일 배가 항해하는 날이다. 그래서 크루즈에서 하는 것들이 무엇이 있는지 자세히 보았다. 피트니스, 조깅, 와인 수업, 바리스타 묘기, 요리 강습, 미술품 경매, 카지노, 게임, 마작, 트럼프, 탁구, 영화, 퀴즈쇼, 빙고 게임, 면세점(보석 / 옷 / 가방), 라이브 밴드, 마사지, 사우나, 종류별 댄스, 노래방, 쇼(피아노 / 실로폰 / 바이올린 / 서커스 /코미디 / 뮤지컬), 스파(사우나 / 각양각색의 전신 마사지 / 미용실 / 네일 아트), 강의, 다이아몬드 설명회, 와인 시음회, 골프, 침술 Acupuncture, 웃음Smile 치료 등 정말 다양했다. 4시 14층 풀장 옆에서 줌바 댄스 Zumba Dance를 1시간 추고 나니 몸이 시원했다. 줌바 댄스의 마지막을 '강남스타일'로 장식했다. 한국인으로서 말 춤을 출 줄 알았다면 앞에 나가서 시범을 보였을 텐데… 그러나 중국인 남자가 시범을 보이면서 춤을 추는 50여 명의 모든 사람이 노래를 부르며 말 춤을 따라 추어서 기분이 좋았다. 우리나라가 이렇게 세계적으로 유명하다니!

오늘 저녁은 특별히 랍스터Lobster를 주는 날이다. 그동안 사귄 웨이터 데이비드가 다른 사람들은 한 마리씩 주는데 우리에게는 두 마리씩 주어서 맛있게 먹었다. 그리고 쇼를 보러 갔는데 일부 여행객들도 그동안 열심히 배운 춤을 나와서 추었다. 서양인들은 밤에 바에서 위스키나 와인을 마시며 바텐더의 묘기를 보면서 즐긴다.

크루즈에서 '만난 사람들' ___ 우리와 자주 만났던 70대 유대인 남아프리카 산부인과 의사 백인 아브와 부인 하젤 / 멜버른에서 온 70대 부부 플러머 빅토리아와 항상 방글방글 웃는 마거릿 / 캐나다에서 온 61세의 의사Medical Dr와 55세의 전직 소방관인 남편 / 애들레이드에서 둘째 딸과 온 83세인 고운 할머니 / 사우나에서 만난, 뉴질랜드에서 온 객실이 160개나 되는 호텔을 두 개 가진 50대 호텔 주인 부부. 그러나 부인은 목이 많이 부어 갑상선을 수술해야 할 것 같은데 그냥 두어도 된다며 그냥 살고 있다. 돈이 많아도 의술의 문제인가? / 나와 탁구를 잠깐 한 미국인 변호사 20대 허니문 신랑 / 조금 검은 피부를 가진 남아프리카인으로 캐나다에 사는 50대 마취과와 생리학 의사 부부 / 50대 멕시코인 부부로 53일째 여행을 하고 있는 중인데, 미국을 거쳐서 하와이를 갔다가 오스트리아에서 다시 남미 산티아고를 간다고 한다. / 중국인 자원봉사 영어 선생 부부 / 멜버른에서 온 체육 선생 가족 / 아프리카 옆 조그마한 섬나라 모리셔스에서 온 20대 후반 웨이터 데이비드 / 태권도를 배웠다는 유고에서 온 웨이터 / 레스토랑 자리를 배정해 주는 슬로바키아 눈 큰 아가씨 / 필리핀에서 온 30대 초반 청소 담당자Butler는 돈을 벌어서 부인과 아이에게 보내야 된다고 한다. 귀가 아주 잘생겨서 부자 될 귀라고 하였더니 'Thank you, I believe!'라고 하면서 좋아했다. / Guest Relation에 자원봉사자로 일하고 있는 인도의 20대 여성은 연신 방긋방긋 웃으면서 Yes, Madam!을 연발한다. 우리는 그나마 아직 은퇴하지 않고 일을 하고 있는 사람들과 이야기를 많이 하게 되고, 백인들이 아닌 소수 민족과 대화를 많이 하게 되는 것 같다.

    04월 07일 (일) Cruise 11일 시드니 도착, 록스 광장, '부드러운 여자' ___ 아침에 일어나니 배는 서큘러 키를 떠날 때의 그 위치에 도착해 있었다. 안도의 한숨이 나왔다. 브리즈번에서 비가 오고 바람이 불어서 하루 정도 배가 흔들렸었다. 크루즈가 처음이어서 배가 흔들리지 않을 때는 괜찮았지만, 아주 미세한 움직임에도 몹시 겁이 났다. 오늘은 시드니 아닌 다른 도시나 다른 나라에서 온 사람들은 시드니 투어를 갔지만, 우리는 서큘러 키에서 걸어서 록스 광장을 갔다. 주말마다 시장이 서는데 오늘이 일요일이라 시장이 섰다. 지난번 볼 때는 록스 광장에 텐트가 쳐진 곳만 보았는데, 오늘은 건물에 들어 있는 많은 갤러리를 구경하였다. 한 곳의 갤러리에서 호주 새들과 동물들이 새겨진 나무 컵 받침을 28달러에 사고, 모자도 남편과 같은 것으로 두 개에 55달러를 주고 샀다. 모자는 끈도 있어서 바람에 날리지 않고, 뒷목도 있어서 빛을 막기에는 좋은데,

중국인 같아 보였다. 배로 돌아와 점심으로 크림 스파게티와 과일을 먹었다. 12일간이나 먹고 싶은 만큼 먹었으니 여러 가지 많이 먹는 것도 이제는 질렸다.

저녁 6시에 레스토랑에서 남아프리카 부부와 함께 식사하고, 사진도 찍고 매일 주소도 주고받았다. 또 모리셔스인 웨이터 데이비드와 유고 웨이터와도 사진을 찍고 마지막 인사를 하고 레스토랑을 나왔다.

그리고 마지막으로 하는 쇼를 구경하였다. 그동안 쇼에 나왔던 모든 사람이 나오면서 마지막을 장식하였다. 한국에 돌아가면 나는 천국에 갔다 왔다고 생각하고 새로운 삶을 살아야지. 가만히 결혼 이후부터 지나온 삶을 돌이켜 생각해 보면 나는 참으로 거친 삶을 살아왔다. 나도 **부드러운 여자**가 되고 싶다. 남아프리카 산부인과 의사 부인처럼 곱고 부드러운 사람이 눈에 들어온다. 저렇게 사는 삶도 있는데… 그렇다. 나는 결혼 전에는 아무것도 모르고 바보같이 순진했다. 세상과 나 자신에 대해서 아는 것이 거의 없었으니 말이다. 결혼 후 누구에게든 지고 살지 말아야지 하는 마음보다도, 생활하기에 급급하여 한 치 앞만 보고 살았다. 그러다 보니 나는 거칠어졌다. 누구에게도 내 삶을 방해받지 않으려고, 강하고 거칠게 살면서 버티어 왔다. 그러나 이제는 부드러워지자. 허기를 채우려 들지 말고, 느긋하면서, 부드러운 여자로 살아 보자. 잘 되려나?

04월 08일 (월) Cruise 12일, 아침 8시 배에서 내림, I'm good, 만우절 ___ 크루즈 마지막으로 아침 뷔페를 먹고, 8시에 배에서 내렸다. 12일간 배에서의 생활이 끝났다. 시원하기도 하고 아쉽기도 하였다. 그러나 당분간 크루즈 여행은 안 할 생각이지만, 지중해 크루즈나 알래스카 크루즈는 그래도 하고 싶다.

시드니 땅을 밟으니 집에 온 기분이 들었다. 집에 오자마자 바로 바티스트 영어 공부를 하러 갔다. 영어 공부에서 How are you? 했을 때 우리는 습관적으로 Fine 하는데, 호주 사람들은 **I'm good / Good / Not bad / So so / Lovely** 등으로 표현한다. 이런 말로 대답해야지 생각했다가도 막상 그 상황에 가면 습관적으로 Fine이 나온다.

4월 1일은 호주도 중국도 만우절(Lie day / April fools' day)이다. 또 취미를 이야기할 때 **group**과 함께하는 것은 동사 **play**를 사용하고(예 : play tennis), 취미를 **~ing**로 표현하는 것은 동사를 **go**를 사용하며(예 : go fishing), 그 외에 것은 **do** 동사를 사용한다고 했다.

04월 09일 (화) 한인 영어 ASAP, 영어발표 수정과 연습 ___ 한인 영어 원장님 왈, "양식은 양손으로 따로따로 먹고, 한식은 한 손으로 같이 먹는 것"이라고 했다. 말이 된다. 또 호주 사람들에게 김치 만드는 법을 가르쳐 주면 좋아하고, 청국장도 좋아한다고 했다. 적극적으로 도전해 보아야겠다. 'Don't use!'보다도 더 강조하는 것이 '**Do not use!**'라고 하였고, **has done**은 '지금'을 물어보는 것이고, did는 현재와 전혀 상관이 없다는 것이다. 또 일반 질문은 끝을 올리지만, 의문사가 있는 질문은 강조 부분을 올리고 끝을 내린다고 한다.

ASAP는 **As soon as possible**(가능한 빨리)의 약자인데 **ASAP** 그대로 사용된다고 한다. 또 '이름이 뭐라고 했죠?'는 '**What did you say your name was?**'라고 한다고 했다.

금요일에 발표할 '**영어 건강관리 노하우**'를 이제 본격적으로 준비했다. 오늘부터 연습할 날은 사흘뿐이다. 그래도 크루즈에서 12일간이나 하든 안 하든 영어로만 생활해서인지 영어로 말하는 것이 별로 두렵지가 않았다. 특히 그냥 말하는 것도 아니고, 자료를 보고 하는 것이니까. 내가 보고 발표할 자료에는 접속사 하나도 다 적어 넣었다.

04월 10일 (수) 발표 연습과 인쇄, 백호주의 호주 영감님들과 아가씨
___ 다음 주부터 2주간 휴가로 이번 주에 거의 종파티를 한다. 그래서 채스우드에 가서 김밥 쌀 재료를 사면서, 냉동 낙지와 홍합과 고등어와 꽁치도 샀다.

영어 발표를 연습하면서 남편에게 한번 들어 보라고 하였더니, 시간이 20분 이상 걸린다고 단축하라면서, 발음이 많이 좋아졌다고 한다. 전보다는 가벼운 마음으로 도서실에 가서 인쇄하였다. 그런데 도서실에 있는 영감님은 아주 불친절하였다. 나는 도서실 카드 만들기, 컴퓨터와 프린터 사용 방법 등을 물어보았다. 그런데 카드를 만들어 주고는 컴퓨터를 10분만 사용하라고 하였다. 도서실 이용이 처음이어서 모든 사람들이 다 그렇게 사용하는 줄 알고 마음이 급했다. 그런데 알고 보니 컴퓨터는 한 번 사용할 때 1시간을 사용할 수 있는데도 내게는 10분만 사용하라고 하였으니 완전 백호주의의 심술이다. 게다가 컴퓨터를 1시간 사용하고 나서, 카드를 다시 긁으면 또 1시간 사용할 수도 있는데 말이다. 10분만 사용하라고 하면서 영감님은 속으로 어떤 기분이었을까? 그래서 알아야 한다. 그리고 영어도 잘해야 한다. 백호주의라기보다는 모르니까 무시하고 골탕을 먹이는 것이다. 예전에 버스 운전기사한테 매콰리 대학에 가서 알려 달라고 했는데도 안 가르쳐 준 일, 차를 사서 등록하는 곳에서 서류가 미비하다고 서류를 더 해 오라고 했는데, 다른 등록소에 가니까 그냥 해 주었던 일… 그러고 보니 지난 크루즈 여행에서도 브리즈번 시내로 가는 셔틀버스 티켓을 사겠다고 Guest Relation Center 백인에게 말했더니, 내일 배에서 내려서 사라고 했는데, 나중에 다시 Center의 다른 사람에게 말했더니 티켓을 끊어 주었던 일까지… 호주는 원칙

이 없고, 사람마다 기분이 나는 대로 일하는 곳이었다. 영어가 세계 공용어여서 영어를 사용하는 나라들을 선호하는 것이 아니라, 어디에서나 무시당하지 않고 내 권한을 침범당하지 않기 위해서는 필히 영어를 잘해야겠다는 생각이 들었다.

04월 11일 (목) 킬라라 영어 & 김밥과 김치, 영어 발표 수정과 연습으로 자신감 ___ 킬라라 영어에서 4월 25일이 호주의 **ANZAC**(Australia & New Zealand Army Corps) **Day**로 공휴일이라고 한다. 우리나라의 현충일과 같은 날로 전쟁에서 죽은 군인들을 추모하는 날이다. 영어를 배우는 학생들의 나라에도 세계 1차, 2차 대전과 독립을 위한 전쟁들이 많았다. 특이한 것은 대만 사람과 중국 사람이 있었는데, 자기들의 전쟁에 대해서는 대만 사람이 말하지 말자고 했다. 서로의 나라가 예전에는 싸웠지만 지금은 제 3국에서 함께 살아가고 있는 것이 아이러니하였다. 또 호주는 매년 11월 11일 11시는 1차 세계대전(1918년) 종말로 평화 서명한 날을 기념하는 날이라고 한다. 종파티에 김밥과 김치를 준비해 갔는데 자원봉사자였던 은퇴한 스리랑카 안과 의사가 아주 맛있다고 했다. 그는 **ANZAC** 쿠키를 만들어 왔다.

오후에는 내일 핌블에서 '영어 건강관리' 발표할 자료를 마지막으로 보면서, 수정하고, 도서실에 가서 마지막으로 인쇄했다. 아 틀려도 괜찮아. 호주인들은 자기들 말이지만 외국인인 내가 영어를 완벽하게 하면 도리어 기분이 나쁘겠지 하고 대범하게 마음먹었다. 그러나 발음과 악센트에 신경을 쓰면서 말하는 연습을 계속했다. 그냥 그런대로 발표할 수 있을 것 같은 자신감이 조금 생겼다.

04월 12일 (금) 핌블 영어발표 Good!, 우보 사장님과 일식집(207달러), 호주 한인사회 ___ 꿈을 꾸었다. 집에서 헌 세탁기를 들어내고 청소를 하면서, 정리를 신나게 하였다. 항상 집을 이사하거나 정리하거나 하는 꿈은 기분이 좋았다. 오늘 발표가 정말 내 삶에 있어서 새로운 역사를 만드는 기분이었다. 그래서 그 느낌 그대로 한마디 해야겠다는 생각이 들었다. 영어 건강관리 노하우를 발표하는 데 시작으로 날린 멘트는 내가 생각해도 정말 멋있는 말이다. **"Now I am nervous but I am happy, Because I can write my new history in my life. Thank you for giving me this chance."**

발표는 그런대로 했다. 관심이 많은지 대여섯 명이 질문하였는데, 한 질문만 못 알아들어 통역해 주어서 설명했다. 이삼일 전부터 집에서 10번 이상 소리 내어 발표하는 연습을 한 효과가 크다는 것을 느꼈다. 연습하면서 가장 걱정스러운 것이 앞내용과 뒷내용을 연결하는 말이었다. 예를 들어 **therefore**(그래서), **anyway**(어쨌든), **so**(그러면), **and then**(그리고), **next**(다음), **well then**(그러면), **only so**(그래야), **okay**(좋아), **right**(맞아), **also**(또한), **first**(먼저), **but**(그러나), **you know**(알지), **generally**(일반적으로), **especially**(특히) 등이다. 다른 사람들이 말하는 것을 잘 들어 보면 이러한 단어들을 중간 중간에 넣어서 사용한다. 나도 이러한 단어를 함께 사용하면서, 발음과 악센트를 생각해서 발표 연습을 하니까 문장이 부드럽게 넘어가는 것을 느꼈다. 아, 이렇게 하여 영어가 한 단계 UP 되는구나 생각되었다. 프랑스 교수 부인은 젊은데도 당뇨가 있다면서 건강관리 강의가 자기에게는 아주 좋았다면서 고맙다고 했다. 허리가 불편한 강사 힐러리도 관심을 가지고 아주 진지하게 듣고는 잠자기 전에 음식을 먹으면 어떻게 되는지에 대해 질문을 했다.

저녁 6시 이스트우드 일식집에서 우보 사장 부부와 도담 선배 부부를 우리가 초대했다. 우보님은 와인을 네 병이나 들고 오셨다. 회와 굴 그리고 도미구이와 알탕으로 식사를 하면서 와인을 마셨다. 영어 발표가 끝나서 기분이 좋아 와인을 세 잔이나 마셨다. 우보 사장님은 주위에 배신하는 사람들이 너무 많다고 했다. 시드니에서의 한인 사회가 서울에서 사는 것보다 훨씬 좁아서, 돌아서면 그 사람이 그 사람이라고 한다. 그래서 싫어도 어울려서 살아야 되는 것이 시드니의 삶이라고 했다. 또한 우보 사장님은 사람을 볼 줄을 안다고 하시면서 남편보고는 어리숙하게 보였는지 원주민 같다고 했다. 그리고 남자는 부인에 의해서 성공하는 사람이 75%인데, 남편보고 마누라인 내 덕에 성공한 사람 같다고 하였다. 기분이 좋기도 했지만 묘했다. 우보 사장님은 육십 대 후반인데도 책을 많이 보시고, 세계정세에도 밝고, 아시는 것이 많으신 분이다. 그래서 다시 만나고 싶은 사람 중에 한 분이시다.

04월 13일 (토) 쌀쌀한 가을, SKY네와 Pub에서 맥주, 역사물 영화
___ 2주간 휴가가 시작되는 날이다. 창가에 보이는 나무들의 잎이 하나둘씩 떨어진다. 조금 쌀쌀해지면서 가을이 오기도 전에 겨울이 오나 보다. 호주는 1년 내내 더운 줄 알았는데 작년에 오자마자 추웠고, 지금 다시 추워지기 시작한다. 낮에는 뜨거운 햇빛이 잠시 있다가는 쉽게 해가 진다.

저녁 6시에 호텔 펍에서 SKY네와 만났다. 맥주와 스테이크를 먹으면서 우리는 원주민 선교 이야기와 크루즈 이야기 그리고 SKY네는 영주권 받은 이야기 등을 했다. 치과의사인 친구가 고용하는 것으로 해서 영주권을 받는데 호주 아닌 곳에서 영주권을 받아야 해서, 아이들 셋을 데리고 부활절 연휴에 뉴질랜드 북섬에 갔다 왔다고 한다.

밤에는 영화를 보았다. 《광해》, 《나는 왕이로소이다》와 《남영동 1985》, 《태백산맥》까지… 역사물을 밤새도록 보는 남편과 달리 나는 자다가 보다가 하였는데 고문은 정말 무서웠다. 인간이 할 수 있는 최고의 잔인함이었다. 정말 저렇게까지 할까 하는 의구심마저 들었다.

04월 14일 (일) 크루즈 사진, 앎의 최고 가치는 침묵, 오르는 호주 환율 ___ 초등학교 카페에 크루즈 여행이 이렇더라 하고 사진 올렸다가 너무 귀족 여행으로 비쳐서 스트레스를 좀 받았다. 사람이 나이를 먹으면 점점 고집이 세지고, 자신이 가장 최고이고 제일 잘 아는 것처럼 너나 할 것 없이 착각하고 사는 모양이다. 그러나 사람은 자신의 가치관대로 사는 것이고, 자신의 행복 기준은 자신에게 달려 있는 것이니까 스트레스 받을 필요는 없다. 앎이 지닌 최고의 가치는 침묵이려니.

호주 환율이 엄청 높아졌다. 지난번 송금할 때 이미 올랐더니, 지금 계속 올라가고 있는 추세다. 다음에는 환율을 보고 송금하도록 해야겠다. 오늘 1,187원이다. 작년에 호주 올 때만 해도 1,150원이었는데!

04월 15일 (월) 조깅복 사다, ECHO 구두 ___ 운동해야 하는데 제대로 된 운동복이 없어서 채스우드로 사러 갔다. 웨스트필드 Rebel Sport에서 남편과 내가 입을 반바지와 민소매 티셔츠를 샀다. 지금까지 운동하기 위해서 뭘 사는 일은 없었다. 대충 입고 운동하고, 대충 입고 등산도 했었는데.

그리고 지난번에 어떤 호주 할머니가 신은 구두 스타일이 무척 마음에 들어 어디 것이냐고 물어보았더니, Echo 구두인데 5년을 신어도 그대로 새것이라고 자랑했었다. 그래서 한번은 그 구두를 신어보고 싶었다. 가격이 조금 있어 신어 보지는 않고 잠시 본 적이 있었는데, 오늘은 한국 가기 전에 구두가 살만 한 것인지 한번 신어 보려고 갔다. 그런데 마음에 들기는 하는데, 가격대로 다 주고 사기에는 아까워서 할인할 때 알려달라고 하고 그냥 나왔다.

04월 16일 (화) 킬라라 자원봉사자 홍콩 중국인 Wylie와 점심 ___ 밤중에 번개와 천둥이 몹시 치더니 아침에 비가 온다. 가을이 본격적으로 오려나 보다. 그래도 12시에 나가려고 하니까 비가 그쳤다. 정확하게 시간을 지켜서, 킬라라 자원봉사 총무인 Wylie가 픽업하러 왔다. Wylie는 저번부터 한국 식당에 가고 싶다고 했다. Wylie 차를 타고 이스트우드의 종가집으로 갔다. 종가집은 한국 식당 중에서 밑반찬이 이것저것 제일 많이 나오는 집이다. Wylie가 부침개 이야기를 해서 파전을 시키고, 맵지 않은 떡국과 갈비탕을 시켰다. 함께 영어 공부를 하는 소피아의 남편이 주방장으로 있는 것을 알고 인사했더니 서비스로 만두 한 접시를 주었다. 다 먹지 못해 부침개는 Wylie가 싸가고, 만두는 우리가 싸가지고 왔다. 돈을 내려는데 Wylie가 자기는 호주 사람이고 우리는 손님이고, 자기는 선생이고 우리는 학생이라며 자기가 내야 된다고 한다. 나중에 한국에 가면 우리보고 내라고 했다. 그래서 잘 먹었다고 인사하고, 다시 커피숍에 갔다. Wylie는 유치원 선생님으로 일주일에 4일 일한다고 했다. 남편은 암으로 돌아가시고, 19살 딸과 함께 살고 있단다. 홍콩 갈 때 한국을 들르고 싶다고 해서, 메일 주소와 한국 전화번호를 알려 주었다. 호주에는 홍콩이 중국으로 넘어가는 시기에 이민 온 사람이 많은데, Wylie는 그전인 1991년도에 왔다고 했다. 조금 불쌍해 보였다.

04월 17일 (수) 간편한 조깅복, 홍합 부추전, 영화《다빈치코드》___
날씨가 아주 맑으면서 시원하다. 조깅복 산 것을 입고 처음으로 운동을 했다. 추울까 봐 목도리를 가지고 갔는데 필요 없어서 허리에 묶고 빠르게 걸었다. 이럴 수가? 어떤 운동을 하더라고 제대로 갖추고 운동해야 한다는 목사 친구의 말이 생각났다. 넓적다리가 다 보이는 짧은 반바지는 걷기에 너무 편하고, 팔이 없는 민소매 티셔츠는 몸을 가볍게 해 주었다. 날아갈 것 같았다. 남편은 러닝이 보인다고 벗으라고 했더니, 팬티까지 벗어서 더 홀가분하다고 하였다. 하하하 남편은 하나를 가르쳐 주었더니, 한 발 더 앞서가네. 어쨌든 우리 둘은 가볍게 날아갈 듯 빠른 걷기를 했다. 왜 진작 이렇게 하지 못했을까. 우리가 제대로 못 한 것이 한두 가지가 아니지. 몰라서도 못 하고, 알아도 여유가 없어서도 못 했는데. 오늘은 조금 빨리 걸으면서 꼬박 1시간을 걷고 왔다. 기분이 좋았다. 샤워를 하고 나니 배가 고팠다. 냉동 홍합을 많이 넣고, 홍합 부추전을 부쳐 먹었더니 맛이 끝내주었다. 밤에는 영화《다빈치코드》를 보았다. 오랜만에 영화다운 영화를 본 것 같았다. 정말 성모 마리아의 혈통들은 어떻게 되었을지 궁금했다.

04월 18일 (목) 영어로 꿈, 한국 돌아가는 날 7월 31일로 확정 ___
남편이 며칠 전에 영어로 꿈을 꾸었다고 하더니 나도 영어로 꿈을 꾸었다. 예전에 1986년에 미국 간호사 시험을 보려고 간호학과 영어 공부를 할 때 영어로 꿈을 꾼 적이 있었다. 그러고는 처음이다. 영어 공부가 제대로 궤도에 올라간 것일까?

한국 돌아가는 항공권의 날짜를 확정하려고 하는데 항공사에 8월 5일 가겠다고 했더니 작년 7월 31일에 호주로 왔기 때문에 일 년이 넘으면 안 된다고 한다. 왕복 항공권은 일 년을 넘으면 안 된다는 것이다. 다음에 일 년이 넘는 경우에는 편도만 끊어서 와야겠다. 연장하는데도 콴타스 항공은 일인당 8만 원을 내야 한다. 7월 31일로 결정하고 나니까 속이 시원했다. 한국에 빨리 가게 되어 도리어 좋았다. 학교에서 8월에 돌아와야 한다고 해서 빠르게 8월 초에 가려고 했는데, 8월 하루 전에 간다고 학교에서 문제 삼지는 않겠지. 정확하게 365일인데.

04월 19일 (금) 영어책마스터, 에어즈록 예약, 인도 영화《조디악바르》, 알파카 카디건 ___ 영어책을 빠르게 공부하는 법을 터득했다. 미리 다섯 단원의 문제를 다 풀고 바짝 앉아서 노트 정리를 하는 것이다. 짧은 시간에 훨씬 많이 진도를 나가게 되어 이번 휴일 동안에 마스터할 것 같아서 힘이 났다. 낮에 울워스 호주 여행사에 가서 에어즈 록 여행비가 얼마나 드는지 확인하고 한국 여행사와 비교한 후 어느 것이든 확정하기로 했다. 같은 비행기에 같은 투어로 호텔은 더 낮은 급인데도 한국 여행사보다 200달러가 더 비싸다. 그래서 한국 여행사로 가기로 결정하고 대한관광 최 과장과 통화해서 에어즈 록 2인, 2박 3일 2,670달러로 월요일에 송금하기로 약속했다.

길에서 우연히 도담 선배님을 만나 남편은 먼저 선배 집으로 가고, 나는 피자헛에 가서 두 종류의 피자를 사 가지고, 도담 선배 집으로 갔다. 피자와 수박을 먹고, 우리 노트북에는 적당한 재생 프로그램이 없어서 잘 나오지 않아, 보고 싶어도 볼 수 없었던 인도 영화를 도담 선배네 큰 화면으로 보았다. 인도의 화려하고 아름다운 배경의 《조디 악바르》라는 역사 영화를 2시간 30분 동안 아주 재미있게 보았다. '어찌 천국을 찾느냐, 천국이 바로 네 앞에 있는데'와 '사람의 행복은 종교로 결정지을 수가 없다. 모든 종교를 존중하라'라는 페르시아 속담이 가슴에 와 닿았다. 보고 나서 골뱅이 무침으로 와인을 한잔 하고 나니 기분이 더 좋았다.

도담 선배 부인 크리스티나가 겨울옷은 많이 안 가지고 왔을 거라고 하면서, 점퍼와 알파카 카디건이 자기한테 크다며 주었다. 카디건은 칼라가 내가 좋아하는 회색에 무늬가 있었고, 점퍼는 따뜻해 보였다. 남편에게도 도담 선배에게는 팔이 짧다며 양털로 짠 호주의 특산물 스웨터를 주었는데 색상이 멋있었다.

04월 20일 (토) 비, 버리는 연습, 지금 하고 있는 일이 내 삶에 도움이 되는가? ___ 밤부터 내리는 비는 아침에도 줄곧 내린다. 집에 있을 때 비가 오는 것은 좋다. 글도 공부도 더 잘 된다. 오늘 자세히 보니, 한국에 돌아갈 날이 3개월 10일 남았다. 조금씩 정리하면서, 한국에 가지고 가지 않을 것은 버리기 시작했다. 모으기는 쉬워도 버리기는 어렵다는 것을 느꼈다. 미련 없이 버려야 하는데도 버리면 또 필요할 것 같고, 안 될 것 같은 마음이 든다. 언제나 집착은 하지 말아야 하는데도 내려놓지 못하는 나 자신의 마음이 얄밉다. 그래서 지금 내가 하고 있는 일이 내 삶의 도움이 되는가? 변화를 주고 있는 것인가? 내삶에 전환을 가져다줄 것인가를 생각해 보았다. 큰 대로를 보고, 생각하고, 행동하고, 말하며 살아야 되는데, 너무 많은 생각을 하는 것도 문제려니, 그냥 무심하게 살까도 싶다.

04월 21일 (일) 내 몸에 관심과 정성, National Geographic 잡지 ___
최근에 운동에 관심을 가지고 몸을 움직이고, 산책도 계속해서인지 다리가 많이 가벼워졌다. 이제 다리가 조금만 더 풀리면 내 몸이 가벼워질 것 같다. 호주에 오고 나서 머리에서부터 점차 아픈 곳이 등, 허리로 내려가더니, 다시 넓적다리, 종아리로 내려가고, 이제는 발목 근처에만 무거움을 느낀다. 더 계속적으로 걷기를 하든, 침대에서 다리 운동을 하든, 한번 해 보자. 그냥 영화만 볼 것이 아니라, 팔다리를 움직이면서 보아야지. 그래 '관심과 집중과 정성'을 다해서 내 몸을 풀어 보자. 얼굴의 팔자 주름과 이마 중간의 주름도 집중적으로 공격해 보자.
가볍게 산책하다가 아름다운 동네 한 우편함 앞에 네 개의 하얀 플라스틱 박스에 많은 책이 있었다. "**Books! Help your self, please! Free!**(책을 마음대로 가져라. 무료다)"라고 메모가 되어 있었다. 그리고 놀랍게도 내셔널 지오그래픽National Geographic 잡지가 작년과 올해 것이 있었다. 예전에 내가 구독할 때보다 종이 질이 좋아져서 사진들이 아름다웠다. 그래서 동물 그림들이 많은 것을 위주로 볼 만한 것을 골랐더니 15권 정도 되었다. 특히 'Special Issue'라고 해서 나온 특별 판은 더욱 볼 것이 많았다. 예전에 내가 보던 내셔널 지오그래픽도 아직 서울 집 책꽂이에 있다. 그보다도 최근 것으로 볼만한 것이 많아서 택배로 한국으로 가져 가야겠다고 생각하고, 남편보고 집에 가서 차를 가지고 오라고 해서, 집으로 가 지고 왔다.

  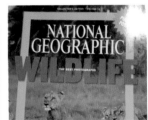

04월 22일 (월) 에어즈 록 경비 2,670달러, 항공권과 일정표 인쇄 ___ 크루즈를 길게 갔다 오고 보니, 길게 여행을 가고 싶지 않아서 에어즈 록(울루루) 만 직접 갔다 오는 것으로 일정을 변경해서 오늘 여행사에 경비 2,670달러를 송 금했다. 12일간 가서 실컷 먹고 즐기는 크루즈 경비가 3,500달러였는데, 사흘간 비행기로 에어즈 록만 갔다 오고, 밥도 주지 않는데 2,670달러면 많이 비싸다. 비행기 왕복이 일인당 560달러, 투어 경비가 775달러로 일인당 1,335달러(한화로 150만 원 정도)이다. 호텔이 하루 밤에 400달러 정도로 비싸다고 한다. 투어를 싸 게 300달러에 가려면 텐트를 치고 자야 한다고 한다. 우리 나이에! 게다가 텐트 도 침낭도 없으니 울며 겨자 먹기로 '원주민의 혼'이 들어 있는 큰 바위 덩어리 하 나를 보려고 비싸게 간다. 호주의 중심이며, 호주의 배꼽이라고도 하는 에어즈 록이니 안 가 볼 수가 있나! 남편은 집에서 인터넷으로 책을 검색해야 한다고 해 서, 나 혼자 도서실에 가서 한국으로 돌아가는 항공권과 에어즈 록 여행 일정을 인쇄했다.

04월 23일 (화) 'Blackmores & Cenovis' 약국마다 다른 가격 ___ 세 노비스에서 나오는 비타민 D가 포함된 칼슘이 효과가 좋다고 친구가 사 달라고 한다. 그래서 오늘 채스우드 가서 알아보니, 200정에 18달러(22,000원)이다. 용량은 확인해 보지 않았지만 한국에서는 60정에 2만 원이라고 한다. 그런데 Mr vi-tamin에는 세노비스 것이 없었다. 그리고 우리가 먹을 Blackmores 것으로 코엔자임 Q10 75㎎ 90정짜리를 두 개 샀다. 지난번에 30달러 하는 것을 25달러에 샀었는데. 똑같은 것이 오늘은 38달러인데 22달러 한다고 했다. 가격이 천차만별이다. 세노비스 종합 비타민도 22달러 하는 것을 12달러에 샀었는데, 오늘은 18달러 한다. 약국 다섯 군데를 다 둘러보고, 가격을 비교한 다음 제일 싼 곳에서 사야겠다. 지난번 뉴질랜드 여행에서 만난 윤미래 님은 시티에서 마누카 꿀 +15를 33달러에 샀다고 하는데, 나는 Mr vitamin에서 27달러에 샀으니 부르는 게 값인가? 어쨌든 마누카 꿀은 Mr vitamin이 제일 싸다. 앞으로 서울에 돌아갈 날이 3개월뿐이라 부지런히 할인하는 것을 보고 그때그때 사야겠다. 코엔자임 Q10, 종합 비타민, 오메가3, 마누카 꿀 +15, 루테인, 마그네슘, 프로폴리스Propolis, 태반 크림, 루카스 연고, 아스피린 연고 등등.

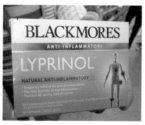

04월 24일 (수) Sally Beach, 언약 교회 목사님에게 문자 ___ 바티스트 교회의 중국인 자원봉사자 Lister가 중심이 되어 비치로 가는 나들이! 자가용 대여섯 대가 출발했다. 한국인, 중국인, 호주인 해서 모두 25명이나 되었다. 40여 분 걸려서 맨리 비치를 지나 조용한 샐리Sally 비치로 갔다. 이미 사람들이 운동도 하고, 수영도 하고, 바비큐도 해 먹고 있었다. 우리 일행은 짐을 두고 한 남학생이 지키고, 바다가 보이는 산책로를 따라서 20분 정도 산책했다. 돌아와서는 자기 도시락을 먹어 보라는 말도 없이 각자 먹는다. 분위기가 생소하였지만, 우리도 우리 것을 먹으면서, 한국사람 서너 명이 조금씩 나누어 먹었다. 삼각 김밥, 파는 초밥 같은 김초밥, 전형적인 한국 김밥, 또 아보카도와 맛살을 넣은 부티 나는 김밥도 있었으나 내 입에는 우리 김밥이 제일 잘 맞았다. 특이하게도 중국인 초등학교 3학년 학생이 동생과 노는데 재미있어 보여 가담했다. 수학 문제를 내는 것인데 아이가 아주 기발하게 손가락으로 표현한다. 더하기는 **Plus**, 빼기는 **Minus**가 아니라 **Takeaway**이고, 곱하기는 내가 알고 있는 **Multiplication**이 아니라 **Timetable**이었고, 나누기는 **Divide**였다. 그리고 '='은 Equal 이고, 무엇이냐 하는 것을 양손으로 만들어 물음표를 표시했다. 덕분에 함께 재미있게 놀았다. 영어 발음도 내가 듣기에 아주 좋았다. 날씨가 청명하여 더욱 상쾌했다.

　　그러나 우리는 숙제가 있어서 남편도 나도 머리가 아팠다. 어떻게 하면 교회와 마무리를 잘하여 나가지 않아도 될까? 뭐라고 말해야 할지가 숙제였다. 지난 일요일 교회에서 목사님이 SKY보고 우리가 왜 안 오느냐고 해서 한국 돌아갈 시간이 얼마 남지 않아 바쁜 모양이라고 하였더니, 목사님이 "갈 때 갈 값이라도 얼굴은 봐야지"라고 말했다고 한다. 말에는 감정이 실린 느낌이다. 그래서 남편과 나는 생각을 하다하다가 우리가 교회에 적응을 잘 하지 못해서 죄송하다, 가기 전에 한 번 뵙겠다고 문자를 보냈다. 답장은 오지 않았지만, 홀가분하였다. 하나씩 하나씩 정리해야지. 홀가분하게 떠날 수 있게.

　　04월 25일 (목) ANZAC Day, 대단한 영국 ＿＿ 오늘은 호주의 ANZAC(Australia & New Zealand Army Corps) Day로 공휴일이다. 우리나라 현충일 같은 날이다. 세계 1차 대전에 참전하기 위하여 호주와 뉴질랜드가 터키의 갈리폴리에 도착한 날이 4월 25일 새벽이라 한다. 기념행사는 각 주에서 다 열린다고 하는데, 텔레비전에서 어두운 새벽에 시티의 마틴 광장Martin place에서 기념식 하는 것을 방영해 주었다. 이어서 조지 스트리트George Street에서 3시간 이상 오래도록 많은 사람들이 행진하는 것을 보여 주었다. 예전에 참전한 군인들과 그 가족들, 그리고 군악대 등등 훈장을 가슴에 달고 있는 노인들이 많았다. 이렇게 하루 종일 ANZAC 기념행사를 하는데, 모든 것이 영국풍이다. 종교적인 ANZAC 행사, 실제 묘지에서 하는 ANZAC 행사 등과 윷놀이처럼 동전을 던

저서 하는 '돈 내기' 등을 한다고 하였다. 시티에서 무엇이 하는지 보고 오는 것이 킬라라 영어 숙제였지만, 나가지 못하고 텔레비전으로만 보았다. 워낙에 역사에 관심이 없고 아는 바가 없는데, 시드니에 살면서 영국이 세계를 많이 지배했다는 것을 알게 되었다. 아프리카 전역, 인도 전역, 인도네시아, 싱가포르, 홍콩을 비롯해 호주, 뉴질랜드까지 지배하였다는 역사적인 일들을 접하면서 섬나라 영국 사람들이 대단하다는 것을 알게 되었다. 호주인들 중에서도 아주 프라이드가 강한 사람들이 영국 사람들이었다. 또 미국도 영국 지배에서 벗어나고자 100년 전에 독립한 것이고, 어쨌든 영어를 사용하는 나라는 전부 영국 지배를 받은 나라라고 하니 엄청나다. 영국의 대영박물관이 대단한 것은 세계의 귀중한 것들을 전부 빼앗아 전시해 놓은 덕이니, 다른 어느 나라 박물관보다 대단한 박물관임은 확실하다. 20년 전에 가본 영국이지만, 이러한 것을 알고 나니 다시 한 번 영국에 가 보고 싶다.

04월 26일 (금) 매콰리 대학 23년 근무한 Jane, 세 번째로 존경하게 된 도담 선배님 ___ 고려문화포럼에서 만난 매콰리 대학에서 일하는 Jane Kim이 학교에 한번 오라고 해서 도담 선배님과 함께 셋이서 버스를 타고 매콰리 대학으로 갔다. Jane Kim은 한국에서 외국인 회사 비서실에서 근무하다가, 남편을 만나 결혼하고, 외국에서 살고자 호주에 오게 되었다고 한다. 처음에는 증권 회사에서 2년간 근무하다가 너무 집에서 멀어 아이들 돌보기가 힘들어서, 지금의 학교로 직장을 옮겼고, 23년째 학교 행정 부서에서 일하고 있단다. 정년이 67세라고 하는데, 지금까지 가까이에서 본 한국사람 중 호주 제도권 내에서 당당하게 일하고 있는 유일한 사람이었다. Jane Kim은 결혼 전 한국에 있을 때부터 영어를 워낙 잘해서 안정이 된 것 같았다. 돈을 많이 번다며 비싼 회전초밥을 사 주었다. 그래서 연봉이 얼마나 되는지 물어보았더니 많이 받는 편이라면서 7,500달러(한화 9,000만 원)라고 하였다. 또 남편은 컴퓨터 계통에서 일하고 있으며, 아들은 회계사 시험 한 과목이 남은 상태이고, 딸은 약사로 일하고 있다고 하였다. 그리고 학교를 안내하였는데, 지난번에 영어 자원봉사자 Pamela가 아는 사람과 학교를 한 번 둘러보았으나, Jane Kim은 학교에서 오래 근무하였고, 한국인이어서 더 자세하게 특이한 점을 이야기해 주었다. 세계적으로 세 군데 대학에만 있다는 **Chiropractor**(척추 교정 지압 요법 전문가)가 되는 과정인 'Master of Chiropractic'이 매쿼리 대학에 있고, 보청기가 아닌 달팽이관cochlear을 삽입해서 듣는 강의실도 있다고 했다. 도서실에서 남편 책을 하나 빌리고, 커피와 핫초코와 빵을 먹고는, Jane Kim은 BMW로 도담 선배 집까지 데려다 주었다. 우리는 다시 도담 선배 집에 올라가서 USB에 저장된 오케스트라 지휘하는 것을 보다가, 국수를 해 주어서 맛있게 먹었다.

또 수박, 감, 쥐포, 땅콩, 과자도 먹으면서 교회를 어떻게 마무리할 것인가에 대해 논의하였는데 '진실하게 있는 대로 이야기하면서, 인간관계는 유지되도록 하는 것이 좋겠다'고 결론을 내려 주었다. 그러한 문제들이 힘들게 느껴지는 것은 나의 '삶의 집'에 창문 하나라도 아직 덜 지어져서 그렇다는 것이다. 집이 제대로 잘 지어졌다면 어떤 문제에서도 흔들리지 않을 것이라는 것이다.

또 도담 선배님은 인간이 폭넓게 이루어낸 모든 것의 '기록이 역사'이고, '생각이 철학'이고, '정서가 문학'이라고 하였다. 너무 지식과 말씀의 능력이 아까워 시드니 문화원에서 특강을 하시는 것이 어떠냐고 권유했더니, '하면 무엇하느냐'고 반문하셨다. "현재 하고자 하는 것이 돈벌이로 전락하게 되면, 진가가 없어지고 변질될 우려가 있다"는 것이다. 오늘날의 기독교가 돈 때문에 사업으로 변질되었다고 하였다. 내가 지금까지 살아오면서 만난 사람들 가운데 세 번째로 '존경하고 싶은 사람'을 만나는 순간이었다.

내가 존경하는 분 첫 번째가 언제나 변함없이, 진지하고, 조용한 남편의 지도 교수 '김정환 교수님', 그리고 두 번째가 남편 대학 선배이며, 신학 대학 교수로 우리 딸 주례를 해 주신 예수님 같은 '송 교수님', 그리고 세 번째로 '도담 선배님'이시다. 역사를 바탕으로 다방면으로 쉽게 예를 들어 말씀하시는 모든 것은 참으로 흥미롭다. 오늘은 알타미라 벽화보다 더 오래된 4만 년 전의 벽화인 프랑스 쇼베 동굴Chauvet Cave을 1994년에 발견되었다는 이야기, 음악, 그림 이야기, 그리고 나이 들면서는 절대 다투지 마라. 절대로 인연을 먼저 끊지 마라. 부정적인 표현은 절대 하지 마라, 또 안정은 충격이 가해져도 유연한 것이고, 안주와 고정은 충격이 가하면 부러진다는 것이다. 많은 의미 있는 내용의 말씀이었다.

04월 27일 (토) 머리 자르기, 기원전과 기원후 ___ 내 머리와 남편 머리를 잘랐다. 머리를 자르기만 하는 데도 20달러(2만 4천 원)이다. 비싸기도 하지만, 귀찮기도 해서 내 머리 내가 자르고, 남편보고 조금만 손봐 달라고 한 후, 남편 머리는 내가 잘랐다. 몇 번 자르다 보니 이제는 아주 그럴듯하다. 한국 가서도 미장원에 가지 말고, 집에서 잘라야지. 미장원에 가는 것이 왜 그리 싫은지.

지금까지 역사에서 기원전과 기원후를 표기하는 방법으로 **기원전을 B.C.** 즉 **Before Christ**(예수의 탄생 이전)와 **기원후를 A.D. Anno Domini**(라틴어로 주의 해, 주님이 태어난 해)라는 라틴어로 사용해 왔다. 그레고리력은 전통적으로 예수가 탄생했다고 보는 해의 전과 후의 두 시대로 나뉜다. 그러나 2000년대 이후에 많은 역사학자와 인문학자들이 예수 탄생을 강조해서 기원전과 기원후를 표기한다는 것은 너무 특정한 종교가 강조되어 바람직하지 않다는 입장을 보이면서 현재는 B.C.와 A.D.를 모든 인문학 관련 책에서 사용하지 않고 새롭게 만든 용어 **B.C.E.**(기원전, before the common era = before Christian Era)**와 C.E.**(서기, common era = Christian Era)를 사용한다.

04월 28일 (일) 새우, 연어와 게, 로브스타, North Korean ___ 피시마켓에 갔다 왔다. 연어 머리는 찌개를 할 수 있도록 다듬어서 냉동실에 넣고, 연어회는 가시를 빼고 기름기를 잘라내서, 친구들 줄 것은 썰어서 얼리고, 우리 먹을 것을 한 번씩 먹을 만큼 덩어리로 정리했다. 항상 작은 것을 사야 되는데, 오늘도 4.8kg(83달러로 10만 원) 큰 것을 샀다. 큰 것은 배 쪽이 많은 부분을 차지해서 찌갯거리가 많아진다. 새우는 30달러에 32마리로 한 마리당 천 원꼴이다. 그런데 게와 로브스타는 먹을 것도 별로 없는데, 게 두 마리에 60달러, 로브스터 한 마리에 58달러(6만 5천 원)로 왜 그리 비싼지… 먹어 보니 새우보다 맛있지도 않았다.

로브스타도 알고 보니 큰 새우 종류에 불과하였다. 그래도 먹고 싶은 것을 도전

해 보아 속은 시원하다. 살걸 살걸 하고 아쉬워하는 것보다 한 번 사 먹어 보아야지 그 다음에 진전이 있지, 잘한 것 같아! 총 231달러로 26만 원 정도였지만 행복했다. 피시 마켓에서 내가 생선을 거래한 직원이 중국인인데, 일본인 친구를 북한 사람North korean이라고 소개해 주어 깜짝 놀랐다. 정말 북한 사람인가 했더니 내가 한국인이라고 놀려 주려고 했다는 것이다. 그리고 강남스타일 말 춤에 대해서도 알고 있었다. 북한과 말 춤은 모르는 사람이 없다.

'12연기'라는 것 ___ 12연기十二緣起를 12인연十二因緣이라고도 하는데 연기緣起란 우주의 모든 현상이 다 인연에 의해 일어난다는 뜻이다. 즉, '이것이 있으므로 저것이 있고, 이것이 일어나므로 저것이 일어난다'는 것이다. 연기설은 모든 사물은 서로 의지하고 서로 도움으로써 성립된다는 것이라고 한다.

04월 29일 (월) 바티스트 91세 된 영어 자원봉사자 Babara, Sue의 e-mail ___ 호주에서의 남은 기간은 3개월이다. 다시 학기가 시작되었다. 남편이 영어 강좌를 남자 강사에게 받고 싶다며 바꾸어 보자고 하였다. 그래서 오늘 바꾸어서 수업했는데 나도, 남편도 마음에 들었다. 바뀐 우리 자원봉사 영어 선생님은 91살인데 아주 강인하고, 에너지가 있으며 머리도 아주 명석한 분이다. 남편은 알츠하이머로 입원해 계시는데 못 알아보신다고 한다. 91세 되시는 분이 혼자 사시는 것이 궁금해서 이것저것 물어보았더니 월요일, 화요일은 교회에 나오고, 수요일은 도우미가 와서 2시간 일해 주고, 목요일에는 시드니까지 3시간 정도 걸리는 '오렌지'라는 도시에서 딸이 쇼핑을 해 가지고 온다고 했다. 허리가 아파서 운전을 못 하시기 때문에 다른 자원봉사자가 집에 가서 모셔 오고, 모셔다드려야 한다. 연세도 많고 허리도 아파서 혼자 이동이 불가능한데도 자원봉사를 하시는 것을 보면 대단히 강인한 분이다. 공부는 "Legends"라는 오스트레일리아 이야기책을 가지고 하는데, 읽으면서 이해하는 것으로는 안성맞춤이었다.

핌블 영어에서 새 학기가 시작되어 이번 금요일부터 영어 공부를 한다며 Sue가 이 메일을 보내면서 지난 학기 마지막 날 내가 발표한 것에 대한 찬사를 덧붙였다. 발표하는 연습을 많이 하고 나서 한 것이었지만 기분이 좋았다.

Hi So Young. Thank you so much So Young, for your most wonderful and

informative presentation last term. It was truly brilliant. You prepared so much information and you spoke so well. There was so much to discuss!! We could discuss the health issues you presented for weeks and weeks. Thank you. Welcome to Term 2 on Friday! I really look forward to seeing you both and hope you are well and happy!! Are you enjoying this beautiful autumn weather? Kindly. Sue
0403 786 564

개인주의가 심한 한국 사람들이기에, 그래도 좋은 기억으로 남기기 위해서는 무한한 노력을 해야겠다는 생각이 들었다.

04월 30일 (화) 되찾은 USB, 차 접촉 사고 ___ 남편에게 파워포인트를 복사해 주려고, USB를 찾았는데 아무리 찾아도 보이지 않았다. 가만히 생각해 보니 일주일 전에 도서실에서 발표할 것을 출력하고는 가지고 오지 않은 것 같았다. 그래서 서둘러 도서실에 가서 이야기하였더니 분실물 통에 들어있는 USB 중에서 두 개가 붙어 있는 내 것이 보였다. 엄청 기뻐서 Thank you!를 연발했다. USB를 되찾은 약간 흥분된 기분으로 도서실을 나와서 차를 끌고 친구들이 사 달라고 한 마누카 꿀을 사기 위해서 채스우드로 가는 중 하이웨이에서 길가 주차를 위해 후진하고 있는 앞차 뒤에 서 있었는데, 후진 주차를 하면서 내 차에 부딪혔다. 이해가 안 가는 것은 차가 닿은 느낌이 있는데도 불구하고 그대로 주차해 버린다는 것이다. 호주 노인 부부였다. 그런데 자기 차는 멀쩡하고 내 차만 흠이 갔는데도, 나보고 면허증을 보여 달라고 하였다.

교통사고가 나면 절대로 'Sorry' 하지 말라는 이야기를 들은 바가 있어서 보여주지 않았더니, 면허도 없는 불법이라고 경찰에 신고해야 된다고 노인이 중얼거렸다. 그래서 나도 남편과 영어를 잘하는 도담 선배를 불렀다. 부르는 동안에 호주 부부는 보이지 않았다. 그래서 어떻게 해야 되나 했더니 바로 옆에 경찰서가 있으니, 경찰에 가서 신고하고 가자고 했다. 경찰서에 갔더니 호주 노인이 있었다. 경찰에 우리가 가지 않았으면 완전 뺑소니로 몰릴 뻔했었다. 국제 운전 면허증에다가 보험 들어 있고, 등록도 2013년 2월로 걸릴 게 하나도 없다. 그런데 호주 노인은 내가 동양인인데다 단발한 머리 때문에 면허도 없는 젊은 여학생으로 보였는지, 우리 집 주소로 되어 있는 옆방 남자 고등학생에게 경찰이 전화해서 같은 집에 동양 여학생이 있느냐고 물었다고 했다. 우리는 신고를 끝내고 나오는데, 경찰서에서 나오는 호주 노인의 얼굴이 파랗게 질려 있었다. 거짓말로 신고된 것에 부끄러운 모양이다. 그리고 도담 선배가 보험 회사에 접수하는 데 거의 3시간이 걸렸다. 전화로 사고가 난 경위를 몇 번에 걸쳐서 이야기 하다보니 도담 선배의 진을 다 빼놓았다. 도담 선배가 다 해 주었는데도 신경을 쓰고, 스트레스를 받아서인지 우리도 녹초가 되었다.

피우지 못한 '마음의 소리'를
그려 보는 것이 글!

05월 01일 (수) 독립하고 있는 작은딸, 초등학교 동창 시드니 오다

___ 오늘은 작은딸 생일이다. 작은딸 혼자 처음으로 살아 본 작년 2학기에는 성적도 떨어지고 공부하느라 밥도 제대로 먹지 못해서 징징거리더니, 두 번째로 맞는 이번 학기에는 단단히 먹을 것을 준비해서 공부하는 것 같아, 내 마음이 가벼웠다. 급할 때를 대비해서 피자와 떡볶이를 사서 냉동실에 넣어 두었다고도 한다. 이제는 혼자도 잘 살겠다는 생각이 들었다. 생명과학 학부를 조기 졸업하고, TOEIC과 PEET를 1년 공부하고 나서, 약전을 들어가 지금 5학년 1학기로 27살인데 무엇이든 해야지. 저녁에는 초등학교 동창 '미자와 영주'가 뉴질랜드를 거쳐서 시드니에 왔다. 그래서 호텔에서 만나려고 저녁 6시 **'연어와 새우와 멜론과 맥주'**를 가방에 싸서 전철을 타러 갔다. 가 보지 않은 길인데다가 어두워져서 겁이 났다. 일단 올림픽 공원까지 표를 끊고, 리드콤에서 갈아타야 된다는 것만 알고 출발을 했다. 전철에는 이미 사람들이 별로 없었다. 리드콤에 내렸더니 센트럴역만큼이나 복잡하였다. 일단은 착하게 생긴 젊은 동양인에게 갈아타는 곳을 물어보려고 'Excuse me!' 하였더니, 나에게 'Chinese?'라고 묻는다. 그래서 '한국인'이라고 했더니 자기도 한국인이라고 하였다. 리드콤이 위험하다는 이야기를 많이 들어서 일단은 안심되었다.

대학원 다니는 유학생으로 갈아타는 길이 복잡하다며 갈아타는 곳까지 함께 가주어서 정말 고마웠다. 그런데 올림픽 공원 가는 전철은 한 역만 왔다 갔다 하는 것인데 타려고 하는 사람이 나까지 두 명이었고, 두 명도 다른 칸에 타니까 사람이 아무도 없어서 겁이 났다. 전철은 한참 쉬었다가 출발했다. 오로지 친구들을 만나는 기쁨으로 겁도 없이 출발했지만, 올림픽 공원에 내려서도 호텔을 찾아가는 길이 걱정되었다. 그러나 리드콤은 어두컴컴했지만 올림픽 공원에 내리니까 불빛으로 환했다. 역 직원에게 아이비스 호텔Ibis Hotel 가는 길을 물어보려는데 멀리 호텔이 보였다. 그제야 안도의 한숨을 쉬고, 가벼운 마음으로 걸

었다. 멀리서 '소영아!' 하고 부른다. 친구들이 마중 나오고 있었다. 반가워서 껴안고 덩실덩실 춤을 추었다. 호텔 방으로 들어가서 맥주를 마시면서 이야기를 했다. 초저녁잠이 많은 미자는 먼저 자고, 영주와 새벽 1시까지, 다시 자고 일어난 미자와 3시까지 이야기하다가, 3시부터 3시간 자고 아침에 집으로 왔다. 몹시 피곤했지만 즐거웠다.

　　　　05월 02일 (목) ANZAC Dawn Service & Biscuits ___ 킬라라 영어 공부에서는 지난 주 4월 25일 ANZAC Day 때 이루어진 행사에 대해서 이야기하였다. 1915년 호주와 뉴질랜드가 1차 대전에 참전하기 위하여 터키의 갈리폴리 해변에 도착한 시간이 새벽이어서 새벽에 기념식Dawn Service을 한다는 것이다. 그리고 자원봉사 강사가 나누어 준 신문에 1차 대전에 참전한, 나이가 91세나 된 분이 **Love will find a way! Live life safely, happily, healthily**(사랑에 길이 있어요. 삶을 안전하게 행복하게 건강하게 사세요)! 라고 말한 것이 크게 적혀 있어 눈에 띄었다. 이어서 ANZAC 비스킷 만드는 것을 가르쳐 주었다. 재료는 압착한 오트밀 rolled oats, 중력분 밀가루plain flour, 코코넛, 갈색 설탕brown sugar, 버터, 골든 시럽golden syrup, 식용 소다bicarbonate of soda, 끓는 물boiling water이 필요하였다. 만드는 방법에는 가루를 혼합해 두고, 버터와 골든 시럽을 녹이고, 끓는 물에다가 식용 소다를 용해한 것을 먼저 섞은 후, 준비한 가루와 잘 섞는다. 그러고는 작은 롤roll을 만들어 기름 바른 오븐 트레이에 놓아서, 180도에서 15분간 황갈색이 나올 때까지 구워서 찬 곳에다가 두면 된다고 하였다.

　　　　05월 03일 (금) '하원의원 투표 방법과 벌금' ___ '호주의 투표'에 대해서 공부했다. 작년 11월 지방 의회 선거 시 투표에 대해 잠깐 공부하였는데, 오늘은 '투표 방법'에 대해서 공부했다. 8월에 하원의원 선거가 있어서, 지금 선거운동이 시작되었다고 한다. 호주는 의원 내각제라고 하는데, 상원의원은 우리나라의 비례 대표제와 같은 것이고, 의원 중에서 수상이 나오고, 장관도 나온다고 한다. 그리고 투표는 한 사람만 찍는 것이 아니고, 출마한 후보자들에게 원하는 순서대로 번호를 다 매긴다고 한다. 여덟 개 당에서 한 사람씩 나오면 1번에서 8번까지 번호를 매기는 투표라고 한다. 1번으로 된 후보자가 50% 이상 확실하면 그대로 당선되지만, 50% 미만인 경우에는 제일 조금 받은 당의 사람들 투표지에서 2번으로 찍은 사람의 수를 합친다고 한다. 소수자들의 의견도 중요하다는 것이다. 어떤 면에서는 많은 사람들이 지지하는 후보자가 되는 확률이 높기 때문에 합리적이라는 생각이 들었다. 그리고 국민은 하원의원 선거만 하면 수상은 집권당 내에서 투표해서 뽑는다고 한다. 또 투표를 하지 않으면 55달러라는 벌금을 내기 때문에 투표율은 95%에 달한다고 하였다. 정당으로는 자유당Liberals, 노동당Labor, 민족당National) 사냥 어부당Shooters and fishers, 독립당Independents, 기독 민주당Christian democracies, 녹색당Greens (환경), 카트당Katter 등 8개당과 투표를 하지 않는 무효투표Informal vote당까지 9개 선택지가 있다고 한다. 무효투표당은 벌금을 내지 않는다고 한다.

05월 04일 (토) 고려문화포럼, 남편 '원주민' 발표, 호주의 3대 비극과 희극 ___ 한 달에 한 번 '고려문화포럼' 모임이 있는 날이다. SKY 한의사 부부를 데리고 가서 소개를 시켜주었다. 그리고 오늘 포럼 내용은 남편이 애버리지니에 대해서 발표하고, 회원 중 앞이 보이지 않아 VIP(Visual Impaired person)라고 이름 붙여진 YB님의 수필을 다른 사람이 대신 낭독하고, 또 L 님이 수지침 중에서 사혈에 대해 설명하고, S 님이 어릴 때를 상상하고 쓴 수필을 낭독했다. 공식적인 모임이 끝나고, 우보 사장님이 맥주를 한잔 하자고 하여, SKY 한의사 부부와 매콰리 대학 직원 부부와 K 교수, 오 사무총장 그리고 우리까지 해서 아홉 명이 펍에서 이야기하면서 자정까지 즐거운 시간을 보냈다. 항상 느끼는 것이지만, 우보님은 아시는 것이 참으로 많다. 오늘의 우보님 이야기는 호주의 3대 비극과 3대 희극에 관한 것이었다. 3대 비극은 '원주민 말살 정책', '총독이 수상을 마음대로 할 수 있다는 것', '수도가 캔버라여서 항공료가 많이 든다는 것'이라고 하였다. 또 3대 희극은 '핵 잠수함이나 동력 비행기 등 과학 기술이 미국보다 7년 정도 앞

섰다는 것', '페니실린을 처음으로 만들었다는 것(호주는 한때 영국의 식민지여서 영국은 자기네가 만들었다고 함)', 그리고 '공업이 발달한 점'이라고 하였다. 뉴질랜드는 임업만 발달하고, 공장은 자연을 훼손하므로 만들지 않고, 필요한 것은 전부 수입한다고 했다. 그래서 뉴질랜드에 일자리가 없어 호주로 돈을 벌기 위해 많이들 온다고 했다.

05월 05일 (일) 호주에서의 남편의 소득, 안식년에는 영국 6개월! ___ 남편은 신이 났다. 한국 연구 재단에서 공모한 남편의 연구 논문이 당선되었기 때문이다. 연구비를 많이 주는 것은 복잡해서 순수 연구비만 주는 것으로 지원해서 900만 원을 받게 되어 책을 실컷 사보게 되어 좋다고 하였다. 연구 논문은 호주에 와서 연구하는 주제로 'Civility'에 관한 것이다. 남편은 잠깐 생각해서 지원한 것이 아니라, 6개월 이상 공부해서 지원한 것이어서 당선된 것 같다고 하였다. 또한 1, 2월에 번역한 영어책 저자인 미국 교수에게 답신도 왔다고 한다. 진척이 되는 것 같았다. 여기에 호주 원주민에 관한 연구를 하면서 '고려문화포럼'에서 발표하려고 파워포인트로 준비도 했다. 한국에 가서 공부할 교육에 관한 많은 논문 자료와 책을 저장하기에도 바쁘다. 자료를 보면서 영국에 가면 더 많은 자료가 있을 것으로 생각되어, 영국을 다시 가고 싶다고 했다. 그래서 안식년에는 영국에 몇 개월 있으면서 아일랜드, 스웨덴에도 가자고 했다.

05월 06일 (월) 호주에 와서 제일 상태가 안 좋다 ___ 눈, 코, 귀, 목, 머리 모두 불편하다. 비염에, 목 디스크 증상에, 몸살에, 잠을 깊이 자지 못하여 밥맛도 없다. 저번에 먹은 피자와 도담 선배 집에서 먹었던 쥐포가 생각나서 한인 슈퍼에 가서 쥐포를 사고, 피자헛에서 작고 얇은 피자 두 가지를 사 가지고 와서 먹었는데도 맛이 없었다. 쥐포는 그나마 넘어갔다.

여행이 주는 철학 ___ *1. 자신의 역동성과 자신감을 발견할 수 있는 시간 *2. 극히 미미한 존재로 지구를 한 바퀴 돌아보는 꿈의 시간 *3. 많은 사람을 만나 건전한 사색과 다양한 체험으로 단순해지는 시간 *4. 창의력, 상상력, 각양 각색의 문화와 역사로 행복하고 흥미로운 시간 *5. 영혼이 맑은 사람들을 만나면서 스스로 향기 나는 존재가 되기 위해 노력하는 시간 *6. 불편, 불평, 불만이 없어지는 시간 *7. 어떤 사람이든 진실하면 존중해야 함을 느끼고, 언어가 어눌해도 용기와 마음 열기, 그림으로 표현하기, 미소 짓기 등으로 다 소통이 되는 시간 *8. 만나는 많은 사람들과 자연은 우연이 아니라 필연이라고 느껴지면서 신의 호흡을 감지하는 시간 *9. 삶의 고귀함과 존재 가치를 느끼며 살아 있음에 감사하는 시간 *10. 체험은 남이 앗아갈 수 없는 귀중한 자산이자 자연과 인간 세계 문화의 흐름과 인류 역사 등 인문학적으로 통섭할 수 있는 시간

05월 07일 (화) 한인 학원에서 수동태와 '그게 말이죠I was wondering'
___ 한인 학원 영어 공부 반장님은 호주에서 오래 살았고, 잘 살고도 있지만, 항상 '붕붕 떠 있는 기분'이라고 했다. 나는 오래 살지 않아서 안정이 안 되어 붕 떠 있는 기분인 줄 알았더니 오래 살았던 사람들도 자기 나라가 아닌 경우에는 그런 느낌이 드는가 보다. 그런데 각자의 사정이 있어서 왔겠지만 외국에서 왜 살려고 하는지 의문스러웠다.

오늘 공부에서 영어 문법책을 미리 공부한 보람이 조금 있었다. **will**과 **be going to**를 언제 사용하느냐는 것이다. **will**은 할지 안 할지 확실하지 않을 때 사용하고, **be going to**는 확실하게 할 예정일 때 사용한다는 것이다. 그리고 수동태로 **I heard / I was told / I was informed**(들었다), **I learned / I was taught**(배웠다), **I received / I was sent**(받았다)를 비롯해 말 중간에 잘 사용하는 '그게 말이죠'라는 것이 **I was wondering**이라는 것도 배웠다.

05월 08일 (수) 영어책 마무리, 지식+경험 = 지혜 ___ 종일 초급 빨강 영어책을 끝내려고 매진해서 드디어 오늘 끝을 보았다. 문제 풀고 한 번 씩 써 본 것이 조그마한 노트로 다섯 권이다. 중급 파랑 문법책도 공부하면 실력이 더 나아지겠지. 그래도 영어뿐만 아니라 여러 면에서 모르는 것을 안다는 것은 삶을 의욕스럽게 만든다. **지식에다가 경험이 있으면 지혜가 된다고도 하는데.**

05월 09일 (목) 킬라라 영어는 Mother's Day ___ 이번 주 일요일은 호주의 '어머니날'이다. 우리나라처럼 날짜로 고정하지 않고, **오월 둘째 주 일요일로 고정되어 있다.** 합리적인 방법이다. 나라마다 날짜도 다르고 달아주는 꽃도 달랐다. 우리나라는 붉은 카네이션Red carnation이지만, 호주는 흰 국화White chrysanthemum라고 한다. 대부분 자식들과 식사를 함께하고 선물을 주는데 일본과 우리나라만 돈을 주었다. 그리고 세계적으로 거의 '어머니날'이고, 중국과 우크라이나에는 국제적인 '여성의 날'이 있고, 우리나라만 '어버이날'로 되어 있었다. 1913년 미국의 한 여성이 자신의 어머니를 추모하기 위해 필라델피아 교회에서 교인들에게 흰 카네이션을 하나씩 나누어 준 데서 유래된 이후 전 세계에 퍼졌다고 한다. 원래 5월 둘째 일요일이었던 것을 우리나라에서는 1956년 5월 8일을 '어머니날'로 지정해서, 기념해 오다가 **1973년 3월 30일** 대통령령으로 '각종 기념일 등에 관한 규정'이 제정·공포되면서 1974년부터 **'어버이날'**로 변경되었다.

05월 10일 (금) "Culture"란?, 카트만두, 프로폴리스 ___ 문화Culture 라는 것이 정확하게 무엇인지 몰랐다. 언어Language, 관습Customs, 전통과 역사 Tradition & History, 문학Literature, 교육Education, 통화와 경제Currency & Economy, 음식Food, 예술Art, 음악Music, 정치Politic, 의례Rituals, Ceremony, 종교Religion, 의학Medicine, 법Law, 도덕Morals, 외관Appearance, 인격Personality, 행동Behavior,

태도Manners, 복식Clothes, 생활 방식Life Style 등 다 포함된다고 한다. 그러면 이러한 문화는 어떻게 형성되는가? 부모Parents, 언어Language, 교육Education, 역사History, 관습Customs에 의해서 형성된다고 한다. 나라마다 문화가 참으로 다르다. 한국은 '의식주'라고 말하면서 겉으로 나타나는 '옷'을 우선시하고, 중국은 '식의주' 순으로 말하면서 먹는 '음식'을 우선시한다.

영어 수업이 끝나고 SKY와 '대장금' 한인 식당에서 점심을 먹고, 만다린 쇼핑센터 1층에 있는 일본 다이소에서 화이트와 머리빗 두 개를 샀다. 그리고 '카트만두'에서 300달러짜리 오리털 조끼를 100달러에 두 개 사고, 후드 점퍼도 40달러에 하나 샀으며, 15달러짜리 여행용 세면 가방을 세 개를 샀다. 또 Mr Vitamin에 가서 마누카 꿀 +15짜리 6개를 162달러에 샀다. 프로폴리스 2,000mg짜리 365정이 50달러라고 하는데, 어느 브랜드의 어느 것이 좋은지 몰라서 더 알아보고 사기로 했다. 또 한인 고깃집에서 양념된 제비추리도 15달러에 샀다.

05월 11일 (토) '힐링 캠프'에서 '정목 스님', 옆에 있어만 주는 것 __ 한국 텔레비전 프로그램 중에서 내가 잘 보는 프로가 '스타 주니어 붕어빵', '1박 2일' 그리고 '힐링 캠프'이다. 오늘 본 '힐링 캠프'에서는 정목 스님이 나왔는데 아주 의미 있게 보았다. '내 마음대로 되지 않기 때문에 화가 난다.' 또한 내 위주로 생각하면 '분노'가 일어나지만, 상대방 위주로 생각하면 '연민'이 생긴다. 그래서 분노와 연민은 한 짝이다. 그리고 분노는 1분 30초 간다. 분노(화)를 풀어 주는 방법으로 # 첫 번째 내가 잘 아는 심호흡법이지만, 방법은 조금 달랐다. 왼쪽 코는 달로 기운을 식혀 주고, 오른쪽 코는 태양으로 몸을 따뜻하게 해 준다. 그래서 몸을 차게 하고 식혀 줄 때에는 오른쪽 코를 막고, 왼쪽 코로만 숨을 10번 쉬고, 내 몸을 따뜻하게 할 경우에는 왼쪽 코를 막고, 오른쪽 코로 숨을 쉬도록 한다. 또 하다가 보면 코를 막지 않아도 왼쪽, 오른쪽 자유자재로 호흡이 된다. # 두 번째 자신을 객관화하기 위해서 눈을 감고 자기에게 자기 이름을 3번 정도 불러 보고, 또 분노를 객관화하기 위해서 분노에 이름을 붙여서 분노(화)의 이름을 3번 정도 부른다. 화화화! 혹은 버럭버럭버럭! 그러면 나와 분노가 분리된다. 다음 # 세 번째는 '내 의지로 반응하지 않겠다'를 세 번 소리 내어 말하면, 자제할 수 있는 능력이 생긴다. 또 힐링 명상법은 눈을 감고 심호흡을 하면서 앞에 큰 나무가 한 그루 있는데 그 나무 아래에서 어릴 때의 나의 모습을 보면서, 그때와 지금의 나 사이에서 일어난 모든 일들을 생각해 보고 어린 나와 포옹하고 나서 그 아이에게 훌훌 자유롭게 가도록 하라는 것이다. 그리고 호흡을 하면서 '깨어나'라고 하였다. 또한 자신을 '미안해. 용서해. 고마워. 사랑해'로 리셋하면 정화되고 복잡한 생각들이 지워진다는 것이다. 힐링은 자체 정화로서 스님 스스로의 힐링 방법은 '저항하지 않고, 있는 그대로를 받아들이는 것' 그리고 '사물 하나하나에 고맙다고 인사한다는 것'이라 했다. '이불에게도 누울 수 있게 해 주어 고맙고, 따뜻하게 해 주어 고맙다'고 인사하면 마음이 풍요로워진다고 하였다. 또한 '옆에 있어만 주는 것'으로도 힐링이 될 수도 있다고 하였다.

05월 12일 (일) Fagan Park로 피크닉, 호주 어머니의 날 ___ 킬라라에서 함께 공부하는 중국인 Grace의 차를 타고 40여 분 걸쳐서 꼬불꼬불한 계곡을 지나서 Fagan Park에 갔다. 핌블 자원봉사 영어 선생 Bernice가 어머니날 가족 모두가 공원에 가는데 함께 가자고 했기 때문이다. 학생들은 우리 부부와 중국인 Grace와 Callen 가족이 초대되어 갔고, 강사 Bernice 가족은 친정 부모, 남편과 시부모, 쌍둥이 언니네 가족, 그리고 남편 여동생 가족, 그리고 딸들의 남자 친구들까지 해서 전부 27명이나 되었다. 가지고 온 각자의 음식들을 꺼내어 하나씩 먹어 보라며 아이들이 들고 돌아다녔다. 호주 사람들은 파이와 빵과 케이크. 그리고 야채를 섞은 양고기를 밀전병에 소스를 넣어 싸서 먹었는데, 나는 맛을 잘 모르겠다. Bernice 남편 여동생이 가져온 왕새우도 먹고, 중국인 Callen이 해 온 볶음밥에다가 사태를 바비큐해서 먹기도 하고, 우리가 만든 김치와 김밥도 먹었다. 호주인들이 김치를 못 먹는 사람들도 있지만 먹기는 먹었다. 참으로 사람들의 취향이 다르다는 것을 느꼈다.

밥도 아닌 것을, 우리네로 치자면 간식이나 될까 하는 것을 식사대용으로 먹

고 있으니. 그리고 나서 Bernice는 양 부모님들에게 선물로 어깨에 메는 가방, 스카프와 목걸이를 드렸고, Bernice 남편 여동생은 아름다운 장미 다발을 드렸다. Bernice 언니는 의자에 앉아서 덮을 수 있는 미니 담요를 선물했다. 이곳 호주에는 거의 연금이 나오기 때문에 돈보다는 선물들을 많이 하는 것 같았다.

05월 13일 (월) UTS대학 경영학 K 교수 ___ 남편 대학 후배인 K 교수가 남편이 부탁한 책을 빌렸다며 갖다 준다고 전화가 왔다. 그래서 책을 받으면서 함께 호주 레스토랑에서 피자와 파스타 그리고 샐러드로 늦은 점심을 먹었다. K 교수가 호주에 오게 된 지금까지 살아 온 이야기를 전부 들었다. 한국에서 같은 대학을 졸업하고, 기업의 연구소에서 일하던 중, 양호 교사를 하던 부인과 일찍 결혼을 하고, 미국으로 가서 7년간 유학해서 박사 학위를 받고, 한국에서도 교수로 오라고 하였지만, 영어권인 호주 UTS 대학 경영학 교수로 왔다고 한다. 미국에서 박사 학위를 받았지만 영어권에서 교수가 되기가 쉬운 일은 아니다. 수업을 호주인들 앞에서 영어로 해야 되니까, 인물도 좋은데다가 대단해보였다.

05월 14일 (화) 좋은 감정일 때 주로 so much, 인도 레스토랑 ___ 한인 영어에서는 much, many 중에서 어느 것을 사용하느냐 생각하기보다는 편안하게 lots of / a lot of를 사용하는 것이 좋다고 하며, 호주사람들은 그렇게 많이 사용한다고 했다. '무슨 일이야?' 할 때도 **'What's going on? / What's happening now?'**라고 하고, '뭐라고 부르니?'는 **'What is that called? / What is it called? / What are they called?'** 하면 된다고 하였다. **very much, so much, too much** 사용은 very much는 객관적으로 이야기할 때 사용하고, so much는 좋은 감정을 섞어서 긍정적으로 말할 때 주로 사용하며, too much는 부정적으로 사용하는 것이 일반적이라고 하였다.

저번 날부터 정 사장님이 인도 레스토랑에 가자고 하였다. 예전에 인도에 갔을 때 음식을 잘 못 먹은 것이 생각났지만, 이것도 하나의 새로운 경험으로 생각하고 '오케이' 하고 함께 갔다. 음식은 네 가지를 시켰는데 피자 비슷한 갈릭 난 Garlic Nan과 매운 새우 요리, 닭 요리, 닭구이와 밥을 먹고, 후식으로 아이스크림을 먹었는데, 망고 아이스크림에 얇게 저민 아몬드를 섞어 주었다. 갈릭 난은 또 먹으러 가고 싶다. 다음에는 우리가 페르시아 레스토랑에 안내하기로 했다.

　　05월 15일 (수) 브리즈번 K 간호사 ＿＿ 6년 전에 병원 분만실에서 근무할 때, 애기방에서 근무하던 K 간호사에게서 전화가 왔다. IT 쪽에 일하는 남편 따라 주재원으로 브리즈번에 왔다가, 눌러앉아 살아온 지가 5년이 되었고, 4학년 아들이 하나 있으면서 요양원Nursing Home에서 2년째 일하는데 영어 스트레스로 밤번만 한다고 했다. 반가웠다. 골드코스트가 시드니 해안과는 다르다며 2박 3일 여행을 오라고 한다. 엄마와 같이 살고 있어 한국 음식도 많다고 한다. 된장, 고추장도 다 담가 먹느라고 냉장고가 네 대라며 자랑을 했다. 항공료도 싸니까 오라고 하여 6월 중순경에 가기로 했다.

　　05월 16일 (목) 킬라라 '건강관리' 영어 발표, Pamela 약속 ＿＿ 킬라라에서 '건강관리 노하우'를 영어로 발표했다. 스리랑카 안과 의사, 우크라이나 의사, 중국인 유치원 교사와 강사 Meredith가 'Good! Very good! Well done!' 하면서 칭찬하였다. 핌블에 이어 두 번째여서 편안하게 했다.
　　그리고 예전에 자기 집으로 초대하여 호주식 저녁 만찬을 제대로 경험하게 해준 Pamela에게 5월 25일 토요일에 점심을 함께하자고 했더니 좋다고 했다.

05월 17일 (금) 호주 시민권을 받을 때 하는 선서 ___ 핌블에서는 호주 시민권에 관한 공부를 했다. 호주에서 태어난 사람은 상관없지만, 외국에서 들어온 사람들이 시민권을 받게 되는 경우에는 시청에서 정해진 의식에 따라야 한다는 것이다. 새로운 나라에 충성할 것을 성경과 함께 시장Mayor 앞에서 서약하는 것이다. 내용을 보면 '하느님 앞에서 사람들의 권리와 자유를 존중하고, 법을 지키고 복종할 것이며, 나라에 충성할 것을 선서한다(From this time forward, under God I pledge my loyalty to Australia and its people whose rights and liberties I respect, and whose laws I will uphold and obey).'는 것이다. 성경 위에 손을 얹고 서약한다는 것이 특이했다.

여자에게 필요한 여덟 명의 친구 ___ **오래된 친구**(늘 연락하는 친구) / **새로 사귄 친구**(삶의 다양성을 경험할 기회) / **운동 파트너**(운동의 목표를 세워 지속해서 함께할 친구) / **소울 메이트**(정신적인 공감으로 통하는 사람. 종교나 정기적인 모임 혹은 명상) / **젊은 친구**(삶의 노하우와 세상의 정보를 공유) / **남편의 친구**(시댁과 남편에 둘러싼 인간관계에 들어감으로써 심리적인 안정감을 느낀다) / **친구는 '엄마'다**(증오, 질투, 미움, 사랑의 대상이지만, 엄마의 태도를 있는 그대로 받아들이는 노력이 필요하고, 내 곁에 머무는 시간이 한정되어 있다는 것에 소중하다). / 모든 여자에게는 '**나 자신**'이라는 친구가 필요하다(스스로 만족스럽다고 느끼는 순간이 되도록 실천하라).

05월 18일 (토) 밥을 주지 않는 여행 준비, 눈에 좋다는 빌베리 ___ 에어즈 록 여행에서 식사대용으로 먹을 약밥과 시루떡, 그리고 굴을 샀다. 또 트레킹을 많이 한다기에 울워스에 가서 초콜릿과 사탕, 캐러멜도 샀다. 여기 호주는 국내선 비행기 속에서나 국내 여행 시 식사는 스스로 해결해야 한다. 다양한 나라 사람들이 많아 먹는 것도 다양해서 그러려니 했지만, 절반의 낙이 줄어드는 기분이다. 호주는 주인이 없는 객만이 사는 나라다. 원래의 주인인 원주민들이 주인 노릇을 하지 못하니까 객들이 와서 전부 사는 것이다. 미국의 휴양지는 '하와이'이고, 영국의 휴양지는 '시드니'라고 하는데, 호주와 뉴질랜드는 모두 영국인들이 거의 주도하고 있었다.

시니SINI에서 빌베리(180정에 50달러)를 사서 오늘부터 먹기 시작했다. 그동안 눈이 계속 아프고 좋지 않았다. 그래서 눈 영양제인 루테인을 먹었는데 별로 효과가 없었다. 알고 보니 루테인은 '황반 변성 예방 영양제'라고 한다. 나중에 루테인도 먹어야겠지만, 우선은 눈이 피곤하지 않도록 하는 빌베리를 먹어야겠다. 시니 직원이 빌베리를 먹은 손님들이 눈이 아주 좋아졌다고들 했다고 하였다.

05월 19일 (일) 와인과 함께 The Olgas의 황홀함, 스테이크와 에뮤 소시지 바비큐 ___ '원주민의 혼'이 담겨 있는 에어즈 록에 가려고 국내선 공항으로 갔다. 콴타스 항공을 탔는데, 남녀 승무원이 전부 오륙십은 되어 보이면서 뚱보였다. 나이가 들어도 살이 찌찌 않으면 멋있어 보이지만, 뚱뚱해서 뒤뚱거리면서 좁은 비행기 안을 왔다 갔다 하니까 국내선 비행기가 흔들거리는 것 같았다. 또 비행기에서 주는 것이라고는 주스와 밀전병에 무엇인가 넣어 싸서 주는 것 달랑 하나! 맛도 하나도 없었다. 그리고 커피. 맥주나 와인을 시키면, 돈을 지불해야 한다는 것이다. 왕복 비행기가 560달러로 3시간이나 가는데 너무 야박하다는 생각이 들었다. 에어즈 록은 시드니와 30분 시간차가 있었다.

호텔로 가는 AAT Kings 여행사 버스를 타고, Outback Pioneer Hotel & Lodge에서 짐을 풀고, 2시에 다시 버스를 타고 원주민 지역으로 **에어즈 록**과 **올가스**The Olgas가 있는 **Kata Tjuta**(애버리지니 말로 '많은 머리') 공원 안으로 들어갔다. 오늘의 일정은 올가스였다.

에어즈 록은 바윗덩어리 하나지만 **올가스**는 여러 개의 바위가 함께 있는데 그 가운데 '바람의 계곡'이라는 곳을 트레킹하였다. 3시간 정도 하는 트레킹은 힘들었지만 제 1포인트, 제 2포인트에 올라갔을 때는 기분이 상쾌하였다. 그리고는 **올가스** 전체가 한눈에 보이는 전망대View point에 갔다. 여행사에서 주는 간편한 의자로 자리를 잡고, 치즈와 비스킷과 함께 레드 와인을 마시면서 일몰을 감상하였다. 어두워지면서 암적색으로 변하는 올가스의 모습은 황홀감 같은 뭔가로 가슴을 벅차게 했다. 그리고 애버리지니에 대한 연민의 마음이 생겼다. 이토록 신성한 지역에 영국인들이 침범한 것에 대한 애버리지니들의 마음을 헤아릴 수 있을 것 같았다. 2007년 인도의 바라나시를 보고, **'삶과 죽음은 종이 한 장 차이'**라는 것을 느끼고, 내 삶에서 집착을 없애려는 많은 변화를 주었었는데, **'올가스의 황홀함과 엄숙함은 나에게 순수함과 겸허함으로 다가와 삶을 대하는 나의 태도'**에 변화를 줄 것 같았다.

저녁으로는 호텔 바비큐 바에서 쇠고기와 에뮤 소시지로 바비큐를 해 먹었는데 맛있는 줄은 모르겠다. 그래도 많은 호주 여행자들은 바비큐에 맥주를 마시면서 즐겁게 즐겼다. 동양인들은 거의 보이지 않았다.

05월 20일 (월) 킹스 캐니언, 원주민 책, 특이한 게이 부부 ___ 새벽 4시 50분에 호텔에서 출발하였다. 버스 안에서 약밥과 귤 등으로 아침을 해결했다. 킹스 캐니언은 호텔에서 서너 시간을 가야 한다. 천지가 황무지인데 가는 길만 닦여 있었다. 길은 그야말로 일자로 그냥 쭉 간다. 시드니처럼 오르락내리락도 없다. 그래서 그런지 운전기사들이 운전하면서도 지리, 자연, 나무, 동물, 원주민 등 모든 것에 관한 이야기를 즐겨하였다. 새벽이 열리는 것을 보고, 자연 그대로 인위적인 것이 없는 오지를 보면서, 이 세상에 인간이 살기 전의 모습이 이런 것이 아닐까 생각되었다.

땅은 황토여서 온 천지가 붉다. 킹스 캐니언 가까이에 가 보니, 기암괴석과 사암 절벽이 장엄하게 펼쳐진 경관을 볼 수 있었다. 작년 2월에 미국 그랜드 캐니언, 브라이스 캐니언, 자이언트 캐니언을 보아서 킹스 캐니언은 그렇게 가슴에 와 닿지는 않았다. 그러나 3시간 정도 트레킹을 하는 것이 좋다고는 하였는데, 위험이 따르는지 문제가 발생할 수 있다는 것에 대한 사인을 하게 했다. 우리보고는 호주인 가이드가 서약서를 쓰고 가겠느냐고 묻지도 않았다. 나이가 많은 것을 알아서 그런 것 같았다. 우리는 나머지 일행의 절반이 하는 1시간 정도의 트레킹으로 자연을 즐겼다. 그러고는 휴게소에서 원주민에 관한 책을 한 권 샀다. 그런데 우리 일행 중 행동이 일반인과는 좀 다른 커플이 있어 자세히 보았더니 게이 부부였다. 키 큰 남자는 푸른 계통의 옷을 입고, 작은 남자는 약간 붉은 계통의 옷을 입었으며, 작은 남자가 먹을 것과 모든 것을 챙기고, 물도 같은 병으로 같이 먹는다. 그러나 두 남자 모두 남자의 씩씩한 맛은 하나도 없고, 조용하고 다른 사람들과 이야기도 전혀 하지 않은 채 두 사람만 붙어 다니면서 걸음도 살포시 걷는다. 게이를 가까이서 보기는 처음이어서 신기했다.

또 우리는 휴게소에서 점심으로 웨지 감자튀김과 마늘 버터 빵Garlic Butter

Bread을 사서 먹었다. 그리고 다시 3시간 걸려서 호텔로 돌아왔다. 저녁으로는 맥주와 피자를 먹었다. 맛은 괜찮았다. 모든 곳이 다 조용한데 오르지 저녁에 바비큐 바인 Lodge만 시끌벅적하여 외국의 맛이 났다.

　　　05월 21일 (화) 에어즈 록 해돋이, 탈수로 두통, 프랑스 영화 《Amour》, 부부의 날 ＿ 아침 6시에 에어즈 록에서 해돋이를 보려고 버스를 기다리는데, 날씨가 흐려지면서 비까지 내리기 시작하였다. 그래도 AAT 버스에는 사람이 가득 차 있었다. 에어즈 록이 잘 보이는 전망대에 일단 내렸다. 아직은 캄캄한 상태에서 비가 오니 지척이 구분되지 않는 가운데, 여행사에서 준비한 따뜻한 커피와 과자를 먹고는, 해돋이를 보는 곳으로 갔다. 에어즈 록이 보였지만, 흐린 날씨여서 아름다운 색깔은 볼 수가 없었다. 아쉬움을 뒤로한 채 버스를 타고 에어즈 록 가까이로 갔다.

　　　에어즈 록 둘레를 버스로 돌면서, 원주민의 벽화가 그려져 있는 곳은 내려서 보았다. 또 에어즈 록 문화센터에 갔는데, 사진은 절대로 못 찍게 하였다. 한 원주민 여자가 앉아서 그림을 그리고 있었다. 그리는 것이 천인지 종이인지 물었더니 '캔버스'라고 짧게 대답했다. 나오면서 일하는 원주민 남자 두세 사람을 보았는데, 술과 마약에 취하지 않고, 정신이 맑아 보였다. 에어즈 록은 밖으로 보이는 것이 3분의 1이고, 보이지 않고 묻혀 있는 것이 3분의 2로, 세계에서 단일 돌덩어리로 가장 큰 것이라고 하였다(Uluru is one of the largest monoliths in the world. 높이 348m, 둘레 9㎞).

다시 호텔로 되돌아와서 공항으로 가는 버스를 탔다. 비행기는 2시간가량 지연되어 공항에서 내내 잤다. 제대로 먹지를 못해서 빨리 밥이 먹고 싶었다. 오늘 먹은 것이라고 고구마 생것, 딱딱해진 시루떡, 귤 세 개, 사탕, 초콜릿, 쥐포, 호두 등이다. 아침에 약 먹을 때만 물을 먹고, 오후까지 물을 먹지 않아서 비행기에 탔을 때 머리가 아팠다. 그래서 가방에 있던 물 500㏄를 다 먹었더니 머리 아픈 것이 사라졌다. 아, 물이 부족하면 두통이 오고, 문제가 생길 수 있다는 것을 경험했다. 배가 고파도 국내선 비행기에서 주는 것은 맛이 없어 못 먹겠다.

그래서 비행기에서 프랑스 영화《Amour》를 보았다. 노부부가 살고 있었는데 어느 날 할머니가 정신이 혼미해지면서 중풍이 왔다. 할머니는 병원에 입원했다가 퇴원하면서 할아버지에게 다음에 또 상태가 좋지 않더라도 절대로 병원에 입원시키지 말라고 했다. 그래서 할아버지는 열심히 집에서 할머니를 간호하였다. 밥도 먹이고, 어느 날은 안 먹으려고 하니까 할아버지가 화가 나서 할머니 따귀를 때리고는 미안하다고 사과하고, 화장실 볼일도 도와주고, 할머니가 좋아하는 음악가도 불러서 피아노 연주를 듣게 하기도 하고, 의사도 부르고, 간병인이 와서 도와도 주지만, 할머니는 점차 상태가 나빠졌다. 그리고 하나밖에 없는 딸은 병원에 입원시키지 않는다고 아버지를 야단치고, 간병인도 투덜거리면서 일하고는, 힘들어서 못 하겠다고 돈만 요구하였다. 그러던 어느 날 할아버지가 고함을 치는 할머니를 안정시키기 위해 옛날 어릴 때 이야기를 들려주었다. 이야기를 듣던 할머니가 잠이 살짝 들었을 때 갑자기 할아버지는 베개로 할머니를 질식하게 만들어 죽게 했다. 그리고는 할머니가 평소에 좋아하던 옷으로 갈아입히고, 꽃을 사다가 침대 주위에 아름답게 뿌린 후 모든 문을 닫고 가스를 틀어 놓은 거실에서 할아버지도 잠이 들었다. 꿈속에서 평상시에 하던 대로 할머니와 산책 가는 것으로 끝나는 영화였다. 노인이 되어 몸이 불편해지면 병원에 입원하는 것도 괴로운 일이고, 집에 있으면서 가족을 힘들게 하는 것도 괴로운 일이다. 가족 누구에게도 짐이 되어서는 안 된다. 그러기 위해서는 건강하게 살다가 가야 한다. 아주 의미 있는 영화여서 남편에게도 보게 했다.

시드니에 도착하여 집에 가는 길에 고든 한국슈퍼에서 배추김치와 열무김치와 라면을 샀다. 돼지 김치찌개와 열무김치와 고추장으로 사흘간 굶은 사람처럼 신 나게 밥을 먹었다. 한국에서는 둘이 하나 되는 '부부의 날'인 만큼 오늘 남편과 시간을 잘 보냈다.

05월 22일 (수) 이상한 우체국, 책 한 권 복사, 김치 담그기 시범? ___ 상가 서류 인쇄한 것에 서명해서 다시 서울로 보내려고 서둘러 우체국에 가서 한국으로 부쳤다. 여기 우체국은 완전히 슈퍼다. 그런데 우표를 붙여서 길거리에 있는 우체통에 넣으라고 한다. 도저히 이해가 되지 않았다. 그래서 되물었더니, 아 됐다고 하면서 우표를 붙이고, 그 위에 도장을 찍고는 바구니에다가 넣는다. 내가 영어가 시원치 않아서 또 골탕을 먹이나 생각되어 옆 창구를 보았더니, 마찬가지로 우체국에 왔는데도 길거리의 우체통에 넣으라고 하였다. 도저히 이해가 안 가는 나라다. 내가 모르는 이유가 있으려나?

남편이 내일 킬라라 영어에서 호주의 '원주민'에 대해 발표하기로 했다. 에어즈 록 여행 이야기를 하라고 했는데, 남편은 또 논문을 쓰고 있다. 고든 도서실에서 빌려 주지 않는 책 중에서 '원주민'에 관한 책이 있다고 해서 도서실에 보러 갔다. 또 시드니 대학교에서 빌린 책 《Beauty and Education》을 복사하겠다고 하여 160쪽이나 되는 것을 복사했다. 복사비도 한 장에 20센트로 굉장히 비싸다. 우리나라는 한 장에 50원인데 여기는 220원이나 된다. 두 쪽이 A4 한 장이어서 80장이 들었다. 책 한 권 복사하는 데 16달러로 19,200원이었다.

05월 23일 (목) Australia Landmarks와 남편 발표 ___ 킬라라 영어 첫 시간에는 **Meredith**가 **Australia Landmarks**에 대하여 이야기했다. 두 개의 테리토리Territory와 6개의 주State, 그리고 울루루Uluru, 카카두 국립공원Kakadu National Park, 쿠버 페디Coober Pedy, 그레이트 배리어 리프Great Barrier Reef, 킴벌리The Kimberley가 호주의 랜드 마크라는 것이다.

수도권Capital Territory의 수도Capital City로 캔버라가 있고, 노던 준주Northern Territory의 도시로는 다윈Darwin이 있다. 그리고 **NSW**(New South Wales) 주의 도시로는 시드니, 퀸즐랜드 주의 도시로는 브리즈번, 빅토리아Victoria 주의 도시로는 멜버른, 태즈메이니아Tasmania 주의 도시로는 호바트Hobart, 사우스오스트레일리아 South Australia 주의 도시로는 애들레이드Adelaide, 웨스턴오스트레일리아Western Australia 주의 도시로는 퍼스Perth가 있다. 쿠버 페디에는 10월의 탄생석 오팔Opal이 유명한데 블랙 오팔이 최고급이라고 한다. 여름이 8개월로 35도를 넘는 준 사막 지역으로, 지하 동굴 더그아웃Dugouts에서 더위를 피하며 산다고 하였다. 그레이트 배리어 리프에는 산호가 많기로 유명하다고 하였다.

유네스코 세계 유산에는 자연적인 것과 문화적인 것이 있다고 하는데, 울루루는 자연적인 것이고, 이집트의 피라미드, 인도의 타지마할과 중국의 만리장성은 문화적인 것이다. 그런데 카카두 국립공원은 자연과 문화가 모두 세계 유산으로 초원, 기암괴석, 호수, 폭포가 유명하다고 하였다. 둘째 시간에는 남편이 울루루(에어즈 록)와 애버리지니의 역사에 대해서 발표하였다. 강사 Meredith가 중간에 부연 설명을 하면서 잘 끝났다.

05월 24일 (금) Interactive Media, 호주 인구 2,300만 명, Pamela Texting(문자) ___ 오늘 핌블 영어 공부에서는 미디어에 대해서 공부했다. 미디어에는 상호작용하는 소셜 미디어가 있고, 일방적인 미디어가 있다고 한다. 일방적인 미디어로는 TV, 신문, 라디오, 광고, 책, 잡지 등이 있으며, 상호적인 소셜 미디어로는 웹사이트, 인터넷, 스마트폰, 컴퓨터, 전자우편, 페이스북, 트위터, 스카이프, 전자사전, 문자, 애플리케이션, 아이패드, 아이팟 등이 있다고 한다. 내가 들어보지도 못하고 사용해 보지도 못한 것들도 많고, 내가 태어나기 전에 있었던 것과 내가 나이가 들면서 새로이 생기는 것도 많았다. 세상은 점차 이렇게 변화되어 가나 보다.

2013년 5월 23일 밤을 기해서 호주의 인구가 2,300만 명이라고 한다. 남한 인구가 5천만인 데 비해서, 한반도의 36배나 되는 큰 나라가 인구는 우리나라의 절반 정도니까 저녁만 되면 레스토랑을 제외하고는 사람들이 없다. 또한 세계 12위로 잘사는 나라이며, 신용 등급은 세계 8위라고 한다. 그래도 IT 쪽은 우리나라보다 아주 시원치 않아 완전히 후진국 같다. 그러나 호주인들은 별로 필요성을 못 느끼는 것 같았다.

자원봉사를 하는 Pamela 부부를 내일 점심 식사 초대한 것을 확인하고 엊그제 백내장 수술한 것이 잘되었는지, 상태가 좋은지 묻는 문자를 보냈다. Morning Pamela! This is So Young. Your cataract operation well done? Your condition all right? We are to meet tomorrow 12 o'clock at front Chatswood Commonwealth Bank. See you tomorrow. 조금 후에 답장이 왔다. I am well, thank you. We will meet you outside the Commonwealth Bank closest to the railway station at noon. Pamela

05월 25일 (토) pamela 부부와 Lunch, 남편의 끝없는 논문 자료 욕심 ___ 약속 시간에 늦을까 봐 서둘러서 채스우드로 갔다. 5분 전에 Pamela 부부와 은행 앞에서 만났다. 정확하게 시간을 지키는 호주 사람들이다. 모임에서 보면 5분 전이나 정각이나 5분 후 정도에서 거의 다 모인다. 신뢰가 가는 부분이다. Pamela 부부와 함께 만다린 센터 3층에 있는 BBQ 뷔페 한국식당을 갔다. 갖가지의 고기가 있지만 우리는 맥주와 함께 쇠고기 Tongue(혀)과 돼지고기 항정살을 숯불 바비큐로 해서 집중적으로 먹었다. 닭똥집도 구워 먹었다. 쇠고기 불고기는 맛만 보여 드리고, 잡채와 프라이드치킨 그리고 국수와 각가지 반찬(김치, 호박, 숙주, 오이, 가지 생채 등), 샐러드와 과일도 먹었다. 1인당 28달러이다. Pamela는 캔버라에서 태어났으며, 남편이 미국 위스콘신 대학으로 유학가서 4년간 살았다고도 한다. 그리고 영국 에든버러에서 직장을 다니며 살았고, 부부 모두 스코틀랜드 혈통이라고 했다. 역시 공부했던 사람이어서 우리에게 매콰리 대학을 안내해 주었고, 자기 집에 초대해서 함께 즐거운 시간을 보내게 해준 것 같았다. 70세가 넘어 보이는 분인데도 이탈리아 여행을 가기 위해 현재 이탈리어를 배우고 있으며, 수영도, 헬스도 다니신다. 엊그제 백내장 수술을 했는데도 괜찮다고 하면서 잘 다니신다. 유익한 시간을 가지고 헤어졌다.

밤에 남편은 시드니 대학교에 있는 자료 중에서 마음에 드는 자료를 많이 찾아서 기분이 좋다고 했다. 우리나라 아동 문제를 새로운 시각에서 보고 해결점을 모색해야 하는 차원에서 쓸 만한 가치 있는 주제를 잡았다고 자랑하였다.

05월 26일 (일) National Sorry Day __ 영국인들이 호주에 와서 호주 원주민을 말살하려고 했던 모든 것에 대한 국가적인 '사과의 날'이라고 한다. 가톨릭을 믿고 있던 영국인(아이리시, 스코틀랜드, 잉글랜드)들이 강제적으로 원주민 아이들을 입양시킨 것이 가장 비인간적인 처사였다는 점을 인정한 것이다. 그러나 호주 사람들은 실제적으로 **Sorry Day**라는 것에 대해 잘 모르고 있었다. 원주민과 호주 국가 차원에서 이루어지는 행사로 보였다. 그리고 호주인들의 조상들이 영국 죄수이고 보니, 말하는 것을 꺼리는 것 같았다. 핌블 자원봉사 강사 Sue의 할머니도 시드니의 여자 감방에 있었다고 하였다.

 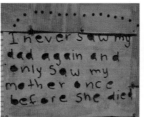 

05월 27일 (월) Share 집 주인의 저녁 초대와 설교, Dee Way Beach __ 우리가 셰어한 집 주인이 조용한 곳에 가서 저녁을 먹자고 했다. 디와이 비치Dee Why Beach인데, 조용히 바닷가를 보면서 식사하고 거닐면 좋다고 했다. 집에서 40분 정도 걸려서 가는데 갑자기 비가 내렸다. 그러나 우리가 산책할 때는 비가 오지 않아서 다행이었다. 밤이라 아름다움을 자세히 보지는 못했지만 해안을 걸을 수 있게 해 놓고, 밝은 불도 있었다. 레드 와인과 스테이크와 피자로 저녁을 먹으면서 집주인 홍 사장님의 설교가 시작되었다. 기존의 목사님들이 하던 이야기와는 조금 달랐다. 지난번 초밥 집 집사님이 '**지금 죽으면 천국에 갈 수 있다고 생각하느냐**'고 물었을 때 전혀 들어보지도 못한 이야기여서 당황했었다. 그런데 홍 사장님은 꼭 죽어서 가는 것만이 천국이 아니고, 지금 어떻게 사느냐에 따라 '**지금의 생활이 천국**'일 수도 있다는 것이다. 그리고 하느님께 나의 문제나 고통만을 의탁할 것이 아니라, 나 자신까지도 의탁하고 믿으면 그것이 '구원'이라고 하였다. 나는 하느님의 신비를 느낀 사람만이 구원받았다고 하는 줄 알았다.

또 기도하는 방법도 손가락 다섯 개가 있는데 엄지로는 **아버지 하느님**을 부르고, 둘째 손가락으로는 **감사함**을 표하고, 가장 교만한 가운뎃손가락에서는 **용서**를 구하고. 조금 겸손한 넷째 손가락에서는 **도움**을 요청하고, 다섯째 손가락으로는 예수님의 이름으로 **기도**하였다고 하면 된다고 했다. 듣고 보니까 기도하기가 쉬울 것 같았다.

05월 28일 (화) 한인 학원 시험 ___ 한인학원에서 문법책 뒤쪽에 있는 부록을 가지고 시험을 보았는데 쉬운 것 같으면서도 정확하게 모르고 있는 것이 많았다. **Sorry**는 사과, 유감(I'm sorry to hear, that your mom has passed away), 후회(You will be sorry, if you keep drinking)의 뜻을 가진다고 한다. 또 '유감스럽게도'라는 의미로 **I'm sorry**와 **I'm afraid**를 사용하며, '아 그렇군요'는 "**Oh I see**"이며, **Thank you**는 들어갈 때 나갈 때 수시로 사용하며, Thank you에 대한 대답으로 **No worry, Don't worry, No problem, It's my pleasure**였다.

05월 29일 (수) 브리즈번 항공권 예약, 정 사장 부부와 게 먹기 ___ 호주 버진 블루 여행사에 전화해서 브리즈번 왕복 티켓을 예약했다. 며칠을 미루다가 '에이! 영어가 되든 안 되든 한번 해 보자' 하는 심정으로 전화했는데, 다행히 예약되었다. 이메일로 티켓이 오고, 카드로 결제도 했다. 잘하지는 못해도 영어로 항공권을 예약한다는 것이 겁이 나는 것은 아니지만, 신경을 곤두세워서 말을 들어야 해서 피곤했다. 이제 큰 숙제를 하나 해결해서 좋았다.

점심에는 정 사장 부부와 약속한 플레밍턴Flemington으로 게를 먹으러 갔다. 중국 레스토랑에서 레드 와인과 게(kg당 17달러) 3kg과 야채 요리와 돼지고기 요리, 와사비로 양념한 쇠고기 요리 등으로 밥을 거나하게 먹었다. 정 사장님 부부는 벌써 10년도 더 훨씬 전에 우리가 엊그제 홍 사장님한테 들은 방법의 전도 이야기를 들었다고 하였다. 우리는 엊그제 주인한테 처음 들었는데, 거부 반응이 일어나는 부분도 있었지만, 종교적으로 하느님을 믿는다는 차원에서 좋기도 했다. 그러나 기독교의 '전도 폭발'이라는 똑같은 레퍼토리를 정 사장님이 외우듯이 말하는 바람에 한참 동안 웃었다.

05월 30일 (목) 김치가 무엇에 좋은가?, Pamela의 선물 ___ 영어에서 '음식'에 대해서 이야기하였다. 각 나라의 대표적인 음식에 대해서 이야기하는데 교재가 오래된 것이어서 한국 음식에 대해서는 없었다. 그러나 공부하는 모든 사람들이 김치에 대해서 알고 있었다. 중국인이 김치가 무엇이 좋으냐고 물었다. 그래서 내가 아는 상식으로 야채로 알칼리여서 건강에 좋고, 칼로리가 적고, 변비를 예방하고, 다이어트에 좋다고 이야기해 주었다. 틀린 것은 아니려니. 중국인들은 주로 게를 좋아하였고, 호주인들은 로브스터를 좋아한다고 했다.

수업이 끝나고 Pamela가 토요일 식사를 아주 잘했다고 하면서 선물을 주었다. 집에 와서 풀어보니 100% 면으로 된 호주산 앞치마였다. 뜻밖의 선물이라 기분이 좋았다.

05월 31일 (금) Hospitality(환대), 프랑스 Big Lunch & Small Dinner, Bernice 메일 ___ 핌블 영어에서는 **'Giving a warm welcome to guests, friends and strangers.'**라는 Hospitality에 대해 공부했다. 우리말로는 환대, 친절, 후한 대접이라고 되어 있다. 호주사람들은 별 부담 없이 일상적으로 주말에

는 서로 초대하고, 초대받고 하는 것이 일과다. 또한 그것을 'It is my pleasure' 라고 하면서 즐기는 것 같았다. 프랑스에서 온 젊은 의대 교수 부인은 자기는 안 먹지만, 프랑스 사람들은 달팽이Snail와 개구리Frog요리를 먹는다고 하였고, 나 도 안 먹지만 우리나라 사람들은 개고기를 먹는다고 하니까 전부 놀라워들 하였 다. 또 중국은 뱀을 많이 먹는다고 하였다. 세상은 참으로 가지각색이다. 그리고 프랑스만 **Big Lunch, Small Dinner**인데, 호주, 중국, 한국 등에서는 **Big Din-ner**였다. 그래서 프랑스 여자들이 날씬한 모양이다.

빈도 부사 순서는 적은 것부터 **never, seldom = rarely, sometimes, often, usually, always**라고 하였다.

공부가 끝나고 SKY와 점심으로 페르시아 음식에 도전하러 갔다. 페르시아 음악과 함께 다진 양고기Lamb mince와 치킨 케밥과 스튜(묵 삶은 쇠고기에 소스), 오 이 샐러드, 후식으로는 바클라바Baklava 케이크와 녹차Green Tea를 먹었다. 케밥 과 케이크는 정말 맛있었다.

밤에 핌블 영어 강사 Bernice에게 mother's day에 찍은 나들이 사진을 이 메일로 보내주었다. 간단한 인사말과 함께 보냈다. Dear Bernice! Thank you for inviting in your family picnic at Mother's day. If I go back to my country, I will remember as good experience in Australia. I send picnic photo. Bye see you. So Young

글을 쓰는 것은
자신에게 하는 '주문'이다

06월 01일 (토) 남편 변비, 비싼 안경, 폴리코사놀, 영화《Untouchable》

___ 아! 5월이 지나니까 내 몸이 살아나는 것 같았다. 딸 둘을 4월, 5월에 분만해서 그런지, 최근 3년간의 건강일지를 보면 해마다 5월은 몸 상태가 좋지 않았다. 올해도 5월 1일 자동차 접촉 사고 이후에 계속 안 좋았으니까. 그런데 새벽부터 남편에게 문제가 발생했다. 몇 달을 의자에만 앉아 있었으니, 문제가 생겨도 단단히 생겼지. 결국은 오늘 변비로 힘들어서 남편이 울려고 했다. 왜 관장약을 사 놓지 않았느냐며 나를 원망했다. 샤워도 하고, 좌욕을 하고, 장갑을 끼고 기름을 발라 파내기도 했다. 그러나 해결되지 않아 계속 불편해했다. 아침이 되어 약국에서 강력 변비 좌약을 사 와서 넣고, 15분이 지나서 해결되었다. 사나흘 만에 해결이 되어서인지 남편 얼굴이 아주 편안해 보였다.

오후에 고려문화포럼 모임 전 조금 일찍 이스트우드로 나가, 지난번 시드니 대학교에서 잃어버린 돋보기를 사려고 안경원에 들렀다. 한국에서 3만 원 하는 것이 150달러(17만 원)이고, 한국에서 2천 원짜리가 20달러(2만 2천 원)이다. 그래서 두 달만 사용하고 한국에 가서 사기로 하고, 20달러짜리를 샀다. 다음으로 시니 SINI에 갔다. 한국에서는 혈관을 청소해 준다고 하여 유명한 '레인보우의 폴리코 사놀(30정에 37달러)'을 사고 싶었다. 그런데 같은 폴리코사놀인데 호주에서 나온 것(60정에 37달러)이 반 가격이어서 일단 호주 것으로 샀다.

그리고 우리를 데리러 오신 오동환님 차를 타고 모임을 하는 유치원으로 갔다. 오늘 모임에서는 영화를 보았다. 목 아래가 모두 마비된 사람과 보살피는 사람과의 우정에 관한 이야기였는데, '신체장애가 있어도 정상적인 사람으로 대해 주는 것이 행복하다'는 것과 또한 어떤 상황에서도 당당하게 자기 일을 하는 것이 아름답게 느껴지기도 했다.

06월 02일 (일) 잔잔히 내리는 비, 더 하고 싶은 것 ___ 비가 온다. 한여름이 되기 전에도 비가 연일 오더니. 가을에서 겨울로 접어들고 있는 지금도 걸핏하면 비가 온다. 어제는 조금 오락가락하더니 오늘은 잔잔히 계속 내린다. 잔잔히 내리는 빗소리가 들리는 이아침에 마음도 잔잔해진다. 이제 호주에서의 남은 시간 두 달. 서울과 부산의 여러 가지 문제들도 어느 정도 해결되고, 산만했던 짐도 어느 정도 정리했다. 영어 공부도 서서히 마무리하고, 식사를 함께할 사람들과 식사도 하고 있다. 그래서 가는 날을 손꼽으며 오늘을 정리해 본다.

더 사야 할 것은 오메가 3, 프로폴리스, 빌베리 / 더 가고 싶은 곳은 비치 낚시, 캔버라, 골드코스트, IKA, DFO / 더 먹고 싶은 것은 인도의 난, 페르시아의 다진 양고기와 디저트 Baklava / 더 해야 할 일은 차 팔기, 메일 주소 주기.

06월 03일 (월) 나이를 묻지 않는 호주 ___ 미국 영어와 호주 영어에서 같은 단어인데도 철자가 다른 것이 많다. color와 colour / ax와 axe(도끼) / center와 centre 등. 영어 쉬는 시간에 외국에서 많이 살아 본 일본인과 대화했다. 우리는 나이가 비슷할 것 같다고 서로 이야기했다. 터놓고 보니 자기가 조금 더 많다고 존경하라고 하면서 우리는 서로 호탕하게 웃었다. 호주는 절대 나이를 묻지 않는다. 일본인은 베트남에 갔을 때 '나이가 몇 살이냐, 결혼은 했느냐' 하고 물었다고 하였다. 그렇게 직접적으로 묻는 사람은 전부 아시아인이라고 하였다. 그렇다. 호주는 사람 사귀는 것이 나이하고는 무관하다. 나이가 많다고 더 대우해 주는 것도 아니고, 나이가 어리다고 함부로 대해서도 안 된다. 또 결혼을 하면 어떻고, 안 하면 어떤가? 결혼해서 이혼할 수도 있고, 이미 저 세상에 갈 수도 있는데 스스로 말하지 않는 것은 절대 물어보는 것이 아니라고 했다. 나는 처음에 많이 물어보았다. 특히 한국 사람들에게 왜 호주에 오게 되었는지, 얼마나 살았는지 등… 그러나 이제 되도록 묻지 않는다. 그리고 나이와 상관없이 동등한 입장에서 서로 이름을 부르는 것이 합리적인 사회라는 생각이 들었다. 여기서는 자신의 나이를 망각하고, 나이를 의식하지 않고 상대방을 대한다.

06월 04일 (화) I wish, I could, 남편의 요통 ___ 한인 영어에서 did 형과 was doing형에 대해서 공부했다. was doing은 홀로 사용하지 않으며, 반드시 did를 동반한다. so와 and 사이에는 같은 did형이 오고, while 다음에는 반드시 was doing이 온다. What were you doing at 3pm yesterday?(세부적인 경우)와 What did you do yesterday?(포괄적인 경우)를 사용하는 것이 조금 다르다. 'Listen!'은 '자—'라는 뜻이다. 또 How long have you lived here? How long have you lived in sydney? 에서 in을 넣는 경우와 안 넣는 경우, 그리고 I have done it(했어요). / I wish, I could(내가 할 수 있었으면). / Sweden의 발음은 '스위딘' 등 많이 사용하는 것은 알아야 한다고 했다.

오후에 남편은 이제 허리가 아프다고 야단이다. 컴퓨터로 필요한 자료만 찾고 쉬어야 하는데, 연달아 영화를 두세 편씩 보니까 병이 나지. 나는 영화 한 편만 봐도 노트북 화면이 작고, 보는 자세가 좋지 않아서, 머리가 아프고 목도 아픈데. 하루 종일 컴퓨터 작업하고, 또 서너 시간을 영화를 보니 병이 나지 않는 것이 이상하지. 뒷목과 어깨가 아플 때 먹으려고 한국에서 가지고 온 근육 이완제와 타이레놀 진통제를 먹게 하고, 약국에 가서 일제 파스를 사서 붙였다. 허리에 두 번 붙일 수 있는 것인데 10달러(11,000원)나 하였다. 붙이니까 따뜻하면서 시원하다고 하였다. 이혈로 허리와 엉덩이, 넓적다리에 해당되는 부분을 집중적으로 붙였다. 내일은 괜찮아야 할 텐데…

06월 05일 (수) get better back pain, 도담 선배의 성형 수술 ___ 남편의 요통이 어제보다는 좋아졌다. 그래도 움직일 수 있으니 다행이다. 장모 상으로 한국에 가신 고려문화포럼 회장인 도담 선배님이 없는 한 달은 아주 허전하였다. 자주 만나는 것도 아니었는데, 마음을 의지하고 있었나 보다. 허전한 시간도 한 달이 지나 오늘 도담 선배가 도착하였다. 이스트우드에 가서 저녁을 먹자고 하였다. 고려문화포럼 식구들이 6시 이스트우드 '감자탕' 집에서 거의 모였다. 감자탕과 막걸리와 돼지 껍데기 볶음을 먹었는데, 돼지 껍데기 볶음은 시골에서 먹던 닭발처럼 맛있었다.

원래 도담 선배는 눈을 자주 세척하고, 세척하는 물을 가지고 다니셨는데, 한국에서 쌍꺼풀 수술에다가 이마를 잡아당기는 주름살 수술까지 하고 오셨다. 주름살 수술은 어떻게 하나 자세히 보았더니 머릿속 이마 위 양쪽과 또 귀 위쪽을 절개해서 잡아당겨 주었다. 이마의 피부를 덜 뜨게 해서 잡아당겨 다시 붙이니 얼마나 아플까. 보톡스도 이마에 두 대 맞으셨다고 했다. 도담 선배는 처졌던 눈이 당겨 올라가고 주름살도 없어져서 10년은 젊어 보이면서, 힘이 넘쳐 보였다. 아, 이래서 사람들이 성형 수술을 하는구나. 그리고 눈을 제척하지 않아도 되어서 아주 편해지셨다고 하였다.

06월 06일 (목) KC님과 비치 드라이브 ___ 도담 선배와 KC님과 함께 점심으로 스파게티를 먹고, KC님이 비치로 드라이브를 가자고 하였다. 디와이 비치, 맨리 비치, 노스헤드 공원 등 해안을 보면서 차에서 내려 산책도 했다. 그리고 초밥과 우동을 먹으면서, 캔버라에 함께 가기로 하였다. 몇 달 전부터 캔버라에 가려고 마음먹고 있었는데 기차표 사러 가는 것을 미루다 보니, 우연히도 차를 운전해서 함께 갈 남편 후배를 만났다. 정말 이상하다. 비가 와서 표를 사러 가지 못하고, 휴일이 걸려서 여행을 다음 주로 미루고 하였는데, 이런 상황을 보면 우연이라기보다는 인연이 아닌가 생각된다. 다음 주 화요일에 출발하여 수요일에 돌아오기로 했다.

06월 07일 (금) Volunteers란? ___ 핌블에서 자원봉사에 대해서 공부를 했다. **자원봉사**Volunteers란 Helping other people for no pay because it gives pleasure to the receiver and the giver라고 한다. 호주 인구의 36%가 자원봉사를 하고 있다고 했다. **ESL**(English Second Lesson), **Church**(Children's Groups, Fund

Raising), **School**(Parents : 매점;Canteen, Reading, Uniform Shops), **Hospital**(Trolley; Book/Magazine/Newspaper, Praying, Visits, Flower Arrange, Posting Letters), **World Vision, Unicef, Red Cross, RFS**(Rural Five Service), **Vinnies & Salvo Serving, Food Bank, Guide Dogs, Bush Care, Meals on Wheels, Life Savers Beach** 등 활동 범위도 다양하였다. 우리나라는 얼마나 될까?

　　06월 08일 (토) 우보 사장님 아들 결혼식 ___ 우보 사장님이 아들 결혼식에 100명을 초대하는데 우리도 초대되었다. 우보 사장 아들과 결혼하는 여자는 인도네시아 마지막 왕손의 딸이라고 한다. 그런데 이미 일곱 살과 네 살짜리 아들이 두 명이나 있다고 하였다. 신랑도 잘생겼고 신부도 인도네시아인 같지 않게 피부가 희고, 통통하여 귀엽고 예뻤다. 오랫동안 살아온 부부 같지 않게, 신랑 신부는 서로를 사랑하는 눈빛이었고, 연신 키스를 하는데 아름다워 보였다. 호주 결혼식은 호주 사람들이 집으로 손님을 초대했을 때처럼 세월아 네월아 한다. 식을 올리고 와인 및 각종 음료수에다가 웨이터가 들고 다니는 핑거 푸드로 서서 마시며 먹고, 대화하면서 시간을 보내다가 피로연장으로 자리를 옮겨 손님 이름이 적혀 있는 원탁에 앉는다. 바게트를 먹고, 애피타이저로 새우와 만두 중에서 하나를 먹고, 또 한참 있다가 메인 요리로 스테이크와 생선찜 중에서 하나를 먹고, 또 한참 뒤에 디저트로 요구르트 푸딩과 치즈 크림 중에서 한 가지를 먹었다. 그리고 커피와 차가 나온다. 음식 값이 160달러(17만 원)이라고 해서 맛을 기대했는데 '아니올시다'였다. 축의금도 음식 값을 생각하면 많이 내야 하지만, 한국에서 우리가 평상시 하는 축의금의 4배를 하면서도 마음은 편치 않았다.

　　06월 09일 (일) 미소 짓지 않는 우리 남편 ___ 저녁에 집 앞에서 산책하고, 밤에 기운이 좀 나서 에어즈 록에서 찍은 사진을 정리했다. 환히 웃는 남

편의 사진을 보고 남편에게 이렇게 웃어야 한다고 이야기해 주었다. 남편은 미소 짓는 것이 어색한 모양이다. 입 꼬리가 밑으로 처져서, 입 꼬리를 올려야 한다고 아무리 이야기해도 마누라 말은 듣지 않는다. 몇 년 전 총장 선거 팸플릿 사진을 찍을 때도 사진사가 웃으라고 하는데도 웃지를 않아서 여러 장 찍었다. 그런데 여행 가서 찍은 사진 중 에어즈 록 올가스에서 일몰을 보면서 와인을 마시고 거나하게 취해서 찍은 웃는 사진을 보고 본인도 좋았는지 노트북 화면에 깔겠다고 한다. 그래, 말로 해서는 절대로 변화가 안 되고, 앞으로는 실제로 보여 주고 스스로 느끼도록 해야겠다.

'내가 바라보는 것'이 나를 지배하게 된다 ___ 문제를 바라보면 문제에 깊이 빠지게 된다. 우리는 돈을 지불하지 않고도 햇살부터 달빛까지, 바람과 하늘과 땅과 바다와 산까지도 다 가졌다. 가진 것을 누릴 줄 아는 사람은 문제에 빠져도 그리 당황하지 않는다. 근심이나 걱정, 좌절과 염려에 붙잡히거나 끝없는 욕망에 붙잡혀 그것의 **'노예로 사는 사람'**들이 있다. 분명한 것은 우리가 붙잡은 그것이 우리의 삶에 가장 큰 영향을 주고, 결국 **'우리를 지배해 나간다'**는 사실이다. 걱정에 사로잡히는 순간 모든 일이 걱정으로 어두워지고 만다. 욕망에 사로잡히는 순간 모든 일은 대립과 이기심으로 물들게 된다. 다시 말하면 **'내가 붙잡은 그것이 나를 지배하게 된다는 것'**이다. 환경이 문제의 본질은 아니다. 문제는 우리 안에 무엇이 있느냐는 것이다. 내 안에 무엇이 있느냐에 따라 내가 바라보는 것이 결정되기 때문이다.

나르시시즘 ___ 건강한 나르시시즘은 내가 지금 이대로 **'충분하다는 만족감'**이다. 어느 누구도 완전할 수 없으므로 마음 안의 갈등은 끝이지 않는다. **'갈등과 갈증'**이 무한 반복되는 것이 인간관계다. 상대방의 됨됨이에 만족을 찾으려 하기보다는 내 마음속의 솔직한 욕구를 항상 자각하려는 태도가 필요하다. 아픔, 불안 또는 욕구는 자신이 알아주면 누그러지는 속성이 있다. 상대가 '**내게 어떤 모습을 보였는가**'에 집중하기보다는, '**내가 상대에게서 무엇을 얻으려 했는가**'에 더 **관심을 가지고 되돌아보아야 한다.** 또한 계속해서 자기 마음을 돌아보고 알아주는 만큼 자기 마음이 차분해지고 편안해진다. 자기 마음이 편안해지는 만큼 사람들에 대한 미움이 줄어든다. 해답은 항상 '자기 마음' 안에 있다.

06월 10일 (월) Queen's Birthday, 남편 생일로 갈비 먹다 __ 오늘은 여왕 탄생일Queen's Birthday로 호주의 공휴일이다. 남편의 생일과 같은 날이라 잊어버리지는 않겠다. 여왕 탄생일에 대해 목요일 킬라라에서 공부했었다. 원래 생일은 4월 21일인데, 3월 말과 4월 초에 부활절Easter 연휴에다가 4월 25일 AN-ZAC Day 연휴로 6월 10일로 미루었다고 했다. 또한 1953년 6월 둘째 주에 영국에서 왕관을 쓰는 엄숙하고 성스러운 즉위식Coronation을 했기 때문에 그때로 하였다는 것이다. 즉위식에서는 왕관을 쓰기 전에 특별한 스푼으로 코코넛 오일을 머리에 뿌리고, 예복을 입고 양손에 **Orb**(왕위를 상징하는 십자가를 얹는 보주)와 **Sceptre**(scepter 왕권의 상징으로 임금이 갖는 홀)을 들고 왕좌에 앉는다. 그리고 영국의 왕관The Crown of England을 잠깐 쓰고 난 후, 로마 제국의 왕관The Imperial State Crown으로 바꾸어 쓴다고 한다. 왕관Crown은 2,783개의 다이아몬드Diamonds, 277개의 진주Pearls, 17개의 사파이어Sapphires, 11개의 에메랄드Emeralds, 5개의 루비Rubies로 이루어져 있다. 왕관을 쓴 여왕이 왕좌에 앉아 있을 때 사람들이 무릎을 구부리고 충성을 맹세한다고 한다. 그리고 여왕은 왕관과 예복을 벗고, 교회에 가서 무릎을 구부리고 하느님 앞에서 성찬식Communion을 하고, 다시 왕관과 예복을 입고, 집인 버킹엄 궁전Buckingham Palace으로 돌아온다고 하였다.

점심에는 남편 생일을 축하하며 채스우드의 갈비를 먹으러 갔다. 양념 소갈비와 낙지 양념구이, 그리고 곱창 구이를 조금씩 골고루 해서 된장찌개와 함께 맛있게 먹었다.

06월 11일 (화) KC 님과 함께한 캔버라(ANU, 전쟁 기념관, 국립 박물관) __ 약밥과 김밥과 귤과 물을 챙겨, 새벽 6시 30분에 캔버라로 갔다. 캔버라는 원주민 말로 "만남의 장소"라고 한다. 캔버라까지는 4시간을 고속도로로 달려야 한다. 그렇게 도착한 캔버라는 화려하지도 않고 그냥 조용한 도시였다. 벌리 그리핀Burley Griffin 호숫가 공원에서 싸 온 점심을 먹고, 오스트레일리아 국립대학교ANU 책방을 구경하고, 남편은 책 두 권을 샀다(Ethics and Value perspectives in social work / Social Policy in the post-welfare state). 그리고 대학교 안에 있는 호텔에 체크인을 했는데, 아침까지 주고 140달러였다. 깨끗하고 조용해서 더욱 마음에 들었다. 그리고 현 국회의사당과 구 국회의사당을 보고, 국립 박물관, 전쟁 기념관, 대사관 마을을 보았다. 전쟁 기념관의 외관은 아름다웠다. 전쟁 기념관 외관 중앙 바닥에는 물이 있으면서, 중앙에 불이 계속 타고 있어 우리를 엄숙하게 했다. 실내는 우리가 영화에서 본 전쟁에 대한 것이 역사 순서대로 전시되어 있어서 굉장했지만, 무서웠다. 우리나라 6·25에 대해서도 그림과 함께 자세히 기록되어 있었다.

또 대사관 마을에서 한국 대사관도 보았다. 저녁은 호텔 펍에서 맥주와 피자로 때웠다. 시간이 늦었다며 15달러 하던 피자를 5달러에, 7달러 하는 맥주도 5달러에 주어서 싸게 잘 먹었다. KC님은 성격이 불같은 사람이다. 한국에서 고대 상대를 졸업하고, 회사 주재원으로 중동 등 외국에서 9년 살다가, 지금은 호주에 정착하여 25년째 살고 있다. 혼마 골프채를 일본에서 전문적으로 수입해서, 여러 샵에 납품하는 사업을 하신다. 그런데 43세에 심장에 문제가 생기면서부터 운동에 전념하고 있다고 했다. 하루에 1시간 이상 걷고, 일주일에 사흘은 골프를 치고, 혼자 트레킹 여행을 많이 간다고 했다. 호주에서는 대개 외로워서 교회를 다니는데, 교회에 다니지 않는 사람은 굉장히 강한 사람이다. 그러한 면에서 도담 선배와 KC는 대단한 사람이다.

이렇게 대단한 KC는 세상에는 세 종류의 불쌍한 사람이 있다고 했다. '좋은 것, 맛있는 것, 아름다운 곳'을 아는데도 **돈이 없어서** 하지 못하는 사람 / 돈이 있어도 몰라서 못 하는 사람 / 돈도 **없고 모르는** 사람이라고 한다. 돈도 없고 모르는 사람은 그나마 **행복한 사람**이라고 하였다. 그것에 응대하여 남편은 대학원 지도 교수가 "고기를 낚는 어부가 되지 말고, '**사람을 낚는 어부**'가 되라"고 했다는 이야기를 했다. 그런데 내게는 인생에 도움이 될 만한 이야기를 해 준 사람이 거의 없었다. 결혼 전 남편에게 들은 '**진실하면 두렵지 않다**'는 이야기가 내 인생에 있어서 처음으로 도움이 되는 이야기였다. 그래서 결혼했나? 그 뒤로는 내가 읽은 책이 내 마음과 생각의 폭을 키우는 데 도움이 되었다. 어제 잠을 설친 탓에 ANU(호주 국립대학교) 안에 있는 호텔에서는 금방 잠이 들었다.

　　06월 12일 (수) 캔버라(Aboriginal Tent Embassy, Gallery, 구 국회 의사당) ___ 아침 일찍 호텔에서 식사를 하고, 조금씩 비가 오는데도 다시 구 국회의사당으로 들어가 보았다. 상원의원Representative과 하원의원Senate의 홀은 영국 맛을 느끼게 했다. 영국 퀸 여왕의 **보주**Orb와 **왕홀**Sceptre, **영국의 왕관**The Crown of England, **로마 제국의 왕관**The Imperial State Crown이 전시되어 있어서 자세히 보았다. 캔버라의 구 국회의사당 앞에는 원주민 천막 대사관Aboriginal Tent Embassy이 아직도 있었다. 그리고 국립 미술관National Gallery을 관람하고, 초상화 미술관Portrait Gallery도 들렀다. 비가 와서 보타닉 공원은 가지 못했다.

시드니로 돌아오면서 KC는 많은 이야기를 했다. 소신이 확실한 사람이었다. 반면에 너무 엄격하여 타인과 어울리기가 어려운 사람이기도 했다. 그러나 그가 들려준 많은 이야기는 나에게 많은 도움이 되었다.

그는 하이에나를 비롯한 일반 동물들은 종일 먹이를 찾아다니지만, 사자는 마냥 나무 그늘에 누워서 보고 있다가, 해 질 무렵 가장 힘이 약한 녀석을 쉽게 잡아먹는다고 하였다. 우리 인간도 돈을 벌려고 바둥거린다고 돈이 많이 벌리는 것이 아니라는 것이다. 준비하고 있다가 필요한 순간에 움직여야 한다는 것이다. 아주 흥미로운 이야기였다. 또 사람의 종류에는 **'끌어당기는 사람'**과 **'당겨지는 사람'**이 있다고 했다. 그것을 파악하고 상대를 대하는 것이 좋다고 하였고, 나보고 는 당기는 사람이라고 하였다. 또한 사람 관계에 있어서도 갑과 을이 있다고 하였다. 학교 같은 것은 갑의 존재이며, 인간들은 살아가면서 갑의 위치에 서려고 노력한다는 것이다.

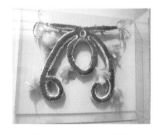

또 한국에서 지위 고하를 막론하고 다방면의 직책에서 일어나는 부정부패에 대해서도 한마디로 정리하였다. 어떤 직위(예 : 대통령)를 준 것은 국민들이 **신임**Trust을 준 것이지 **권능**Power을 준 것이 아니라는 것이다. 이와 같은 호주인들의 생각에서 보면 캔버라의 의회는 시민들 밑에서 존재한다는 의미에서 시민들이 의회 건물 제일 위로 의원들을 밟고 올라가게 되어있었다. 우리나라와는 생각에서, 일반 상식에서 큰 차이가 있다는 것을 느끼게 하는 부분이었다. KC는 내가 만난 호주에 사는 한국 사람들 중에서 유일하게 호주 사람들의 상식Common

Sense을 가지고 사는 사람 같았다. 사람은 지식도 중요하지만, 기본적인 상식, 즉 **양식**Good Sense이 있어야 한다는 것이다. 이야기 중에 중간중간 메모를 하였더니 한국의 여자 대통령이 '기록의 공주'라며 나보고는 '기록의 여왕'이라고 하였다. KC는 매일 아침에 일어나면 한국 뉴스와 세계 뉴스를 다 본다고 하였다.

　　06월 13일 (목) 차 매매 광고, '세계의 불교 사상과 역사'　　 이제 한국 돌아갈 날이 얼마 남지 않아서 차를 팔아야 한다. 본격적으로 차를 팔기 위해서 한국 고든 슈퍼에 스티커도 부치고, 한국 주간지 세 군데에 이메일도 보냈다. 차 광고는 **2006 Toyota Corolla Auto 1.8L 56,000㎞ Regi Feb 2014 Au$ 9,300 Silver color 0451 120 691**로 해서 메일 주소와 함께 보냈다. 다음 주 주말에 나오는 주간지에 실리게 되는데 팔린다는 보장이 없으니, 호주 사람들이 보는 마켓에도 올려야 할 것 같다. 이래저래 머리가 아프다.

　　남편은 최근 일주일째 외장 USB에 저장된 동국대 불교학과 김종욱 교수의 '세계의 불교 사상과 역사'에 대한 강의를 밤낮으로 듣고 있다. 30분 넘게 하는 강의 45개 중에서 지금 35개째 듣고 있다. 옆에서 중간중간 들어보면 보기 힘든 아주 대단한 교수라 생각되면서, 세계 역사에 대해서도 조금은 궁금해졌다.

　　06월 14일 (금) 핌블 Book Share, Dog Exercise Park & Palm Beach　　 영어 공부 반에서 **책 나눔**Book Share을 할 테니 '자기가 보는 책'을 가지고 오라고 하였다. 어린아이 책도 좋고, 자기 나라 책도 좋다고 한다. 그러나 한국 책은 부연 설명을 해야 하므로 영어로 말을 만들어야 한다.

　　한국 책이 읽고 싶을 때 조용히 보려고, 혹시나 하고 《내 안의 행복 찾기》와 《생각 버리기 연습》, 두 권을 가지고 왔다. 그러나 외국인에게 한국 책을 소개하자니 어려웠다. 그래서 《내 안의 행복 찾기》로 간단히 발표했다. 자원봉사 강사인 힐러리가 어떤 생각을 하느냐에 따라서 자신이 만들어지기 때문에 생각은 참으로 중요하다며 의견을 말했다. 또한 힐러리 자신도 반응하는 데 유연하지 않다고 하면서, 더욱 유연해지도록 노력하겠다고 했다. 나도 역시 안 되는 것 중의 하나이다. 반응을 보다 부드럽게 하도록 하고, 좋은 생각으로 나를 만들어야지.

마음을 행복하게 하는 10가지 방법(10 ways to you feel happy) - 책 ___
《내 안의 행복 찾기》 원제 : Search for the happiness in my inner mind

1* Thinking makes myself (생각 그 자체가 당신이다)

2* Reflex softly (부드러운 대답이 노여움을 푼다)

3* No hate (미워하면 그 미워함에 다친다)

4* No expect (받을 걸 기대한다면 베풀지를 마라)

5* Think benediction (고민을 세지 말고 축복을 손꼽아라)

6* Love (원수를 사랑하라)

7* Be only (unique) myself (유일한 자기 자신이 되자)

8* Difference lemon and lemon juice (레몬과 레몬 주스의 차이) - Do try, so
success probability 50%. But If you are not try, success probability 0%.

9* Do well to other people for 14days, so be happy (14일간 다른 사람을 기쁘
게 하다 보면, 고민이 사라진다)

10* Even only today (오늘만큼은) - Happy, Joy. Love, Plan, Rest, Study,
Exercise

14th Jun 2013   Soyoung

오후에는 하늘이 보이는 KC 차를 타고 웨스트헤드에 갔다. 운 좋게 무지개
를 보았다. 호주에서 세 번째로 보는 무지개로 완전한 반원이다. 하늘과 바다가
있는 그곳에 선명한 반원으로 나타난 아름다운 무지개는 하늘나라 같았다. 다
시 부자들이 많이 산다고 하는 팜Palm 비치에 갔다. KC가 남자의 그것과 모양이
비슷하다고 설명해 주었다. 우리가 해안을 따라가는 동안에 차를 타고 가다가도
벤치에 앉아 해안을 감상하는 호주인들을 볼 수 있었다. 군데군데 놓인 벤치는

놀랍게도 해안에서 죽은 사람들의 가족이 사랑하는 사람을 위하여 기증한 것이라고 했다. 또 특이한 것은 바다가 보이는 넓은 잔디가 개의 공원이라고 한다. Dogs Exercise Park라고 팻말이 붙어 있으면서 개를 데리고 나온 사람들이 많이 있었다. 그리고 큰 함에는 개의 배설물을 담는 비닐을 빼 쓸 수 있도록 준비되어, 누구나 사용할 수 있었다. 호주는 개도 호강한다.

06월 15일 (토) 도담 선배와 정 사장 부부를 페르시아 식당으로 초대
─ 지난번에 정 사장 부부가 인도 식당을 안내해 주어서 좋은 경험을 했었다. 그래서 페르시아(이란) 식당은 우리가 안내하겠다고 약속을 했었다. 도담 선배와 정 사장 부부를 페르시아 식당으로 초대해서 이것저것 주문을 했다. 호주는 식사할 때 초대인지, 더치페이Dutch Pay하자는 것인지 확실히 해야 된다고 한다. 우리나라는 먹자고 하면, 먹자고 하는 사람이 내는데, 이곳 호주는 각자 자기가 먹는 것은 자기가 낸다. 처음에는 합리적이면서도 정이 없는 것 같았다.

호주에는 터키 음식, 타이 음식, 인도 음식, 페르시아 음식, 일본식 초밥부터 최근에 한국 음식까지 여러 국가의 음식이 공존한다. 다양한 인종으로 인해서 호주 음식은 스테이크와 샌드위치, 월남 쌈, 샤브샤브 등이 모두 흔하고 특색이 없다. 그냥 각 나라 사람들이 취향에 맞는 음식을 먹고 산다. 페르시아 식당에서 주는 빵을 '거지 빵'이라고 하는데 속이 텅 빈 우리나라 호떡 같았다. 빵에 야채를 볶은 죽 같은 것을 싸서 먹었다. 그리고 우리나라 떡갈비 같은 닭 요리와 다진 양고기 케밥을 먹었다. 후식으로는 지난번 아주 맛있게 먹었던 Baklava 케이크에 녹차를 곁들었다.

06월 16일 (일) 직업 귀천이 없고 상식이 있는 호주 사람들, 호주의 겨울 ___ 호주는 직업에 귀천이 없다. 우리나라처럼 의사나 변호사들이 돈을 많이 버는 것이 아니라, 월급을 많이 받아도 세금을 내고 나면, 거의 모든 직업에서 월급은 비슷하다고 한다. 의사나 변호사나 배관공Plumber이나 차이가 없다는 것이다. 사오년 전 동유럽 오스트리아에서 음대 교수가 여행 가이드를 하고 있어서 왜 가이드를 하느냐고 물었더니, 월급의 절반이 세금으로 나가기 때문에 악기를 살 수가 없어서, 가이드로 돈을 벌어 악기를 사려고 한다고 한 말이 생각났다. 선진국의 상황은 이러하였다. 또한 호주 사람들은 일반적으로 상식이 풍부하다. 무엇이든 이야기하면 모르는 것이 없고 다방면으로 대화를 이어갈 수 있다.

호주는 겨울이 없는 줄 알았는데 겨울이 있다. 6월 말에서 7월 초가 가장 추워서 밍크도 가끔 입는다고 했다. 집안에는 보일러와 같은 난방 시설이 없어 침대에는 전부 전기요를 깔고 생활하며, 발이 시려서 방안에서 부츠를 신는 사람들도 많았다. 우리도 추워서 오리털 점퍼를 입고 생활한다. 지난번 시드니보다 더 추운 캔버라에 갔을 때는 호텔에 보일러 설비가 되어 있었는데, 시드니에는 보일러가 거의 없다. 대신 최근에 새로 짓고 있는 아파트에는 보일러가 있다.

06월 17일 (월) 유언장, 레인보우의 폴리코사놀 ___ 호주에 사는 사람들은 전부 '유언장'을 쓰고, 공증을 받아서 변호사에게 일임한다고 한다. 살아가는 데에는 여러 가지 변수가 생긴다는 것이다. 식구들이 몽땅 죽게 되거나, 부부가 한꺼번에 죽게 되는 경우도 생각해 둔다는 것이다. 참으로 합리적인 방법이다. 한국에서 요양 보호사 강의를 할 때, 유언장을 쓰고, 매년 초에 수정하는 것이 바람직하다고 내 마음대로 설명했었는데, 호주는 한 번 쓰면 거의 수정하지 않는다고 한다.

그리고 지난번에 시니SINI에서 샀던 폴리코사놀이 중국산이라고 해서, 쿠바에서 수입하여 만드는 레인보우의 폴리코사놀을 사기로 했다. 시니에서 폴리코사놀을 반품하고, 대신에 로열젤리와 프로폴리스와 오메가3로 바꾸었다. 도담 선배가 레인보우의 고문이라서 조금 싸게 살 수가 있다고 해서 다음에 부탁하기로 했다. 이스트우드에 온 김에 반찬이 열 가지나 나오는 종가집에서 점심을 먹었다.

06월 18일 (화) KC의 가우디 유럽 차, 보타닉 가든과 아트 갤러리 ___ 남편이 시드니 대학교에 책 반납할 것도 있고, 주문한 책이 있어서 가야 된다고 하였더니 KC가 함께 간다고 한다. KC의 가우디 유럽 차는 천정도 있는데다가 사륜구동으로 차가 미끄러지지도 않는다고 하였다. 30분 전철을 타고 레드펀 역에서 학교까지 20분 이상 걸어 들어가야 하는데, 차로 학교 도서관까지 가서 빌린 책을 반납하고, 책방 앞까지 가서 주문한 책 세 권을 사 가지고 나오니, 아주 편하고 좋았다. 그리고 오페라하우스 옆에 있는 보타닉 가든에 갔다. 매콰리 의자가 있는 매콰리 포인트에서 달링하버를 보니, 가슴이 시원했다. 그러고는 아트 갤러리에 가서 전시되어 있는 원주민 작품들과 개인이 전시해 놓은 많은 그림들을 보면서 교양을 넓혔다. 다시 맨리 비치로 가서 비치 카페에서 커피와 맥주를 마시며 여유를 즐겼다.

06월 19일 (수) IKEA 쇼핑, 우보 사장 일식집 개업식, 차 광고 ___ 이케아에 가고 싶다고 한 내 말이 마음에 걸렸는지 KC가 나를 데리고 이케아에 갔다. 사려고 했던 선물용 속 가방 큰 것(8달러)과 작은 것(6달러)을 15개씩, 도마한 개(5달러), 양털방석 70달러짜리 두 개, 음식물 쓰레기통 세 개, 큰 수건 두 개, 화장실 깔개 세 개를 샀다. 속 가방은 더 사야 하는데 남자들이 독촉하는 바람에 대충 사고 왔다. 집 근처 에덴동산에서 커피를 마시고, 공원에서 드라이브를 하고 헤어졌다.

오후에는 도담 선배와 함께 우보 사장의 일식집 개업식에 갔다. 화분이라도 들고 가나 했더니 가서 많이 먹어 주고, 먹은 만큼 돈을 내면 된다고 한다. 지난번과는 달리 와사비 양념 낙지 요리와 볶음 우동이 아주 맛있었고, 여러 가지 생선 초밥도 많이 먹었다. 앞으로 일주일간은 30% 할인해 준다고 하였다.

밤에 KC가 한국인들이 인터넷으로 사고팔고 하는 '호주나라'에 차 사진까지 찍어 광고 문구와 가격을 합의해서 올려주었다. 우리가 힘들게 해야 할 일을 대신해 주어서 정말 고마웠다. 올리자마자 전화가 두 군데에서 왔다. 그래서 내일 오후에 차를 보기로 약속했다.

호주의 살인적인 생활비 ___ 호주는 일본과 함께 생활비가 가장 비싼 나라 중 하나다. 살아보니 정말 비싸다. 특히 집값은 무시할 수가 없다. 집 전체 임대는 월세 250만 원, 방 하나 월세 120~150만 원이고, 먹는 것도 만만치 않아 된장찌개가 15,000원으로 네 명이 외식하면 보통 6만 원에서 12만 원이 든다. 페르시아 식당에서 와인을 제외하고 식사비만 여섯 명이 150달러(20만 원) 정도이다. 이 밖에도 보통 전철 비가 7,000원, 생맥주 한 컵에 8,000원, 돋보기안경이 150달러(17만 원), 허리 파스 4쪽에 10달러(11,000원) 등으로 비싼 편이다. 특히 시드니는 주말여행을 하는 데 들어가는 비용이 뉴욕의 두 배라고 하는데, 호텔도 뉴욕, 런던, 모스크바, 파리보다 두 배 이상 비싸다고 한다.

06월 20일 (목) 김치 담그는 법, 자동차 청소와 Inspection ___ 영어 공부에서 우크라이나에서 은퇴하고 온 임상병리 의사가 '김치 담그는 법'을 적어 달라고 하였다. 그래서 가장 기본 재료로 담그는 법을 자세하게 적어 주었더니, 인터넷보고 김치를 담그다가 소금에 절이는 것과 젓갈 넣는 것에서 잘못되었던 적이 있다고 한다. 다음 공부 시간에 한국 젓갈Fish Source을 갖다 주겠다고 하였더니 좋아했다. 언제 직접 집에 가서 담그는 것을 시범 보여 주어야겠다는 생각이 들었다.

차를 보러 온다고 해서 차를 청소했다. 우리가 차를 사용할 때는 하지도 않던 청소를 열심히 했다. 차를 보러 오겠다고 약속한 사람들이 1차로 왔다. 차는 깨끗하나 엔진 소리가 안 좋고, 로고가 없다고 하였다. 그리고 2차로 온 사람들은 흠집이 있어서 딸에게 주기는 적당하지 않다고 하면서 돌아갔다.

그러는 중에 KC가 왔다. KC는 나보고 골프를 시작한 지가 얼마 안 되었고, 앞으로 치기도 어려울 테니까 있는 골프채를 팔아버리라고 하였다. 그러면서 중고 아이언은 골프채만 2,000달러(220만 원)라고 하였다. 나는 아이언 중고 50만 원, 드라이브 30만 원, 퍼팅 15만 원, 가방 45만 원, 신발 25만 원, 해서 총 165만 원이 들었다. 내 인생에서 골프를 포기할 것인지를 한 번 생각해보기로 했다.

06월 21일 (금) 궁중 떡볶이, 남편 'Aborigine'에 대한 발표, KC의 푸짐한 식사 초대 ___ 핌블 영어에 떡볶이를 해 갔다. 궁중 떡볶이로 쇠고기와 보라색 양파만 넣었는데 사람들이 전부 맛있다고 했다. 오늘은 남편이 **'Aborigine'** 에 대해 발표했다. 책을 여러 권 사서 준비하더니 분량이 A4용지로 열한 장이나 되었다. 이렇게 많은 양을 어떻게 하나 했는데 그런대로 시간이 되었고, 지금까지 발표 중에서 가장 잘한 것 같았다. 그래서 Perfect하다고 말해 주었다.

저녁에는 KC집에 도담 선배 부부와 함께 초대되었다. 와인과 함께 연어 회, 아보카도, 낙지조림, 우엉조림, 닭고기 볶음, 삼치구이, 마, 토마토, 가지, 브로콜리, 호박구이, 연어 추어탕, 열 가지 과일(사과, 키위, 배, 감, 딸기, 열대 과일), 뜨거운 수정과, 민들레차 등 푸짐히 먹었다.

06월 22일 (토) 소냐와 DFO, 차를 판다는 것이 이렇게 어려울 줄이야! ___ 아침 9시에 차를 보러 왔다. 한참을 살 것처럼 이야기해 놓고는 딸에게

물어보아야 한다며 갔다. 그러고는 바로 소냐와 함께 리드콤에 있는 DFO에 갔다. 크지는 않았지만, 쇼핑을 하기에는 편했다. 50% 할인하는 어깨에 메는 코치 가죽 가방(300달러)을 보자마자 마음에 들었고, 호주 브랜드 오로콘 가방(238달러)은 들고 다니기에 무난해서 하나씩 샀다. 그리고 폴로 반바지 세 개(세 개에 75달러)와 레몬 화장실 향수 두 개(개당 40달러)와 어깨 지지대Support (35달러)를 샀다.

또 오후 2시에 부부가 차를 보러 왔다. 그런데 오전에 차를 보고 간 사람이 차에 라이트를 켜 놓고 가서 방전되는 바람에 시동이 걸리지 않았다. 난감했다. 교민 잡지에서 배터리 수리하는 사람의 전화번호를 찾아 연락해 보았더니 100달러(11만 원)를 달라고 하였다. 너무 아까웠다. 어젯밤에 돈 꿈을 꾸었더니 필요 없는 돈이 나가는구나 싶었다. 부부는 배터리 충전을 기다렸다가 차를 보고는 꼼꼼하게 체크했다. 그들은 흠집 부분이 생각보다는 많이 녹슬어 있을 수도 있고, 바퀴도 하나가 재생 타이어라고 하였다. 나는 전혀 알지도 못하는 부분까지 이야기하였다. 그러고는 역시 딸에게 물어본다고 하고는 가버렸다. 아, 뭔가 판다는 것이 이렇게도 어려울 줄이야! 지금까지 장사를 안 한 게 천만다행이었다.

06월 23일 (일) 쉽지 않은 차 매매, 새순교회, KC 집 __ 7월에는 차를 팔아 돈을 쓰려고 했는데, 차를 팔지 못한데다가 남아 있던 2,500달러에서 세어 비를 주고, 이케아와 DFO에서 쇼핑을 했더니 남은 돈은 이제 300달러이다. 빨리 차가 팔려야 하는데 야단이다. 삼사일 차 때문에 신경을 써서인지 변비가 생기면서 항문에서 피가 나왔다. '아, 안 되면 차를 똥값에 내버리고 가야지' 하고 크게 마음먹었다. 그래서 일단 차의 흠집을 제거하고 다시 팔기로 했다.

남편 후배 오동환님이 밥 퍼주는 봉사를 하고 있다는 시드니에서 제일 큰 한국교회를 교양 문화 차원에서 언젠가 한 번 가보기로 했었는데, 흠집 제거하는 것에 대해 상의도 할 겸 SKY 부부 차를 타고 함께 갔다. 목사님의 설교가 좋았다. 어떻게 말을 그렇게 잘할 수가 있을까 하는 생각이 들 정도였다. 점심으로는 김치에 콩나물국밥이 나왔다. 밥을 열심히 푸고 있는 오동환님에게 내일 흠집 제거하는 곳에 가자고 약속했다.

그리고 집에 오는 길에 갑자기 남편이 KC에게 전화해서 KC집에 가겠다고 하였다. 오라고는 하였지만 SKY 두 명의 딸과 함께 여섯 명이 가기에는 마음이 가볍지는 않았다. 차와 과일을 먹으면서 이야기하다가, 남자들은 맥주를 마시러 밖으로 나가고, 남은 여자들은 한국에서 소냐가 사 온 노래방 기계로 노래를 조금 부르다가 소냐가 요리하는 것을 보았다. 굵은 죽방멸치에 마늘종과 잣을 넣어서 볶은 것, 모시조개에 와인을 넣어서 볶다가 전분을 넣은 요리, 일본식 어묵국, 생마 요리, 콩을 갈아서 김치를 넣어 구운 즉석 빈대떡, 살짝 삶은 오징어와 미나리 초고추장 무침 등. 소냐는 일을 쉽고 편하게 잘한다. 남자들이 오자마자 와인과 함께 저녁 식사를 했다.

06월 24일 (월) 오동환님과 차 흠집 제거, 에핑역 앞에서 청국장 순두부 ___ 어제 오동환님과 약속된 차 흠집을 제거하러 이스트우드로 갔다. 그리고 오동환님 차를 뒤따라서 흠집을 제거하는 곳을 갔는데, 예전에도 같은 이유로 한 번 갔었던 곳이었다. 그때처럼 400달러에 해 준다고 하였다. 그래서 차를 맡기고 다시 이스트우드에 와서 늦은 점심으로 칼국수를 먹었다. 오동환님은 남편의 후배이면서 고려문화포럼의 부회장인 송관섭님 집으로 우리를 데리고 갔다. 얼마 전에 집을 사서 이사했다고 하는데, 지금까지 보던 집과는 스타일이 많이 달랐다. 벽돌이 아니라 통나무로 만든 집이라고 한다. 천정이 보통은 2.7m인데 3.2m로 높았고 창문의 모양도 멋있었다. 소파에 앉아서 넓은 정원을 보고 있으면, 저절로 시가 나올 것 같았다. 은행에서 융자를 받아 12억 정도에 샀다고 한다. 저녁은 에핑역 앞에 있는 유명한 순두붓집에서 밥을 먹었다. 순두부 종류가 아주 많았다. 여러 순두부 중에서 청국장 순두부, 돼지고기 순두부, 버섯 순두부, 곱창 순두부를 시켜서 서로 맛을 보았는데, 내 입에는 청국장 순두부가 최고였다. 밥도 돌솥 밥이라 누룽지까지 먹을 수 있었다.

06월 25일 (화) 서로를 이해하게 된 남편과 나, 동국대 불교학과 깁종욱 교수의 특강 ___ 남편과 1년을 붙어서 살다 보니 이해되는 부분이 더 많아지고, 남편 역시 여자가 할 일이 많다는 것을 이해하는 것 같았다. 앞으로는 서로에게 신뢰를 가지고 마음 편하게 살 수 있게 되리라 생각된다. 그리고 호주에 살면서 주위에 이혼한 사람들도 많지만, 부부 사이가 좋은 사람들도 많았다. 도담 선배는 남편이 콩을 팥이라 이야기하여도 그 자리에서는 아무 말도 하지 말고 가만히 있어야 된다는 것이다. 내가 잘 할 수 있으려나?

남편이 한국에서 USB에 저장해 온 특강을 옆에서 귀담아 들어 보았다. 종교는 약자를 길러내는 곳이고, 진정한 강함은 자기를 비울 때에 나온다. **'자기 힘을 극대화시키는 방법은 자기를 비우는 것'**이다. 자비의 실천력으로 비우는 것이다. 진정한 힘Power, 무아의 힘Power은 자기를 비울 때 나온다. 초인의 강함보다는 보살의 비우는 힘이 더 강하다는 것이다. 또한 **'진정한 자유는 자기 자신에게도 자유로워야 한다'**는 것이다.

06월 26일 (수) Brenda 집 Tea 초대, 차 찾아옴 ___ 오늘은 킬라라 영어 자원봉사자인 Brenda가 자기 집에서 아침에 다과Morning Tea를 하자고 초대한 날이다. KC가 데려다 준다고 하여, 김밥과 궁중 떡볶이를 조금 해 가지고, KC의 차를 타고 10시 30분에 Brenda 집으로 갔다. KC는 만나고 나올 때 7분 전에만 전화하면, 흠집을 제거하려고 맡긴 차도 같이 가지러 가주겠다고 하였다. 어찌 이런 일이! 정말 감사했다. 황송했으나 일단 도움을 받을 수밖에 없어서 그렇게 하기로 했다. KC가 Brenda가 사는 동네가 부자 동네라고 하더니 정말로 집이 좋았다.

마당도 굉장히 넓고 앞마당과 뒷마당에 많은 꽃과 나무들, 라임 나무까지 있었다. 거실이 두 개가 붙어 있었는데, 하나가 밖으로 튀어나와 있어서 밖의 정원

에 앉아 있는 것 같아서 무척 좋았다. 그리고 다이닝 룸과 부엌이 있는데, 부엌에도 식탁이 있었다. 식탁도 많고, 소파도 많으며 가족 공간과 손님 공간이 따로 있었다. 그리고는 세탁실, 화장실, 여러 개의 침실, 수채화 작업실 등이 2층에 있었다. 괘종시계 소리가 영국의 빅벤 종소리와 흡사했다. 또한 Brenda 남편은 크고 두꺼운 세계 지도를 옆에 두고, 대화할 때 수시로 확인한다. 선물로 탈 액자를 드렸더니 좋아하였고, 한국 청자 하나를 가지고 와서 보여 주었다. 호주의 아침 다과는 그야말로 커피나 차에 케이크나 과자가 조금 나오는 것이 전부였다. 우리가 가지고 간 떡볶이는 냉장고에 넣고, 김밥만 절반 내놓고 함께 먹었다. 그렇게 2시간을 보내고, 12시에 KC에게 전화를 하였더니 금방 데리러 오셨다.

Brenda 부부와 인사하고, KC 부인과 함께 리드콤으로 차를 찾으러 갔다. 전반적으로 양호했다. 차를 팔기 직전에 사고가 많이 난다며 우리 차를 KC가 운전해서 집까지 가져다주어서 더더욱 고마웠다. 가고 오는 동안에 KC는 골프채가 많이 팔렸는지, 큰 거물이 걸렸다고 했다. 참 재미있는 표현이다.

06월 27일 (목) 버진 항공으로 브리즈번 가다, K 간호사 ___ 오후에 브리즈번으로 가려고 오스트레일리아 버진 항공 티케팅을 했다. 호주 국내선 비행기에서는 먹을 것을 주지 않는다. 그래선지 국제선과는 달리 국내 공항에는 먹을 것을 파는 곳이 많았다. 그러나 다 둘러보아도 우리가 먹을 국물 있는 것은 초밥집의 우동뿐이었다. 그래서 우동과 집에서 싸 간 김밥으로 요기했다. 그런데

336

지난 번 콴타스 항공으로 에어즈 록에서 돌아올 때도 2시간 연착하더니, 오늘 버진 항공도 30분이 지연되었다. 그리고 1시간 30분 걸린다고 되어 있는데 출발하고도 2시간이나 걸렸다. 국내선은 마음대로라고 한다. 예전에 병원에서 함께 근무한 K 간호사가 최근 연락이 되어 한국 가기 전에 꼭 골드코스트에 오라고 해서 브리즈번에 가는 것이다. K 간호사는 1시간 걸려 마중을 와서, 우리가 밤 10시가 되어서 도착했으니 또 1시간을 더 기다렸다. 우리는 저녁을 제대로 먹지 못해서 배가 고파 누룽지와 남아 있는 밥에 총각김치와 홍합 요리를 먹으면서 와인도 한잔 했다. K 간호사는 대학 병원에 신규로, 나는 경력자로 함께 입사해 입사 동기였다. 그리고 나는 분만실에서, K 간호사는 바로 옆인 신생아실에서 근무했다. 아주 눈망울이 초롱초롱하였고, 일도 아주 잘하고 말도 유머 있게 잘한다. 자연히 간호사들 사이에서도 눈에 띄었다. 결혼해서 아이가 네 살 되던 6년 전에 호주로 오게 되었다고 한다. 남편이 IT 쪽 주재원으로 호주에 왔다가 살게 되었는데, 친정엄마가 함께 살고 있어서 외로움을 모르고 살아서인지 호주가 아주 좋다고 하였다. 우리를 흙침대에 재워 주어 아주 따뜻하게 잤다.

06월 28일 (금) 3시간 전 출근 여부, Coolangatta 마을 & 골드코스트, 퀸즐랜드 대학 ___ K 간호사는 호주 브리즈번 요양원Nursing Home에서 근무하고 있다. 호주는 출근하지 못하는 경우 3시간 전에만 연락하면 된다고 한다. 언제 무슨 일이 생길지 모르기 때문에 그렇다는 것이다. 특히 호흡기 쪽으로 문제가 있으면 집에서 쉬라고 한다고 했다. 이것이 선진국과 후진국의 차이가 아닌가 생각되었다.

아침 식사 전에 K 간호사와 둘이서 차를 마셨다. 그리고 들깻가루를 넣은 얼갈이 된장국과 목포에서 가지고 온 창난젓으로 밥 한 그릇을 아주 잘 먹었다. 그리고 쿨랑가타Coolangatta 마을로 가는 도중에, 비를 약간 뿌리더니 아름다운 반원의 무지개가 떴다. 호주에 와서 네 번째로 보는 무지개였다. 쿨랑가타 마을은 골드코스트와 아주 넓게 연결되어 있는 곳으로 바비큐를 해 먹도록 설치되어 있어서 좋았다. 점심에는 은박지에 김치와 돼지고기를 싸서 불 위에 얹어 두었다가, 고기를 다 굽고 난 후 김치에 넣은 고기는 버리고, 구운 삼겹살과 같이 익은 김치를 먹었는데, 일품이었다. 거기에다가 부대찌개까지 함께 먹었다. 날씨가 아주 좋았다가 비가 조금 뿌리더니 다시 날씨가 좋아졌다. 커피까지 사 마시고는 차로 해안을 돌면서 골드코스트로 갔다.

골드코스트는 해안에 높은 빌딩이 자리하고 있었다. 가장 높고 멋있는 빌딩 제일 꼭대기 펜트하우스는 우리나라 연예인 권상우의 아파트라고 하였다. 그리고 맨발로 바닷가를 걷고 있는데, 점점 앞으로 오는 뿌연 물안개 덕에 구름 속을 걷는 것 같았다. 호주의 많은 비치를 가보았지만 물안개는 처음 보았다. 서핑하는 사람들도 많았으며, 그것을 바라보고 즐기는 사람들도 많았다. 서핑은 해변으로 오는 파도만으로 왔다 갔다 하는 것인 줄 알았는데, 한참 보고 있노라니 이곳 골드코스트의 파도는 옆으로 치고 있었고, 오른쪽에서 서핑을 시작하여 왼쪽까지 몇 번의 파도를 타고 가는 것이 신기했다. 그리고는 눈썰매를 타면 다시 걸어 올라가듯, 서프보드를 들고 모래 위로 걸어가서 다시 서핑을 시작하였다. 얼마나 자유를 느낄까 하는 부러움에 한참을 구경했다.

집으로 돌아오면서 퀸즐랜드 대학(UQ)에 갔다. 남편은 꼭 대학 도서관과 책방을 둘러보아야 직성이 풀린다. 저녁에는 광어 매운탕에 도미를 튀겨서 양념한 요리를 와인과 함께 먹었다. K 간호사의 어머니 매운탕 맛은 아주 일품이었다.

06월 29일 (토) 브리즈번 South Bank(shore) & Kangaroo Point Park, 송별 식사 __ 소갈비구이와 고등어 김치찌개로 아침을 거나하게 먹었다. 두 가지 모두 억수로 맛있었다. 통조림 고등어를 김치 일 인분으로 보쌈처럼 싼 후 냄비에 넣어 끓였더니, 그릇에 담았을 때 지저분하지 않았다. 아주 좋은 아이디어였다. 서울에 가도 이 맛은 잊지 못할 것 같았다.

서둘러 약국에 가서 얼굴에 바르는 로즈 힙Rose Hip 오일(20달러), 마그네슘 두 병(1병에 14달러), 천연 변비약(26달러)과 항 염증제 두 갑(1갑 20달러)을 샀다. 그리고 K 간호사 친정엄마에게도 드릴 항 염증제 두 갑을 더 샀다.

그런 다음 많은 사람들이 여유롭게 즐기는 브리즈번 강을 끼고 있는 시내 South Bank(shore)에 갔다. 커피를 즐긴 후 고마움의 표시로 점심에는 한턱 쏘기로 했다. 그래서 초밥집으로 가서 K 간호사의 가족(친정엄마, 남편, 아들 동욱)과 함께 점심(150달러)을 먹었다.

그리고 다시 캥거루 포인트 공원Kangaroo Point Park에 갔다. 캥거루Kangaroo는 원주민 말로 '몰라'라고 한다. 캥거루가 지나갈 때 저것이 무엇이냐고 물어보았더니 '몰라Kangaroo'라고 해서 이름이 '몰라Kangaroo'가 되었다고 하였다. 공항까지 데려다 준 K 간호사에게 한국에 오면 MH 간호사와 같이 만나자고 약속하고는 아주 고마웠다고 인사하고 헤어졌다.

　　　06월 30일 (일) 전기담요 교환과 신뢰의 나라, 차 매매 가계약 ＿

자동차 흠집 제거를 하고 나서 따로 광고하지 않았는데, 이전 광고를 보고 차를 보러 온다며 세 사람이나 전화를 했다. 2시에 약속이 되어 서둘러 울워스 2층에 있는 '하비노르만'에 볼일을 보러 갔다. 작년 8월 시드니에 오자마자 산 전기담요가 고장이 난 것이다. 이곳 호주는 고치는 인건비가 비싸서 보증 기간에는 수리하는 대신 전부 새것으로 교환해 준다는 이야기를 들은 바 있어서 영수증을 들고, 교환하러 갔다. '고장이 났다'라는 것을 영어로 **'This is out of order'**라고 했더니, **'This is faulty?'**라고 되물었다. 그래서 '예스'라고 했더니, 역시 물건이 어디가 고장이 났는지 확인도 하지 않고, 오케이 하고 이름과 주소와 전화번호를 컴퓨터에 입력하고는 새것으로 바꾸어 주었다. 그리고 똑같은 것이 없어서 가격이 같은 것으로 결정하였더니, 6월은 결산하는 시기여서인지 할인가로 해서 20달러를 통장으로 입금해 주겠다고 한다. 정말로 이것이 선진국이고, 신용 사회라는 생각이 들었다. 하자가 있다니까 그대로 믿어 주는 것이 참으로 신기했다. 그래서 호주 시민권을 받는 절차 선서에서 성경 위에 손을 얹고, 서약을 하게 하나보다. 반면에 이 나라는 거짓말을 했을 때는 엄격한 벌금이 징수된다. 자가용에서 안전벨트를 하지 않으면 1인당 330달러이며, 휴대 전화를 쥐고만 있어도 벌금이 300달러, 선거에서 투표를 하지 않아도 벌금이 55달러라고 하니. 혹시 원주민이 아닌 영국에서 예전에 온 사람들이 죄수여서 엄격하게 된 것이 아닌가 생각이 되었다.

　2시에 차를 보러 왔다. 8,800달러에 흠집 제거한 것 400달러와 방전되어 충전시키느라 지불한 100달러를 생각해 적어도 9,300달러에 내놓고, 9,000달러는 받으려고 했는데, 8,500달러에 사겠다고 하였다. 혹시나 안 팔리면 딜러한테 더싸게 내놓을 수도 있어서 수락해 버렸다. 그래서 계약금 900달러를 받고, 내일 아침 10시에 다시 만나기로 하였다. 계약을 파기하면 나는 계약금을 버는 것이니까 일단 마음 편안하게 있자. 홀가분했다. 남편이 없는 동안에 차는 팔고, 남편이 있는 우보 사장님 가게로 크리스티나 차를 타고 갔다. 우보 사장님과 도담 선배 그리고 남편 셋이서 초밥집을 하나 더 내려는 우보 사장님을 위해 바닷가 자리가 좋은지 둘러보고 왔다고 한다. 그리고 모두 저녁으로 꽃게 샐러드와 볶음우동, 회, 조개 치즈 그라탕 등을 배부르게 먹었다.

If you want to change lifes,
It's time to change yours.

07월 01일 (월) 차 매매, Towon의 유산슬 밥, 채스우드에서 약, Holiday 2주 시작 ___ 10시에 자동차 잔금 7,600달러를 받고 등록증에 서로 서명을 하고, 서로 나누어 가지는 것으로 끝났다. 이미 계약을 한 상태여서인지 로고가 없는 것 그리고 열쇠가 하나인 것에 대해 불평은 하지 않았다. 역시 흠집 제거가 중요하다. 팔 때는 딱 보아서 차가 말끔해야 한다는 것을 알았다. 고쳐야 할 중고차를 사는 것은 쉽지 않은 일이다. 아주 좋은 경험을 했다. 사기도 힘들었지만, 팔기도 쉽지는 않았다. 우리는 바로 채스우드 등록소에 가서 매매 신고하였다. 등록증만 절반 주고 나니 끝이라고 했다. 속이 시원했다. 걸어 다니는 것도 신 났다. 채스우드에서 일을 보고 있던 호주나라에 광고를 내 준 KC 님과 연락하여 만났다. KC 님이 표현하기를 눈먼 사람이 산 차를, 다시 눈먼 사람이 사 갔다고 하였다. 하하하! 웨스트필드 4층에 있는 한인 중국집 Towon에 가서 잡탕밥과 짜장면과 유산슬 밥으로 점심을 먹었다. 호주 사람들을 데리고 와서 먹기에도 분위기가 좋았다. 집에 오는 길에 약국에 가서 칼슘과 코엔자임 Q10, 루테인을 각 두 병씩 사고, KC 님 차를 타고 집에 왔다. 이젠 뚜벅이 생활도 아주 좋다. 큰 숙제가 해결되었으니 두 다리를 뻗고 자야겠다.

07월 02일 (화) 우크라이나 Laura 집, Russian food, Kimchi 시범 ___ 함께 영어 공부를 하는 우크라이나 사람 Laura에게서 문자가 왔다.

Hi! It is Laura from English classes. Let's meet tomorrow at 1pm for lunch and cooking Kimchi. 그래서 답장했다. Okay See you at Lindfield station tomorrow 1pm. 그랬더니 또 문자가 왔다. OK See you then, don't eat lunch I will cook Russian food for you. 그래서 나도 또 Thank you. See you tomorrow 1pm.으로 답장을 보냈다. 지난번에 김치 만드는 것을 Laura가 물어보았을 때 메모해 주면서 Laura 집에 가서 해 줄 수도 있다고 하였더니, 오늘 오라고 한 것이

다. 그래서 한 시에 린드필드역에서 만났다. 점심으로는 러시아에서 거의 모든 사람들이 매일 먹는 보르시 수프Borscht Soup에 빵 조금 그리고 러시아 팬케이크 Cabe에 각종 크림(우리나라 꿀 유자, 캐나다의 메이플 크림, 골드 크림 등)과 치즈를 발라서 먹었다. 그리고 가지고 간 고춧가루와 다진 마늘과 까나리 액젓으로 소금에 배추를 절여서 김치를 담그면서 설명해 주었다. Laura는 귀로 듣는 것보다는 눈으로 한 번 보는 것이 훨씬 효과적이라고 몇 번을 이야기하였다. 인터넷을 보고 김치를 담가 보았는데 두 번이나 실패했다고 한다. 그리고 배추를 절이는 동안에 배추 전을 부쳐 주었더니 맛있다고 했다. 아들 에릭은 부인과 이혼하고 암으로 집에 있다고 하는데 호주는 아픈 사람에게 나오는 연금이 주에 450불이라고 하였다. 그 연금에서 우크라이나에 있는 아이들에게 돈을 보내 준다고 했다. 우크라이나는 부정부패가 심해서 살기가 힘들어 호주로 왔다고 했다.

케임브리지 교수에게 듣는 '생각과 행동'의 인생철학 ___ 1. 피하지 말고 문제를 직시하라. 깊이 생각하면 문제를 해결하는 방법은 반드시 찾을 수 있다. 어떤 상황에서 어떤 일을 하든지 근본적인 해법을 찾기 위해 '깊이 생각하는 여유'를 가져야 한다. 또한 우리가 개선해야 할 것은 문젯거리가 아니라 그 문제를 바라보는 우리들의 시선이다.

2. 틀에 박힌 사고방식은 사람을 속물로 만든다. 정형화된 사고의 틀에서 벗어나지 못한다면 성공의 길은 절대로 열리지 않는다. 무한한 잠재력을 가지고 태어난 인간으로 그 능력을 발휘하도록 하며, '창꼬치 증후군Sphyraena Obtusata (창꼬치가 피라미를 잡아먹지 못하는 증상)'에 걸려들지 말자.

3. 인생이란 결코 순풍에 돛단배처럼 평화롭기만 할 수 없다. 위대한 성공은 언제나 수많은 고통과 실패를 겪은 후에야 얻을 수 있다. 학교의 지식 이외 현실에 적용되는 '생활의 지혜'가 필요하다. 현실에서는 자신이 저지른 실수를 통해

스스로 교훈을 얻고, 남의 실수까지도 내 교훈으로 생각하여 실수를 범하지 않는 지혜를 가지는 것이 최고다.

　　07월 03일 (수) 우보 사장님 초밥집에서 한턱, 평강 공주와 바보 온달 ___ 우리가 한턱 내겠다고 한 약속대로 도담 선배 부부와 함께 우보 사장님 초밥집으로 갔다. 가게에는 우보 사장님 사모님까지 와 계셨다. 여섯 명이서 와인과 함께 꽃게 샐러드(12달러) 세 개, 볶음 우동(15달러) 세 개, 와사비 양념 낙지(7달러) 세 개, 그리고 회전 연어(3달러) 여섯 접시, 치즈 조개 그라탕(11달러) 두 접시, 맛살 튀김(3달러) 세 접시로 배부르게 먹었다(총 151달러). 그런데 저번 날부터 우보 사장님이 우리보고 자꾸 '평강 공주와 바보 온달'이라고 하였다. 도담 선배 사모님이 자기도 공주가 하고 싶다고 하니까 '낙랑 공주' 하라고 하였다. 그래서 '사모님은요?' 하고 내가 물으니까 '선덕 여왕'이라고 하였다. 그러면 '우보님은요?' 했더니 '기둥 서방'이라고 하였다. 참 재미있으신 분이다. 역사 속 전설 같은 이야기에 대해서 관심이 많으시고 아시는 것이 많은 분이다. 재미나게 시간을 보내고 저녁에 집에 와서 역사 속의 인물이지만, 어떤 의미가 내포되어 있는지 알고 싶어서 찾아보았다.

　선덕 여왕은 신라의 진평왕과 마야 부인의 딸로서, 최초의 여성 임금으로 결혼하지 않은 여왕이었다. 고구려의 '호동 왕자'는 유리왕의 셋째 아들인 대무신왕의 차비에서 난 소생으로, 왕이 아이를 무척 사랑하여 호동이라 불렀다고 한다. 호동 왕자와 사랑에 빠진 낙랑 공주가 있던 낙랑국은 기원전 195년에 평양에 도읍을 정해서 세운 나라로, 적이 쳐들어오면 자명고가 울리게 되어 있었다고 한다. 그런데 호동 왕자가 낙랑 공주에게 낙랑국의 자명고를 찢으라 하고 쳐들어가서 전쟁에 승리했다고 하였다. 그런데 우보님이 왜 우리 부부에게 '평강 공주와 바보 온달'이라 했을까? 고구려 25대 평원왕의 딸 평강 공주는 어찌나 울어댔는지, 왕이 울 때마다 바보 온달에게 시집을 보낸다고 하면 그제야 울음을 그쳤다고 하였다. 바보 온달은 실제로 바보가 아니라 하급 출신의 가난한 사람이었다. 나이가 든 평강 공주가 금은보화를 들고 궁을 나와 바보 온달과 살면서 온달을 늠름한 고구려의 장군으로 만들었다. 당시 신라와 전쟁에서 전사한 온달의 관이 움직이지 않다가 평강 공주가 와서 집에 가자고 하니까 움직였다는 이야기가 있다. 장 사장님 눈에 우리 부부의 모습이 '지혜로운 평강 공부와 하급 출신의 용감하고 우직한 바보 온달 장군'으로 비쳐진 모양이다. 지금 현재 온달 장군이 전사한 곳인 아차산 입구에는 평강 공부와 온달 장군의 동상이 있다고 한다. 언젠가 한번 가 보아야지.

07월 04일 (목) 퀸 빅토리아 '베이스'와 채스우드 '체이스' 쇼핑, 소냐 집에서 식사 ___ KC 부인 소냐와 쇼핑을 하러 갔다. 퀸 빅토리아 '베이스'와 '체이스' 두 군데를 갔는데 물건들이 다양해서 좋았다. 그중에서도 찻주전자가 한꺼번에 차를 많이 마실 수 있게 되어 있어서 좋았다. 또 야채를 넣고 돌려서 물을 빼는 바구니, 집게 일곱 개, 도마, 화장실 깔개, 긴 사각 접시 두 개(개당 6만 원)와 작은 사각 접시 여덟 개, 둥근 접시 여덟 개, 소스 접시 여덟 개 그리고 천으로 된 냅킨, 식사 판, 소금 가는 것 등을 780달러(80만 원)를 주고 샀다. 소냐가 수고를 많이 해서 저녁을 사고 싶었는데, 남편들이 있는 디와이 비치까지는 퇴근 시간이라 차가 밀리기 때문에 쏘냐 집에서 저녁 식사를 하기로 했다. 훈제 언어에 양파와 아보카도 등 야채를 넣고 돌돌 만 것, 갈비탕, 미역국 옹심이, 김치 부추전, 멸치 마늘종 볶음, 고추를 익혀서 양념한 것, 백김치, 총각김치 등으로 맛있게 먹었다. 소냐는 역시 요리를 참 잘한다. 게다가 순식간에 먹을 수 있도록 준비한다. 소냐는 주방에서 주방장 마음대로 요리하며, 주방장이 배고프면 요리가 안 된다며 미리 배를 채워야 한다고도 했다. 일리 있는 이야기였다.

장자의 소통 3단계 ___ 1단계는 상대방과의 차이를 인정하는 것으로, 상대방이 나와 **틀린**wrong 존재가 아니라 **다른**different 존재임을 인정한다는 것이다. 즉, 편견을 버리고 다양성을 인정하는 것이다. 2단계는 상대방에게 적합한 소통을 **실천**하는 것이다. 3단계는 소통을 통한 자신의 **변화**를 이루는 것이다. 궁극적인 소통은 상호 작용 속에서 내가 변할 수 있는 것으로 상대방의 의견을 경청하고 존중하려는 자세에서 이루어지는 것이다.

장자의 소통 10계명 ___

1. 앞에서 할 수 없는 말은 뒤에서도 하지 마라.

2. 적게 말하고 많이 들어라.

3. 목소리의 톤이 높아질수록 뜻은 왜곡된다. 낮은 목소리가 힘이 있다.

4. 듣기 좋은 소리보다 마음에 남는 말을 해라.

5. 하기 쉬운 말보다 알아듣기 쉽게 이야기하라.

6. 허물은 덮고 칭찬은 자주 하라.

7. 즐겁고 재미있게 대화해라(뻔한 이야기보다는 펀fun한 이야기를 해라.)

8. 말은 혀로만 하지 말고 눈과 표정으로 해라.

9. 입술의 30초가 마음의 30년이 될 수 있다.

10. '혀'를 다스리는 것은 나이지만 '내뱉어진 말'은 나를 다스린다.

07월 05일 (금) 소냐와 플레밍턴 마켓과 이케아 쇼핑, 버섯 수프 ___ 플레밍턴 마켓은 우리나라 가락시장 같은 곳이다. 과일과 야채가 정말 싸다. 특히 금요일 낮에 가면 가격도 싸고 차도 붐비지 않는다. 그래서 한국 가기 전 과일로 디톡스를 하기 위해 체리, 배, 귤, 포도 등을 많이 샀다. 그리고 야채도 버섯, 양배추, 쑥갓, 마늘종, 상추, 늙은 호박 등을 사고, 닭똥집과 밤도 샀다. 소냐는 한 달에 두세 번 온다고 하는데 야채를 굉장히 많이 샀다. 돌아오는 길에 로즈의 이케아도 또 들렀다. 양털 러그(70달러)를 세 개 더 사고, 속 가방 세트(15달러)도 15개를 더 샀다. 그런데 집에 와서 자원봉사 강사들에게 선물로 속가방 세트를 주려고 보니 다섯 개가 모자랐다. 다음에 혼자라도 가서 다섯 개를 더 사야겠다. 또 소냐에게 '버섯 수프'를 어떻게 만드느냐고 물었더니 한 번 만들어서 갖다 주겠다고 하면서, 정말 만들어서 저녁 때 가져왔다.

'버섯 수프'는 많은 양의 버섯과 서너 개의 양파와 감자 한 개를 올리브 오일에 볶은 후 도깨비 방망이로 갈아서 닭고기 육수Chicken stock를 조금 넣고, 우유를 넣으면서 끓이면 된다]고 하였다.

07월 06일 (토) 고려문화포럼에서 '호주의 어느 날들' 낭송 ___ 저녁 6시에 이스트우드 원산이라는 중국집에서 고려문화포럼의 모임은 가졌다. 나는 마지막으로 여섯 개의 산문시를 발표했다. 서울에 가면 지적 갈증을 해소하기 위한 활동할 수 있는 '서울문화 포럼'이라는 공동체를 만들어 보고 싶다. 가능할까?

2차로 호텔 펍에 가서 맥주 네 병과 옥수수 뻥튀기를 먹으면서, 뻥이요!도 외치고 오래도록 많은 이야기로 즐거운 시간을 가졌다.

내가 살아 본 호주의 어느 날들   - 6th July 2013 고려문화포럼 낭송
내 삶의 흔적Legacy을 남기자 / 내 삶을 되새겨본 호주의 여름 어느 날
'가치를 둔 욕구'와 '살아있는 것' / 갓 태어난 아기처럼 / 익숙해져야 할 나그네의 삶
58세 나의 삶에 많은 변화를 준 호주 / 호주라는 나라

07월 07일 (일) 폴리코사놀과 아벡솔 GI __ 도담 선배와 세나이브의 골프점과 과일 가게에서 쇼핑을 하고, 호주 레스토랑에서 스파게티를 먹었다. 크림 스파게티는 맛이 있었지만 양이 너무 많았다. 그리고 새로 고든에 오픈한 프라우스에 가서 아이스크림도 먹었다.

도담 선배가 건강식품 회사 '레인보우'의 고문으로 있다는 것을 알고 아벡솔 Abexol 여섯 병과 폴리코사놀 열병을 부탁해서 샀다. 폴리코사놀과 아벡솔이 시중에는 1곽에 30정으로 되어 있는 것과는 달리, 폴리코사놀은 180정, 아벡솔은 90정으로 병에 들어 있으면서 수출하는 것이라고 하였다. 확인해 보니 용량은 같았다.

폴리코사놀은 인체 내 특정 효소에 영향을 주어 콜레스테롤 합성을 조절하여 콜레스테롤 수치를 낮추어 준다. 즉, 좋은 콜레스테롤 HDL의 수치를 올려 주고, 혈관 벽에 찌꺼기를 쌓아 혈관을 좁게 만들고 동맥 경화를 일으키는 나쁜 콜레스테롤 LDL 수치를 낮추어 주어, 혈액 중 콜레스테롤 수치를 개선하여 혈관 질환을 예방한다는 것이다.

아벡솔은 활성 산소를 감소시켜 준다. 건강은 활성 산소와 세포 방어 시스템 간의 균형에 달려 있는데, 인체는 활성 산소와 항산화 물질 간의 균형이 깨지면 산화 스트레스Oxidative Stress로, 활성 산소가 더 많아지게 된다. 활성 산소는 호흡에서 만들어지기도 하고 체내에서도 만들어진다. 활성 산소를 만드는 자극은 공기 오염, 방사선, 흡연, 화학제품, 금속, 생물 물질 등이다. 항산화 물질은 일부 인체 내에서도 만들어지지만, 비타민 A, C, E, 시스테인Cysteine (아미노산 일종), 글루타티온Glutathione (효소 활동 촉진), 셀레늄Selenium (비금속 원소), 메티오닌 Methionine (필수아미노산), 징크Zinc (아연-금속 원소)와 야채, 과일에 존재하고 있다. 아벡솔은 우리 몸을 이루는 세포의 구성 물질인 지질과 단백질의 항산화 기능으로 뇌세포, 간세포, 피부세포 특히 위점막 세포 건강에 도움을 주어 위 점액이 증가된다. 위벽의 점액은 위 건강을 위한 위 방어 인자이다. 위 점액이 감소되는 원인은 위산, 헬리코박터균, 소염진통제, 자극적인 음식 등이며, 위점액 세포막의 구성 성분인 지질과 단백질은 유해 산소에 의해 산화되어 점액 분비 기능이 저하되기도 한다. 위 점액이 부족하면 속 쓰림, 역류성 식도염, 위염, 위궤양, 위암을 유발하는 원인이 된다. **술에 지친 간, 스트레스에 지친 뇌, 면역력 증강에도 좋다**고 한다.

07월 08일 (월) 오동환 님과 점심, 건강식품 택배, '살아 숨 쉬는 행위를 익히는 방법' ___ 지난번 자동차 흠집 제거 때 오동환 님께 도움을 받은 것이 고마워 오늘 점심을 먹자고 했다. 12시에 오동환 님 차를 타고 채스우드에 있는 한국 식당 '바심'에서 맥주를 마시면서 갈비와 차돌박이 된장찌개와 바지락 칼국수를 먹었다. 후식으로 도서관 앞 커피숍에서 커피와 핫초코를 즐기는 동안 나는 잠깐 택배를 보내러 갔다. 건강식품 1kg을 택배로 보내는 데 16달러, 2kg을 보내는 데 18달러였다. 친구가 부탁한 세노비스 칼슘, 블랙모아의 프로폴리스와 폴리코사놀을 보냈다.

저녁에 정리하다가 '글을 쓰는 방법'에 대해 메모된 것을 보았다. 글을 쓰는 것은 **'살아 숨 쉬는 행위를 익히는 방법'**이라고 한다. 또한 자기표현의 확대이며, 풍요로움과 즐거움을 느낄 수 있다는 것이다. 생각을 막지 말고 떠오르는 것을 즉시 메모하고, 5분에서 10분 정도 상식과 가치, 도덕과 종교 등 그냥 글을 쓴다. '글을 즉시 써야 하는 이유'는 **'이성과 지성에 지배받지 않기 위해서'**라고 한다. 신자유시처럼 신명 나는 대로 글을 쓰는 것이 요즈음의 형식이고, 자유롭게 쓰지만 일상어를 시어로 표현하는 산문화 경향이 있다고 한다. 내 마음의 움직임을 그 누가 잡을 수 있겠느냐는 것이다.

07월 09일 (화) 오동환 님의 자격증, 우보 사장님 댁의 사우나와 노래방 ___ 건물 검사Building Inspection와 해충 처리Pest Treatment 자격증을 다 가지고 있는 남편 후배 오동환 님이 우리 집 가까이서 일하고 있다가 커피를 마시러 왔다. 홍보하지 않아도 일이 계속 있어 5년 동안 이 일을 해 왔다고 한다. 몸은 힘들지만 1주일에 2,000달러를 버는 사람들이 많지는 않다고 했다. 사람들이 빌딩이나 집을 새로 사면 검사를 해서, 집과 땅바닥 사이 벽 쪽으로 땅을 파서 흰개미Termite 약을 묻고 10년간 보증해 주는 일이라고 했다. 흰개미는 집 속으로 파고들어 가서 집을 허물어버린다고 한다. 호주는 참으로 깨끗하지만 여름에는 개미가 너무 많다. 바닥에 보이는 것은 검은 개미이지만, 나무나 벽 속 습기가 있는 곳을 파먹는 것은 흰개미라고 하였다.

저녁때 우보 사장님의 누나가 내일모레 한국으로 가신다며 파티를 하러오라고 했다. 가자마자 우리는 잘 데워진 우보 님 댁 사우나에서 1시간가량 몸을 풀고, 샤워한 후 식사를 했다. 족발, 양념 꽃게, 잡채, 시금치 무침, 고사리 볶음, 소갈비, 버섯 샐러드, 해파리냉채, 시루떡과 인절미, 와인과 홍삼 밸런타인 술, 석류 밸런타인 술을 즐기면서, 많은 이야기와 함께 즐겁게 시간을 보냈다. 모인 사람들은 우보 님 누님, 우보 님 부부, 고 선배님 부부, 인박님 부부, 우리 부부, SKY 부부, 오동환 님 해서 12명이었다. 실컷 먹고 2층 노래방으로 갔다. 다시 미른 오징어와 호두를 안주로 맥주를 마시면서 돌아가며 노래했다. 남편은 양주를 먹어서인지, 신이 나서 노래와 춤을 즐겼다. 도담 선배는 '동행'을 아주 잘 부르신다. 우보 님 누님이 심판을 보고, 부부별 노래 대항에서 우리 부부가 '영영'을 부르며 모션을 했더니 1등을 했다. 자정이 되어서야 집으로 왔다.

07월 10일 (수) 골프를 포기하다, Panamax, 감자탕과 돼지껍질 볶음 ___ '앞으로 골프를 칠 것인가 말 것인가?' 라는 문제를 두고 한 달 이상 생각

을 하다가 골프를 버리기로 마음먹었다. 내가 골프를 치기가 어려운 것이 무엇인가? 우선은 아직 제대로 치지 못하여 스트레스를 받는데다가 이미 나이는 들었고, 남편은 치지 않으려고 하고, 또 한국에서 골프장을 갈 때 자유자재로 갈 수 있는 기동력도 부족하다. 그리고 돈도 많이 든다. 그래 골프를 포기하고 단순하게 살자. 한국에 갈 때 짐도 줄이고, 골프 치러 가는 그 시간에 책 보고 글이나 쓰고, 그림이나 붓글씨를 하자고 생각하니, 한결 편해지고 홀가분해졌다. 그래서 오늘 모두 팔아버렸다. 혼마 4 star 아이언, 우드 드라이브, 퍼팅, 닥스 골프 가방, 닥스 골프 신발, 100개가량의 골프 공 모두해서 1,500달러에 해결했다. 혼마 골프채의 전문가인 KC가 혼마 4 star 아이언 중고라면 2,000달러는 받아야 한다고 했지만, 아는 사람이라 전부다 1,500달러에 정리했다. 저녁에 이스트우드로 갔다, 도담 선배 부부와 오동환 님과 막걸리에 감자탕, 돼지고기 껍질볶음과 임연수구이로 저녁을 먹었다. 크리스티나가 내가 아직 사지 못한 진통제 파나맥스Panamax를 다섯 박스나 줘서 고마웠다.

07월 11일 (목) 하수도의 구조, '생의 이력서'와 Letter 문화 __ 어제 우보 사장님의 이야기로 호주는 하수도의 구조가 우리나라와는 다르다는 것이다. 우리나라는 하수돗물과 한강 물, 바닷물이 섞이므로 그 많은 양을 정화할 수 없는 데 반해서, 호주는 많은 빗물은 바다로 가게하고, 양이 얼마 되지 않는 쓰레기와 담배꽁초, 화장실의 오물 등 하수돗물은 따로 모이게 하여 100% 정화해 그냥 먹을 수 있도록 한다는 것이다. 발상 자체가 다른 것 같았다.

또 호주는 대학을 졸업하고 취업할 때 책 한 권의 분량으로 '생의 이력서', 즉 **'활동 증명서**Thank you Card'를 제출해야 한다는 것이다. 공부가 다가 아니라 전공 분야의 다양한 경험과 봉사를 중히 여김을 확인할 수 있었다. 또한 **'Letter 문화'**가 아주 잘 되어있는 나라이다. 우리나라는 자기소개서를 두세 장 정도로 준비하기 때문에 남의 것을 베끼기가 쉽지만, 호주는 책 한 권 정도의 분량이어서 거짓말을 하는 것도 쉽지 않고, 중요한 것은 본인이 기록한 '생의 이력서'를 믿어 준다는 것이다. 물론 거짓일 경우에는 엄한 벌을 받겠지만… 모든 호주 사람들은 '스스로 알아서 진실하게 살아야 된다는 생각'을 하고 있는 것 같았다. 또한 아이들도 대학을 들어가면 부모에게서 독립하거나, 돈을 벌기 시작하면 부모에게 집세를 내고 산다고 한다.

07월 12일 (금) 호주 사람들의 Business와 Social, 소냐 & KC 부부와 점심 __ 사업Business와 사교Social에 대한 개념이 전혀 없었는데 확실히 다르다는 것을 오늘에야 알았다. 우리나라는 이 두 가지가 뒤범벅되어서 구분이 잘 안 되는데 이제는 확실하게 알겠다. 이런 부분에서 선진국과 후진국의 차이가 있는 것이 아닌가 생각되었다. 나도 사업Business와 사교Social의 관계를 정리해야겠다.

소냐 부부와 채스우드 Chase 상해 중국집에서 완자, 찐만두와 물만두, 야채 등 여러 가지를 맛있게 먹었다. 그리고 커피숍에서 핫초코와 커피를 마시고, 노스 헤드, 맨리 비치, 샐리 비치를 두루 드라이브하면서, 중간에 비치에서 맥주도 한 잔 마시고, 바다가 보이는 노스 헤드의 잔디에 누워서, 하늘과 바다를 보면서 쉬기도 했다. 그리고 소냐 집으로 가서 와인과 함께 야채 밥과 '오리고기 부추 양파 볶음'을 맛있게 먹었다.

07월 13일 (토) 오동환 님이 살아 온 역사 ___ KC와 함께 오동환 님을 만나러 이스트우드 한국 식당 '황우장사'로 갔다. 곱창전골과 막걸리를 먹으면서 오동환 님의 살아온 삶의 역사를 들었다. 서울 SKY 대학교 중 하나인 K 대학 영문과를 졸업하고, 강남 8학군에서 중학교 영어교사를 하면서, 학원 강사를 하여 돈을 많이 벌다 보니 교직을 관두고, 친구와 함께 학원을 운영하게 되었다. 그런데 어느 날, 세워둔 차를 직원이 끌고 나가 교통사고를 내서 사람이 죽게되어 그것을 해결하느라 신경도 많이 쓰고, 돈도 많이 들어 머리를 식힐 겸 호주로 오게 되었다고 한다. 호주에 와서 할 일이 없으니까 시드니 대학교에서 석사과정을 이수하고 한국에 다시 돌아가서 기러기 아빠 생활을 6년간 하였다고 한다. 그러고는 호주에 다시 와서 학원을 차렸는데 한 달 만에 불이 나서 날리고, 다시 초밥집을 하려고 계약을 했다가 동업자가 파기하여 못하게 되었다고 하였다. 그때부터 청소 일을 하면서, 테이프 공부를 하고 5년 전 지금의 검사와 해충처리 자격증을 따서 이제 경제적으로 안정이 되어 간다고 했다. 그러나 지금 하고 있는 일이 힘들어 몇 년 만 더해서 돈을 벌고, 한국에 가서 영어 유치원을 차리고 싶다고 하였다. 그리고 은퇴한 뒤에는 호주 시민권이 있으므로, 다시 호주에 오고 싶다고 했다. 부인은 현재 '한국 유치원'을 하고 있다.

07월 14일 (일) 가방 23kg 두 개와 10kg 두 개 외에는 택배로! ___ 짐을 배로 부치면 한 달이 걸리며, 가로 세로 높이 각 1m짜리 두 개가 기본으로, 서울에서 40만 원, 호주에서 300~400달러로 약 700달러(약 70만 원)이 필요하다. 화물 택배는 사나흘 걸리며, 20kg이 넘으면 kg당 4달러로 170kg이 되어야 680달러가 된다. 170kg이 안 되는 경우에는 택배로 보내는 것이 득이다. 주인집에서 체중계를 빌려서 무게를 달아 가며 가방을 썼다. 갈 때 가지고 갈 가방 23kg 두 개, 10kg 두 개와 출발하기 이틀 전에 택배로 부칠 상자를 정리했다. 170kg은 안되고 100kg 정도 될 것 같다. 빈 상자에 짐을 차곡차곡 채우니 여섯 상자는 되었다. 다 싸면 열 상자는 족히 될 것 같다.

07월 15일 (월) 바티스트 영어 강사, 스트라스필드에서 점심 ___ 바티스트에서는 영어 강사 John과 Babara가 기억에 남는다. John은 멋있고 건장한

60대 중반의 영국 신사이고, Babara는 91세의 할머니이며, 정신만은 젊은 사람 못지않게 굉장히 명석하다. 호주의 전설적인 인물에 대한 책으로 영어 공부를 하는데 몇 쪽, 몇째 줄인지, 그리고 철자가 무엇인지를 다 아신다. 대단한 할머니이다.

　쉬는 시간에 샌드위치를 많이 먹어서, 점심을 안 먹고 바로 도서관으로 갔다. 도서관에서 공부하는데 오동환 님이 만나자고 했다. 스트라스필드에 가는 길인데 같이 가자는 것이었다. 우리는 도서관에 있고 싶었지만, 성의를 무시하는 것 같아서 같이 갔다. 오동환 님은 집을 점검Inspection한 결과지를 어딘가 가져다주고 왔다. 그리고 식당에서 갈치조림으로 식사를 하고 '기막힌 치킨Incredible Chicken'을 먹었는데, 그리 기가 막힐 맛은 아니었다. 오동환 님은 다시 고든으로 와서 우리를 도서관에 내려다 주고 갔다.

　07월 16일 (화) 오동환 님 점심, 저녁 뷔페, 후배 S 님 집에서 막걸리
___ 오동환 님이 우리에게 필이 꽂혔나 보다. 계속 전화하고 우리 집으로 출근을 한다. 처음에는 부담스러웠으나 악한 사람은 아니니까 이야기를 들어주자고 생각했다. 그러나 우리는 할 일도 많고, 정리도 해야 되어서 마음이 가볍지는 않았다. 점심때 냉장고에 있는 것은 다 꺼내서 준비했다. 카레라이스, 돼지고기 볶음, 양배추 쌈으로 점심을 먹었다. 점심을 먹고 커피까지 마시고 난 후 터키 학회 갔다가 아침에 도착한 곽 교수와 함께 저녁에 뷔페를 먹으러 가자고 했다.

　저녁때 오동환 님이 우리를 데리러 왔다. 그리고 이스트우드에서 곽 교수를

태워 어딘가로 한참 갔다. 오동환 님의 안내로 곽 교수와 간 뷔페는 볼링 클럽에 도박장도 있는 곳이었다. 맥주와 함께 열심히 먹고 일행은 또 남편 후배 S 님 집으로 갔다. 막걸리를 먹으면서 이야기를 나누고 아주 많이 웃었다. 오 사장과 곽 교수가 우리를 고든까지 데려다 주었다.

07월 17일 (수) 시드니 총영사, 우보 님 초밥집, 아홉 명이 저녁 식사 ___ 아침부터 서둘러서 11시에는 시티에 있는 영사관에 갔다. 영사관 앞에는 이미 서너 명의 시드니 민주 연합, 호주 민주 연합에서 피켓을 들고, 한국 정부와 국정원에 대한 불만을 소리치고 있었다. 그리고 한인 회장을 비롯하여 이십여 명의 한국인들이 총영사를 상대로 시위하러 모였다. 한인 회장은 일반적으로 보수여서 총영사와 쿵짝이 잘 맞는다고 하는데, 지금 시드니의 총영사는 어떤 문제가 있기에 한인 회장 측에서 이렇게 할까 궁금했다. 한인 회장이 한 말씀을 하고 나서, 한인회 총무가 앞에 나와 구호를 선창하면 모인 사람들이 함께 외쳤다. '총영사는 대화하라!'라고 외쳤다. 자세히는 모르나 총영사가 건설업을 하는 장 사장님에게 일을 시키고 돈을 주지 않았다고 한다. 매스컴에서 사진을 찍는 사람들과 열 명 정도의 호주 경찰들도 있었다. 10여 분 정도 시위하고, 자진 해산했다. 우보 사장님이 데리고 간 사람들은 서너 명의 킥복싱 선수들과 도담 선배님, 우리 부부, 후배 한 분이었다.

일행은 우보 사장님의 초밥집으로 가서 점심을 먹으면서 총영사에 대한 이야기를 했다. 그리고 이스트우드로 갔다. 모두 호텔 펍에서 맥주 한잔들 마시는 사이에 나는 시니SINI에 가서 양털 방석(30달러) 네 개와 애기방석(25달러) 하나를 샀다. 그리고 핌블 자원봉사 강사들에게 줄 호호바 오일을 15달러에 네 개를 사서 총 200달러어치를 샀다. 그리고 6시가 되어 한국 식당 '황우장사'로 갔다. 우보 사장님, 도담 선배님 부부와 오동환 님, 송 후배 부부, 곽 교수까지 해서 아홉 명이서 곱창전골과 순두부 그리고 족발무침, 파전에 막걸리까지 배부르게 먹었다. 2차로 빵집 2층에서 모과차와 빵을 먹으며 즐거운 시간을 보냈다.

07월 18일 (목) 뚜벅이 생활, 시시해진 영어, 와구로 고기, 다시 하는 강의 __ 다시 학기가 시작되었다. 뚜벅이 생활도 시작되었다. 45분을 걸어서 킬라라 영어 공부를 하러 갔다. 기분이 좋았다. 상쾌했다. 이제 정말로 열심히 걸어야겠다. 처음 호주에 와서 영어공부를 시작할 때와는 달리 영어수업이 좀 시시했다. 내 영어 실력에 변화가 있는 느낌이 들었다.

저녁 때 오동환 님과 식사하러 갔다. 일식집이었는데 불고기, 회 요리와 와구로 구이를 함께 먹었는데 이렇게 맛있는 쇠고기는 처음이다. 부드러우면서도 맛이 아주 좋았다. 화이트 와인을 곁들여 오동환 님 친구와 함께 네 명이서 먹었는데 150달러나 나왔다. 좀 비쌌다. 그래서 우리가 100달러, 오동환 님이 50달러를 함께 지불했다.

밤에 요양 보호사 교육원에서 강의를 함께하던 친구가 전화해서 강의가 다시 시작되어 시간표를 짜야 된다고 언제 한국에 오느냐고 물었다. 내가 호주 오면서 교육을 그만하기로 한 교육원이 내가 한국에 가려고 하니까 다시 교육이 시작된다고 한다. 복인가? 일복이 있는 건가? 나를 놀게 그냥 두지를 않는구나.

07월 19일 (금) 핌블 쫑파티 & 선물, 울먹이는 Hilary, Au pair, 정 목 사님 송별 식사 ___ 핌블 영어 강사 Sue가 다리 수술을 하면서 다음 주부터는 6주간 쉰다고 한다. 그래서 오늘 쫑파티를 했다. 강사 Bernice가 치킨, 쌀 그리고 여러 가지 야채를 넣어서 요리한 Soup, 프랑스 Aurelie Dumont(auredum24@ hotmail.fr)은 초코케이크, 중국인 Grace는 쇠고기 요리, 우리는 약밥과 인절미, 그외에 여러 가지 케이크로 파티를 했다. 그리고 우리는 강사 다섯 명에게 호호바 오일을 선물했다. 강사들의 이름도 다양했다. 나의 선생 **Hilary Walmsley**, 남편의 선생 **Bernice Woodbury**, 코디네이터 **Sue Bulbrook**, 그동안 쉬는 시간에 커피와 차를 준비해 준 **Sylvia Hey Shipton**이다.

그리고 한국에서 가지고 와서 사용하고 남은 공책과 볼펜을 '남편의 선물'이라고 하면서 주었다. Hilary는 우리와의 이별을 슬퍼하였다. 힘이 넘치면서 무섭게 가르치는 것이 좋아 보였는데 내 마음도 울적했다. 건강하게 오래 잘 사셨으면 좋겠다.

SKY 차로 워킹홀리데이를 오 페어Au pair로 온 한국 간호학과 여학생 스텔라를 세인트 아이브스 스트리트st. Ives Street까지 데려다 주었다. **오 페어**는 언어 습관 따위를 습득하기 위해 가사를 도와주고, 숙식을 제공받는 젊은 외국 유학생이나 여성을 가리키는 말이다. 스텔라는 호주인 남편과 아이가 세 명인 인도네시아 여자 집에서 오 페어를 하고 있다. 함께 살면서 아홉 살과 네 살 된 두 아이를 9시에서 6시까지 돌보아 주고, 밤에는 갓난아기를 데리고 자기도 한다고 했다. 또 수요일 저녁에는 한국요리를 만들어 먹는다고 했다. 숙식이 제공되면서 주당 250달러를 받고 있었다. 저녁에는 처음 공항에 마중 오셨던 목사님과 고든 일식집 '가든'에서 송별 식사를 했다. 목사님은 한국 가기 전에 교회 사람들과 인사를 한번 나누고 가라고 했다.

07월 20일 (토) 플레밍턴 마켓, 오전은 움직이고 오후는 쉬자, 오동환 님이 저녁 초대 ___ 아침 일찍 소냐와 플레밍턴 마켓에 갔다. 남편도 함께 갔다. 마켓에서 우리와 소냐는 각자 행동했다. 우리는 중고 가게 구경도 하고, 과일과 야채들도 구경했다. 정말 싸다. 슈퍼에서 15~20달러 하는 수박을 5달러에 사고, 토마토 한 상자를 8달러에, 귤 한 상자를 5달러에 샀다. 좀 더 일찍 소냐를 알았더라면, 신선한 호주의 야채와 과일로 디톡스를 하고 가는 건데, 늦게 알아서 유감이다. 쇼핑을 마치고 '그리스식 시금치 부침개'를 사서 맛있게 나누어 먹고, 집에 오는 길에 이스트우드의 화개장터에서 김밥을 사서 또 먹었다. 볼 때마다 소냐는 정말 '**제대로 살고 있다는 것**'을 느낀다. 오전에 모든 활동을 다 끝내고, 저녁때는 집에서 쉬면서 자기 혼자만의 시간을 즐긴다고 한다.

저녁에는 오동환 님 집에 도담 선배님 부부와 송 후배 부부와 함께 우리도 초대되어 갔다. 아침에 플레밍턴 마켓에서 산 토마토 한 박스는 도담 선배를 주고, 귤 한 박스는 오동환 님 집에 가지고 갔다. 할머니가 만드신 저녁을 아주 맛있게 먹었다. 돼지 삼겹살과 쇠고기 양념갈비 바비큐도 맛있었지만, 마당에서 기른 채소 겉절이에 고추장과 강된장을 넣고 비벼 먹는 것은 더 일품이었다. 또 고등어찌개와 꽈리고추에 콩가루를 묻혀 찐 것, 쇠고기 미역국과 깍두기 등도 먹었다. 오랜만에 한국적인 식사를 마음껏 한 것 같았다. 오동환 님의 어머니는 도담 선배가 가르쳐 준 긴 시를 멋있게 낭송하셨다.

07월 21일 (일) 시티 성당, 안작 기념관, 오와 송과 함께 KC & 소냐 집 초대 ___ 시티 하이드파크 옆에 있는 '성 마리 성당'에서 미사를 보려고 혼자 나섰다. 거리낄 것이 없으니 몸도 마음도 가벼웠고 날아갈 것 같았다. 10일만 있다가 서울로 가방만 들고 가면 되니까. 지하철 뮤지엄역에 내려 하이드파크 공원을 가로질러 성당으로 가는 길에 안작 기념관이 있었다. 기념관 중앙의 검 위에 옷을 입지 않고 누워 있는 군인의 동상은 고통스러워 보였다. 정말로 전쟁은 이 땅에 있어서는 안 된다는 것을 의미하는 것 같았다. 또 1770년 호주를 처음 발견한 '캡틴 쿡'의 동상도 있었는데 인물이 좋았다.

그리고 성당에는 중국인들이 미사를 봉사하고 있었다. 입구에서 미사를 보지 않을 사람들은 들어가지 못하게 하였고, 미사 중인 성당 안에는 사람들이 많았다. 그동안 미사를 보지 않아 영성체를 하면 안 되는 것을 알지만, 고백성사를 보지 않고도 영성체를 했다. 이 영광스러운 순간 이곳에서 영성체를 하고 싶었다. 한국에 가서 성사를 보기 위해서라도 미리 영성체를 한 것으로 생각하기로 했다. 하느님도 이해하시리라.

저녁에 KC 님이 초대해서, 송과 오 후배와 함께 갔다. KC 님의 부부는 각자 놀지만, 서로의 건강을 위해서 철저하게 관리하고, 음식에 정성을 들인다. 소냐는 오늘도 거하게 음식을 준비했다. 와인과 함께 우리는 즐기기 시작했다. 생굴, 새우, 돼지고기 삶은 것, 홍합국, 깻잎나물과 취나물, 쇠고기 장조림, 파슬리에 와구로 쇠고기 구이, 새우 야채 튀김, 명란, 깍두기, 물김치 그리고 차와 생과자와 케이크, 체리를 비롯한 과일까지 정말 많이 먹었다. 나중에 한국에 가서 어떻게 보답할 수 있을까?

　　07월 22일 (월) Book Launch Ceremony, 뉴 상하이 식당, 누구나 '동등한 관계' ── 작년 말 바티스트 ESL(English Second Language)에서 자원봉사 강사와 학생들의 사는 이야기Life Story를 모아서 책을 만든다며 작문을 해서 내라고 한 적이 있었다. 책이 우리가 한국에 돌아가고 난 뒤에 나오면 어떡하나 했는데 6개월이 지난 지금에 책이 만들어졌다고 한다. Ku-ring-gai Council에서 사람들이 나와서 출판 기념식Book Launch Ceremony을 하고, 모든 사람들에게 책을 나누어 주었다. 호주에 온 지 6개월 정도에 쓴 내용이라 많이 부족한데, 강사들이 조금 수정도 해 주었고, 6개월 동안에 학생들의 변화된 부분은 추가도 되어 있었다. 그래선지 그럴듯했다. 그리고 이야기마다 영어 문제를 덧붙여 이해를 돕도록 만든 것이 아주 재미있었고 의미가 있었다. 집에서 공부하라는 뜻으로 제목이 'At home'이었다. 호주에서의 하나의 보람이었다.

　SKY와 Chase 백화점 지하 뉴상하이 식당에서 완자와 만두와 볶음 우동을 먹었다. 한국에 가서도 싸고 맛있는 상하이 식당을 찾아서 먹어야겠다. 그리고 남편과 SKY가 커피를 마시는 동안 나는 약국에 가서 프로폴리스, 루테인, 코엔자임 Q10과 로즈 힙 오일을 샀다. 레브론 립스틱은 10달러라고 들어서 사려 했는데 20달러여서 사지 않았다.

　저녁에는 집주인과 송별 식사를 하러 갔다. 지난번 비치에서 비도 오고 추웠는데 오늘은 이스트우드의 한식과 일식의 퓨전 한식당으로 갔다. 자리에서 먹는 뷔페였다. 필요한 음식을 자리로 가져다주었는데 쇠고기를 주로 구워 먹고, 냉면으로 마무리하였다. 이제는 하도 많이 먹어서 맛도 모르겠다. 2차로 호텔 펍에서 핫초코를 먹었다. 집주인 사모님은 일찍감치 '득도'한 사람이다. 19살 때부터 붓글씨를 쓰기 시작하였는데 매우 좋아해서 한번 쓰기 시작하면 종일 쓰기도 했다고 한다. 지금도 일주일에 한 번 기부로 붓글씨를 가르친다고 했다. 한국에 갈 때 유칼립투스 사탕을 사 가라고 했다. 그리고 아이들에게도 명령하지 말고, 의향을 물어서 결정하도록 하는 '동등한 관계'를 가져야 한다고 했다. 나 이외에는 누구든 동등한 입장에서 타인으로 생각하고 관계를 형성해야 한다는 것이다. 내게는 아주 중요한 이야기였다.

　　07월 23일 (화) 남편 짜증, UTS 대학, 다이소 Mat, 영어동화책, 믿을 맨Middle Man ___ 호주 총영사가 사우디아라비아 대사로 가기 위해 수요일에 한국으로 떠난다고 한다. 총영사가 가기 전에 한 번 더 시위하러 가는데 함께 가자고 했다. 시간도 없고, 가고 싶은 마음도 없었지만, 도담 선배가 두 번씩이나 전화해서 오늘 어디를 가고, 무엇을 할 건지 꼬치꼬치 물어서 학교에 가는 것을 내일로 미루고, 함께 가겠다고 했다. 도담 선배 차를 타고 갔는데, 집회 시간이 안 되어 잠시 차에서 기다리게 되었다. 남편은 어제 와인을 마시면서 집주인과 식사에서 내가 말을 그만하라고 했다고 하면서 짜증을 냈다. 할 일이 많은데 와서 기다리게 하니까 짜증이 나는 것이려니 했다. 어제 꿈에 달아나면서 소리 지르는 것을 남편이 깨웠다. 꿈땜을 하는 건가? 오늘은 지난번보다 적게 12명이 모여서 간단하게 공직자 부정부패를 근절해야 한다고 주장하고, 장 사장님 초밥집 Viviba에 가서 회전 초밥을 먹었다. 그리고 오후 약속 시각에 여유가 있어서, 곽 교수를 따라 UTS 대학을 구경했다. 곽 교수는 경영학이어서인지 연구실에 책이 많지 않았다. UTS 대학은 시드니 시티에 있어서 넓은 잔디가 펼쳐진 시드니 대학과는 달리, 여러 건물로만 이루어져 있으며 걸어서 달링 하버나 차이나타운, 헤이 마켓, 센트럴 전철역에 갈 수 있었다.

　　UTS 대학을 보고 우리는 채스우드로 갔다. 모든 것을 2.8달러에 파는 채스우드 만다린 센터 다이소에 가서 킬라라 자원봉사자 10명, 바티스트 강사 세 명에게 줄 이별의 손수건 대신 어디나 사용할 수 있는 작은 매트를 샀다. 또 Common wealth Bank에 가서 계좌 정리를 했다. 자, 이제 이렇게 되면 모든 것이 해결되었다. 이렇게 뒷마무리를 하고 가야만 내 마음이 편하고, 나에게도 좋은 기억으로 남게 될 것이다. 시간이 남아 도서관에 갔다. 여행 책이나 볼까 하다가, 초등학교 수준의 동화책을 보았다. '어린아이가 임신한 엄마와 동생을 기다리면서 하는 이야기'인데 아직 나는 회화의 수준이 이 정도의 수준도 안 되는구나 싶었다. 한 권을 끝내고 나니까 약속 시각이 되었다.

노 집사님을 만나 웨스트필드 한국식 중국 식당 Towon으로 갔다. 노 집사님은 우리가 호주 시드니에 처음 왔을 때 바닷가로 낚시를 많이 데리고 갔었다. 우리가 가자고 졸라서 가기도 했다. 부지런하고 열심히 사는 사람 중 한 사람이다. 그러나 자세한 이유는 잘 모르지만 부인은 한국에 살고 있어서 안타까웠다. 우리는 와인과 함께 양장피, 유산슬, 탕수육, 짬뽕을 먹으면서 재미나게 노 집사님의 이야기를 들었다. 가장 기억에 남는 이야기는 축구 감독인 홍명보의 '믿을 맨 Middle Man이었다. 최근 공격과 방어 좌우 양쪽을 다 아울러 절충하여 소통이 되도록 중재하는 역할을 아주 잘했다고 한다. 그래서 믿을 맨은 중간에서 잘 절충하는 사람이기도 하고, 믿을 만한 사람이기도 하다는 것이다. 우리는 한국 뉴스를 제대로 보지 못해 한국에 대해서 잘 알지를 못했다.

07월 24일 (수) 시드니 대학교, 한의사 부부와 도담 선배 집에서 저녁 식사 ___ 이제 시드니 대학도 다음 주 우리가 한국 가기 전날, 독일에서 그 전날 귀국한 Murray 교수를 만나는 것으로 끝이다. 그래서 아침 일찍 남편과 노트북을 들고 시드니 대학교로 갔다. 남편은 마지막으로 필요한 책을 보고, 나는 종일 도서관에서 노트북과 함께했다. 한국에 가서도 일주일에 하루는 집 앞 도서관에서 종일 시간을 보내는 습관을 만들자. 종일 영어도 쓰고, 다른 외국어 공부도 하고, 모르는 것 궁금한 것도 찾아보고, 책도 보고, 글도 써야지.

집에 오면서 울워스 주류점Bottle shop에서 쉬라즈 화이트 와인 드라이한 것을 한 병 사서 도담 선배 저녁 초대에 한의사 부부와 함께 갔다. 역시 와인과 함께 크리스티나가 잘하는 굴과 새우, 그리고 연어 회를 먹은 후, 회덮밥을 만들어 먹고, 도담 선배 중국 사돈이 보내준 보이차를 먹었다. 먹어도 먹어도 색깔이 좋았다. 떫은맛도 없고, 하얀 잔에 담긴 보이차의 색깔은 아름다웠다. 밤 9시까지 중국술과 중국 도자기, 중국 시에 대해서도 이야기하고, 금으로 된 장수 보살을 보면서, 장수를 빌어보기도 했다.

07월 25일 (목) 킬라라 마지막 선물, 인박 님의 점심 초대, 정 사장님 저녁 초대 ___ 킬라라의 자원봉사자 Meredith를 비롯하여 열 명가량의 62세에서 75세사이의 노인들에게 이별의 손수건 대신에 매트를 드렸다. 전체적인 선물보다는 개인적인 선물이 좋을 것 같아, 작지만 모두에게 하나씩 드리고, 약밥과 인절미를 사 가서 나누어 먹었다. 총 책임을 맡은 Meredith는 가까이하고 싶었지만 약간은 백호주의다. 그래서 Pamela와 Brenda, 그리고 중국인 총무 Wylie와 가까이 지냈다. Pamela와 Brenda는 함께 식사도 하고, 집에도 가 보았었다. 또 Brenda는 탈 액자를 받아선지 보타닉 가든의 꽃이 그려져 있는 접시를 우리에게 선물로 주었고, Pamela는 식탁에 까는 플레이트Plate를 선물로 주었다. 기억에 남을 것 같았다.

12시 수업이 끝나자마자 SKY 차를 타고, 도담 선배를 태워 인박 님이 일하고 있는 IBM으로 갔다. 인박 님은 우리가 가기 전에 식사를 한번 대접하고 싶다고 하였었다. 우리가 간 IBM은 삼림욕을 할 수 있을 정도로 넓어 1시간씩 산책하는 곳도 많았다. 그 안에 있는 레스토랑에는 근처에서 온 사람들인지 할머니들이 식사하면서 즐기고 있었다. 우리도 그곳에서 식사를 했다. 내가 시킨 것은 큰 소시지 두 개와 버섯과 으깬 감자로 만들어졌는데 16.5달러로 조금 저렴하였으나 아주 맛있게 남김없이 먹었다. 차를 타고 IBM 건물로 가서, 커피를 마시고 구경하다가 돌아왔다.

저녁 6시에 정 사장님의 저녁 초대로 도담 선배 부부와 타이 식당에서 만났다. 호주 사람들의 관습대로 17.5달러 하는 달지 않은 화이트 와인 쉬라즈 한 병을 사 들고 갔다. 타이 음식은 이제 너무 많이 먹었다. 2차로 맥도날드에 가서 커피를 마셨다.

07월 26일 (금) 핌블 마지막, Sophia와 점심 ___ 핌블 영어는 오늘 마지막이다. 10시가 되어 SKY 차를 타고 공부하러 갔다. 공부가 끝나고 마지막 남은 안동 탈 액자를 Hilary에게 선물로 주고, Grace에게 중국 향냄새 나는 부채를 선물로 받았다. 혹시나 몰라 물휴지 두 개와 양말 두 켤레를 가지고 갔었는데 줄 게 있어서 다행이다. Grace와 Callen에게 주었다. 중국인 중에서 두 사람이 우리와 가장 가깝게 지낸 사람들이다. 모두에게 작별의 인사와 포옹을 하였다.

그리고 SKY 부부와 함께 이스트우드에서 기다리는 Sophia를 만나러 종가집에 갔다. 저번에 Sophia가 살아가는 것에 별 의미를 느끼지 못하다가, 남편과 대화하고 나의 건강관리 강의를 들으면서 삶의 의미를 새롭게 가지게 되었다면서 우리와 식사를 함께 하자고 했었다. 우리 부부와 SKY 부부는 종가집에서 Sophia

를 만나 주방장인 Sophia 남편에게 인사를 하고, '모둠 고기'(등심, 와규, 양념 소갈비, 삼겹살)를 먹었다. 그리고 해물파전에, 해물 된장찌개까지 배부르게 먹었다. 밤에 Sophia에게 포럼에서 발표한 '호주의 어느 날들'을 이 메일로 보내 주었다.

07월 27일 (토) 고려문화포럼 총회, '호주의 교육 제도' 남편 발표, '네오테니' 발표 ___ 오늘 고려문화포럼은 8월 모임을 총회로 미리 한다고 했다. 우리도 마지막 참석이라 시루떡을 55달러에 주문해서 가지고 갔다. 1년 회비가 1인당 50달러로 우리는 연회비 100달러와 식비 30달러를 냈다. 기부금을 내고 싶었지만 여의치가 않았다.

고려문화포럼에서 우리 부부에게 '해외 자문 위원' 자격을 주었다. 그리고 남편이 '호주의 교육 제도'에 대해서 특강을 했다. 오늘은 발표한 사람이 많다. 곽 교수의 터키 이야기, 송관섭 님과 오동환 님과 문자로 주고받은 시, 심 여사의 수필, 그리고 내가 '젊게 사는 법'에 대해서 잠깐 발표하고는 총회가 끝났다. 식사는 간단한 출장 뷔페로 하였는데 육개장이 맛있었다. 그리고 뒤풀이로 맥주를 마시러 갔다. 두세 명씩 옆 사람과 신나게 이야기하다가 자정이나 되어서 집에 왔다.

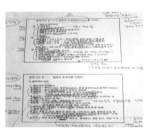

07월 28일 (일) 마지막 교회, 정 사장님 집, 황 & 소냐 부부와 도담 선배 부부와 송별회 ___ 내 흔적을 마무리하기 위해서 내가 살지 않았던 것처럼 정리를 잘하고 가야겠다. 그런 차원에서 오늘은 호주에 와서 8개월 이상 다녔던

교회에 인사하러 갔다. 그래서 시루떡 두 판(110달러)을 준비하여 가지고 갔다. 오늘 설교는 '모든 것에는 이유가 있었는데'였다. 어쩐지 목사님의 변명으로 들리기도 하였다. 교회의 모든 사람들에게 두루 인사를 하고 헤어지는데 별로 섭섭하지는 않았다.

4시경 교회에서 SKY 남편 차를 타고, 최근 집수리했다는 정 사장님의 집을 보러 수박 한 통을 사가지고 갔다. 도착했을 때 낚시에서 금방 돌아오신 정 사장님이 생선 두 마리 잡아오셨다. 그래서 회를 쳐서 와인과 함께 먹고, 집 구경을 하고, 바로 나왔다.

저녁에는 우리가 호주에 와서 정보, 지식, 배려 등 여러 면으로 많은 도움을 받은 도담 선배 부부와 황 & 소냐 부부에게 저녁을 사면서 송별회를 하자고 했다. 우리가 떠나기 전 마지막 밤을 함께 보내고 싶었는데 시간이 잘 맞지 않았다. 아주 넓은 야외 호텔 펍으로 갔다. 식사는 각자 원하는 대로 시키고, 맥주를 하면서 우리를 만난 그들의 느낌과 우리가 호주에 와서 많은 것을 보고, 느끼고, 배운 것에 대한 이야기를 나누었다. 도담 선배 부부님은 지금까지 어떤 사람들보다도 우리 부부가 아주 알차게 일 년을 잘 보내고 간다고 했다. 우리도 나름대로는 일 년을 의미 있게 보내려고 노력했었지만. 또 도담 선배는 '마누라가 죽어갈 때 급하게 다리 주무르고 하지 말고, 살아 있을 때 주물러 주라'고 하셨다. 그리고 소냐는 척추는 펴고, 배는 당기고, Nipple은 하늘을 향하게 하면 키가 2㎝ 커진다고 했다. 그리고 황사장님은 그동안 말을 많이 한 것으로 대신하겠다고 하면서

'다시 만납시데이'라고 말했다. 포옹을 하고 다음에 만날 것을 기약하며 헤어졌다. 마음이 끌리는 사람들이다.

　　　07월 29일 (월) 마지막 바티스트, SKY 집 점심, 이삿짐 택배, 오동환님과 펍 ＿ 바티스트의 마지막 영어 공부는 각 나라 이름의 형용사형이었다. africa/african, europe/european, asia/asian, china/chinese, canada/canadian, chili/chilean 등. 바티스트에는 자원봉사 강사들이 여러 명이 있지만, 우리와 관계된 사람은 세 사람이어서 Babara, John, Lilian에게 3달러짜리 매트를 선물했다. 우리가 선물을 주기 전에 91세 된 Babara가 호주의 '파충류 그림책'을 우리에게 먼저 선물로 주었다. 이 메일 주소를 받아 적고 헤어져야 했다. 건강하시길 기도했다.

　SKY네 집에서 점심식사를 했다. 우리와는 세대 차이가 있지만 초등학생을 둔 엄마들 다섯 명이 다들 음식을 한 가지씩 가지고와 SKY가 준비한 음식과 함께 즐겁게 먹었다.

　저녁때 이스트우드 시니SINI에 예약한 택배에서 이삿짐을 가시러 왔다. kg당 3.7달러에 해주기로 했었다. 짐은 아홉 상자로 무게는 120kg이었다. 그래서 통관세 5달러를 포함하여 450달러를 주었다. 택배가 아니라 화물이라고 하였는데 건강식품과 먹을 것은 보낼 수가 없다고 했다. 서울에 가자마자 동사무소에서 출입국 증명서를 떼고, 백지에 짐을 보내는 사유서를 써서, 서울의 택배 회사에서 연락이 오면 팩스나 이 메일로 보내고, 물건이 오면 보관료를 내면 된다고 한다. 시간이 지체되면 보관료가 점점 많아진다.

택배 아저씨가 이삿짐의 무게를 달고 있는데 오동환 님이 오셨다. 토요일 모임 발표에서 남편이 USB를 두고 와서 가지고 오셨다. 그래서 택배 아저씨가 가고 나서 우리는 게이트문 호텔Gate Moon Hotel 펍에 갔다. 맥주와 함께 22달러 하는 버섯 소스에 으깬 감자를 곁들인 안심 스테이크를 먹었다. 오늘따라 아주 맛있었다. 22달러(2만 5천 원)로 비싸지만, 호주에 살다 보니 10달러 단위의 돈은 아주 아무것도 아니었다. 조금 늦게 SKY 부부가 왔다. 맥주를 마시며 함께 즐거운 시간을 보냈다. 그래도 남편 말대로 집을 렌트하지 않고, 세어한 것은 잘한 것 같았다. 렌트는 집을 비워줄 때 짐을 옮기고, 돈을 들여서 대청소를 하고, 그동안에 다른 집에서 살아야 되는 불편함이 있기 때문이다.

07월 30일 (화) Murray 교수와 송별 점심, 기둥서방과 작별, SKY네와 마지막 __ 마지막으로 시드니 대학 Murray 교수를 만나러 갔다. 12시 30분에 칼같이 시간을 지켜서 방으로 갔다. 잠깐 이야기하고 일본 식당으로 식사하러 갔다. 나는 좀 더 비싼 것을 주문하시라고 해도 12달러 하는 데리야끼 벤또를 주문하여 우리도 함께 같은 것으로 먹었다. 음료는 물로 하면 된다고 한다. **과장도** 없고 소박하고 절약하는 호주 사람들의 생활 태도가 그대로 엿보였다. 소냐와 황 사장님도 부자인데도 완전 호주의 **근검절약**이 몸에 밴 사람들이다. 외식은 비싸지 않으면서도 맛있는 것으로 하고, 비싼 곳은 절대로 가지 않는 사람들이다. 그리고 남편이 Murray 교수에게 호주 애버리지니에 관해 연구한 자료를 주었더니 보고 나서는 작은 소리로 한국에 가서 발표할 거냐고 물었다. 조금은 부끄러운 모양이다. 그리고 제일 궁금했던 '부인'에 대해 물어보았다. 첫 부인과는 아이들이 셋 있었고, 지금 두 번째 부인에게서 난 아이가 우리가 올 적에 4개월이었는데 지금은 1년 반이 되었다고 했다. 62살의 Murray 교수는 계면쩍어하면서 '호주는 이혼이 많으며, 자유롭다'고 하였다. 마지막 선물로 하회탈을 드리고 헤어졌다.

대학 도서관을 마지막으로 둘러보고 우보 사장님 가게가 시드니 대학에서 가깝다고 하여 처음으로 호주의 택시를 타보았다. 4.20달러에서 시작하여 15달러까지 올라갔다. 우보 사장님이 우리에게 송별회를 해 주신다고 했다. 와인과 함께 회와 내가 좋아하는 볶음 우동, 와사비 양념 낙지, 여러 가지 초밥, 그리고 꽃게 샐러드로 많이 먹었다. **평강 공주와 온달 장군, 낙랑 공주와 호동 왕자, 그리고 선덕 여왕과 기둥서방**이 아주 즐거운 시간을 보냈다. 우보 사장님은 우리에게 선물로 밸런타인에다가 홍삼을 넣은 것을 주셨다. 6개월 이상 잘 보관하였다가 우보 사장님이 한국에 오면 함께 먹자고 하였다. 또 공짜로 재워 줄 테니까 호주에 다시 오라고 하였다. 포옹을 하고 한국에서 다시 만날 것을 기약하며 힘들게 헤어졌다. 정이 많이 들었는데.

10시가 넘어서야 집으로 오는 길에 SKY에게 연락하여 소파를 가지고 가라고 했다. 소파를 가지고 가고, 우리가 들고 갈 가방만 네 개 남아 있으니 우리 방은 호주에 처음에 왔을 때처럼 다시 피난민 수용소 같았다. 그래도 내일이면 서울로 가니까. SKY네와도 헤어지기 싫어서 소파를 갖다 두고, 다시 맥주를 한잔하자고 했다. 12시가 되어서 SKY 부부가 왔다. 남은 것을 다 꺼내 놓고 먹고 마시며, 새벽 2시까지 이별의 아쉬움을 달랬다. SKY네가 가고 나서 다시 정리하고, 새벽 3시가 되어서야 누웠다.

07월 31일 (수) 호주 일 년을 마무리, 서울로 돌아오다 ___ 새벽 6시에 공항까지 데려다 주겠다고 한 도담 선배님이 우리를 태우고 공항으로 갔다. 티케팅을 하고, 멋있는 도담 선배 부부의 환송을 받으며 시드니를 떠나니 우리도 아주 멋있는 사람으로 느껴졌다. 나는 신세 지기 싫어서 계속 택시를 타고 가겠다고 했는데 도담 선배가 짜증을 내는 바람에 오케이를 했었다. 그런데 쓸쓸히 우리 둘만 조용히 돌아오기보다는 환송을 받고 오니까 좋았다. 면세점에서 밸런타인 한 병과 랑콤 콤팩트 세 개와 향수를 한 병 샀다. 얼마 전에 샌프란시스코에서 아시아나 비행기가 사고 나서 조금 불안했으나 설마 하고 마음을 편안하게 가졌다. 이제는 비행기의 기내식도 별로 반갑지가 않았다. 덜 먹는 것이 편안하다. 7월 내내 너무 많이 먹은 탓일까?

저녁때가 되면 우리의 딸들이 있고, 엄마가 있고, 친구들이 있는 서울에 간다. 내가 태어나고 살아왔던 우리나라, 서울, 우리 동네가 좋다. 인천공항에 내리니 날씨는 엄청나게 후덥지근하였다. 그리도 오고 싶었던 내 나라였는데 사람들의 땀 냄새가 나를 반겼다. 이제 호주 시드니의 생활은 끝났다. 일 년간 열심히 살았던 호주의 구석구석이 언젠가는 가끔 그리워지겠지.

내가 살아 본
호주의 어느 날들

6th July 2013 고려문화포럼에서 낭송

내 삶의 흔적 Legacy 을 남기자

아버지가 돌아가시고 보니 아버지의 흔적이라곤 필적 하나 없는 사진뿐이었다
아버지의 향기를 맡을 수 있는 것은 그 어디에도 아무것도 없었다
그래서 내 딸들이 엄마의 향기를 맡을 수 있는
그 무언가가 있어야겠다는 생각이 들었다
내 딸들이 고통과 난관에 부딪혔을 때 이겨낼 수 있도록 해 주는 길은 무엇인가?
내가 할 수 있는 것은 시대를 먼저 살아서 알게 된
삶의 지혜를 전하는 것이 최선이라 생각되었다

또한 내 인생 전반부를 정리하고
후반부의 인생을 다시 한 번 멋지게 살아 보고도 싶었다
심신이 허약해지고 나서가 아니라
기력이 있을 때 또한 내 삶을 정리해야겠다는 생각도 들었다
한국에 돌아가면 쓰다만 인생 전반부의 자서전을 마무리해야지
지금은 "호주에서 살아 본 일 년 이야기"를 쓰는 것이 요즈음의 일과다
그런데 시 낭송을 한 번 하고 나니
후반부의 내 삶은 산문시로 표현해야겠다는 생각이 들었다

375

내 삶을 되새겨 본 호주의 여름 어느 날

2013년 1월

어제 골프장의 피곤으로 오늘은 쉬고 있다
방안에서 창으로 뒷문으로 보이는 밖은 너무나 청명하다
30도를 오르내리는 날씨에도 방안은 시원하다
시도 때도 없이 영화를 보려고 컴퓨터를 열고 있는 우리 남편
우리가 언제 이리도 한가하게 살았단 말인가?

1985년 결혼한 지 3년 만에 계단에서 다친 허리로
한 달이나 누워 있던 남편을 보고 암담했던 미래가
1986년 고집스럽게 교육 운동을 하던 남편의 해직으로
세 살이 된 딸을 안고 책과 보험을 팔면서 앞이 보이지 않았던 미래가
오늘의 우리를 있게 했단 말인가?

남편은 영국으로 유학을 가고
어린 두 딸을 데리고 다시 간호사로 일하기 시작한 1993년
시집이나 친정에서 나 몰라라 하는 우리의 어려운 형편에서
나 혼자 십이지장 궤양과 우울증으로 힘든 시간을 보낼 때
치매가 걸린 옆집 할머니는 밤마다 베란다 창문을 흔들며 소리를 질러
힘든 나를 더욱 힘들게 하였다

아이들을 데리고 남편이 있는 영국으로 가서 유럽 5개국을 여행했던 1994년

하늘의 뜻인지 남편이 박사 학위를 받으면서 교수가 되던 1995년

2007년까지 아이들과 병원밖에 모르고 살았던 나의 15년

그 후 5년간 요양보호사 교육원 강의를 하면서 나 자신이 보이기 시작했고

교환 교수를 가지 않으려고 하는 남편을 설득하여 온 호주의 1년이 지금이다

그래, 만 58세, 이제는 나도 여유를 부리며 살 나이인데

60세가 되기 전에 여유로운 slow life로 규칙적인 삶을 살아야겠다

심장병과 고혈압에 좋지 않은 겨울엔 따뜻한 나라에서 두 달 정도 살기도 하고

의미 있는 공동체와 마음을 나누며, 또한 하느님의 평화 가운데

오래도록 함께 할 가족들과 풍요로운 삶을 나누며 살아야지

'가치를 둔 욕구'와 '살아 있는 것'

2013년 02월

여유를 즐기던 호주의 생활은 남편이 번역 작업을 시작하면서 전쟁으로 변했다
거기에다가 학술 진흥 재단에 논문도 하나 제출하겠다고 한다
오늘이 마감이라 일주일 전부터 더 피 터지게 컴퓨터에 앉아 있다
꼼짝도 안 하고 하루 18시간 이상을 저렇게 앉아 있다
똥고집은 똥고집이다. 엉덩이에 뿔이 날 것 같다. 건강을 해칠까 걱정이다
청춘도 아닌데 나이를 생각해야지
그래도 아직까지는 어깨나 팔, 다리 등 아프다는 말이 없다
가치를 둔 욕구는 정말 모든 것을 가능하게 하고, 즐거운가 보다

덩달아 나도 많은 진전이 있어 나 스스로 글을 쓰는 즐거움을 느낀다
한국에서는 시간이 나거나, 마음이 내켜야 글을 써서 아직 모두 미완성이지만
여기 호주 이야기를 쓰기 시작하면서 이젠 글 쓰는 것이 습관이 되었다
무엇이든 3주만 꾸준히 하면 습관이 된다고 했는데 벌써 7개월이 되었다
이대로 3년간 쓴다면 나는 아예 글쟁이가 될 것 같다
이젠 내 삶의 소중한 시간들을 기록하지 않으면 나는 '살아 있는 것'이 아니다

갓 태어난 아기처럼

2013년 03월

지금까지 바쁘지 않으면 바쁜 사람들에게 지는 것 같은 기분이었다
경제적인 일을 하지 않으면 형편없는 사람으로도 생각했다
그러다 보니 신경을 곤두세우고 살아야 했었다
왜 그렇게 사는 것이 제대로 사는 것으로 생각했을까?
그러나 지금은 자연을 느끼면서 생각하면서 글을 쓰고
궁금한 것이 있으면 찾아보고 나름대로의 slow life를 사는 것이 즐겁다

그렇게 마음을 정리하니 머리는 가벼워지고 스트레스도 사라진다
몸은 아주 편안해져 변비도, 뻐근한 뒷목도 없어졌다
머리에서부터 아래로 몸이 풀리고 있다.
이젠 다리만 풀리면 내 몸은 갓 태어난 아기처럼 될 것 같다
배냇짓 하는 아기처럼 아침에 눈을 뜨며 미소를 짓고
배냇짓 하는 아기처럼 미소 지으며 오늘도 잠을 자자

익숙해져야 할 나그네의 삶

2013년 04월

우리 모두는 어디선가 태어나서 어디론가 가야 한다
한국이 내 고향이라 생각하였는데 호주에서 살다 보니
한국도 호주도 내 고향은 아니었다
언젠가 어디론가 우리는 떠나야 하는 것이다

이젠 언제 어디론가 쉽게 떠날 수 있는 연습을 해야겠다
한국을 1년을 떠나는 데도 여러 가지 복잡하였고
호주에 와서도 내내 아이들과 벌여 놓은 일들이 신경 쓰였는데
이래서는 쉽게 나그네의 삶을 살지 못한다

언젠가 어디든지 떠날 수 있도록 정리하고 연습하자
쉽게 떠날 수 있어야 마지막 그 순간에도 쉽게 갈 수 있을 것이다
앞으로는 더 철저하게 나그네의 삶을 살아야겠다
언제나 어디서나 일어나서 쉽게 걸어갈 수 있도록 말이다

58세 나의 삶에 많은 변화를 준 호주

2013년 06월

많은 일에 파묻혀서 보지 못했던 나를 객관적으로 보게 되었다
이제야 살아가는 것이 무엇인지 어렴풋이 알 것도 같다
적어도 내가 어떻게 살아야 하는지 말이다

너무 어리석게도 살아왔다
왜 그리도 지혜롭지 못하고 바보같이 살았을까?
앞만 보고 열심히 살았지만

지금 생각해 보면 마음의 여유 같은 것은 전혀 없었다
계속 한국에서만 살았다면
그냥 열심히 사는 것이 최고이고 최선이라고 생각했겠지

하루 종일 쉬지 않고 먹이(하고자 하는 모든 것)를 찾아다니는 하이에나보다는
하루 종일 여유를 부리며 서서히 먹이를 찾는 사자처럼 이제는 살아야지
그렇게 되면 내가 하는 모든 것이 나의 행복이 되고, 나의 즐거움이 되리라

호주라는 나라

2013년 07월

나이를 묻지 않는 나라
하이하면 하이로 끝나는 나라
그래서 스트레스는 없다

직업의 귀천이 없는 나라
절대로 화를 내지 않는 나라
누구와도 동등한 관계의 나라
그래서도 스트레스는 없었다

종교를 구분하지 않고
타종교를 비판하지 않는 나라 (한국인은 예외)
주일을 지키지 않아도 되는 나라
그래서 선진국인가?

어린이나 노인이나 책을 많이 보는 나라
초대하고 초대받는 즐거움으로 사는 나라
여행과 레져를 누구나 즐기는 나라
그래서도 선진국인가?

글을 마무리하면서___

1. 365일 하루도 빠짐없이 라이프 스토리를 기록한 것에 대해 먼저 '나 자신에게 감사'한다. 지금까지 시작만 했지, 제대로 완성한 것이 없었는데, 내 삶에 있어서 완성할 수 있다는 역사를 만든 것에 대해 아주 감개가 무량하다.

2. 생각과 마음을 365일 정리하다 보니, 내 삶을 지속적으로 정리할 수 있었다. 그래서 승화되는 기분이고, '삶이 편안해지는 기분'이다. 또한 내일을 어떻게 맞이하고, 보내야 될지를 알게 되었다.

3. 내가 하는 모든 생각, 말, 행동과 마음의 움직임까지도 전부 나의 즐거움이며, 또한 다른 사람을 위한 것도, 나를 위한 것도 모두 나의 즐거움It's my pleasure이었다.

4. 내가 하는 '순간의 생각과 태도'를 느낄 수가 있다. 이전에는 순간의 생각을 인지하지 못했었다. 그러나 지금은 내가 무슨 생각을 하고, 무엇을 하려고 하는지를 느낄 수 있다. 그래서 일본말로 엑기스(일본말로 'ekisu' : 영어로 'extract' : 우리말은 '진액')가 없는 말이나 일이나 행동은 하지 않으려고 노력할 것이다.

5. 앞으로 계속 라이프 스토리를 쓸 것이며, 모르는 것도 알아가며, 내 '삶이 다하는 그 순간'까지 쓸 것이다. 또한 내 삶의 전반부 자서전보다 내 건강이 더 소중하므로 2시간 특강으로 정리한 '건강관리 노하우 Five'에 이론적 근거를 보충하여 책을 만들어서 나의 건강한 생활 습관이 되도록 하고 싶다.

6. 호주에서 여행이 아닌 실제 생활을 하게 해 준 '남편에게 결혼 이후 처음으로 감사'한다. 그리고 엄마가 함께하지 못한 일 년간 별 탈 없이 잘 살아온 두 딸에게 고맙다. 또한 의젓한 큰사위와 귀여운 작은딸 남자친구에게도 고맙다.

책을 출판하고자 하는 이유 ___

호주의 365일은 지금까지 살아오던 내 삶에서 벗어나 일 년간 내 삶을 객관적으로 조명해 볼 수 있는 유일한 기회였다. 호주의 365일을 살면서, 내가 어떻게 살았는지, 무엇을 하고 싶어 하였고, 무엇을 알고 싶었는지에 대한 모든 것을 정리하면서, 모르는 것이 너무 많다는 것을 알았다. 반면에 몰랐던 내 다른 잠재능력도 알게 되었다.

그래서 만에 하나 나와 같이 잠시 주어진 시간 안에서 호주 생활을 하는 사람들이 우왕좌왕하지 않고, 준비하는 데 힘들이지 않고, 쉽게 적응하는 데 조금이나마 도움이 되기를 바라는 마음에서, 남편의 반대에도 불구하고 용기와 욕심을 내 출판하기로 했다.

여기의 모든 내용은 나의 수준에서 본 것과 느낀 것과 들은 것을 토대로 했기 때문에 호주 전체라고 볼 수는 없으나, 일부 사람들과의 만남으로, 부분이지만 최대한 호주 생활 속에서 많은 것을 알려고 노력했다. 또한 일 년을 살면서 불편했던 것이 무엇이었는지를 많이 이야기하려고 했다. 이것을 계기로 다시금 심신을 다져 본다.

초판 1쇄 인쇄일 2014년 04월 02일
초판 1쇄 발행일 2014년 04월 07일

지은이 김소영
펴낸이 김양수
표지 · 편집디자인 이정은

펴낸곳 도서출판 맑은샘
출판등록 제2012-000035
주소 경기도 고양시 일산서구 중앙로 1456(주엽동) 서현프라자 604호
대표전화 031.906.5006 팩스 031.906.5079
이메일 okbook1234@naver.com
홈페이지 www.booksam.co.kr

ISBN 978-89-98374-57-0 (03960)

「이 도서의 국립중앙도서관 출판시도서목록(CIP)은 서지정보유통지
원 시스템 홈페이지(http://seoji.nl.go.kr)와 국가자료공동목록시스템
(http://www.nl.go.kr/kolisnet)에서 이용하실 수 있습니다.(CIP제
어번호: CIP2014010562)」